《建设文明论坛》
2016年度课题研究成果文集

继承与创新

中国建设职工思想政治工作研究会 编

中国建筑工业出版社

图书在版编目（CIP）数据

继承与创新：建设文明论坛 2016 年度课题研究成果文集/中国建设职工思想政治工作研究会编．—北京：中国建筑工业出版社，2017.7
ISBN 978-7-112-21020-6

Ⅰ.①继… Ⅱ.①中… Ⅲ.①中国共产党-住宅建设-企业-党的建设-2016-文集 Ⅳ.①D267.1-53

中国版本图书馆 CIP 数据核字（2017）第 170672 号

为全面深入贯彻党的十八届三中、四中、五中、六中全会精神和习近平总书记系列重要讲话精神，展示交流新形势下创新基层党建思想政治工作、企业文化建设和精神文明创建方面的课题研究成果，进一步提升全国住房城乡建设系统思想政治工作理论研究水平，推动研究成果的转化与应用，促使更多的优秀成果应用于指导实践，研究决定以"继承与创新"为主题，选编 2016 年度中国建设职工政研会会刊《建设文明论坛》刊发的全国住房城乡建设系统各级政研会的要点论文、调研报告，以及中国建设职工政研会第十三次年会暨成立三十周年纪念大会的部分优秀交流论文，共同组稿汇编 2016 年度课题研究成果文集，正式出版发行。

责任编辑：咸大庆　毕凤鸣
责任校对：焦　乐　李美娜

《建设文明论坛》
2016 年度课题研究成果文集
继承与创新
中国建设职工思想政治工作研究会　编
*
中国建筑工业出版社出版、发行（北京海淀三里河路 9 号）
各地新华书店、建筑书店经销
北京佳捷真科技发展有限公司制版
大厂回族自治县正兴印务有限公司印刷
*
开本：787×1092 毫米　1/16　印张：23½　字数：569 千字
2017 年 7 月第一版　2017 年 7 月第一次印刷
定价：59.00 元
ISBN 978-7-112-21020-6
（30637）

版权所有　翻印必究
如有印装质量问题，可寄本社退换
（邮政编码 100037）

序　言

易　军

我们党十分重视思想政治工作。党的十八大以来，以习近平同志为核心的党中央采取了一系列有力举措加强和改进思想政治工作。习近平总书记在多个场合、多次作出重要论述，强调面对复杂变化的国内外形势，思想政治工作只能加强不能削弱，只能前进不能停滞，只能积极作为不能被动应对；强调要高度重视思想政治工作，改革推进到哪一步，思想政治工作就要跟进到哪一步，有的放矢开展思想政治工作；强调要抓好思想理论建设这个根本，加强理想信念教育，深入开展中国特色社会主义和中国梦宣传教育；强调把培育和弘扬社会主义核心价值观作为凝魂聚气、强基固本的基础工程，通过教育引导，使社会主义核心价值观内化于心、外化于行。

在前不久召开的全国国有企业党的建设工作会议上，总书记又进一步强调，坚持党的领导、加强党的建设，是我国国有企业的光荣传统，是国有企业的"根"和"魂"，是我国国有企业的独特优势。总书记还指出，要紧紧围绕全面解决党的领导、党的建设弱化、淡化、虚化、边缘化问题，坚持党对国有企业的领导不动摇，发挥企业党组织的领导核心和政治核心作用，保证党和国家的方针政策、重大部署在国有企业贯彻执行；坚持建强国有企业基层党组织不放松，为做强做优做大国有企业提供坚强组织保证；要把思想政治工作作为企业党组织一项经常性、基础性工作来抓，把解决思想问题同解决实际问题结合起来，既讲道理，又办实事，多做得人心、暖人心、稳人心的工作。

总书记的这些重要论述，丰富和发展了我们党对思想政治工作的规律性认识，是指导我们做好思想政治工作的强大思想武器，要结合实际，认真学习领会，深入贯彻落实。

刚刚闭幕的十八届六中全会是在全面深化改革、决胜全面小康的关键时刻，召开的一次十分重要的会议。全会提出的"以习近平同志为核心的党中央"，反映了全党全军全国各族人民的共同心愿，是众望所归、人心所向，我们要坚决拥护；全会审议通过的《关于新形势下党内政治生活若干准则》和《中国共产党党内监督条例》，为新形势下加强和规范党内政治生活、全面从严治党提供了根本遵循，我们要坚决贯彻执行；习近平总书记在全会上的重要讲话，深入分析了新形势下党的建设面临的新情况新问题，直面当前党内政治生活和党内监督存在的突出矛盾和问题，深刻说明了推进全面从严治党的极端重要性，我们要认真学习领会。

当前，住房城乡建设系统正在深入学习贯彻十八届六中全会精神，按照全面从严治党要求，统筹推进"五位一体"总体布局和协调推进"四个全面"战略布局，贯彻落实"十三五"规划和中央城市工作会议精神，深入推进住房城乡建设全面深化改革和科学发展。新形势、新任务使党建工作、思想政治工作也随之站在新的起点上。思想政治工作研究活动要努力创新，在推动基层党建工作和思想政治工作中发挥更大作用。

一是要着力研究解决基层实践中的突出问题。政研会的主要任务是组织推动思想政治工作研究与实践活动，为党政部门提供决策参考，为基层实践提供理论支持和经验借鉴。因此，我们的工作着力点，一定要放在研究解决基层实践中的突出问题上。

认真落实十八届六中全会精神，抓好思想政治教育这个根本，为全面从严治党打牢思想基础、营造良好舆论氛围，是住房和建设系统各级党组织的一项重要任务，也是思想政治工作的一项重要内容。政研会要发挥自身优势，认真研究如何抓好抓实思想教育，引导党员干部尤其是领导干部牢固树立正确的理想信念，坚守共产党人的精神支柱和政治灵魂；牢固树立"四个意识"，坚定不移维护党中央权威和党中央集中统一领导；牢固树立纪律意识，更加自觉地遵守党的纪律尤其是政治纪律；牢固树立宗旨意识，始终坚持全心全意为人民服务的根本宗旨、保持党同人民群众血肉联系。要通过有价值的研究成果提升实际工作水平，在贯彻落实六中全会中发挥积极作用。

今年是"十三五"开局之年，也是全系统贯彻落实中央城市工作会议精神起步之年，我们这个战线上的任务十分繁重。仅城市工作会议明确的重点工作就有166项，其中硬指标有十几项。第一个硬指标，是用五年时间全面清查并处理建成区的违法建筑，坚决制止新增违法建筑；第二项，用五年左右时间，完成所有城市历史文化街区划界；第三项，力争用十年左右时间，使装配式建筑占新建建筑比例达到30%，实现建筑的工业化；第四项，打好棚户区改造3年攻坚战，到2020年基本完成现有棚户区、城中村危房改造；第五项，到2020年，城市建成区平均路网密度提高到8公里/平方公里，道路面积率达到15%；第六项，到2020年，超大特大型城市公交分摊率达到40%以上，大城市达到30%以上，中小城市达到20%以上；第七项，到2020年，地级以上城市建成区力争全面实现污水全收集、全处理，缺水城市再生水利用率达到20%以上；第八项，到2020年，力争将垃圾回收利用率提高到35%以上；第九项，力争用5年左右时间基本建立餐厨废弃物、建筑垃圾回收和再生利用体系；第十项，到2020年，建成一批特色鲜明的智慧城市。

这是十项硬指标，还不包括我们在未来五年要开通8000公里城市地下综合管廊、推进海绵城市建设、树立规划权威性等等一系列重要任务。住房城乡建设工作还包括乡村建设。我们建设美丽乡村、改善乡村人居环境也有十项工作要做，包括农村垃圾处理工程、污水处理工程、绿化工程、农村道路工程、供水工程、信息化工程、噪音治理工程、燃气工程、危房改造、传统村落和民居保护等。我们还面临房地产调控这项重大挑战和任务，既要去库存，还要控制暴涨，并研究长效机制。推进建筑业改革的任务也十分艰巨。这也是一个系列工程，包括推进对建筑业的"放管服"，推进工程总承包，健全建筑市场诚信体系，推进工程担保制，让中国的标准走出去，推进工程队伍建设，加强质量监管等等。

建筑业改革最大的一项任务，是要解决5000万农民工归属问题。这支工人队伍的技能决定了我们工程的品质，工程品质影响着广大人民的生活水平和生活质量。从一定意义上说，人人都离不开我们工人提供的质量和品质，应该说弘扬工匠精神是对国家整体经济的发展至关重要的，所以一定要解决工人问题，找到回归产业工人之路，否则这方面改革就不成功。

总之，住房和建设系统当前和未来一段时间的任务非常艰巨。政高部长说我们来到经济建设舞台的中央，舞台非常大，任务非常重，挑战非常多，党中央、国务院及全国人民对住房和建设系统寄予着厚望。而且今年的国内外形势又特别错综复杂，世界经济不确定性依旧，国内经济运行总体平稳，社会大局保持稳定，但经济走势继续分化，地区、产业、企业之间增长情况差异也较大，经济运营中的矛盾和问题仍然较多，下行压力不容忽视。在这样一个大背景下，住建系统各行业和企业改革发展任务非常艰巨，生存和发展压力更为突出。因此，我们基层思想政治工作遇到的问题也会更加复杂。

思想政治工作是党的优良传统和政治优势，越是在环境复杂和困难时期，越是要重视和抓好思想政治工作，把干部职工的思想统一到中央的决策部署上来，统一到住房城乡建设工作的大局上来，充分调动广大干部职工积极性，一心一意干事业。思想政治工作只有始终坚持党的群众路线，面向一线、面向基层，始终做到从群众中来到群众中去，一切为了群众、一切依靠群众，才能落地生根、开花结果；要把具体工作、业务工作与思想政治工作融为一体，这样才能见实效、受欢迎。

政研会一定要认真开展深入调查研究，总结实践经验，提出解决问题的新思路和新举措，在保障和推动基层思想政治工作中发挥更大作用。在这次年会上提交的论文和调研报告，都是对基层党建思想政治工作、企业文化建设和精神文明创建问题的探索和思考，其中不少研究成果提出了很好的思路和措施，非常有意义。今后，政研会要始终坚持在部党组领导下，围绕基层的问题和需求选择重点课题，组织开展研究活动。我们住建系统工作任务的重点难点问题延伸到哪里，思想政治工作的重点课题和调研工作，就一定要覆盖到哪里。要紧紧推动成果转化工作，努力使更多的成果应用于指导实践，确实为推动住房城乡建设做出积极贡献。

二是要适应形势，积极推动研究活动创新。住建系统职工队伍结构具有明显的多层次、多类型特点，企业管理干部、专业技术人员、普通职工、农民工等不同群体的职业地位不同，所处环境不同，价值取向、生活方式往往存在着明显差异，思想观念也十分活跃多元。面对这样的复杂环境，思想政治工作要进一步拓宽视野，积极探索创新。近些年来，住建系统各行业、各单位在思想政治工作实践中创造了很多好思路和好方法。比如，将思想政治工作与职业道德建设、企业文化建设、精神文明创建活动结合起来，形成多层次、全方位的思想教育格局；坚持理解人、关心人、尊重人，解决思想问题与解决实际问题相结合；搭建新媒体互动平台，吸引干部职工在广泛参与中自我教育；将思想教育与制度规范有机结合起来，在加强思想教育的同时强化制度约束等，都取得了非常明显的效果。政研会要注重对这些好经验、好做法进行总结，使之系统化、理论化，并做好宣传推广工作，进一步指导基层的实践。

三是加强领导，充分发挥思想政治工作研究会的作用。住房城乡建设系统有高度重视思想政治工作的优良传统，对政研会工作也十分重视和支持。希望各级建设行政主管部门、各企事业单位党委继续加强对政研会工作的领导，切实发挥好这支队伍的作用。各级各单位政研会要在课题研究、典型宣传等活动中，体现中央治国理政新理念、新思想、新战略，体现部党组重大工作部署；要努力推动研究课题接地气，研究活动到基层，多出对基层工作有指导意义的研究成果，并由此使政研会的生命力真正植根于基层，发展的动力切实来源于基层。

（本文系住房和城乡建设部党组成员、副部长，中国建设职工思想政治工作研究会会长易军2016年11月9日在中国建设职工政研会第十三次年会暨成立三十周年纪念大会上的讲话。本文有删节。）

整理：范建国

目 录

第一章 党建思想政治工作篇

把党建责任抓在手上 把发展责任扛在肩上 ………………………… 黄宏祥 3
在深化国有企业改革中加强和改进党建工作的实践与研究
　　………………………………………………………… 中国建筑工程总公司 6
党组织如何在国有企业中发挥政治核心作用 ……… 北京市建筑设计研究院有限公司 17
坚持在继承中创新 努力提升国企党建水平 ……………………… 徐树青 20
国有上市企业加强党建工作的若干思考
　　——以华建集团经验为例 ……………………………………… 陈文君 24
用好考核评价"指挥棒"，精耕国企党建"责任田"
　　——论全面从严治党新形势下国企党建考核评价工作的革新 ……… 廖 玲 28
探索新形势下企业党建工作的新思路 ……………………………… 陈晓明 33
全国化背景下国有建筑施工企业党建工作模式探索 ………………… 干晶晶 37
创新基层党组织建设 筑牢企业发展堡垒
　　………………………………………… 中国建筑西南勘察设计研究院有限公司 41
强引领 把方向 带队伍 严监督 ………………………………… 鲁小兵 46
新形势下加强工程勘察设计企业党建思想政治工作的探索与实践
　　…………………… 中国建设职工思想政治工作研究会工程设计分会课题组 49
新常态下非公企业党建工作实践与规律研究
　　——上海岩土工程勘察设计研究院有限公司党建工作实践与
　　探索 ………………………………………………………… 陆 文 钱国锋 55
聚智把脉 聚力谋势 主动作为 共促发展开创安装企业党建思想政治工作和改革
　　发展新局面 …………………………………………………… 王国辉 60
探索轮岗交流新机制 激发党建工作新活力
　　——中国建筑六局提高党建工作科学化水平对策研究 ……… 吴春军 65
发挥党建思想政治工作的独特优势助推中国铁路设计咨询企业更好"走出去"
　　——中铁二院海外党建工作模式引发的几点思考 …………… 王 刚 70
积极融入区域党建 推进燃气安全进社区 ……… 上海燃气浦东销售有限公司党委 75
试论党建目标管理对推动管养工作的作用
　　——浅谈太原市政管理处实行党建目标管理对促进管养工作的重要意义 … 郝晓华 78
互联网+思维助力公交企业党建 …………………………………… 丘丽红 83
围绕中心主动融入是基层党建工作之本 …………………………… 郭奕娟 87
党建融入中心 打造企业品牌 ……………………………………… 陆 静 90

转变思路　融入中心积极探索企业党建思想政治工作新途径 …………… 李慧龙　94

民生视角下的党建工作研究与思考

　　——以城乡规划行业基层党组织为例 ………………………… 张高攀　98

强化企业领导班子思想政治建设的要点和路径 ……………………… 何智群　102

关于发挥党员在建设行业改革大潮中先锋模范作用的调研报告 …… 原兴胜　105

实施"党员正能量记分卡"助推企业发展新突破

　　………………………………………… 杭州市燃气集团有限公司党委　110

浅谈新常态下地方国有建筑企业政工队伍建设

　　——以广西建工集团一公司为例 ……………… 广西建工集团一公司党委　114

强化学习平台　落实长效机制

　　——建设学习型党组织的实践与思考

　　………………………………… 上海市水利工程设计研究院有限公司党委　118

"情景互动式党课"创新了党课教育 ………………………………… 冯　民　122

丹东燃气总公司、鞍山燃气总公司"情景互动式党课"成效明显

　　………………………… 中国建设职工思想政治工作研究会燃气行业分会　124

让先进典型人物姓"典"

　　——听情景互动式党课想到的 …………………………………… 郤维翔　128

党委书记如何讲好党课 ………………………………………………… 沈明达　131

开放融合激发活力

　　——"开放式组织生活"建设成果的回顾与思考 ……………… 高慧文　134

新形势下加强机关党组织落实党风廉政建设主体责任的实践与思考

　　………………………… 浙江省住房和城乡建设厅直属机关党委课题组　138

加强基层党风廉政建设保障园林事业健康发展

　　——关于福州市园林局系统党风廉政建设状况及分析的调研报告

　　………………………………………………………… 福州市园林局课题组　144

践行"三严三实"提升基层党建标准化水平 ………………………… 张国强　148

坚持三个重点通过"两学一做"活动完善党的群众路线教育的长效机制 …… 赵萍　151

"两学一做"关键在落实 ……………………………………………… 刘中意　154

做严明党的纪律和规矩的表率 ………………………………………… 郝晓华　157

新时期加强全省城乡建设系统新闻宣传和舆论引导工作的调研报告

　　……………………………………………………… 浙江省建设政研会课题组　160

加强集团思想政治工作服务企业深化改革发展

　　——关于加强和改进集团思想政治工作的调研报告 ……… 北京建工集团党委　164

企业管理中对青年员工人文关怀的实践与思考

　　………………………………………… 中国建筑六局人力资源部课题组　169

天津市规划局干部职工压力状况调查报告 ………………… 天津市规划局　172

关于如何促进建筑业农民工子女融入社会的调查研究

　　………………………………………………… 成都市第一建筑工程公司　182

无意识教育在单位思想政治教育中的运用 ………… 河北省住房和城乡建设厅　188

"加减乘除"组合拳打出四力做好思想政治工作 ………………………… 陈　晖　191
企业报是一个平台　更是一方舞台 ……………………………………… 张辉虎　194
浅谈如何利用新媒体做好公交企业的内外宣传 ………………………… 徐金峰　197
"互联网＋"与政研会工作的继承与创新 ………………………………… 邬维翔　201

第二章　企业文化建设篇

创新引领　　文化筑魂
　　——首开集团"尚责文化"管理体系创新实践 …………………… 李晓莉　209
加强行业文化建设为城市建设发展提供精神动力和思想保证
　　………………………………………… 中国建设职工政研会市容行业分会　214
新常态下企业转型发展中加强文化建设的若干思考 …………………… 楼　杰　221
企业文化必须用社会主义核心价值观引领和培育 ……………………… 刘东亮　225
企业培育和践行社会主义核心价值观的思考 …………………………… 姚文夏　228
企业文化制度化建设的思考与探讨 ……………………………………… 林　芳　231
企业文化中的伦理建设 …………………………………………………… 刘俊华　236
文化建设引入互联网＋模式提高凝聚力的实证研究
　　………………………… 天津市城市规划设计研究院提高凝聚力课题组　241
提升文化影响发展新业态　结合行业优势增添新动力
　　——试论在"互联网＋"背景下出租汽车行业的文化发展趋势 … 陈琬璐　246
新常态下着力打造建筑业企业文化的探析 ……………… 湖北省建设职工政研会　251
中建一局诚信体系建设的实践与研究 …………… 中国建筑一局（集团）有限公司　255
构建全媒体集成传播体系　提升集团企业文化软实力
　　——北京建工集团企业文化全媒体传播、融合与提升报告 ……… 张晓磊　262
打造首开品牌的文化竞争力 ……………………………………………… 首开集团　267
以文化升级助力企业和谐发展 …………………………………………… 刘志斌　270
文化凝聚力量　企业创新发展 ………………………………… 上海环境实业有限公司　274
企业文化建设的基本经验 ……………………………………… 中铁二院党委宣传部　277
改革动力源　转型支撑点
　　——安徽省城建设计研究总院有限公司企业文化建设
　　概述 ……………………………………………… 安徽省城建设计研究总院　280
试论如何发挥企业内刊的文化作用 ……………………………………… 杨春虎　283
重庆市勘测院新媒体文化探究 …………………………………………… 汪　蓓　287
同舟共济　强企富家 …………………………………… 河北建设勘察研究院有限公司　290
构建和谐企业　工会大有作为 ……………………………………… 陈开霞　蔡旭红　293

第三章　精神文明创建篇

积极推进住建系统精神文明建设初探 …………………………………… 叶雪清　297
关于推进建设交通行业公共服务进社区　提升文明创建水平的研究报告
　　……………………………………………………………………… 杭财宝　300

| 以文明创建为载体　全面提升行业服务水平 ……………… 上海市绿化和市容管理局 | 306 |

关于深化和推进住房城乡建设系统精神文明创建的调研报告

………………………………………………………………… 江苏省建设政研会　310

难忘的岁月　辉煌的征程

——关于杭州市城管系统服务保障G20峰会的

调研报告 …………………………………………… 杭州市城市管理委员会　315

以"最美激发梦想"　聚建设美丽杭州正能量

——关于推进杭州市建设系统思想道德建设的实践与思考 ………… 李绍昇　322

房管行业服务创新对策浅谈 ……………………… 济南市住房保障和房产管理局　328

国企培育和践行社会主义核心价值观的实践与思考 …………………… 沈明达　332

培育和践行社会主义核心价值观工作方法探析

——基于广东省城乡规划设计研究院的实证研究 …… 唐紫薇　唐　路　李丽娟　336

社会主义核心价值观体系构建下的"公园管家"管理模式初探

………………………………………………………………… 长春市园林绿化局　343

市民园长——武汉市开门办公园的实践与思考 ………………………… 唐　闻　346

保障上海环境文明：老港公司的使命与担当 ……… 上海老港废弃物处置有限公司　349

沈阳燃气集团：道德讲堂润泽文明品牌 ………………………………… 刘东亮　352

知行《论语》　德润泉城 ………………………………… 济南市公共交通总公司　355

以人为本　乘客至上 …………………………………… 北京公交集团宣传部　359

特色服务　优质品牌 …………………………………… 天津公交集团宣传部　362

后记 ……………………………………………………………………………… 365

第一章
党建思想政治工作篇

把党建责任抓在手上　把发展责任扛在肩上

黄宏祥

一、强化主体责任　坚守责任担当

落实党风廉政建设责任制，党委负主体责任。党委书记作为抓好党建的第一责任人，必须恪守政治纪律，牢记使命担当，坚持从严治党，把主体责任抓在手上，放在心上，落实在行动上。以严格的责任落实推进企业党建，强化党组织在管党治党中的职责义务。

一要主动担责。落实主体责任不是简单的表态，而是党组织抓党风廉政建设的责任意识。企业党委要把党风廉政建设纳入企业转型发展和党的建设总体布局，列入企业领导班子和子企业领导干部目标管理，与业务工作同安排、同部署、同实施、同考核。近年来，中国建设科技集团党委组织指导子企业签订《党建目标责任书》，落实《子企业党建考核办法》，把主体责任细化、具体化，形成横向到边、纵向到底、不留空隙的主体责任体系。2014年，首次对二级企业党建工作实施量化考核，采取听取汇报、查验文件、调取记录等方式，对7大项、23小项考核内容进行量化打分，形成综合评价，对摸清二级企业党建工作底数、提升规范化水平起到了有力的促进作用。2015年，对党建考核实施细则进行修订，着重突出规范基础工作和量化打分标准两个重点，增强了考核的针对性和可操作性，使"软指标"变成了硬任务、硬约束。

二要细化明责。落实主体责任，就要在主体结构、责任内容、主体能力上明确党委主体责任的外延和内涵，细化党建责任清单，完善责任考核机制，做到责任明晰、权责对等，建设良好的政治生态环境。从主体结构上，明确党委领导班子的集体责任、党委主要负责人的第一责任和分管领导班子成员的领导责任，做党风廉政建设的领导者、执行者、推动者。从责任内容上，健全识人选人用人机制，做到"三个注重"，既注重从履行岗位职责、完成急难险重任务中识别干部；注重在推进重大项目、重点工作中选拔干部；注重发挥党委的把关作用，在科学合理配置中任用干部。从主体能力上，建立和完善在党风廉政建设中的领导能力、统筹能力、协调能力、治理能力和保障能力。集团党委不断完善企业领导班子和二级企业综合考核评价机制，把组织考核与职工群众评价相结合，加强对责任制落实情况的动态监管和经常性检查。2014年，首次开展了党组织书记述职，形成了书记抓、抓书记的良好工作局面。2015年，在考核体系中加大党建工作内容的权重，明确述职要述党建，群众评议要评党建，选拔干部要看抓党建情况。通过党委书记现场述职、党员群众代表提问、集团党委委员点评、与会代表现场评议等程序，为集团全面铺开"述评考"积累了成功经验。

三要认真履责。强化对权力运行的制约和监督，做到"三严并举"，即责任落实要严密，执纪问责要严格，廉洁教育要严肃。党委书记牢固树立"不抓党风廉政建设就是失职"的意识，从我做起，管好班子，带好队伍，把党风廉政建设作为"一把手"工程，重要工作亲自部署，重大问题亲自过问，重点环节亲自协调，重要情况亲自报告。领导班子成员按照"一岗双责"的要求，对分管企业和部门党风廉政情况负领导责任，做到工作职责管到哪里，党风廉政建设职责就延伸到哪里。集团党委与纪委分别进行了新任职干部集中廉洁谈话和二级企业纪委书记约谈，主动承担"看好自家门，管好自家人"的监督监管责任，每年签订《党风廉政建设责任书》，加强廉政风险防控，对二级企业落实主体责任情况进行严格考核，确保不落空不失联，形成全方位、立体式的权力运行监督体系。

四要严肃问责。深化源头预防，立家规、正家风、严家教，坚持从严治党、把纪律挺在前面，严明政治纪律和政治规矩，实现问责问效常态化。集团党委以反腐倡廉为主题，多次组织中心组（扩大）学习，强化党员干部的规矩意识、纪律观念和"红线"意识。做到决策时广泛听取意见，督办时雷厉风行，检查时动真碰硬，"廉洁风"常吹，"预防针"常打，"警世钟"常敲。落实执纪问责，2015年8月至11月，集团全面动员部署，开展了主动整改专项工作。针对5大类50个问题自查自纠，一对一地进行了情况反馈；落实责任追究，实行线索处置和案件查办情况的月报告制度。对违纪违法问题，坚持零容忍的态度不变、严厉惩处的尺度不松，发现一起查处一起，形成有错必究、有责必问的责任考核体系和责任追究制度，始终保持在法律轨道上做事、用权。

二、扛起发展责任　凝聚改革力量

经济工作是党的中心工作。面对勘察设计市场低迷，整体效益下滑，行业发展断崖式下跌的困难和挑战，企业党委必须扛起发展重任，凝聚智慧力量，坚定信心，积极作为，攻坚克难，砥砺前行。

一是着眼全局，科学研判，牢牢把握发展主动权。深入开展战略研讨，突出资本引领，强化技术支撑，发挥人才优势，创新经营模式，推动转型升级。集团发布《2014-2020年中长期发展规划》，编制《集团品牌战略专项报告》，积极推进战略规划和品牌建设的落地。面对困难和挑战，审时度势，作出了前瞻性的预判，把一带一路、城市设计、新型城镇化等确定为集团重点发展领域，把加速公司化、多元化、一体化、国际化进程作为工作的主基调，扎实推进，取得了显著成效。

二是强基固本，补齐短板，强力推进管理现代化。以"集团公司"的建立为契机，按照《公司法》和上市公司的管理要求，建立健全体制机制、明确划分职责权限，明晰"三会一层"的工作边界，规范"三会一层"的科学运作。强化现代企业制度建设，基本搭建起以制度管权、管人、管财、管物、管事的依法治企管理架构。将法务与风控、内控职能融合发展，强化合规文化建设，实现了内控制度化、体系法治化、制度流程化、流程节点化。

三是资本引领，技术引领，稳步推进多元化发展。牢牢把握海绵城市建设的战略契机，完成了商业模式顶层设计和组织架构搭建，充分整合集团全产业链的专业技术资源，通过一体化运营落地，实现"资本＋技术"的转型升级发展。在投资方面，强化投融资能力建设，依托投资公司，成功搭建起初具规模的投融资平台。在技术方面，主编《海绵城市建设评价标准》，成为首个以集团为主编单位编制的标准。投入专项科技创新基金，调动各企业核心技术力量，开展海绵城市建设的科技研发工作，为集团转型升级和经济增长提供了重要抓手。

四是整合资源，聚合优势，积极促进运营一体化。持续推进"资源、运营、资本、科技"一体化，强化集团管控力与统领力。发布《互助经营管理暂行办法》，鼓励各企业互相推荐项目经营信息，共享人才、技术和业绩等资源，促进资源一体化；发挥集团主导作用，促进各所属企业合作共赢，实现运营一体化。由建筑设计院和CPG合作设计的厦门翔安国际机场成功中标，成为集团一体化运营的范例。通过境内外资金完全集中管理，提高了资金使用效率，为所属企业生产经营提供了有力的资金保障，实现了资本一体化。从政策、人才、资金等方面进行重点统筹，集中科研能力共同攻关课题，多角度实现科技一体化。

三、工作感悟

第一，以"融"定方向，在党建创新中彰显个性。新常态下国有经济要保持健康运行，一个重要的任务就是推动企业党建主动融入新常态，强化党组织的政治引领作用，也就是要把党的工作重心从"围绕中心"向"融入中心"转变。虽然只是两字变化，却为企业赢得新发展提供了政治保障。这种融入性管理把企业党建与经济发展紧密连接，互促共赢，有效解决了"两张皮"、"两脱离"。所以，只有紧扣经济发展形势和中心任务来谋划党建工作，着力在抓党建与抓发展的结合、渗透、贯穿上下功夫，用科学精神行事，按客观规律办事，从实际出发成事，才能使企业党、政两驾马车并驾畅行，充满活力。

第二，以"转"为动力，在调结构转方式中整合资源。经济发展的转型转轨期，建设科技企业要当好推动经济工作的"排头兵"和"主攻手"，就要"借东风"，激发内生动力，在竞争中增强实力。只有站在巧借合力、发挥整体效益的角度，以构建经济发展核心动力、凝聚经济建设合力为目标，优化资源配置，整合技术力量，从宏观决策与微观指导上相结合，才能在维护整体利益的同时兼顾好局部利益，有效发挥集团统筹力和管控力，促进内部不同利益体的协同发展，从而形成上下"一盘棋"的大格局。集团子企业攥紧"铁拳头"，构成中国建筑"利益共同体"，才能释放强大的一体化核心竞争力。

第三，以"勤"应挑战，在知识更新中笃行致远。新常态下，党委书记不论是想问题、做决策还是抓工作，都要准确把握宏观经济形势和未来发展走势，保持政治定力，保证思路清晰，拒绝"短视"行为，服从长远发展。只有自己比别人学得更好，走得更前，站位更高，视野更宽，才能牢牢掌握社会主义市场经济发展规律，把握新常态下经济运行的新特征。坚持"干什么、学什么，缺什么、补什么"，拓宽知识渠道，完善知识结构，把深学、细照、笃行这三者融为一体，在知识更新中深钻悟透，在知识储备中勤奋笃行。努力克服"本领恐慌"，做到"不说外行话、不干外行事"，在运用所学理论解决实践问题上展现知识的力量、作风的力量和人格的魅力，成为领导经济工作的行家里手。

(作者单位：中国建设科技集团股份有限公司)

在深化国有企业改革中加强和改进党建工作的实践与研究

中国建筑工程总公司

本文聚焦中国建筑工程总公司（以下简称"中建"或"中建总公司"）各级党组织坚持思想引领，用中央关于"在全面深化改革中坚持党的领导和加强党的建设"的要求，统一党员领导干部及全体党员的思想和行动；积极研究探索、勇于创新实践在深化推进国有企业改革发展中加强和改进企业党建工作的新思路、新举措、新方法；及时总结推广企业党建工作的好经验、好做法，查找企业党建工作中的不足和短板；研究制定破解党建工作难题、进一步加强和改进企业党建工作的对策和方案，不断提高企业党建工作科学化水平。

一、凝聚"在深化国企改革中坚持党的领导和加强党的建设"的共识

（一）在贯彻习总书记系列讲话精神中凝聚共识

习近平总书记在"七一"讲话中强调，面向未来、面对挑战，全党同志一定要不忘初心、继续前进。不忘初心，就是在深化国有企业改革发展中，要始终坚持党对国有企业的领导，坚持党的指导思想，牢记党的纲领和理想，坚持道路自信、理论自信、制度自信、文化自信，统筹推进"五位一体"总体布局，协调推进"四个全面"战略布局，全力推进全面建成小康社会进程，不断把实现"两个一百年"奋斗目标推向前进。

（二）在把握经济发展"新常态"中凝聚共识

习近平总书记关于中国经济的"新常态"的论述，对国有企业发挥党组织准确把握企业改革发展方向，推进企业转型升级、提质增效，提出了新要求。经济发展的"新常态"也对企业党组织如何准确把握改革发展大局、确保经营生产稳步增长和实现"十三五"期间的目标任务带来了新的挑战和要求。

（三）在坚持发挥国有企业党组织的政治核心作用中凝聚共识

产权结构的多元化，对党组织的政治核心作用发挥提出了新的要求。优化配置国有资本和推动国有资本合理流动，发展混合所有制经济，产权结构将进一步多元化，对企业治理结构、党组织的设置和领导干部的产生方式带来新的影响。党组织在企业中的职能定位，参与企业重大问题决策、党管干部和人才的路径、担当企业政治责任和社会责任方面将比国有独资条件下面临更多挑战。

(四) 在增强国有企业党组织的凝聚力和战斗力中凝聚共识

党员职工构成的多样化，对增强企业党组织的凝聚力和影响力提出了更高要求。混合所有制企业的资产所有者、经营管理者、党员、职工来源更为广泛，构成更为复杂，有着不同的利益诉求、思想基础和从业心态，价值取向多元化，对企业党组织的依附作用会有所弱化，这些变化对党组织的凝聚力建设提出了新的挑战。

(五) 在筑牢党在国有企业的执政根基中凝聚共识

坚持党的领导、加强党的建设是确保国有企业做强做优做大的根本保证。8月4日，习近平总书记对全国国有企业改革座谈会做了重要指示，强调必须理直气壮做强做优做大，不断增强活力、影响力、抗风险能力，实现国有资产保值增值。同时强调要坚持党要管党、从严治党，加强和改进党对国有企业的领导，充分发挥党组织的政治核心作用。要改进党的领导方式和执政方式，坚持科学执政、民主执政、依法执政，坚持党总揽全局、协调各方的领导核心作用。十八届五中全会确定了"十三五"时期经济社会发展新的目标要求，提出创新、协调、绿色、开放、共享的发展理念，并对深化国有企业改革作出部署，强调"坚定不移把国有企业做强做优做大，更好地服务于国家战略目标"。

中建总公司是世界最大投资建设综合企业集团，主营业务包括房屋建筑工程、国际工程承包、房地产开发、基础设施建设与投资以及设计勘察五大领域。经营地域包括全国各省市区和海外37个国家。近5年，新签合同额、营业收入、利润总额年均增长都在20%以上，2015年新签合同额超过1.6万亿元，排名"世界500强"第37位，在中央企业中列第4名；2016年列世界500强第27位。

中国建筑在"世界500强"排名上升情况

目前，中国建筑及所属企业共有党组1个，党委365个，党总支498个，党支部4644个，党员85103名，占员工总数三分之一。

二、在深化企业改革中牢固确立党组织的政治核心地位

(一) 在加强顶层设计、优化党建体制机制上确立党组织的政治核心地位。

一是建立完善了"双向进入、交叉任职"的领导体制和工作机制，实行党委常委与董

事会成员高度重合的方式,党委委员与经营高管层高度重合的方式,解决党组织参与企业重大问题决策的问题。

二是清晰界定了各主体在重大问题决策中的职责,以《"三重一大"决策制度实施管理办法》、《"三重一大"决策议题目录及部门责任分工》等内部规范性文件规定了"三重一大"决策的主要决策形式由总公司党组会、董事会、董事长常务会、总经理常务会组成。根据决策议题设置和需要,由党组书记、董事长和总经理提议召开相关议事会议并主持。

三是开创了董事长常务会议制度,创造性地建立了一个由党组成员、执行董事、监事会主席和经理层人员组成的包容性较宽泛的议事平台。董事长常务会议经董事会授权,讨论决定公司的重大投资、收购等"三重一大"事项。由于党组成员为董事长常务会议的当然成员,因此这种方式相当于党组扩大会议。董事长常务会议审议的事项,如需提交公司董事会或股东大会审议,则按规定程序办理。同时,董事长常务会议是由董事会授权决策,董事长主持会议,公司执行董事、监事会主席和高管人员都参与议事,因此这种方式也相当于董事会的授权议事机构。这种创新工作机制成为党组和董事会的共同基础和纽带,凸显的是控股股东权责和党组织对上市公司的政治关切,既很好地履行了党组织的领导地位,又使党组织很好地融合到了董事会制度之中。

四是在基层单位推进"党政一肩挑"新领导体制改革,党组织负责人由原来事实上的"二把手"成为真正意义上的"一把手"。即在基层单位(项目)由符合复合型素质条件的行政"一把手"(项目经理)兼任党组织书记,党建工作任务与生产经营目标任务书一并下达,工作流程一并设计,考核评价一并进行,基层党组织在资源配置和价值创造上有了更大的空间。

(二)在推进标准化管理、健全党建机构体系上确立党组织的政治核心地位。

围绕企业生产经营这个中心,结合公司治理结构,修订公司党组办事机构职责,制定了《党建管理规定》和《党风廉政建设管理规定》。修订党群工作业绩考核管理办法、纪检监察组织机构与队伍建设管理办法,制定了纪委书记、副书记、监察机构正职提名考察任免实施办法,并要求所有二级单位将党的建设写入企业章程,重新修订"三重一大"决策制度管理办法。

中建把党建工作作为企业管理的重要组成部分,树立了"各级企业生产经营的第一责任人,也是党建工作的第一责任人"理念。中建在发展规划("十三五"规划)、组织机构、制度规范、工作内容等方面重点推进党建标准化制度建设,形成从基层项目党支部到党组一整套工作制度和标准。

1. 推行党的机构体系建设标准化

公司制定了《党建工作管理规定》、《总部组织机构管理办法》等制度,对各单位党组织机构设置进行了统一规范,使之与企业法人治理结构运行机制相融合。将党建职能部门划入A类部门,要求各子企业建立上下贯通、沟通顺畅的党建组织机构体系。公司要求新设机构、新承接项目必须同步设立党组织,做到党组织百分之百全覆盖。巡视整改期间,系统内各单位新设党群工作部门155个,新增党群工作人员(含兼职)793名,新组建党组织285个,新组建工会组织289个,新组建团组织364个,新建、新修订各种管理制度

505项。

公司稳步推进企业负责人"党政一肩挑"领导体制变革。要求符合条件的企业党政主要负责人由一人担任，全面负责党委和行政工作；设专职副书记，主管企业党群日常工作。共有2563个机构施行了"党政一肩挑"领导体制。其中：二级单位29个，占同级机构总数（33个）的87.88%；三级单位254个，占同级机构总数（451个）的56.32%；四级单位260个，占同级机构总数（716个）的36.31%；项目层面2020个，占应实施项目总数（3818个）的52.91%。

2. 推行党建制度流程设计标准化

公司编制了《党建标准化管理手册》（分为制度分册和流程分册），手册涵盖了40项党建管理制度，收录了56个管理流程、140个党群管理表格。2014年，我们对多项党建管理制度进行修订，整合为《中国建筑党建管理规定》，该规定在具体的落地和操作层面为子企业留有接口，各子企业也结合各自的实际进一步细化规定，形成简便、实用、易操作的实施指导书。如：中建一局的"两册一书一表"（标准化支部手册、党员手册、作业指导书、党建工作报表）；中建三局的《党支部工作标准》、《项目党群管理策划书》；中建八局的《党群管理实施手册》、《党支部工作手册》等。2015年下半年，我们将制度分册、流程分册进行合并精简，修订为新的《中国建筑党群工作标准化管理手册》，新手册包括8项管理制度和36个管理流程。

3. 推行党建目标责任考评标准化

坚持党建工作与经营管理工作"五同步"（同部署、同实施、同检查、同考核、同奖惩），要求各子企业必须把党建工作作为企业管理的重要一环来抓。推动党建工作与业绩考核相对接，在2014年试行《党群工作业绩评估管理办法》的基础上，新印发了《子企业党群工作业绩考核评价管理办法》，提升了党建工作的考核权重和运用力度，将考核结果纳入对子企业的总体绩效考核体系，成为对子企业党组织书记、党的工作部门奖励兑现的重要依据，实现了将党群工作的"软"任务变成"硬"指标的全面升级。

（三）在打破专业壁垒、配强党务人员资源上确立党组织的政治核心地位

一是坚持正确的选人用人导向。坚持五湖四海、德才兼备、业绩突出的选人用人导向的同时，强化党政复合型、双经历的选拔标准，担任主要领导的，一般都要具备党政复合经历；坚持促进发展原则，按照业绩与贡献，打破企业级别概念，对大型投资项目公司、优秀三级公司第一负责人进行职级提任。

二是按照"双向进入、交叉任职"的要求，积极推进党委会成员与董事会、监事会、经理层的交叉任职；在班子岗位职数的设置上，专门设立党委副书记岗位，以协助党委书记抓好企业党建工作。从领导体制、用人导向、职责设定等方面有效解决党建工作与经营管理"两张皮"的问题。

三是坚持人才的轮岗交流，拟定了领导人员轮岗交流指导意见。制定了"3、6、9"制度：距退休年龄3年时，一般不再担任领导职务；同一岗位任职达6年，一般要轮岗交流；在同一岗位任职原则上不超过9年。公司二级子企业领导班子成员中具备党群、行政"复合型"经历的领导人员达到140人，占二级班子总数的45%。

(四）在做强基层党建、融入企业中心工作上确立党组织的政治核心地位

中建将管党治党作为最大的政治任务，以上率下带头落实全面从严治党主体责任，健全责任体系，层层压实主体责任。中建自成立之初便坚持把支部建在项目上，实现党组织的全覆盖，党的基层组织在施工一线得到有效延伸，结合巡视整改长效机制、"两学一做"学习教育，严肃党内政治生活，实现党组织活动全覆盖。注重加强党组织带头人队伍建设，发挥基层党组织的战斗堡垒作用。比如，2011年2月，在利比亚撤侨行动中，中建所属的项目党组织创造了3天安全撤出1万多名员工的奇迹；涌现了"大姐书记"陈超英、全国十大抗洪救灾优秀党员李文兴等先进典型。

作为中国较早走出的央企，中建还在海外党建方面进行了一些探索。在开拓国际市场中，党组织融入生产经营，公司在阿尔及利亚坚守30年，成为所在国最具竞争力的公司；在香港，中建所属的中海集团作为在港重要的中资企业，以争当"在商言商、在商言政"双排头兵为己任，在社会参与工作方面发挥重要作用。为做好当地发展工作，中海集团自2003年起率先在香港当地员工中创立义工组织，目前义工队伍规模从最初的14人发展到近年来的120多人，成为香港中资企业社会参与工作的一支重要的生力军。

在农民工管理方面，通过"三联建三联创"活动，与农民工队伍成立联合党支部、工会联合会和联合团支部，吸纳农民工党员、工会会员、团员参与党员先锋号、工人先锋号、青年文明号等创建活动，从源头上实现党工团的全覆盖。

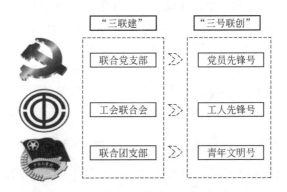

中国建筑不断探索完善"三联建""三号联创"工作体系

（五）在从严管党治党、抓好党风廉政建设上确立党组织的政治核心地位

围绕企业权力行使落实党风廉政建设与反腐败工作，严格《公司"三重一大"决策制度实施管理办法》，执行标准化决策流程，列出77项"三重一大"决策权力清单，明确承办责任部门和决策主体，建立决策全过程管理台账，基本形成比较完善的权力规范与权力监督体系。开展以"三重一大"决策为内容的党纪监督和项目管理综合监察。整合监督资源，强化党内监督，成立了由纪检监察、审计、监事会、质量安全等专业部门构成的监督委员会，形成了大监督体系，并开展企业内部的专项巡视。纪检监察部门严格执纪，深入推动中央八项规定精神的落实，对29名违反中央八项规定精神的违纪人员进行了党纪政纪及相关处理。持续加大惩治腐败的力度，全系统立案206件，涉案666人，对8人采取

了"两规"措施，给予党纪政纪处分270人，移送司法机关111人，追究刑事责任43人，收缴违纪违法金额1306万元，避免直接经济损失14.7亿元。

（六）在完善绩效考核、落实党建奖惩问责上确立党组织的政治核心地位

充分发挥考核的指挥棒作用。公司不仅对子企业党建工作体系（组织体系、责任体系、制度规范体系）进行考核，而且对党建工作的常项工作、重点工作和创新工作进行考核。此外，根据主营业务及发展情况的差异，公司推进分类考核，将子企业分为5类（工程局、设计院、专业公司、海外机构、直属单位）进行考核。在具体的指标设计上，体现对5类公司的最底线要求。

与各级领导班子、党组织书记以及党的职能部门收益挂钩的业绩考核，成为各级子企业重视和加强党建工作的重要法宝利器。通过党建工作业绩考核，既明确了目标和责任，也确保了党建工作与生产经营工作的"同规划、同部署、同落实、同考核、同奖惩"。

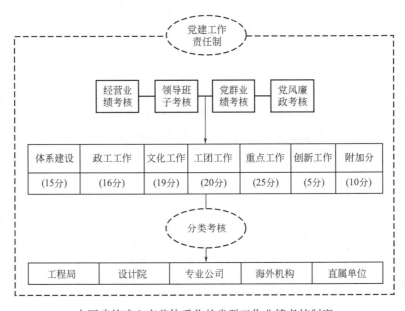

中国建筑建立完善体系化的党群工作业绩考核制度

三、破解党建工作难题的对策与做法

公司聚焦企业深化改革中存在的"基层党组织政治核心作用不能有效发挥"、"党群组织弱化"、"党委书记重业务轻党建"、"第一责任人履职不到位"等问题，将全面落实"两个责任"作为首要政治任务，积极研究探寻破解党建新难题的对策，并打出了一套"组合拳"，保障了企业改革的顺利推进和健康持续发展。

（一）推进专项整改

中建对"党群组织弱化"问题的整改工作历时7个多月，覆盖了全系统32家二级单位、725家三级单位、986家三级以下单位和3392个在施项目。公司突出问题导向，共查

找出党群组织弱化问题 5331 个,提出整改措施及建议 5748 条并按要求推进整改落实。公司将 32 家单位的整改报告汇编成了《巡视专项整改工作报告汇编——"党群组织弱化"和"全员参与整改"问题》,并将各单位在整改工作中的优秀党群组织建设案例汇编成《党群组织建设优秀案例集》。两本材料汇编成为公司督导子企业整改落实和抓好基层党群组织建设的重要依据和参考。各单位在组织体系、制度体系和人员配备方面整改措施明显,取得了积极的改进效果。

(二)优化管理体制

中建规范了各级单位党委会、董常会、总常会等的议事规则,实现党的领导、"三重一大"与董事会、经理层依法依规经营管理的有机结合。2015 年,总公司党组参与了中组部干部五局关于党组织在公司法人治理结构中的地位及发挥作用的体制机制研究课题,进一步厘清了党组织与公司治理有效融合的思路。建立健全企业监督委员会制度,整合纪检监察、巡视、审计、法律等监督资源力量,努力构建党委牵头,纪委主抓,监督委员会组织协调,职能部门各司其职,职工群众积极参与的"大监督"格局。

(三)健全组织体系

中建开展了党群组织机构、纪检组织机构、人员配备及项目党支部现状自查。截至 2015 年 9 月底,全系统新设基层党组织 160 个、纪检组织 59 个,充实党群工作人员(含兼职)640 名,新增专职纪检监察人员 340 名。目前,全系统党群机构的应设尽设与相关人员已基本全部到位(含兼职)。

(四)完善制度建设

中建修订了党组办事机构职责,制定了党风廉政建设管理规定。加强基层纪检组织建设,修订纪检监察组织机构与队伍建设管理办法,制定纪委书记、副书记、监察机构正职提名考察任免实施办法。此外,所有二级单位重新修订"三重一大"决策制度管理办法。同时,我们还完成了二级单位专职纪委书记的清理工作,为"三转"工作创造了条件。

(五)推进责任落实

1. 开展全面约谈

中建总公司党组书记官庆代表党组在公司历史上第一次全面系统约谈 28 家二级单位党委书记。时任纪检组组长刘杰分批约谈 20 家二级单位纪委书记。

2. 签订责任书

中建总公司党组、纪检组分别同 33 家二级单位党委、纪委签订了党风廉政建设和反腐败工作主体责任书、党风廉政建设监督责任书。

3. 严肃开展检查

公司党组在 2014 年普检了全系统 32 个二级单位和 22 个三级单位党组织主体责任落实情况的基础上,2015 年 6-7 月,党组再次随机抽查 10 家二级单位。

4. 加大责任考核力度

公司建立了党建工作、主体责任考核机制,将党建工作、主体责任落实情况纳入班子整体绩效考核；将"一岗双责"列为领导人员"业绩"指标中的单独指标专门考核并占据相当权重。

（六）抓好评议考核

公司根据中组部、国资委的有关要求，研究制定了党委书记抓基层党建工作述职评议考核具体工作方案，组织开展了系统35家二级单位的述职评议考核。这其中，我们根据日常掌握了解的情况，综合考虑党建工作特色、单位区域分布、专业板块代表性等方面的因素，从中选择中建一局、中建二局、中建三局、中建八局、中建西南院、中建钢构、阿尔及利亚公司等7家单位进行了现场述职。

在述职内容上，紧紧围绕坚持党的领导、加强党的建设这一主线，聚焦基层党建、党委书记第一责任人履职、存在的问题以及整改等内容，进行述职考核。同时，将中央专项巡视中指出的重业务轻党建等问题，以及中央企业党的建设工作座谈会上指出的党建工作弱化、虚化、淡化和管党治党责任缺失等问题的排查及整改也一并纳入述职评议考核的内容，切实增强了述职评议考核工作的实效性、针对性。

在现场评议环节，按照"述、问、评、测"的要求，有针对性地对各发言单位进行提问、点评，并进行现场测评。述职会结束后，我们根据书面述职报告和日常掌握了解的情况，对其他书面述职单位进行评议。各单位评议考核结果经党组审议后，报国资委党委，并在一定范围内公布。同时，加大了评议考核结果的运用力度，对那些考核结果偏低靠后的单位和人员，经认真分析研究后，确系个人原因的，及时进行了诫勉谈话或组织调整。

在总公司层面，班子成员利用各种出差、会议、工作调研等机会，一并对各二级三级单位基层党建工作情况进行调研。同时，结合基层调研、党组民主生活会征集意见等情况，对总公司以及各二级单位在基层党建工作中存在的问题不足进行梳理，并在现场述职会上进行客观点评，述职后及时组织整改。

四、进一步加强和改进党建工作的着力方向

在深化国有企业改革中，加强和改进企业党建工作成为今后较长一段时期的重要任务和重点课题，企业党建工作也将面临诸多的困难和挑战。加强和改进国有企业党建工作，必须坚持两条主线，即加强党的政治领导和监督考核，全面落实从严治党管党责任；持续筑牢企业党建工作根基，不断提升基层党组织凝聚力和战斗力。只有抓住这两条主线，在全面深化国有企业改革中，党建工作也就有了主要方向和重要抓手。

（一）加强党的政治领导和监督考核，全面落实从严治党管党责任

1. 认真贯彻落实中央关于党建工作的要求

认真贯彻落实党的十八以来历次全会精神、习近平总书记系列重要讲话精神和中央关于加强党建工作的有关要求。坚持问题导向和底线思维，抓好顶层设计和全程把关，全面加强和改进企业党建工作，努力把企业党建工作抓好、抓实、抓出成效。在顶层设计方面，在企业发展规划中进一步明确这方面的要求和内容。在企业的改革发展中坚持落实"四个同步"——党的建设同步谋划、党的组织及工作机制同步设置、党组织负责人及党

务工作人员同步配备、党的工作同步开展，实现领导体制对接、运行机制对接、制度规范体系对接和工作对接。

2. 进一步健全并严格落实企业党建工作责任制

以党组织书记述职评议考核为突破点，进一步提升系统各单位党组织书记履职尽责、管党治党的意识。坚持从严治党、思想建党、制度建党，增强管党治党意识，落实管党责任。抓好党的意识形态工作责任制的落实，把年度党建工作重点作为业绩考核的年度目标责任依据，签订党风廉政建设工作责任状，深入推进党群工作业绩考核，将党建工作的要求具体化、指标化，充分发挥考核指挥棒作用。

3. 强化党风廉政责任制的落实执行

结合《廉洁从业准则》、《纪律处分条例》的贯彻落实，对相关的管理制度、工作流程进行优化完善，并认真抓好制度的执行和对各级党委贯彻落实党风廉政责任制的考核评价。不断完善"大监督"管理体系，结合生产经营，将监督重点、工作重心由目前对各级企业总部管理行为的事后监督惩处，转变为直接深入项目经营一线的事中、事前监督防范。同时，加强领导干部的日常监督管理，切实做好个人事项报告抽查、干部人事档案审核、选人用人信访举报的核查等工作，使监督管理成为一种工作常态，在不断增强领导人员的纪律规矩意识的同时，也让广大领导干部更习惯于在监督下更好地履职。

4. 进一步优化党建工作体制机制

把加强党的领导和完善公司治理、深化改革和推动发展统一起来，把党建工作总体要求纳入企业章程，在企业章程（尤其是新设、重组、合并的企业）中明确党建工作的总体要求，将党组织的机构设置、职责分工、工作任务纳入企业的管理体制、管理制度和工作规范，深化和改进"党政一肩挑"领导体制（未配备专职副书记的要督导配齐），明确党组织在企业决策、执行、监督各环节的权责和工作方式以及与其他治理主体的关系，切实使党组织成为公司法人治理机构的有机组成部分，使党组和党组织发挥领导核心作用和政治核心作用组织化、制度化、具体化。在党建标准化工作的基础上，加强对不同类型基层单位党建的分类指导和督查，重点督查党组织是否健全、党的工作机构是否健全、党务干部是否配齐、党建责任是否明晰、党建制度是否健全、是否做到遵规执纪等方面，坚决避免部分个别单位在改革中削弱党的领导、弱化党的建设等问题。

（二）持续筑牢企业党建工作根基，不断提升基层党组织凝聚力和战斗力

1. 坚持因势利导抓好党的集中学习教育和专项整治重点工作

今年开始开展的"两学一做"（学党章党规、学系列讲话，做合格共产党员）学习教育，是面向全体党员深化党内教育的重要实践，是推动党内教育从"关键少数"向广大党员拓展、从集中性教育向经常教育延伸的重要举措。包括上半年中央陆续部署及国有企业开展的党员组织关系排查、党费收缴督查、党费使用核查、按期换届情况排查整改、党组织分类定级以及软弱涣散党组织整顿等工作，都是落实从严从实治党管党要求的具体体现和重要举措。在深化国有企业改革中，企业党组织将会遇到国际国内、宏观中观、纷繁复杂的新问题、新困难，解决这些问题、克服这些困难的核心和关键在于——坚持执行党的基本制度和系列重要讲话要求、严肃严格党内的政治生活。要从最基本的党内管理工作去落实。从党员的发展和组织关系管理，党费收缴、使用和管理，党组织按规定换届，党内

干部的选拔、任用，党员违纪行为的处置、落实"三会一课"制度等基本的管理工作逐步规范和强化企业党的建设工作。

2. 党建工作一定要眼睛向下、重心下移

坚持眼睛向下、重心下移，把资源配置到基层，把力量倾斜到基层。切实把三级、四级单位和项目的党建工作抓实、抓好。第一，强化组织建设。重点要求各单位做到"确保机构健全、人员到位、活动经常、工作有效"。继续坚持"支部建在项目"上的要求，努力做到党组织百分之百覆盖、书记百分之百配备，充分发挥党建标准化示范点的带动引领作用。第二，全面推行党建业绩考核和党组织书记党建履责考核评议，并使考核与绩效兑现挂钩，促使基层党建工作全面落地。尤其要进一步发挥基层党组织的战斗堡垒作用，对基层组织在重大项目履约、艰苦地区经营、海外市场拓展、管理层级压缩、低效企业处置、员工队伍稳定中作用发挥情况予以考核评价，真正促进基层组织实现"四同步、四对接"。第三，按照中央要求扎实开展"两学一做"（学系列讲话、学党章党规、做合格的共产党员）专题教育，要求公司所有党组织严格遵规执纪，尤其是认真执行党的政治纪律、组织纪律、廉洁纪律、群众纪律、工作纪律和生活纪律。第四，积极使用微信、微博、互联网＋等现代信息技术手段，创新工作方式方法，提升基层党建工作活力。

3. 抓好"关键少数"，选好配强企业党的领导班子

在深化国有企业改革中，坚持党的领导，加强和改进党建工作的关键在于抓好"一把手"和"关键少数"。"一把手"和"关键少数"在资源分配方面起决定作用，通过管好他们，进而推动企业在章程修订、体制变革、机制运行、制度建设、考核评价等环节强化对党建工作的重视和改进。

4. 有效开展党建绩效考核

党建工作不能光嘴上动、不能光喊口号和主义，也不能光定目标不考核不兑现。要切切实实地通过党组织负责人去落实党的要求抓好党组织的管理，要与党组织负责人的切身利益挂起钩来，要认真抓好并强化党建考核工作和党组织书记述职评议考核。完成党建工作考核和兑现，才能够实现党建工作"定目标-定计划-定措施-推进落实-考核评价-兑现利益"的全周期闭合管理。

5. 适时创新党建活动载体

抓党建工作不能总是老思维、老模式、老办法，党建工作也要跟上形势的快速变化。当前，深化国有企业改革已到了攻坚期和深水区，宏观经济进入"新常态"，混合所有制带来产权多元化，党员职工构成更加复杂化，这些新现象、新形势、新问题，需要各级党组织在保证落实党的政策的前提下做好载体和方法创新，通过符合政策、符合形势、丰富新颖的工作载体和方法，满足形势快速变化的企业管理需求、满足日益复杂的党员管理需求。

6. 统筹抓好海外党建工作

一是建议中央层面突出强化境外党建工作导向。出台相关指导意见，遵循因地制宜、务实管用原则，使境外党建做到内外有别、灵活简便、安全保密、务实高效，服务国家"走出去"和"一带一路"战略。二是企业层面因地制宜、灵活简便开展海外党建工作。充分评估海外特殊的政治、经济、宗教、文化等因素，创新工作方法，执行必要程序，简化操作流程，做到内外有别、灵活简便、安全保密、务实高效。

7. 积极推进农民工党建工作

一是建立健全企业农民工队伍党建工作责任制。严格按照流动党员管理工作的有关要求，主动了解掌握企业农民工党员情况，逐步建立输出地基层党组织、流入地基层党组织和用人企业基层党组织密切配合、共同负责的党员教育管理体系和党建工作责任制，形成齐抓共管、多方配合、各司其职的工作格局。使企业农民工党员"离乡离土不离党"，增强农民工党员的组织归属感。二是推进企业农民工党员管理信息化。充分利用现代网络技术和手机智能终端，开辟"农民工党员之家"、"关爱农民工、走进党支部"网络专题，开发农民工党员管理手机APP，设置农民工党员专用邮箱、学习园地，将党的知识、政策法规、务工技能、家乡发展等内容投放到网上，引导农民工党员加强自身政治理论和务工技能学习。三是探索建立企业农民工党员考核评价和激励惩处制度。研究制定科学的考评体系，探索建立农民工党员创先争优的激励机制和违规违纪的惩处机制。

（本文课题组成员：郭景阳、冯小林、廖东红、崔鹏伟）

党组织如何在国有企业中发挥政治核心作用

北京市建筑设计研究院有限公司

国有企业完善法人治理结构必须与发挥党组织的政治核心作用紧密结合,这是建设中国特色现代企业制度的本质要求。党组织与公司董事会、经理层的关系如何界定?企业党组织如何切实发挥政治核心作用?北京市建筑设计研究院有限公司结合实践经验,进行了认真的总结和研究。

一、建立健全党的组织,合理设置党的工作机构

坚持党组织调整设置与企业深化改革的调整方案同步考虑,党组织负责人与法人治理结构组成人员同步安排,党的工作机构与公司生产经营机构同步设立,党组织工作与公司经营管理工作同步开展。改制后,公司在新成立的二级院,设立党总支及专职书记;在职能部门、事业部、二级设计所、二级公司设立党总支或党支部,规模比较大的部门设专职书记或副书记;三级部门可以设党支部和兼职书记。理顺党组织隶属关系,按级管理,公司党委一般不直接与三级党组织发生关系;对控股公司也设立党组织;对外地分支机构,按照属地管理原则,与属地协调建立党组织。按照精干高效的原则和有利于党的工作开展、高标准履行职责的要求,配备党总支、党支部书记;党员人数较多的二级部门,设专职的党务工作人员;党员人数较少的二级部门,设兼职党务工作人员,有效克服党的工作有人问没人做的现象。

二、规范党组织与企业法人治理结构的工作关系

按照"统分结合、交叉衔接、协调制约、运行有序"的原则,建立具体的工作规则和工作流程。统分结合。公司党委要做好统一发展目标,统一发展思路,统一工作步调工作,积极支持董事会、监事会、经理层依法依章行使职权。交叉衔接。党组织和董事会、经理层、监事会实行双向进入、交叉任职,并依据有关的法律章程办理。在二级部门,党支部书记兼任副总经理(或副院长、副所长)、二级总经理(或院长、所长)兼任党总支副书记或党支部副书记。从公司具体情况看,人数较多的二级企业单独设党组织负责人效果会更好。协调制约。对"三重一大"等事项,建立既相互协调,又相互制约的工作机制,确保和发挥党委会充分参与、董事会统一决策、经理班子具体实施、监事会有效监督的作用。运行有序。分别制定党委会、董事会、监事会、经理办公会的议事规则,建立合理的工作流程,靠制度管人、按程序办事。二级部门参照公司的模式运行。

三、明确决策内容，健全和完善党组织参与重大问题决策的工作机制

党组织参与的"三重一大"事项的决策，重点在于健全民主集中制和民意反映机制。决策前进行意见征询、调查研究、专家论证，充分了解职工群众意见，在党内形成决策建议方案；健全党委会制度、重大事项报告制度、工作例会制度，规范党组织议事决策规则和程序，搭建党政高层管理人员沟通思想、统一步调的工作平台，形成"党政目标一致、相互信任、能力对等、信息对称"的工作局面；通过董事会、经理层和监事会中的党员干部，将党组织和群众的意见体现在决策方案中，保证决策程序的民主合法性。近年来，公司机构改革、战略规划、重大支出及清理兼职与高额补贴的等工作，都是在党委的参与、主导下完成的。

四、落实党管干部、党管人才原则，建立健全企业负责人管理体制和机制

按照德才兼备、以德为先、注重实绩、群众公认的原则，进一步建立健全组织决定与公选、公招、竞聘等形式相结合的干部选任机制，建立健全选聘、评价、考核、激励、约束机制。党委依规推荐干部，管理好党群干部，培养后备干部；按照政治上靠得住，工作上有本事，作风上过得硬的要求，努力建设一支政治素质好、经营业绩好、团结协作好、作风形象好的干部队伍；落实党的人才政策，做好高层次人才的开发与管理工作，积极营造培养、吸引、使用人才和发挥人才作用的良好环境。整合人才资源，将精神激励、人文关怀与物质奖励、职务晋升相融合，努力把优秀人才吸引到党组织中来，为公司发展战略的实现提供人才保证。

五、建立健全凝聚职工群众，推进企业健康发展的组织动员机制

党委按照依法治企的要求，坚持服从整体利益、尊重个体利益、协调群体利益、发展共同利益，依法保障和维护公司各方利益，凝聚各方力量，促进公司发展战略、发展目标的实现。领导和支持工会、共青团等群众组织依照法律和各自章程独立自主创造性地开展工作，依法维护职工的合法权益，发挥各方对企业发展的积极作用；维护公司经济运行秩序、安定稳定，营造企业健康和谐发展氛围。

坚持把思想政治工作、精神文明建设与企业文化建设有机结合，有针对性地做好经常性的思想教育工作，坚持思想工作与解决实际问题相结合，为群众办好事、办实事、解难事；引领和推进公司文化建设，培育优秀的企业精神，促进公司核心竞争力的培育和发展；积极推进文明单位、文明职工的创建工作，实现公司和谐、稳定、快速发展。

六、落实廉政与维稳工作责任制，推进廉洁从业与安全稳定工作

两级党组织切实承担起廉政的主体责任和维稳的主要责任，加强对干部的廉政教育与有关廉政制度的落实，确保不发生影响公司改革发展的失廉问题。落实群众来信来访制度、内部矛盾排查调处制度、责任追究制度和调处反馈机制等工作制度，妥善调处有可能发生的各种矛盾纠纷，促进公司和谐发展；建立健全平等协商和集体合同制度，创造和谐的劳动关系；以防范为重点，在改革、重组、改制过程中，加强对职工思想动态的分析，针对性地开展思想教育工作。

七、努力营造有利于加强党建的工作环境

落实党建工作责任制。书记是党建工作第一责任人，要把党建工作状况作为考核党组织工作业绩的主要内容和书记任免奖惩的重要依据。兼任党内职务的主要领导人员和党员领导干部要坚持"一岗双责"，积极支持党组织的工作，自觉接受党组织的领导和监督。

加强调查研究，实行分类指导。结合改革的实际情况，坚持重点突破，分类指导，整体推进，切实解决公司党建工作的热点和难点问题，创建一套与现代企业制度相适应、保证党组织有效发挥政治核心作用的党建工作机制，把公司党建工作提高到一个新水平。

创造良好环境，提供工作保证。积极营造有利于党组织发挥政治核心作用的良好环境，在制度设计、经费投入等方面给予保证。按在职党员年人均不低于300元的标准核定党组织活动经费，所有二级公司要在公司章程或相关协议中明确党组织的机构设置、人员编制和经费保障等条款。要真正重视、真情关怀、真心爱护党务干部，培养复合型干部，提高党务干部素质、能力和水平，对党务干部与企业其他管理人员一视同仁，切实做到同考核、同待遇、同奖惩、同提拔。

（执笔人：王英树）

坚持在继承中创新　努力提升国企党建水平

徐树青

加强和改进企业党的建设，促进企业的经营和发展，是巩固党的执政地位，保持和发展党的先进性的必然要求。随着国有企业改革发展的持续深入，企业党建工作的环境和条件发生了深刻变化，企业职工所依存的经济组织的所有制形式多样化，给企业党建工作提出了新的任务和要求。新的历史条件下，企业党组织必须从工作理念和精神上，继承好的工作传统，不断创新思路、体制、方法、载体，寻找适合国有企业党建工作的特色道路。

一、充分认识在继承中创新党建工作的重要性

历经95年的革命和建设，我们党形成了许多优良的传统，党的建设，曾经是革命战争年代党的"三大法宝"之首。党的全心全意为人民服务的宗旨、党的三大作风、党与人民群众的血肉联系等，都是我们的光荣传统，我们首先要做到的是继承、保持和发扬。然而，党的优良传统不是一天形成的，是一代一代革命先驱在长期的革命和建设的实践中不断地继承创新发展起来的，列宁主义是对马克思主义的继承和创新，毛泽东思想又是对马克思列宁主义的继承和创新。因此，我们所说的继承，也包含着创新。企业党建工作，没有继承，将没有正确的轨道和方向，没有创新，将失去旺盛的生机与活力。创新是永恒的主题，人类的发展、社会的进步，都是通过创新来实现的，党建工作也不例外，创新是出路，是动力更是活力。党的十八大以来，中央把加强党的建设，推进党建工作创新放在了更加重要的位置。

可以说，"创新"一词现已成为党建工作中的一个热门话题，或者说是一种时髦用语。这也引得不少同志像追赶时尚一样追求创新的效应，为创新而创新，创新的举措不是产生在调查研究实践检验的基础上，而是拍脑袋想出来，与本单位的工作实际工作特点相脱节，与党建工作的自身规律缺乏有机的联系。这就违背了创新的宗旨，失去了创新的意义，这种舍本求末的做法，其结果必然与初衷背道而驰，与党组织和党员的要求渐行渐远。企业党组织必须正确认识并妥善处理党建工作继承与创新的有机关系，切实认识到，党建工作的创新，是一种更高层次的继承与发展，创新的思维和举措，都需要经受实践的检验。我们目前所进行的党建工作创新尝试和举措，都是从党建工作的实践中得到启发总结出来的。

当前，在一些企业仍然存在对党建工作思想认识淡化，党组织作用弱化，党员教育管理工作退化，企业党务政工队伍软化等现象。一些大型企业党的组织，由于其结构分散，党员构成层次多、分布广，党员自主意识强，相对于其他基层党组织，党的活动开展难度更大，要求更高，有时候党员全员集中一次已属不易，创新创特色更是难中之难。企业党

组织往往存在着"上冷下热"、"水流不到头"现象，基层党组织活动虽然正常，但形式相对陈旧，内容相对单一，仅仅局限于完成规定动作，自选动作零零星星，不成体系。企业党建工作中存在的问题虽然不是主流，但是必须引起高度重视，认真加以解决，否则会严重影响企业党建工作的顺利开展，影响现代企业制度的建立和企业生产经营任务的完成，会丧失企业发展的机遇，放弃企业党组织建设的阵地，这是对企业党的建设的一个新的考验。面对现实的压力，企业党组织必须以对党的事业高度负责的态度，深刻认识加强企业党建工作的重要性和必要性，自觉地、积极地、主动地做好企业党建工作创新，切实发挥好党组织政治核心和战斗堡垒作用。

二、在继承中创新党建工作必须遵循的原则

当前，一些企业党务工作者在开展党建工作中面临着问题和困扰。一是中国共产党作为执政党，九十五年的传承形成了完备的体系和机制，使人感到创新无从下手；二是对创新的理解和认识存在误区，一些同志往往认为标新立异就是创新，忽视了党建工作创新的意义和目的。这些问题和误区，包含着多重复杂的因素。既有历史的原因，也有现实的原因；既没有很好地站在全党工作大局来思考加强和改进企业党建的办法有关，也没有很好地按照"三严三实"、"两学一做"要求，积极探索新形势下企业党建工作的新路子有关。主要原因有：一是党的工作重点转向以经济建设为中心后，个别企业对党的建设工作重视不够，缺乏全面部署，措施不力，检查不够。二是在深化改革，进行企业转制过程中，少数单位在理解、制定、执行政策方面有片面性。只注重物质文明建设，注重经济、业务、经营指标的完成情况，而在企业党建方面缺乏要求。三是个别企业党的领导人员缺乏使命感和责任感，不思进取，在工作中缺乏积极性和创造性，放松了党性锻炼和修养。个别单位对企业党务干部队伍建设投入不多，缺乏系统培训。四是在建立现代企业制度的过程中，企业党委会与企业法人治理结构的关系尚未理顺。改制企业党组织发挥政治核心作用，依赖于党政主要领导人的自身素质，党委会与法人治理结构的关系、"老三会"与"新三会"的关系并没有彻底解决。为此，在抓好党建工作创新中，应坚持以下四个原则。

一是服务中心，服务大局的原则。党建工作必须服务经济、服务发展，创新必须创在实处，创出实效。围绕中心致力创新，切实找准党建工作服务经济、服务发展的切合点，这也是党建工作创新的方向。

二是实事求是，靠船下篙的原则。一方面，要针对本单位的工作实际和特点，具体分析工作中遇到的各种因素，拿出符合实际、切实有效的办法和措施；另一方面，要注重研究事物的规律，善于从基层点点滴滴创新的实践中发现闪光点，从个别的实践中总结出一般性的东西。把点上的经验上升到面上，扩大创新成果的运用与转化。

三是以人为本，党员主体的原则。党组织的一切工作与活动，都是党组织带领党员参与完成的，党建工作的创新，没有党员的积极参与，将无从谈起。党建工作的创新也要从维护好、发展好广大党员的切身利益出发，照顾到党员的个性发展的要求，兼顾到党员的兴趣爱好，注重维护党员的权益；这样，才会增强党员的主体意识，对党组织产生强烈的归属感，参与党建工作创新的热情也会高涨。

四是循序渐进，聚沙成塔的原则。党建工作创新不能好高骛远、盲目冒进，而是要做

有心人，善于引导、鼓励基层党组织点点滴滴的创新举措，发挥他们的首创精神，创新的要求要覆盖整个党建工作的全过程，哪怕是一个细节上的成功尝试，都要加以肯定和鼓励。只有无数的基层党组织创新的星火，才会形成燎原之势。

三、不断创新国企党建工作的途径和举措

当前和今后一段时期，是国有企业深化改革创新，实现发展新突破的关键时期。国有企业党组织必须把党建工作创新放到事关改革发展前途的高度，全面提高工作科学化水平，为企业持续做强做优做大提供强有力的思想和组织保证。

一是创新思路。思路决定出路。思路新，则举措新、面貌新。企业各级领导人员和广大党员要深入学习习近平总书记系列重要讲话精神，重点抓好总书记"七一"重要讲话精神的深入学习宣传贯彻，深刻理解不忘初心、继续前进的重大意义。坚持理论联系实际，把学习的收获转化为推动发展的强大动力和实际举措。企业党组织要认真总结和继承党建工作的经验和做法，坚持在继承中创新，在创新中加强，不断拓宽党建工作的新思路。要牢固树立三种新理念：第一，跳出党建抓党建。将党建工作与企业生产经营相结合、从严治党与依法治企相结合、发挥职工民主管理作用与维护企业领导人员依法行使经营管理职权相结合。第二，融入中心抓党建。紧紧围绕贯彻落实党的方针政策和企业重大决策来谋划工作、安排工作、落实工作，积极宣传贯彻党关于企业发展改革的方针政策，参与改革方案和措施的研究制定，为改革发展把握方向。广泛深入实际，认真倾听职工意见，善于集中职工智慧，为企业科学决策出谋划策。第三，贴近实际抓党建。贴近企业改革发展实际、贴近生产经营管理实际、贴近党员职工思想实际开展党建工作，促进企业改革发展中的重大问题入涉及职工切身利益的突出问题的有效解决。

二是创新体制。科学的体制，是企业党建工作更好发挥作用、持久发挥作用的关键。要认真研究和遵循新形势下企业党建工作规律，立足企业产权结构、经营方式等实际情况，积极探索党组织参与重大决策的有效途径。坚持建立健全运作规则和程序，探索管理者定期向党组织报告工作、党政领导重大问题决策前共同磋商、党委扩大会和党政联席会等制度，促进企业的科学决策、民主决策、依法决策。要按照参与决策、带头执行、保证监督的总体要求，将党组织政治核心作用贯穿于决策、执行、监督全过程，既保证董事会对企业重大问题的统一决定权，又保证党组织的意见和建议在企业重大问题决策中得到尊重和体现，把国有企业党的政治优势转化为确保国有资产保值增值的重要力量。创新党组织发挥保证监督作用机制，规范企业领导行为和经营行为，建立与现代企业制度相适应的教育、制度、监督并重的惩治与预防腐败的体制机制，切实搞好企业党风建设和反腐倡廉工作。落实好"三会一课"、党员党性定期分析和民主评议等制度，推动党内生活规范化。要全面落实党建工作责任制，确保经济建设和党建工作两手抓，两手都要硬。要抓住重点、选准开展党建工作的突破口，抓好党建目标管理，细化平时检查考核，继续对党建工作进行跟踪管理，实行季报、半年督查制、年终考评制，确保党建工作切实落到实处、取得实效。

三是创新方法。建立现代企业制度，企业的财产关系、组织形式、组织结构和权力以及党组织的工作条件都发生了变化。这些变化给党的建设工作提出了新的要求，党组织的

工作方法和活动方式必须适应现代企业制度的要求，从企业生产经营的特点出发，按照继承与创新相统一的原则，把企业改革的重点、生产经营难点、职工思想中的疑点和生活中的热点，作为党组织工作的落脚点。要善于研究新情况、分析新问题、采取新举措，努力探索符合实际、灵活多样、扎实有效的工作方法和手段。第一，创新党建活动方法。要做到"三个延伸"、"五个转变"，即在工作重心上向基层党支部延伸、向工作现场延伸、向经济工作延伸。第二，典型引路，抓点带面。每年召开一次党建工作经验交流会，及时总结和推广先进典型经验，发挥先进典型示范带动效应，实现重点工作的突破和整体工作的协调发展。第三，坚持用开放思维抓党建。定期组织基层党组织负责人、党务工作者"走出去"到先进企业学习党建工作经验，开阔视野，增强党组织干部的能力和水平。第四，创新群众工作方法。积极探索现代企业制度下发挥职工民主管理作用、维护职工合法权益的有效途径，正确处理职工民主管理与企业负责人依法管理的关系，支持企业负责人依法行使经营管理权力，把发扬民主和依法治企统一起来。大力支持工会、共青团组织开展劳动竞赛、青年文明号等特色活动，引导广大职工立足岗位，敬业奉献，创新创效，为改革发展营造良好氛围。

四是创新载体。面对新形势新任务，党建工作载体也在不断变化。必须不断总结好的经验和做法，推出行之有效的党建工作创新成果，让党员群众看到党建工作的新变化、新成效。要不断丰富工作载体，利用现代网络传媒优势，建设办公自动化系统、网上课堂、远程教育等，实现文件、信息网上传输，为内外部单位提供学习条件。加强新媒体、新技能的培训学习，鼓励广大政工人员主动应用新媒体、新技术和新方法，把握时代脉搏，主动创新和进步，成为应用思想政治工作新工具、新技术的行家里手。在认真总结经验的基础上，积极适应新形势、新要求，突出重点，全面深化各项创建活动，积极创新活动载体，着力在理论武装上下更大功夫，切实做好用中国特色社会主义理论体系武装领导班子头脑工作；着力在推动企业又好又快发展上下更大功夫，注意学习，加强研究，努力提高战略决策能力、经营管理能力、市场应变能力、开拓创新能力、风险防范能力和驾驭复杂局面能力。以重点工程、民心工程一线为主阵地，创造性地开展具有企业特色的党建主题实践活动，激发广大党员群众的积极性、主动性、创造性。寻找党建工作与经济工作最佳结合点，坚持"渗透融合服务"的原则，化无形为有形企业党组织要找准位置，为企业经营发展提供全方位、高素质的服务。紧紧围绕企业"十三五"开局各项工作、企业深化改革、实施创新驱动发展战略、供给侧结构性改革、产业结构优化升级、提质增效等重点工作，立足岗位、履职尽责、真抓实干，把"用心用功，奉献发展"落到实处。

（作者单位：天津房地产集团）

国有上市企业加强党建工作的若干思考

——以华建集团经验为例

陈文君

华东建筑集团股份有限公司（600629）是一家国有控股，以工程设计咨询为主业的高新技术上市企业，目前位列美国 ENR（全球工程设计企业）第 64 位。作为工程设计咨询行业的龙头企业，华建集团主持和参与了 70% 以上的上海标志性建筑设计工程。作为上海国资国企改革发展的试点企业，华建集团通过大量艰苦的借壳上市准备工作，于 2015 年 10 月 30 日正式登陆 A 股市场，实现了整体上市。

顺势而进源头解题　改制上市党建先行

企业的体制已经发生了根本性的变化，在理念、机制、标准、方式、流程乃至企业文化等方面也必须随之进行调整和升级。对于国有上市企业党组织而言，如何顺应改革发展的新形势，进一步发挥政治核心作用，融入中心、服务大局、凝心聚力、保驾护航，摆在华建集团党委面前有以下四大课题。一是基层党建工作的理念、体系、方法，如何与上市公司法人治理结构无缝衔接。国有企业上市后将进一步完善法人治理结构，上市公司目标的逐利性，对党组织发挥作用形成了新考验；党员、员工构成的多样性，对企业党组织的凝聚力和影响力带来新挑战。随着集团改革发展的新形势、新进展，国有基层企业党组织在现代企业制度下和法人治理结构中，如何履行好一个执政党基层组织的基本职责，进一步发挥好政治核心作用，亟须再定位、再调整、再提升。二是基层党建工作的有效覆盖，如何与市场开拓同步推进。上市企业大多数都是全国性甚至国际化企业，在各地设有分支机构，华建集团在全国有 30 个分支机构，在境外有 8 各分支机构，对于"走出去"分支机构，如何推进"属地化、全覆盖"，避免"盲点"和"空白点"，如何将企业的总体战略、价值观、理念、文化快速传递到分支机构的一线员工，发挥基层党组织的作用将"大有可为"。三是基层党建工作的考核评价体系，如何与企业的考核分配机制有机结合。上市公司讲究精细化管理。针对基层党建工作"考核什么""怎样考核""谁来考核""怎么评价"等问题，随有探索实践，也需要进一步精细化、精确化。四是党组织书记队伍建设，如何适应"年轻化"的要求。作为高新技术企业，人才是华建集团的第一资源，"以人为本、凝心聚力"是集团党建工作的重要任务。面对明显"年轻化"态势，基层党组织需要"在年轻人中开展好工作"，如何建好党务后备人才梯队、在党务干部中充实更多的"新鲜血液"，必须提上重要议事日程。

找准源头是解决问题的关键。对上述当前面临的问题，华建集团党委提出"改制上市、党建先行"，主动适应集团股份制改革后和现代企业管理制度的新要求，主动适应参与国际化竞争和扩大开放的新形势，主动适应党员和职工队伍思想观念和利益需求的新变化，重点围绕以下"五全"推进基层党的建设。

一是构建融入中心、富有活力、具有张力的"全过程"党建工作格局

在集团完善现代企业制度的进程中，关键是正确处理好包括"老三会"（党委会、职代会、工会）在内的企业党群组织体系和包括"新三会"（董事会、股东会、监事会）、经理层在内的现代企业法人治理体系的关系。正确处理好两者的关系，系统把握企业党群组织体系和现代企业法人治理体系的运行规律和特点的基础上，明确党群组织在现代企业法人治理体系中的责、权、利，合理强化党群组织在企业法人治理结构中的地位，实现科学配置、互相认可、有机衔接、密切配合，为党组织发挥政治核心作用提供体制性保障，确保"老三会"与"新三会"及经理层相辅相成、独立运作，使一方作用的发挥成为另一方更好发挥作用的基础和前提，切实提高两个体系的运行效率。

二是"继续坚持"和"逐步补强"两手抓，推进基层党组织建设"全覆盖"

坚持突出"四同时、全覆盖"。即：新组建单位、部门同时建立新的党组织；调整经营管理机构的同时调整党组织；选聘单位负责人的同时选配好基层党组织负责人；企业发展、效益提高、党员队伍壮大的同时提升基层党组织设置层级。一是聚焦消除空白，解决内地项目或分支机构"无脚"的问题。以内地区域中心为试点，摸清内地分支机构的人员、组织情况，加强内地分支机构的管控，逐步推进内地机构基层党组织建设"全覆盖"、组织生活正常化。二是聚焦分类指导，逐步解决内地项目或分支机构"无窝"的问题。确立"成熟一个，建立一个，巩固一个，提高一个"的党组织建设理念。按照项目分支机构的规模和党员人数，采取企业独建，企企、政企合建，行业联建等模式设置党组织。三是聚焦选好书记，解决内地项目或分支机构基层党建工作"无头"的问题。选派优秀的党务工作者担任或兼任内地项目或分支机构的党组织牵头人。将内地分支机构党组织负责人，作为年轻干部培养、挂职锻炼的重要途径。四是聚焦强化职能，解决内地项目或分支机构"无根"的问题。积极探索党建信息化管理，利用网络工具加强党员管理，让内地项目或分支机构的党员能及时了解集团发展动态，准时参与党组织生活。

三是完善党建工作责任体系，确保基层党建工作责任制"全落实"

一是建立规范完善的党建工作考核评价体系。编制《基层党支部工作评价指南》，将基层党支部年度工作分为"基础清单、负面清单、鼓励清单"，并归纳为"10+5+X"，即10项规定工作、5项"一票否决"、X项自选特色动作，推动基层党支部工作考核评价向科学化、规范化、精确化方向发展。二是使基层党建考评体系动态化、开放化。党建考评不能仅在党内转圈，要在对象上进行开放，邀请党内外代表参加，让党代表和群众代表对

党支部工作实时了解、过程参与、结果评定，使考核方式更加科学、有效。三是保障评价体系向"精确型"方向发展。把党建工作目标、任务、内容、标准、形式量化、实化、刚化。党支部工作目标评价体系上下贯通，成为可以量化便于考核的"硬指标"，"无形"的工作变成"有形"的管理。四是落实各级党组织的党风廉政主体责任。切实按照"重要工作亲自部署、重大问题亲自过问、重点环节亲自协调、重要案件亲自督办"的要求，促进企业完善"三重一大"决策制度，规范决策程序，运用制度加科技方法，加强重点领域风险防控。

四是增强基层党组织书记凝心聚力、创新突破、保障发展的能力，推进班长工程建设"全天候"

一是以培养党政复合型人才为方向，双管齐下，完善党务干部的后备梯队建设。在完善的法人治理结构下，坚持党管干部的原则，实现党政人才的交叉任职和贯通。二是继续分层分类，有计划、有重点开展党支部书记教育培训，着力提高党支部书记的学习能力、实践能力、创新能力。研究制定集团党务干部中长期学习培训和锻炼规划，坚持一手抓使用，一手抓培养，注重选派有潜力的党务干部参加脱产培训、挂职锻炼，不断加强党务干部的能力建设。三是建立完善党支部书记的激励机制，激发加强能力建设的内驱力。在有条件的组织内，对标核心员工决定党支部书记的工作业绩和薪酬标准，对被评为年度优秀党务工作者的，给予及时奖励，对一直表现出色的党务工作者，将其作为各级领导候选人进行推荐和培养。四是营造党支部书记能力发展良好的人文环境。关心党务干部的思想、工作和生活，切实维护和保证他们的合法权益，及时解决他们遇到的各种实际问题。

五是进一步推进基层党建工作与企业管理"全方位"融合，深化"一企一品"的亮点特色

一是注重形成"现代企业管理思维"。推行基层党建项目管理和网格化管理，实现党建全过程的控制和重点工作、重点部门、重点项目全覆盖；建立涵盖基层党建工作关键要素的业绩标准和指标体系，精确化评价党建工作的绩效，提高基层党建工作的有效性。二是注重形成关爱职工群众、服务企业发展的"服务思维"。巩固和扩大教育实践活动成果，进一步创新党员联系服务群众制度体系，推行党员设岗定责、公开承诺、建立联系点和联系困难群众等方面服务，完善党员联系服务群众的长效机制。三是注重形成党建工作特色化的"品牌思维"。围绕基层党建重点项目，打造在国资系统乃至全国叫得响的党建品牌，使"一企一品"对内成为凝聚力量、推动发展的重要动力，对外成为增强认同、提升形象的重要手段。加强书记例会和书记沙龙的交流和学习作用，进一步提高工作的系统性、整体性和周密性。四是注重形成"互联网思维"。通过党建主页、QQ群、微信、博客等信息平台，不断提高党建工作水平，多角度、多维度地推动党建工作方式创新。五是注重形成党员承诺、践诺、评诺的"党员主体思维"。坚持通过公开承诺活动，通过上级点评、自我讲评、群众评议，让党员把身份亮出来，把承诺的事情做出来，最终让人民群众满意。六是注重人人学习先进、赶超先进、争创先进的"创先争优思维"。引领和号召各级

党组织和广大党员开展岗位立功，充分发挥先锋和模范带头作用，不仅在日常工作上，更需要在集团急难险重的任务中争创先进和优秀。七是注重"思想政治工作思维"，加强党员经常性教育。严格组织生活，严明组织纪律，认真落实"三会一课"制度，健全完善制度规定。扎实开展党性分析、量化考核、民主评议等活动，增强党员的党章和党员意识。切实抓好党员队伍教育管理，严把新党员入口关，稳妥处置不合格党员，始终保持党员队伍的先进性和纯洁性。

（作者单位：华东建筑集团股份有限公司）

用好考核评价"指挥棒"，精耕国企党建"责任田"

——论全面从严治党新形势下国企党建考核评价工作的革新

廖 玲

"明者因时而变，知者随事而制"。在经济、社会发生巨大变化的今天，基层党的建设在过去所形成的理念、积累起来的经验，正在被赋予新的内涵。按照全面从严治党的新要求，国有企业的党建工作需要面临一次深刻的转型，要顺应国资国企改革、市场环境、社会条件和传播方式深刻变化的新形势，以时代的眼光和改革的思路寻求改进党建工作的新途径新办法。而如何科学、有效地评判党建工作开展的成效，为党建创新转型提供方向，成为当前加强和改进国企基层党建工作的重要课题。

一、国企党建考核评价工作的重要意义和作用

（一）加强和改进党建考核评价工作，是落实党要管党、从严治党责任的内在要求

党的十八大以来，全面从严治党成为党的建设新常态。落实从严治党要求，重在强化各级党组织党建主业意识、落实主体责任。当前，仍有相当一部分单位和同志对党建工作的重要性认识不足，重业务轻党建，党建工作流于形式、被动应付的现象依然存在，从严治党的浓厚氛围尚未形成。完善党建工作考核评价体系，明确细化各级党组织负责人特别是党委（党组）书记抓党建工作的责任目标，有利于把软性的、难评估的党建工作转变为刚性的、可评估的党建工作，使党建工作考核有标准、检查有力度、奖惩有依据，真正形成一级抓一级、层层抓落实的党建工作格局。有利于充分调动广大党务工作者的积极性，不断强化"抓好党建是本职、不抓党建是失职、抓不好党建是不称职"的责任意识，正确履职尽责，更加有力有效地将党要管党、从严治党的要求落到实处。

（二）加强和改进党建考核评价工作，是深化国企改革、保障改革成效的内在要求

党的十八届三中全会为国有企业改革提出了完善现代企业制度的明确方向。随着改革的不断深化，国企管理制度化、精细化、效能化的程度会越来越高，党建工作作为国企工作的重要组成部分，也必须适应企业改革发展的需要，建立完善与现代企业制度相匹配、相适应的目标管理考评体系，使党建工作创新融入国企管理创新的进程，实现深化改革的

全覆盖。此外，通过提升企业中心工作与党建考核评价体系的黏合度，把党建考核评价的重点"对焦"在企业改革发展的重点上，在助推解决企业转型升级过程中的思路问题、思想碰撞问题中，充分发挥各级党组织的战斗堡垒作用和党员的先锋模范作用，为推动企业深化改革提供精神动力和智力支持。

（三）加强和改进党建考核评价工作，是创新党建工作、提升党建能级的内在要求

党的十八大报告指出："形势的发展，事业的开拓，人民的期待，都要求我们以改革创新的精神全面推进党的建设新的伟大工程，全面提高党的建设科学化水平"。这就要求我们不断在实践中探索开展党建工作的新途径、新方法、新机制。从"做什么"、"怎么做"、"做到什么程度"三个基本问题入手，通过科学有效的考核评价，为加强和创新党建工作提供客观依据，改变过去经验主义盛行的面貌，使党建工作的开展从主要依赖实践经验向主要依靠制度规范转变，在对标考核中将党的建设提到一个新的水平和能级上，使国企党建工作越来越规范化、制度化、科学化。

二、当前国企党建考核评价工作存在的主要问题

（一）在考核评价的内容上：重定性描述，轻定量分解；重规定动作，轻自选动作

目前，基层党建考核评价体系普遍还不完善，在考核项目的描述上，以模糊的"原则性意见"居多，如"加强中心组学习"，而具体的可量化的考核指标偏少；在考核内容的设置上，大多停留在照本宣科传达上级部署的工作任务，很少结合企业实际搞"自选动作"，缺乏鼓励基层组织创新的激励机制。少数基层党组织习惯于运用老经验、老调调开展工作，对新形势下党建工作的新要求、新目标不明确，影响了考核评价机制效力的发挥。

（二）在考核评价的方式上：重年终考评，轻日常检查；重组织考核，轻群众测评

大多数企业党建工作的考核都集中在年底"一次性"进行，缺乏日常的检查、监督、约束机制，导致年终的考核缺乏可靠的依据，存在凭印象打分、凭感觉评级的随意性，使考评的客观性和公正性大打折扣。此外，在目前的党建考核工作中，基本上采取"组织自评＋上级考评"的方式，缺乏群众测评、组织之间互评、关联单位（部门）参评的环节，导致考核评价的专业度和公认性不够强。

（三）在考核结果的兑现上：重单向告知，轻双向反馈；重考核过程，轻结果运用

党建考核评价工作完成后，上级主管部门往往仅告知被考评党组织考核的结果，而忽略了征求被考核对象对考评工作的意见与建议，没有多方收集并及时研究反馈信息，没有

有效发挥考核评价工作"寻找差距、整改提高"的功能。考核结果也未与干部的选拔任用、奖优罚劣的实际工作充分挂钩，考核与考核结果的运用存在"两张皮"的问题依然突出，一定程度上削弱了考核评价工作的影响力和权威性。

三、加强和改进国企党建考核评价工作的对策与建议

（一）强化顶层设计，在紧跟时代、服务中心中找准坐标定位，提升考核评价的"创新性"与"贴合度"

一套完整、科学的党建考核评价体系的建立，离不开系统、科学的"顶层设计"。党建考核评价工作的"顶层设计"，既要有长远规划的目标，又要有阶段性的任务；既要体现上级要求，又要切合企业实际；既要具备指导性，又要具备可操作性。具体来讲，一是要追求"站位高"。要根据党在不同时期开展党建工作的新理念、新要求、新任务，确定考核评价的内容。如，当前要将"全面从严治党"的新要求、党员发展管理的新规定、服务型党组织建设的新内涵等融入党建考评体系，使考核评价工作紧跟时代步伐。二是要坚持"接地气"。要牢牢把握围绕中心、服务大局的工作定位来构建党建考核评价体系，使考核评价的内容与企业生产经营的工作紧密结合，提升党建工作与企业中心工作的关联系数，使党建考核评价体系的建立有利于建班子、带队伍、促发展、保稳定，在国有企业深化改革、转型发展的关键时期，用党建工作带动企业发展的全局工作。三是要鼓励"创新招"。党建工作考评体系构建中，要注重分类指导，通过设置加分项目鼓励各基层党组织积极创新，在完成"规定动作"的基础上，积极开展有特色、有亮点、有成效的"自选动作"，形成争先的浓厚氛围，打造党建精品。

（二）强化责任落实，在细化清单、量化分解中优化考评指标，提升考核评价的"能见度"和"可操作性"

科学设置考核指标，是保证考核评价工作顺利实施、取得实效的关键。由于党建工作本身的性质和内容决定了党建考核评价大多以"原则性的意见、模糊的概念、抽象的文字描述"等定性评价的形式呈现，但是，这并不意味着党建工作不可以量化为具体的指标，相反，我们可以从细化"任务清单"入手，将"领导班子建设、组织建设、党风廉政建设、宣传教育工作和精神文明建设"等国企党建工作的主要任务，分解为数值或形态，提炼出精练准确的质量要求，如，"每半年自查一次本单位的廉政风险点，并上报自查报告"，使各级党组织对"要做什么、做到什么程度"一目了然、明明白白。同时，在考核评价体系中明确评价依据、检验途径，合理设置权重，如，在考核办法中提出"注重提高报送信息稿的质量，凡被集团党建园地微信平台所录用即可加分，最高加至3分"，把党建工作的"软任务"变为"硬指标"，使考核真正做到"有据可循"。

总之，在对党建工作的考核评价中，定性考核与定量考核两者缺一不可，要坚持量化为先，减少主观性，对难以量化的内容，采取相对客观的描述，提升党建考核评价工作的可操作性。

（三）强化过程管控，在拓宽渠道、丰富形式中优化考评手段，提升考核评价的"科学性"与"公正性"

考核评价是一把双刃剑，客观公正的考评能调动基层党组织的工作积极性，提升党建工作水平和成效。相反的，失去公正性的考评则会挫伤基层党组织的积极性，不利于鼓励基层党组织创造性地、保质保量地做好工作。一般而言，党建考核评价的实施过程将直接影响考评的最终结果。因此，要在考核评价的过程管控上下功夫，牢牢抓住"组织领导、考评程序、考评方式"等关键环节，确保党建考核评价工作的公正性。

一是坚持考评主体的多元化。要选好配强考核评价工作的实施主体，以组织部门、基层党组织书记、党务干事、工团或人力资源部门的相关专业人员为主，组成党建考核评审小组，要注重吸引职工群众广泛参与，形成做好党建考评工作的合力，以考评主体的多元化保证考评工作客观性和公正性。

二是坚持考评程序的规范化。要按照"自查自评—相互测评—组织考评"的流程开展党建考核评价工作。首先，由被考核的党组织对照考核评价内容和要求，进行全面自查自评，逐项检查，并准备考核所需要的台账资料；其次，组织各基层党组织开展相互测评，以汇报交流、业绩展示的方式，增进各党组织之间的相互了解，从而为相互测评夯实基础；最后，在党组织自评、互评的基础上，由考核评审小组根据所掌握的各基层党组织落实主体责任和党建工作的实绩情况，进行综合评定，并上报党委会或上级党组织审议，使整个考评过程环环紧扣、有理有据。

三是坚持考评方式的多样化。要综合运用查阅台账资料、实地查看、座谈交流、个别谈话等多种方式全面掌握党建工作的开展情况，避免弄虚作假、应付检查的现象发生。同时，要坚持年终考核与平时考核相结合，进一步加大动态考核的力度，强化不定期、随机考核，多方收集情况，为年终总评提供更全面、更可靠的第一手资料。同时，要在实践中不断充实、完善考核办法，适应互联网、手机等新兴媒体广泛普及的新环境，采取"线下＋线上"相结合的方式，广开言路，提升考核评价的民主性。

（四）强化结果导向，在鼓舞先进、鞭策后进中凸显考核效用，提升考核评价的"激励性"与"权威性"

"考核的目的全在运用"。考核结果能否得到充分运用是考核工作能否取得实效的关键。正确运用考核结果，考核才有意义，才有生命力。

要善于通过考核结果的运用，发挥好考核评价的导向激励功能。国企党建工作考核结果应与干部的选拔任用、与评选表彰优秀共产党员、优秀党务工作者和先进基层党组织、与单位、干部年度考核结合起来，使之成为奖优罚劣的重要依据，真正做到"真考、真用"，避免为考核而考核的现象出现。通过运用考核结果，营造关心、支持党建的浓厚氛围，从根本上强化"抓好党建就是最大的政绩"的观念。

要善于通过考核结果的运用，发挥好考核评价的管理监督功能。要把党建考核评价作为发现问题、发掘亮点的重要渠道，通过考核，检视基层党组织在开展党建工作中存在的问题、不足和短板，促进被考评单位正确认识差距，改进工作。同时，考核评价的过程，还有利于发掘基层党组织的特色做法、先进经验，通过加强对正面典型的宣传推广，促进基层党组织相互"取经"、共同进步。

　　要善于通过考核结果的运用，发挥好考核评价的检验完善功能。在考评工作结束后，在向被考核单位反馈考核结果的同时，要善于征询、收集被考核对象对考核工作本身的意见和建议，一方面，通过双向反馈，促进被考核单位理解、支持考核工作；另一方面，通过研究反馈信息，适时调整、完善考核的指标设置、改进考评方法，不断提升党建考核评价工作的规范化、科学化水平，从而更好地企业服务。

（作者单位：上海中星（集团）有限公司）

探索新形势下企业党建工作的新思路

陈晓明

党的十八大以来，随着国有企业改革的不断深入，企业的经营模式也呈现出多样化的发展趋势，国有企业的党建思想政治工作正面临着观念与形式的转化，新的挑战给党建思想政治工作能否在企业中有效开展提出了新要求。习近平总书记在全国国有企业党的建设工作会议上强调：国有企业是中国特色社会主义的重要物质基础和政治基础，是我们执政兴国的重要支柱和依靠力量。面对新形势下改革发展的新格局，企业党建思想政治工作如何才能紧跟时代步伐，更新观念，转换形式？如何才能真正适应企业未来的发展需求？这正是时下企业党建思想政治工作所需深入研究和不断探索的新课题。

一、主动融入行政管理体系

在全国国有企业党的建设工作会议上，习近平指出，坚持党的领导，加强党的建设，是我国国有企业的光荣传统，是国有企业的"根"和"魂"，是我国国有企业的独特优势。

丹东市燃气总公司是大型国有燃气经营企业，担负着几十万燃气用户的生活保障服务。公共服务的社会性是企业经营的突出特点，正是由于公用性事业与经营性企业的特殊结构，使燃气经营服务工作具有经济效益同社会效益并存的两重性。尽管一定程度上企业经营还需依靠政府的财政支持，但由于受市场经济规律以及多种社会因素的制约，企业很难达到经济独立，甚至是自给自足。尽管如此，这个有着近百年发展史的传统燃气企业，在严峻的困难和现实面前，没有因资金匮乏、负债经营的重压而颓废，相反，却在保民生、稳社会的历史重任支撑下渐渐复苏，涅槃重生。究其根本原因，关键在于我们始终秉承着"持续、稳定、安全"供气的经营理念，始终坚守着"标准化、规范化、程序化"服务工作标准，始终信守着随时随地为用户提供优质服务的承诺。不断从企业自身经营管理中发现问题，纠偏去误，汲取经验，深挖潜能。并凭借着从逆境中求生存，在生存中求发展的顽强拼搏精神，才使企业逐渐摆脱困境，走出低谷，重新踏上振兴之路。

企业经济效益与社会效益能否同步增长？仅凭行政经营管理，制度约束是远远不够的，只有把经营管理同党建思想政治工作有机地结合起来，企业的振兴与发展才有保证，企业的"两个效益"才能实现共同提高。为使党建工作能在企业发展过程中充分发挥保障和推动作用。近年来，随着改革的不断深化，丹东市燃气总公司从自身的具体实际入手，大胆实践，敢于创新，在注重抓好党组织建设的同时，把党的思想政治工作主动地融入于企业行政管理之中。其中，干部制度改革是公司在用人管理机制上的睿智尝试，每年一度的干部考核续聘制度，充分显现出实际工作中干部队伍的个人潜绩，择良弃庸，选贤任能，是企业提升干部队伍整体素质的新举措。抓住干部续聘调整的有利时机，公司在坚持党要管党的原则基础上，灵活运用改革发展的创新理念，调整原有的干部组织结构，实行基层主要领导"一岗双责"的任职新政，把党建思想工作同经营管理充分融合在一起，使基层专职党支部书记的肩上增添了行政管理的责任重担。有的行政主管因工作需要，也要同时兼任党支部书记，同样担负着"一人双职，一岗双责"的重任。由此一来，党建思想政治工作与行政管理工作因职责所系，自然拧和形成一体。即解决了二者之间客观存在的隔层、脱节的实际问题，又融洽了党政间相互协作，齐抓共管，团结一致的工作关系，为企业发展营造了水乳交融的和谐工作氛围。过去，基层组织发展，政策宣贯，政治学习，职工思想教育等等是基层党支部书记的专职工作，参政议政也多以行政经营管理工作内容为中心，其主观能动性和工作热情很难得到有效的调动和激发，基层部门思想政治工作被动地游离于行政业务之间，工作起来常常是心有余而力不足，组织活动的开展也略显苍白空淡，难以发挥党的基层组织的战斗堡垒作用。如今，公司大多数基层党支部书记都要兼任行政副职，担负一定的行政管理工作并担负相应责任，个别未设专职书记的单位，行政"一把手"也要兼任党支部书记之职，一手抓经营管理，一手抓党建思想政治工作。"一岗双责"用人管理机制的运用，不仅使基层党建思想政治工作从组织上融入于行政管理之中，同时，也为党建思想政治工作在企业运营中得以顺利开展，探索出一条新思路。

二、有效纳入经营管理元素

燃气企业服务和经营的双重性，决定了它存在的社会意义和价值。企业的中心工作主要是为用户提供优质服务，同时保障用气安全。优质服务是我们满足群众日常生活需求，维护和谐稳定的生活秩序，营造良好社会效益的工作过程。而保障用气安全则是维护人民公共权益不受损害，间接实现和创造经济价值，促进经济效益稳步增长的关键环节。因此，优质服务与安全生产对于燃气经营企业来说始终都是永恒的主题。围绕这一主题，我们在确立党建思想政治工作发展方向上，标新立异，敢于实践，勇于创新，把提高服务质量与确保供气安全的行政管理业务，通过夯实理论学习基础，加强基层党组织和干部队伍建设，强化监督考核制度等形式上的转化，有效纳入到党建思想政治工作范畴，使党建工作与行政工作在实际工作中充分熔合，我中有你，你中有我，相互统一，相互配合，共同前进。

丹东市燃气总公司现有党员三百三十余名，占职工总数近32％以上，大部分党员工作在生产服务第一线，分布于各种不同岗位，是企业发展的中坚力量。为更好地借助企业自身的政治优势，发挥党员的模范带头作用，不断优化生产力，助力企业"两个效益"共同提高。公司把争做企业合格党员活动放在思想政治工作首位，把党员的组织生活与党员的业务工作同时纳入考评体系，激励党员在各自岗位上发光发热，成为影响和带动群众的榜样。与此同时，公司还提出了以强化党建思想政治工作，提升企业管理水平的工作设想。通过完善党员干部考核管理办法，坚持采用组织考核、群众评议、谈话了解等方式，全面掌握党员干部"德、能、勤、绩"的综合表现。把平时考核、年度考核与任职考察结合起来，形成有效运行的党员干部考核评价机制，并将其转化成企业管理的长效机制，纳入到党建思想政治工作中来，使党建思想政治工作在企业经营中摆脱了以往专职、单一、固定的工作模式，而融入了更加丰富的生产经营管理内容。这样一来，党建思想政治工作与行政业务管理工作二者间的相互配合越发默契融洽，业务关系也更加协调顺畅。合理有效的纳入机制，不仅发挥出党建工作对企业经营管理工作强有力的推动力作用，又为新形势下企业思想政治工作有效助推经济发展，开凿出了新通道。

三、真诚投入经营管理过程

为使党建思想政治工作能在企业经营过程中真正发挥能量，同时，又更加显现"融入"与"纳入"机制对企业改革发展的必要性。近年来，公司根据企业服务与安全并重的工作特点，结合企业经营运行状况，通过形式多样化途径，以真诚的实际行动，把党建思想政治工作投入到企业经营管理的各个环节。

检收和维修是公司对外服务的两大主业。为了进一步强化主业工作，推动检收和维修服务不断创新，我们借助"两学一做"实践活动，在全体党员中长年开展"我是党员我先行"的主题实践活动，要求每名党员重温《党章》，并以《党章》标准对照自己，修正自身，意在牢固意识，激发党员在服务工作中，用先锋模范的影响力，释放出时代的正能量，以此促进服务工作再上新台阶。党员先行活动在党员队伍中迅速掀起"比、学、赶、帮、超"的热潮，广大党员立足岗位，争先恐后，率先垂范，用党员应有的形象和言行影响教育着身边的群众，职工们也在党员先行活动的感召下迸发出前所未有的工作热情，服务质量与水平通过实践活动得到了实质性的提高。党员先行活动的开展，不仅锻炼了党员队伍和职工队伍，同时，在一线工作岗位上涌现出许多党员先进典型，其中，两名党员维修工通过活动荣获市劳动模范的光荣称号，一名党员检收员荣膺了省"五一劳动奖章"及全国人大代表的殊荣。

为了把企业思想政治工作扎实地投入到生产实践之中，有效地发挥基层党支部的坚强堡垒作用，公司本着真心助力，真实见效，真诚投入的原则，鼓励基层党支部紧紧抓住公司发展主线，群策群力，集思广益，为"主业"工作的顺利开展，疏浚渠道，拓展空间，"社企"共建正是企业党建工作促进服务优化所迈出的第一步。企业基层党组织主动与社区挂钩，开展社企共建活动，服务中遇到难点热点问题，求助社区帮助解决，同时，企业党组织号召基层党员经常开展便民服务活动，深入社区为用户提供免费的延伸服务，宣传安全用气常识。如此互惠互利的结合，改变了以往服务工作的被动格局，也为今后服务再上新台阶奠定了坚实的基础。现在，经过基层党组织的不懈努力，我们不仅持续坚持着"社企"共建的服务模式，同时，我们还以不断创新的发展意识，开启了"警企"共建、"校企"共建、"军企"共建等服务新模式。多样化服务活动的开展，为公司的振兴与发展夯实了良好的社会基础，企业"两个效益"同步增长的良性发展态势，也以此得到了巩固和加强。党建思想政治工作在企业经营管理上的真情投入，不但为经济发展注入了新能量，同时，也为企业党建工作能够更加适应新形势、新格局、新发展，开辟了新途径。

在全国国有企业党的建设工作会议上，习近平强调：要把思想政治工作作为企业党组织一项经常性、基础性工作来抓，把解决思想问题同解决实际问题结合起来，既讲道理，又办实事，多做得人心、暖人心、稳人心的工作。

由此可见，企业党建思想政治工作与经济发展是密不可分，相辅相成的。特别是面对改革发展的新形势，企业的党建工作更应从转变观念入手，不断开创新思维，探索新思路，把握新方向。使党建思想政治工作主动"融入"、有效"纳入"、真诚"投入"于企业的经营管理之中，发挥实效作用，助推"两个效益"稳步增长。只有这样，党建思想政治工作才会在新的历史条件下，为企业的振兴和持续进步带来了勃勃生机。

(作者单位：丹东市燃气总公司)

全国化背景下国有建筑施工
企业党建工作模式探索

千晶晶

面对激烈的市场竞争,国有建筑施工企业在深化国资改革、促进企业发展的进程中,充分发挥自身优势,积极开拓国内市场,实施区域化经营。在全国化发展的背景下,与之相适应的企业党建工作已成为基层党的建设新领域。

一、全国化背景下加强国有建筑施工企业党建工作的意义

国有企业党组织是推动国企改革发展、提升企业核心竞争力的关键力量,在把关定向、动员组织、服务群众、促进和谐等方面具有不可替代的作用。在国有企业坚持党的领导,充分发挥党组织的政治核心作用,是新形势下加强和改进国有企业党的建设必须坚持的重大原则。因此,全国化背景下,进一步加强国有建筑施工企业党建工作意义重大。

是实现党的工作全覆盖的需要。按照中央、市委关于国有企业党组织设置和管理的有关要求,有党员就要有组织,有组织就要有党的活动,有活动就要有效果,要从实际出发,采取多种形式,发挥党组织应有的作用。对于全国化背景下的国有建筑施工企业党组织而言,加强党组织的建设必须要随着企业生产经营区域的拓展而"走出去",这是企业党组织的政治责任,要同步建立党组织,加强外埠区域的党建工作,做到生产经营拓展到哪里,党的组织和党的工作就覆盖到哪里。

是创新基层党建工作的需要。党的十八大提出了创新基层党建工作的新任务、新要求,而基层党建工作的创新只有紧贴企业发展实际,才能使其始终充满活力和生命力。全国化背景下,随着工作的推进和深入,国有建筑施工企业的党建工作必然会遇到制度、环境、资源、认识等方面的制约与不适应,需要企业的党组织在发挥政治核心作用、党的组织设置、党员教育管理、发展党员、党的组织生活有效性等方面,进行研究创新、总结经验,以指导实际工作。

是积极履行社会责任的需要。国有建筑施工企业在深化改革、转型发展的过程中,生产经营区域逐渐向外埠市场拓展,在将企业的工程建设品牌带到外埠区域的同时,也要积极地融入当地。企业党组织要主动争取所在地党组织的支持和帮助,始终牢记国有企业应承担和履行的社会责任,主动融入当地社会,依法诚信经营,重视环境保护,维护企业稳定,促进所在地经济和社会发展,为全国化发展创造和谐环境。

二、国有建筑施工企业党建工作在全国化过程中碰到的问题

在实施全国化发展的过程中,由于建筑施工行业的特殊性,随着外埠工程项目的逐渐增多、外埠区域经营开拓的逐渐深入,国有建筑施工企业在党组织建设中也遇到了许多新的问题。

党组织架构随着全国化发生变化。全国化背景下,国有建筑施工企业的生产经营区域正从原来的"一地"向"多地"转变,各工程项目分散在各个不同区域,党员分散在各个不同的项目,这部分党员日常管理、组织生活的正常开展难度加大,党组织架构必须要适应这一变化。以笔者所在的上海建工一建集团为例,目前有180余名赴外埠工作的党员分散在集团下属的三家一级区域公司、两家二级区域公司以及部分基层单位的派出机构和各基层单位在外埠的在建工程中,按原隶属的组织关系进行党员的日常管理有诸多不便。

党建工作重点随着全国化发生变化。全国化背景下,随着企业在外埠区域生产经营的深入,各种地方差异带来的碰撞在所难免。如笔者所在的上海建工一建集团,生产经营区域除拓展到长江三角洲地区外,更有远离上海的成都、重庆等大西南地区,地域的差异带来了文化理念的不同、施工生产管理标准的不同。如何将本企业的管理理念带到当地,因地制宜的发挥作用,在当地打响企业品牌,这正是需要企业党组织充分发挥积极导向作用的时候。所以,全国化发展的国有建筑施工企业的党建工作重点也要转到这一层面上来。

党组织关系随着全国化发生变化。全国化背景下,以"区域"为发展重点的国有建筑施工企业面临着"融入当地"的实际问题,要尽快融入当地的政治、经济、文化,从而推动企业的全国化发展。发挥着政治核心作用的企业党组织,更要以"区域"为单位积极开展内、外部的党建工作,在与区域内属地各方党组织加强对接、互动、联建的基础上,为区域公司党组织关系融入属地管理创造条件,努力探索党组织关系的"属地化",从而为企业区域市场的开拓、区域公司的落地生根发挥积极作用。

三、探索适应全国化发展的国有建筑施工企业党建工作新模式

全国化过程中所面临的众多新课题,促使国有建筑施工企业党组织必须在党建工作上求创新、求发展,积极探索与企业开拓国内市场、实施区域化经营相适应的党建工作新模式——区域党建工作模式。区域党建工作模式要适应和助力企业全国化发展的需要,重点做好三个方面。

(一)区域党建工作模式要注重党建管理制度化

新的党建工作模式要推行、要出实效,必须有制度作保障。区域党建工作模式首先要解决的就是全国化企业在外埠区域的党组织架构问题。

组织机构设立要适应区域化特点。要根据外埠区域公司的设立情况,设立区域公司党总支、区域公司本部党支部、项目党支部和项目联合党支部等多种形式的基层党组织。党员日常管理遵从"就近管理"原则。区域公司党组织在对本区域公司党员加强管理的同时,要按"就近管理"的原则对进入本区域内的兄弟单位派出机构或项目上的党员进行日

常管理。日常管理工作还要向积极分子考察培养延伸。除了囊括到区域公司党组织内接受日常管理的兄弟单位党员之外,区域公司党组织更要担负起区域内兄弟单位入党积极分子的考察培养工作,要向相关单位的党组织推荐优秀人才,协助相关单位党组织做好入党积极分子的培养和党员发展工作,使这方面工作更接地气。

笔者所在的上海建工一建集团在区域党建管理制度化方面的探索,也有值得借鉴之一二。如,针对企业在全国化发展战略中确定的上海、南京、苏州、成都、重庆五座重点发展城市,党委发文明确了派出区域党建工作指导员机制;出台了《外埠区域党建工作管理试行办法》,完善了外埠区域党建的组织架构,理顺了党员管理关系与职责,通过党员报道制度实现了赴外埠工作党员的"安家落户",解决了上海的工程公司对在外工作的党员管理"跨度大、效率低、效果不佳"的问题。在外工作的党员纷纷表示,虽然远离上海,却能时刻感受到"组织就在身边"。

(二)区域党建工作模式要助力实现品牌形象标杆化

许多企业在全国化的初期阶段,都面临着地域差异带来的种种问题,以及所处的新市场对企业品牌的不了解、不熟悉。所以,区域党建的推行要有助于企业在外埠市场知名度的提升。企业在外埠市场,从做项目到做市场,"走出去"最早、冲在最前沿的自然是项目的"主心骨"——项目党支部。因此,要充分发挥项目党支部的引领、联动作用,使企业所承建的工程在当地成为标杆,成为企业走向全国亮出的名片。

一是要积极发挥项目党支部的引领作用。要凝聚起项目部的党员同志和骨干,克服地域差异带来的诸多不利因素,统一思想、攻坚克难,因地制宜、坚持创新。比如,笔者所在企业进驻西南市场的第一个项目、总建筑面积约25万平方米的成都龙之梦城B地块项目党支部,就将"上海标准"带到了成都,该工程不仅被列为成都市质量观摩工地,更先后荣获四川省结构优质工程、四川省建筑业绿色施工示范工程、四川省标化工地等荣誉,在西南地区充分展现了企业的品牌实力。

二是要积极发挥项目党支部的联动作用。以区域为单位,使区域内各项目党支部加强联动,统一标准、相互竞赛,整体提升区域内各项目的施工管理水平,充分展现企业标准和品牌形象;同时,以此联动平台为载体,使各项目通过项目党建、党建联建、工地党建等多种形式的党建工作模式与区域内相关各方加强互动,不断将党组织的政治优势转化为工程管理优势,助力企业在外埠市场的"深耕"。笔者所在上海建工一建集团在"深耕"南京市场中,所属的南京华新城项目党支部就积极推动了南京市首个工地临时党支部的成立,通过工地党建的积极作用,使该工程建设获得了业主"上海一建果然能打硬仗"的好评,也使企业赢得了该地块总建筑面积约38万平方米的后续工程建设。

(三)区域党建工作模式要致力于促成党组织关系属地化

在外埠区域公司发展相对成熟的情况下,国有建筑施工企业可尝试在当地建立和运营当地化企业,使企业的全国化进程站上新的发展平台。在此探索尝试的过程中,企业的区域党建工作也要致力于同步探索区域公司党组织关系当地化,努力实现党组织关系"扎根"当地。

一是外埠区域公司党组织要致力于搭建与当地各方党组织良好的党建交流平台。企业的外埠区域公司党组织要借助所在地的行业协会、商会、社区等各级各类党组织的力量，通过多种形式建立良好的沟通交流平台，定期开展党务工作交流研讨，开展党建联建互动活动，使外埠区域公司能尽快地融入当地。笔者所在的上海建工一建集团，各区域公司党组织在搭建党建交流平台上也是显见成效。如，西南公司党组织借助四川省上海商会的平台，积极交流研讨适合商会各会员单位的党建工作模式，取得良好效果；又如，苏州公司党总支与苏州工业园区湖西社区党委积极开展党建联建活动，增进了与属地党组织的相互了解。

二是外埠区域公司党组织要致力于寻求党组织关系的管理新形态。任何目标的实现从来就不是一蹴而就的，总有个循序渐进的过程。外埠区域公司党组织关系当地化的实现也是如此。我们的工作推进不能"一口吃成胖子"，违背自然规律。在外埠区域公司党组织关系当地化的进程中，要致力于不断寻求适应发展各阶段实际的党组织关系管理新形态，使此项工作的推进循序渐进、水到渠成。以笔者所在的上海建工一建集团为例，其发展相对成熟、规模逐步扩大、属地化程度较高的南京公司，在区域党建工作的推动下找到了"党组织关系委托管理"的新形态，以"一方隶属、两地共管、双向作用"为原则，在接受上级企业党委组织管理的同时，接受属地的秦淮区委组织部的日常管理。这对实现其党组织关系当地化有着重要的推动作用。

结论

作为基层党的建设新领域，随着国有建筑施工企业全国化发展进程的不断深入，区域党建工作模式的创新、完善之路也将永不止步，而其核心与关键则是要始终坚持国有企业党组织政治核心作用的发挥，始终坚持党组织建设与企业发展同步，始终坚持党建工作与企业发展实际的高契合度，使新形势下国有建筑施工企业的党建工作永葆活力。

（作者单位：上海建工一建集团有限公司）

创新基层党组织建设　筑牢企业发展堡垒

中国建筑西南勘察设计研究院有限公司

我们党是以民主集中制为原则建立起来的马克思主义政党，分布广泛、严密完善、富有活力的基层组织是党全部工作和战斗力的基础，是贯彻落实党的路线方针政策和各项工作任务的战斗堡垒。可见党的基层组织建设对全局的发展起着至关重要的作用。推进、创新国有企业基层党组织建设，将成为企业发展的强大堡垒。

1. 基层党组织在国有企业发展中的重要作用

企业是党执政的重要经济基础，企业基层党组织是党在企业中开展工作的战斗堡垒和基础。企业基层党组织建设工作抓得如何，直接影响到党在经济领域中的执政能力。企业党的建设重心在基层，创新在基层，活力在基层。作为国有企业中党的基层组织，它承担着宣传和执行党的路线、方针、政策，上级组织和企业组织决议的职责，而且还是党调查民意、掌握民心、组织团结群众、紧密联系群众的桥梁和纽带。它能充分发挥本身的战斗堡垒作用，党员干部的示范带头作用和党员的先锋模范作用，团结、组织党内外的干部和群众，努力完成企业的各项目标，为企业的战略实施保驾护航，为企业的发展壮大贡献力量。

2. 中建西勘院创新基层组织建设的举措

围绕发展抓党建，抓好党建促发展，这是国有企业党建工作的基本主题。在这种理念的指导下，一方面，在企业发展的同时，我们重视党建工作，特别注重结合近两年开展的创先争优活动并以此为主线，全面开展各项党建工作，为确保"十二五"开好头、起好步，提供坚强的组织和政治保障。几年中，院党委被国务院国资委授予首届"中央企业党建带团建先进工作单位"称号，被中建总公司评为"中国建筑四强党委"，获得四川省国资委"先进基层党组织"、"四川省勘察设计行业企业文化建设先进单位"称号。上海分院被全国海员建材工会命名为"工人先锋号"；在四川省第十次党代会上，我院院长兼党委副书记赵翔作为党代会正式代表出席了此次大会，这是我院首次作为中央企业代表参加中国共产党四川省代表大会；党委书记朱正被评为"中央企业优秀思想政治工作者"、"四川省勘察设计行业企业文化先进工作者"，副院长、上海分院院长彭建华被评为"中央企业先进职工"；院长助理王新被授予"全国青年岗位能手"称号；职工莫勇全被授予"四川省五一劳动奖章"称号，是四川省建设建材系统唯一获此殊荣的一线职工。

2.1 树立一个核心，坚持两手抓

树立党组织在企业发展中的政治核心作用，参与企业重大问题的决策，为企业发展把关定向。我院以《中建西南勘察设计研究院有限公司会议制度》为基础建立起了党委参与重大问题决策的一系列决策议事机制，形成了由党委领导班子成员和经营管理班子成员共同研究决定重大问题，以党政联席会为最高决策的决策体系。在决策过程中，始终坚持执行民主集中制，做到重大问题决策会前沟通、会上酝酿，集体科学决策。同时，始终坚持基层党建工作与生产经营两手抓，杜绝党建和发展"两张皮"现象。将队伍建设、作风建设、制度建设、党建活动等贯穿于业务之中，把党的政策和党组织的主张、意图变成企业的意志、决策，使党组织与企业有机地融合、渗透，将党建工作落到实处，进一步促进了生产经营中心工作。

2.2 优化两项结构，规范基层管理

2.2.1 优化组织结构，完善组织体系。按照"支部建在连上"的要求，结合部门组织架构，适时对党支部进行了改选。党支部负责人采取"一岗双责、双向进入"模式，由部门负责人或中层干部担任党支部书记或支委。为了使党的工作深入项目，为项目建设提供保障，我们专门成立了南大梁项目党支部和总承包公司党支部；重庆分院党支部根据分院规模和党员人数的增加，成立了3个党小组，含机关党小组、生产部门以勘察工作为主的党小组、以岩土施工为主体的党小组，以党小组为基本单位进行组织生活和开展各项活动。组织体系的完善和创新，使党的工作实现了全覆盖。

2.2.2 优化党员结构，壮大队伍力量。坚持结构平衡、重点培养的原则，以青年技术骨干作为主要培养对象，把青年职工中的优秀分子吸收到党员队伍中来，逐渐改善了我院党员队伍的年龄结构和文化结构，提高了党员队伍的整体素质。目前有35岁以下党员128人，占党员总人数52.7%，中层以上干部中党员53人，比例已超过50%，党组织和党员队伍的作用得到进一步加强。

2.2.3 健全党建制度，规范基层管理。制定下发了《党支部建设实施细则》，对党支部的设置、党支部工作制度、党支部目标考核办法等做出明确规定。结合创先争优活动，在现有的制度上，新制定了《创先争优活动实施意见》、《开展"四强四优"活动实施方案》、《实行公开承诺的实施意见》和《领导点评工作的实施意见》等指导性文件，保障了活动的顺利开展。

2.3 加强支部考核，促进支部建设

细化考核，量化标准。按照《党支部建设实施细则》、《党群工作考评制度》，党委在年底对党支部进行考核，按照年初公开承诺的事项，一方面召开支部书记述职会，各党支部书记汇报过去一年的支部工作，院领导、党委委员一对一地对支部工作进行点评，肯定成绩，指出存在的问题并提出改进措施，以便支部相互交流，改进完善从而促进自身建设，述职点评的方式受到了与会人员的充分肯定。另一方面将考核与群众评议、评选表彰等相互衔接，考核结果向职工群众公布，接受群众监督。与此同时，我们开展岗位奉献活动，通过岗位职责与目标进行考核，倡导广大党员立足岗位，争做奉献，争当排头。如职

能部门与党员签订岗位目标责任书，进一步发挥党员的先锋模范作用和先进职工的传、帮、带作用以及广大职工立足岗位吃苦耐劳、无私奉献、在平凡的工作岗位做出不凡业绩的积极性，确保工作任务目标任务圆满完成。

2.4 创新活动方式，增强党建活力

2.4.1 创建活动大开展，力争上游育典型。积极开展"四强党支部"、"五好党支部"、"四有共产党员"等创建活动，鼓励党支部、党员齐争优秀。在开展创建活动中，党支部、党员围绕创建标准，积极争优创先，在生产经营、管理中力争上游，涌现出一大批先进典型，促进了企业的生产发展。岩土八公司党支部被评为"中国建筑先进基层党组织"，重庆分院党支部被中建总公司授予"中国建筑五好党支部"称号。刘宇、王平、沈泽、邓正宇、颜光辉等被中建总公司、四川省国资委评为"优秀共产党员"。齐瑞忱被评为"深圳市优秀共产党员"。设立党员示范岗、党员先锋岗、党员先锋队，把党员身份亮出来，促进党员发挥模范作用。结合创先争优活动的开展，要求每名党员佩戴党徽上岗，在党员人数集中、工作突出的部门，设立党员示范岗，更好地发挥示范带头作用。

2.4.2 支部交流效果好，合作争先迈向前。2012年结合"基层组织建设年"活动的开展，为加强基层党支部的交流，深化创先争优活动的主题内容和表现形式，将创先争优活动与建设年活动融为一体，相互促进，根据院党委安排，重庆分院党支部、分院主要领导、部分党员及生产骨干一行18人赶赴成都，与岩土五公司展开支部党建工作、生产经营、管理工作交流，并就生产经营开展合作，共同提升发展。本次活动为西勘院基层党支部首次面对面交流，交流形式新颖，内容充实，取得了很好的效果。党建工作的虚功实做，标志着西勘院党建创先争优工作又上新的台阶。通过本次党支部交流活动，基层党组织、生产部门之间的合作度和凝聚力得到增强，为基层组织建设年活动的全面顺利开展奠定了坚实的基础。

2.4.3 党群共建"三联动"，同心和谐上台阶。坚持党建带工建、团建，围绕企业中心工作，团结动员广大职工充分发挥主力军的作用，积极投身到企业"转型升级，科学发展"中。组织引导职工广泛开展了技术攻关、技术革新、合理化建议等活动，充分激发职工的创新潜能和创造活力。联手工会、团委开展活动，如与工会开展"回顾辉煌历程，喜迎党的十八大"读书活动，与团委开展"党建带团建，基层项目日"主题实践活动，与工会、团委联合举办"春晚"等。在党委的带领下，工青妇发挥各自的组织作用，坚持把"工人先锋号"、"五四红旗团支部"、"巾帼文明岗"等创建活动开展到位，坚持在"五一节"、"五四青年节"、"母亲节"等重大节日把各类活动开展丰富，确保了年年有节日，节日有活动，形成了党建带群建、群建促党建的生动局面。

2.4.4 缅怀先烈寻足迹，红色之旅鼓人心。为重温党的光荣历史，坚定理想信念，加强对党的认识，上海分院、重庆分院、深圳分院党支部等在党的生日之际开展红色之旅，组织党员职工奔赴井冈山、延安、遵义、韶山等红色革命圣地，追寻先辈足迹，缅怀革命先烈。通过实地的观摩学习，鼓舞了党员的斗志，在工作中践行红色精神，做好本职工作，为推动企业更好更快发展做出积极贡献。

2.5 抓好队伍建设，提高党员素质

抓好党员队伍建设既是推进业务工作的需要，也是支部建设的核心内容。目的是让一

般党员干部与党员领导干部在同一个水准点上考虑问题、提出建议，特别是锻炼青年干部更快、更好地适应形势，满足西勘院长远发展工作需求。我们坚持做好"三坚持"，落实"两手抓"。即坚持中心组学习制度，坚持党政联席议事制度，坚持民主生活会制度，落实"一手抓思想建设，一手抓能力建设"。组织党员干部赴中央党校、省委党校学习，开辟高层次党校培训渠道；把学习与实践相结合，召开院转型升级研讨会，拓宽发展思路，明确发展方式，凝聚班子合力和职工士气。加强对党员的思想教育和业务培训，一如既往地坚持开展"七院一办"干部理论培训，首次举办青年干部培训班，组织党员青年干部三十余人就企业发展战略、企业文化建设、市场营销、技术风险防范等进行学习，建立一支有思想抱负、敢于奉献担当、团队协作、管理科学的青年党员队伍打下坚实基础。此外，结合党内重大事件、活动，我们还灵活地采取观看电影、开展知识问答、征文等方式，给党员干部上了生动课程。

3. 基层党组织在我院发展中所发挥的作用

3.1 模范引领齐争先。通过开展创建活动和创先争优活动，党支部的战斗堡垒作用和党员的先锋模范作用得到较好发挥，为全院党员干部树立起了标杆，激励了一批又一批职工齐争优秀。突出的事迹有：2010年8月，检测中心党支部成立抗洪救灾"党员先锋队"，到映秀、都江堰、广元、德阳等洪灾受灾区进行房屋安全性鉴定，确保人们安居乐业。岩土五公司党支部在"绿地.伯仕公馆"项目部设立"党员先锋岗"，创新地采用大直径人工挖孔素砼桩新型复合地基处理技术，其成功运用不仅缩短了工期、保证了质量，还为业主节约了近30%的成本，为公司带来了巨大的经济及社会效益，申请了国家实用新型专利。岩土八公司党支部在成都市博物馆项目上设立"党员先锋岗"，将此工程建设成为成都市永久性基坑工程。西勘院副院长、上海分院院长彭建华用锲而不舍的精神，带领上海分院突破了上海本地企业的重重"围剿"，成功中标上海迪士尼勘察设计项目，提升了中建西勘的品牌形象，被评为"中央企业先进职工"。技术中心高工、党支部书记陈麟作为四川清平"8.13"特大泥石流灾后恢复重建专家工作组成员，随四川省住建厅现场踏勘灾后重建的安置点，提出评价意见，为灾后的安居工作做好咨询，《四川日报》进行了报道。一线职工莫勇全十几年如一日战斗在工程项目上，兢兢业业、任劳任怨，被授予"四川省五一劳动奖章"称号。

3.2 凝聚人心促和谐。通过发挥党组织的桥梁纽带作用，始终把服务群众作为重要职责，把职工群众冷暖挂在心上，从他们最关心、最直接、最现实的利益问题入手，诚心诚意办实事，尽心竭力解难事，坚持不懈做好事，有力地调动了党员服务群众的积极性，促进了企业和谐。

贯彻"以人为本"的理念，在企业经济效益增长的同时，不断提高职工的收入和待遇，致力于改善职工工作环境和条件，新办公楼即将竣工，使职工分享了企业发展的成果；重视在日常工作和生活中给予职工以关心，谈心、交心了解职工的想法，倾听职工的愿望，解决职工的难题，满足职工的需求；在职工生日之际送去贺卡和礼品，送去祝福；组织职工集体旅游；关心困难职工，建立困难职工帮扶机制，成立爱心基金，有针对性地对家庭生活困难职工、病残职工等弱势群体实施有效保障，为他们排忧解难；长期坚持开展上门慰问困难党员和员工、救助等活动，更是体现了各级党组织的殷切关怀。

3.3 坚强保障助发展。在充分发挥党组织的战斗堡垒作用，党员干部的示范带头作用和党员的先锋模范作用下，西勘院近几年来取得了快速发展，生产经营稳中求进，2014年全院新签合同额实现了37亿。生产规模不断壮大，各项经济指标均达历史最好水平。以成都为中心，覆盖全国25省市，成立分支机构达12个。承接了上海迪士尼、成都地铁、昆明新机场、赤道几内亚、巨腾集团内江生产基地等社会知名项目。积极开展技术创新与工程创优，科技管理体系进一步完善，科技队伍进一步壮大，整体实力进一步增强，科技工作取得了历史性突破，德阳二重热车间地基处理项目获得2011国家优秀勘察设计银奖。在全国、省市20余个协会、学会中扮演着越来越重要的角色，用业绩和实力再一次印证了中建西勘院西南地区岩土勘察行业排头兵的企业品牌。

总之，企业基层党组织是党的基层组织的重要组成部分，它的先进性建设进程，直接关系企业的长远发展。我们一定要在企业良性快速的发展进程中，重视和加强基层党组织建设，充分发挥基层党组织的政治核心、桥梁纽带和服务保障作用，只有这样，才能推动企业健康可持续发展，实现企业的近期和远景奋斗目标。

（执笔人：朱　正　杨小陵　范红接　刘　宇）

强引领　把方向　带队伍　严监督

鲁小兵

全国经济发展进入"新常态",勘察设计行业转型升级、创新发展已经成为业内核心话题。企业党组织必须发挥好政治核心作用,落实好"强引领、把方向、带队伍、严监督"四大职能,为企业转型升级、创新发展提供坚强保障。

一、强引领,确保党的方针政策落实到企业发展中

国有企业党组织首先要带头贯彻执行党和国家方针政策,推动企业积极承担政治责任、经济责任和社会责任。在企业改革发展、转型升级中,尤其需要企业党组织加强政策的宣贯和方向的引领,加强形势任务宣传教育,在凝心聚力上下功夫,确保职工思想稳定。

西南院党委十分注重运用领导班子中心组学习会、民主生活会的形式,实现企业党组织对企业发展的政治引领。一是结合企业发展重点引领。近年来,院领导班子通过中心组务虚讨论、汇聚集体智慧,准确地提出"制度年、学习年、服务年"、"区域年、品牌年、质量年"等工作主题,统一班子认识,明确企业战略方向,使企业党组织的政治引领作用切实体现在企业改革发展中。二是结合企业发展的重点、热点和难点问题引领。近年来,先后完成"院组织架构和岗位设置"、"新架构下的薪酬体制和激励机制"等40余项调研课题,形成"集团化管理模式下的组织架构和岗位设置初步方案"、"院薪酬体系和绩效考核改革办法"等报告或制度性成果。对企业的组织理念、组织模式、组织体系进行了及时革新,支撑了企业的业务转型与能力升级。三是结合基层党组织建设引领。建立"党委委员联系点"制度,由每位院党委委员联系两三个基层党组织,通过每年参加基层党的组织生活会等方式,深入基层,接地气、解民情。2014年,结合群众路线教育实践活动,党委委员参加了50余次基层党组织生活会,指导其完善了谈心交心、领导班子建设等制度和机制,加强了企业党建思想政治工作的引领。

二、把方向,积极参与企业重大问题决策

参与企业重大问题决策是党组织发挥政治核心作用的主要途径。西南院党委结合公司重组改制、企业改革等实际,逐渐完善了以制度为主体、以决策途径和决策程序为保障、以重要活动为载体的"体系化"工作模式,积极参与企业决策。"体系化"的主体是指建立党委充分发挥政治核心作用的企业决策制度。以《党委工作制度》、《院长工作制度》、《职工代表大会工作制度》三个基本工作制度为基础,以《三重一大制度》为补充,进一

步明确领导班子议事与决策的职责范围清单、内容和相关程序，形成党委、行政优势互补、相互支持，群团组织密切配合的工作机制，明确党委在参与企业重大问题决策、主导企业用人、保障监督等方面的职责范围和议事规则。"体系化"的保障是指完善决策途径和决策程序两个关键环节。首先在参与决策的途径上，实行党委会议与行政会议高度重合，以党政联席会、党委会和院长办公会的方式研究决策本单位重大事项，实现党委参与重大决策；其次在决策程序上，充分发挥党委在不同决策阶段的作用，决策前由主要领导对重大事项充分沟通、交换意见、达成共识，决策时充分发挥集体智慧，按照民主集中原则征求党组织意见，使党委的意见和建议在决策中得到体现，决策后履行好保障作用，充分发挥组织优势，调动各方积极性，保证决策的顺利实施。"体系化"的载体是指以党内的重大活动为载体，全面参与企业决策。例如，在"三严三实"专题教育中，院党委列出了管理决策、干部人事、生产经营、财务管理、技术管理等方面的"权力清单"，明确权力边界，完善权力运行机制。

三、带队伍，完善党管干部、党管人才工作机制

坚持党管干部、党管人才原则，是国有企业党组织发挥政治核心作用的重要保证，是实现党对企业政治领导的关键所在。国有企业党组织要在企业选人用人中发挥主导作用，包括确定用人标准、研究推荐人选、完善评价体系、加强监督管理、培养后备人才等。勘察设计作为完全竞争性行业，要积极探索竞争性选拔干部、组织考察推荐与市场化选聘相结合等方式，提高选人用人的工作活力。

近年来，中建西南院党委根据院工作实际和干部管理情况，先后制定包含选拔任用、考核评价、轮岗交流、教育培训等内容的干部管理制度，创新建立对院副总的考评管理办法，健全了领导干部选拔任用、培训管理、考核考评等工作机制；按照民主、公开、竞争、择优原则创新方式方法，扩大年轻干部、技术型干部的培训和多岗位交流。创新工作载体，提升队伍素质。注重和加强高端人才、经营管理人才、技术管理人才、多元经营人才和政工人才的"五支队伍"建设。以开展"高校夏令营"、"技术专家高校讲台"为载体创新企业和高校合作机制；建立领导干部教育培训学分制，以学分考核传导压力，提升教育培训实效；完善人才培养和激励机制，全面推行360°全员绩效考核体系；围绕院发展战略建立多渠道的培训计划，逐步建立起集引进、培训、使用、考核为一体的人才管理机制。

四、严监督，落实党风廉政建设两个责任

落实党风廉政建设责任制，党委负主体责任，纪委负监督责任。西南院党委健全"三项制度"和"两个体系"，落实主体责任和监督责任："三项制度"包括主体责任落实制度，制定了《中建西南院落实党委主体责任实施细则》，把党委主体责任分解为30余项具体内容，并明确责任部门与落实措施，实现有部署、有检查、有奖惩；结合"三重一大"制度的制定，完善企业权力运行的权利清单和责任清单，并将"三重一大"问题的落实情况纳为领导班子民主生活会、领导干部述职的重要内容；对领导班子成员一岗双责做出明

确规定，明确院领导班子成员的党风廉政建设职责，为实施党风廉政建设责任制监督与考核提供了依据。建立了广覆盖的作风治理体系，针对中层领导干部，专门开展以"三严三实"专题教育、"八项规定"监督检查为主要内容的领导干部作风专项效能监察。针对全院职工，以"业余设计专项治理"活动为重点，多途径整治院风院纪，树立良好品牌形象。初步建立起党委统一领导、纪检、监察、审计、法务等部门联动协同的大监督体系，针对重点业务和关键流程开展分包监督、奖金分配监察等一系列专项监督，促进了企业管理水平提升和制度完善。

(作者单位：中国建筑西南设计研究院有限公司)

新形势下加强工程勘察设计企业党建思想政治工作的探索与实践

中国建设职工思想政治工作研究会工程设计分会课题组

为贯彻落实全国国有企业党的建设工作会议精神，中国建设职工思想政治工作研究会工程设计分会，结合形势任务要求成立了以天津市建筑设计院为课题组长单位，中国建设科技集团、北京市建筑设计研究院有限公司、中国交建公路规划设计院、中国石化工程建设公司、贵州省建筑设计研究院、中国五洲工程设计集团为骨干成员单位的课题研究组，采取调查研究和剖析典型的方式，认真研究新形势下工程勘察设计行业国企党建思想政治工作的新特点、新要求，以及存在的突出问题，总结业内部分先进企业党组织的成功经验和做法，为加强工程勘察设计企业党建思想政治工作提供参考。

一、新形势下国企党建工作的新特点

课题组通过认真学习研究十八大以来习近平总书记的一系列重要讲话，及中央下发的有关加强国有企业党建工作的文件，认为党的十八大以来国企党建思想政治工作呈现出三个新特点：

（一）进一步明确了党对国有企业的领导地位

在全国国有企业党的建设工作会议上习近平总书记指出，"坚持党对国有企业的领导是重大政治原则，必须一以贯之；建立现代企业制度是国有企业改革的方向，也必须一以贯之。中国特色现代国有企业制度，'特'就特在把党的领导融入公司治理各环节，把企业党组织内嵌到公司治理结构之中，明确和落实党组织在公司法人治理结构中的法定地位。新形势下，国有企业坚持党的领导、加强党的建设总的要求是：坚持党要管党、从严治党，紧紧围绕全面解决党的领导、党的建设弱化、淡化、虚化、边缘化问题，坚持党对国有企业的领导不动摇，发挥企业党组织的领导核心和政治核心作用。"会议从根本上解决了以往党组织在国有企业中地位作用不明确的问题。澄清了一些人在思想上存在的"党组织是政治组织，在国有企业这样的经济组织中没地位、难作为，可有可无靠边站的模糊认识"。为国企党组织理直气壮的开展工作发挥作用提供了新动力。

（二）进一步明确了党对国有企业加强领导的主要任务

习近平总书记指出，"国有企业党组织发挥领导核心和政治核心作用，归结到一点，就是把方向、管大局、保落实。"这是中央赋予国有企业党组织的主要任务。"把方向"就是要求党组织确保国有企业在政治上和思想上始终与党中央保持高度一致，使党的方针政策和各项工作部署在企业中得到贯彻落实，确保企业始终沿着正确的方向持续健康发展。"管大局"就是要求党组织改变过去在企业中"充当行政配角只抓政治不管经济，只服务不管事，被动参与经济工作的局面"。勇于承担起政治工作和经济工作"两手抓、两手硬"的总体责任，切实管好企业"三重一大"、企业发展战略规划、深化改革方案、涉及职工切身利益等事关企业大局的重大决策。"保落实"就是要求党组织充分发挥党建思想政治工作优势，通过不断健全完善党建思想政治工作机制，改进工作方法、创新工作载体和途径，激发和调动企业方方面面的积极性和创造性，保证党的方针政策和企业各项重大决策落到实处。

"把方向、管大局、保落实"这三个方面任务是相互关联、相互依存、互为作用的。其中"把方向"是根本，就是把好企业的政治方向和发展走向；"管大局"是关键，就是管好事关企业持续健康稳定发展大局的各项重大问题和重要举措的研究制定；"保落实"是保障，就是通过强有力的党建思想政治工作，保证企业始终沿着正确的方向，实现不同时期的发展目标。

（三）进一步明确了党对国有企业加强领导的重点责任

为推进全面从严治党，解决责任不落实的问题，中央于 2016 年 7 月颁布实行了《中国共产党问责条例》，《条例》面向各级党组织和各级领导干部，明确了在落实党风廉政建设责任制方面，党委负主体责任，纪委负监督责任。追责对执行党的路线方针政策不力，管党治党主体责任缺失、监督责任缺位，给党的事业造成严重损害，"四风"和腐败问题多发频发，选人用人失察、任用干部连续出现问题，巡视整改不落实等问题，以问责倒逼责任落实，推动管党治党从宽松软走向严紧硬。随后，为了完善党内监督，着力解决基层党建弱化、淡化、虚化、边缘化，从严治党不力，党的观念淡漠、组织涣散、纪律松弛等问题，十八届六中全会修订出台了《中国共产党党内监督条例》。这两个条例为深入落实从严治党和加强党风廉政建设提供了制度保证。

国企党委作为党的基层组织按照《党章》必须始终坚持落实改革发展和党的建设两手抓、两手硬。其中首先是在加强党建工作中履行好党风廉政建设的主体责任。特别是自中央颁布执行两个条例以来，通过严格执纪和严厉问责、追责，使国企党委书记感到身为第一责任人不仅肩负的担子重了，而且承担的责任更大了。再也不能当太平官，做老好人。

二、工程勘察设计企业党建思想政治工作存在的主要问题

通过调查发现，面对新形势、新任务，部分工程勘察设计企业党组织还存在一些不适应的问题。主要体现在：一是有的企业党组织负责人对中央赋予地位、责任和任务目标认识不够明确，思想被动缺乏担当意识，工作盲从忙于应付上级，党组织的领导核心和政治核心作用没有充分体现。二是有的企业党组织落实党要管党从严治党的主体责任意识，履行监督责任不到位，致使企业党建弱化、淡化、虚化、边缘化。三是有的企业党组织研究企业重大决策的能力不强，甚至不能将党建思想政治工作融入企业经济工作，与行政方面不能形成合力，致使"两张皮"现象依然存在。四是有的企业党组织忽视了党员队伍的日常教育管理，党员模范作用不明显，违法、违纪、违反"八项规定"问题时有发生。五是

有的企业党组织在班子和干部队伍建设上没有完全把"讲政治、懂规矩、守纪律"挺在前面，在选人用人上还有"重业务轻政治、重能力轻素质"倾向。六是有的企业党组织党建思想政治工作创新能力不强，工作载体和机制落后，缺乏感召力和活力，没能很好地发挥出保驾护航作用。

以上六个方面问题，严重制约了企业党组织"把方向、管大局、保落实"的能力水平，阻碍了企业党建思想政治工作优势的发挥和企业改革发展的步伐。

三、积极探索，勇于实践，提升企业党建思想政治工作能力水

课题组坚持以习近平总书记讲话和中央的部署要求为指导，企业党建思想政治工作中存在的突出问题为导向，深入企业开展调查研究，并在总结企业党组织日常工作经验的基础上，从中提炼出一些企业组织在新形势下加强企业党建思想政治工作的突出成果，重点体现在加强"四个能力建设"上。

（一）加强党委把方向管全局的能力建设

一是注重学习，丰富头脑，夯实把方向管全局的理论功底。许多企业党委自觉坚持落实党委理论中心组学习制度，把理论学习与本单位发展实践结合起来，不断加深了领导班子成员对当前形势任务认识和政策理论的把握，并能自觉把学习成果转化为坚定的政治理想信念和推进改革发展的决策思路。还有的企业党组织在注重加强政治理论学习的同时，注重加强先进科技知识和企业管理知识，以及相关金融、法律知识，使党组织在决策前能够正确借鉴和引用先进成果，并联系本企业实践进行分析研究，以保证决策的科学性。

二是注重调研，掌握实情，夯实把方向管全局的客观依据。很多企业党组织负责人经常深入一线，到各基层单位和部门开展调研，更注重深入到经营生产一线岗位，向职工群众了解情况，到条件艰苦的单位和矛盾困难突出的单位和部门了解矛盾和问题，为企业决策提供依据。一些企业党组织通过开展普遍调查、专题调查和个别调查，找出企业中存在的薄弱环节，摸准在深化改革中存在的各类问题。在此基础上，对各方面、各层次问题进行全面、认真的梳理，把影响和制约全局发展的主要矛盾归纳出来，进行具体分析和深入研究，按照轻重缓急，分别提出解决对策。有的企业党委还坚持每年初集中开展一次走基层调研活动，深入了解企业在改革发展中存在的突出问题，收集基层单位和部门的意见和建议，并以问题为导向形成专题调研分析报告，在每年中期工作会议上进行决策研讨和推动。

三是坚持民主，汇集众智，完善把方向管全局的决策机制。在企业党委会上，很多企业党委把坚持民主集中制原则作为科学决策的重要保障，确保了决策的民主性和有效性。党委书记主动征求委员意见，并善于听取正反不同意见，在反复酝酿、讨论的基础上，集中正确意见形成党组织集体决策。有的企业党委在决策前，广纳众言，充分吸纳干部群众建议，鼓励干部职工反映真实情况对决策议题提出不同意见；在决策过程中，把干部群众的建议作为重要参考，把干部群众的意愿作为依据；在决策后，把决策情况及时反馈给干部群众，征求干部群众在贯彻落实决策过程中采取的措施和办法，以及遇到的新问题、新矛盾，以便及时修正调整，确保决策顺利推进实施。有的企业党委完善了《党委会议事规

则》，规范了党内议事决策的程序，保证了民主集中制的有效落实。

（二）加强驾驭现代企业的能力建设

一是大力提高党委班子选人、用人的能力。很多企业党委坚持以对党忠诚、勇于创新、治企有方、兴企有为、清正廉洁作为标准，严格执行干部选拔任用程序，把"看领导干部政治意识、大局意识、核心意识、看齐意识强不强；看领导干部能否坚定信念、任事担当，牢记自己的第一职责是为党工作；看领导干部能否爱党、忧党、兴党、护党落实到经营管理各项工作中；看领导干部能否迎难而上、开拓进取，带领广大干部职工开创企业发展新局面。"作为选拔任用领导干部主旨。严把选拔任用的入口关，且结合企业实际完善聘用机制，确保领导干部人尽其才干成事。一些企业党委通过严格了干部选拔程序和完善干部竞争择优机制，将组织考核与群众评议相结合，做到干部任期考核与薪酬、任免挂钩，畅通了干部能上能下的渠道。

二是大力提高领导班子勇于攻坚，破解难题的能力。在调研中发现，有的企业领导班子和领导干部之所以"把方向、管全局"的工作能力强，关键在于他们具有较强的战略思维、辩证思维和创新思维的能力，并在工作中克服了"眉毛胡子一把抓"的粗放型工作作风，善于把握主要矛盾和关键性问题进行攻坚，达到牵一发动全身，以点带面的效果；克服了"就事论事治标不治本"的简单工作方法，善于透过现象看本质，揪住深层次问题和薄弱环节，不断健全机制、完善制度，实现科学管理；克服了"见物不见人"的简单思维模式，善于从人的因素出发，把激励人、调动人、约束人作为攻坚克难的主导，发挥凝神聚力的团队合力；克服了"骑驴看账本走着瞧"短期行为，善于从企业长远发展的战略高度进行企业规划，研究制定改革方案，使企业始终在市场竞争中不断赢得机遇获取发展的动力。

三是大力提高企业领导班子依法治企能力。许多企业把依法经营作为企业发展的基本保障。领导班子善于运用法律规范解决企业的实际问题，使企业的管理制度、工作机制和职工行为始终在法律保护和约束之下。同时，还要做到建章建制不断规范内部运营管理，使各方面管理程序和操作行为有章可循、有法可依。

（三）加强履行两个责任，提高从严治党的能力建设

一是强化责任意识，加强对党风廉政建设的领导。一些企业党委把对从严治党着力点放落实"两个责任"上，首先从落实"三重一大"决策监督机制着手，构建与企业内部管理相融合的监管体系，形成监督合力，严格执行"一岗双责"，大力支持纪检查办违纪案件。还有的企业党委定期组织纪检部门研究部署工作方案，注重及时听取纪委关于党风廉政建设工作提出的意见和建议，支持纪检部门开展工作，并将廉政建设工作与年度经济工作重点紧密结合起来，做到同部署、同落实、同检查、同考核。

二是严控关键领域、重点人，健全完善监管机制。强化对关键岗位、重要人员的监督是完善监管机制的重点，形成制度规范约束与监督保障并举，确保关键岗位、重要人员履职不违规，用权不枉法。如有的企业党委从分析确定企业廉政风险岗位职能特点入手，列出风险岗位范围和人员，以及容易产生腐败的环节，有针对性地制定预防制度和管控预案，并汇编成册构成企业廉政风险防范体系，每年对照制度和预案进行检查，有效地促进

了党风廉政建设。

三是严格责任追究，落实问责、问廉、问效机制。一些企业党委对下属企业领导班子及其成员贯彻执行"一岗双责"情况进行巡察，建立巡察工作台账，针对存在问题的下发整改通知书，限期整改，做到早发现、早处理、早整改；有的还建立责任追究机制，实行责任倒查，查找问题原因，对责任落实不力、敷衍塞责的单位及其领导干部，视情节轻重，严肃问责，并对单位主要领导进行约谈，构成违纪的，依照有关规定给予党政纪处分；还有一些企业党委对有问题苗头的干部及时采取"廉政提醒"措施，特别对重要岗位干部实行了"问责、问廉、问效"和退出机制，对问题突出不尽职，不守规矩作风差的干部坚决进行调整。

四是关口前移，建立警示教育长效机制。很多企业党委非常重视加强廉政警示教育机制建设，主要做到了：一是注重提高领导班子民主生活会和党组织生活会质量，做到常照镜子、常洗脸。二是注重载体媒介，实现教育信息化。充分运用网络媒体平台，手机系统平台，开展廉政信息提示教育。三是注重深度教育，确保实效化。企业党委把警示教育作为每年举办培训班的必修课，定期开展组织学习，并进行党规党纪知识测试。三是注重教育常态化。将警示教育工作融入基层党建和干部队伍建设统筹谋划，健全警示教育常态机制，纳入系统绩效管理的考核。

（四）加强抓好基层党建思想政治工作的能力建设

一是加强领导班子和干部队伍作风建设，增强向心力。很多企业党政班子带头践行"两个务必"，落实"八项规定"，大力发扬求真务实、开拓创新、团结奉献的优良作风，树立求真务实的勤政形象；带头廉洁自律，自觉做到自重慎微、自省慎思、自警慎权、自励慎行，筑牢拒腐防变的思想道德防线和党纪国法防线，树立了为企为民服务的好形象。一些企业党组织把提高职工幸福指数作为企业发展的落脚点，为职工成长搭建平台，努力为员工办实事好事，让职工在企业发展成果中享有更多实惠，不断增强了企业凝聚力和向心力。还有的企业党委把班子务实为民作风建设成果与职工满意度联系起来，一并作为年内述职考核的重要内容。

二是加强基层党组织建设，提高党支部战斗力。一些企业党组织注重优化党支部书记队伍，严格按照"政治坚定，品德优良，事业心强，作风民主，能力胜任，知识面宽"的标志选配党支部书记。注重加强支部书记岗位职务和工作能力的培训，着力提高专职支部书记参与重大问题研究决策的能力和兼职党支部书记抓好群众思想工作的能力。注重完善岗位考核机制，把组织考核与群众评议、自我评价与上级考核、定性考核与定量考核相结合，把责任制执行情况与评先、干部任用和奖惩机制挂钩。注重健全载体机制，强化基层组织责任考核。有的企业党委对基层党组织专门制定了"党建工作目标责任体系"，形成了基层党建考评机制，确定了基层党建的责任指标。有的还制定了"五好党支部"达标考核体系，采取百分制评价办法，并将党支部书记工作业绩与年终收入挂钩。

三是加强党员思想建设，提高党组织凝聚力。许多企业党委把"两学一做"制度化、常态化。强化党性修养和宗旨意识教育，使党员干部的理想信念和政治追求与党保持高度一致，实现忠诚于党、思想建党。有的企业党委在党员中坚持开展"学党章、温誓词，查摆入党动机"活动，要求每名党员在组织生活会上进行公开发言，查摆理想信念、宗旨意识、党性观念和行为作风上存在的差距和不足，做出整改承诺。切实让党员做到从思想深处挖根源，从党性锻炼上找差距，从行为作风上摆问题，从整改厉行上定目标，从知行统一上见效果。有的企业党委结合形势任务坚持创新形式开展党员年度培训教育、基层党务干部培训、党支部书记轮训，并结合企业实践组织专题研讨和培训测试。有的企业党委以"三会一课"、党员党性定期分析、民主评议党员、党员组织生活会，以及党员领导干部民主生活会制度为重点，严格经常性的党内组织生活，严明党的政治纪律和组织纪律。有的企业党委要求党员结合群众评议意见，及党支部为其做出的党性分析意见，查摆出来的突出问题，认真制定个人整改措施，促进了党员思想意识和行为的共同提高。有的企业党委通过建立支部微信群，开展"微党课"，拍摄微视频的形式，创新党员教育载体，扩大了党员活动影响力。

新常态下非公企业党建工作实践与规律研究
——上海岩土工程勘察设计研究院有限公司党建工作实践与探索

陆 文 钱国锋

一、非公企业党建工作面临的新形势

非公企业党建工作面临的新形势，反映在体制上，是党组织对企业员工已无直接领导权，在职工群众中的定位是政治核心；反映在工作上，是党建工作资源比之国有企业时期相对缺乏；反映在行动上，是党组织开展的各项工作必须与企业经营管理层达成共识；反映在动力上，是党建工作成效与党员干部的职业发展存在脱节。

正是因为党建工作的生态环境发生了变化，决定了非公企业的党建工作在具体实践中，需要注意以下几个重点。

（一）非公企业党建需要与企业业主、经营管理者达成共识方能实现互利共赢。非公企业在法人治理结构框架下，基本都实行"新三会"（股东会、董事会、监事会）的现代企业制度。同"老三会"（党委会、职代会、工会）相比，实行"新三会"的企业内党组织除了发挥政治上的保障作用外，对企业的人、财、物没有职权范围的直接支配权，这就促使党组织必须另辟蹊径地通过确立在企业中的话语权来影响决策层，并对群团组织加强领导，对企业员工加以政治指导、思想引导、舆论疏导。

（二）非公企业党建重心在于建设学习型、服务型和创新型基层党组织。非公企业党建工作成效与党员的职业发展存在脱节现象，在这种情况下，通过加强学习型、服务型和创新型基层党组织建设，着力提升党组织形象和党员综合素质，进一步促进上级党组织更好地关怀和服务下级党组织及党务干部，下级党组织更好地关怀和服务广大党员和职工群众，从而有效调动基层党组织和党员的工作积极性和创造性，增强党建工作的有效性。

（三）非公企业党建要把聚集人才作为发挥政治核心和政治引领作用的重要抓手。按照党管人才的原则，非公企业党组织需要主动揽责，敢于担当，把精心设计有利人才成长集聚的制度环境作为深入开展党建工作的重要切入口，积极研究和探索党管人才和党建凝聚人才的基本途径、基本方法，努力发挥好了党建聚人才的政治优势和组织优势，真正体现党组织的两个作用。

（四）非公企业党建要把企业文化建设作为践行社会主义核心价值观的具体举措。面对党员、职工思想观念和价值取向的多元化，非公企业党组织应当勇立潮头，明辨是非，要敢于坚持真理、坚持原则，坚持扬善弃恶，弘扬正能量，把培育和引领先进企业文化作为践行社会主义核心价值观的具体举措。

（五）非公企业党建要巧用各种软资源借以弥补硬资源的匮乏，打开工作局面。非公企业党建硬资源不足是一个普遍存在的问题，主要表现在缺少活动空间、活动经费，以及活动时间得不到保障等方面，这就需要各级党组织千方百计利用各种资源和各种载体，借势而为，乘势而上，并积极开发软资源，借以弥补硬资源的先天不足。

二、上海岩土院党建工作的新实践

多年来，上海岩土院党委以党建促发展为核心，着力优化企业发展环境；以党建聚人才为突破，着力体现党的组织优势；以党建增和谐为重点，着力打造利益共同体；以党建讲规范为基础，着力提升党建工作质量，努力拓展党建功能，取得一定成效。

（一）党建促发展，着力优化企业发展环境

上海岩土院党委积极探索党组织发挥政治引领作用的有效载体，在实现党企同频共振上下功夫，在建设学习型企业上下功夫，在深入调研率先思考上下功夫，努力为企业转型发展提供支持与保障。

1.努力实现党企同频共振。党委与经营管理层延续国企党建时期的良好格局，继续实行党委班子成员与企业经营管理层交叉任职方式，保证党组织的政治引领作用得以有效发挥；继续实行重大事项、重要改革举措民主科学决策机制，坚持民主集中制原则；认真落实党内民主生活会制度，提高会前准备、会中运行、会后整改各环节的质量。通过一系列制度安排，使党的工作机制与企业法人治理结构运行机制有机融合，实现党企同频共振。以党的群众路线教育实践活动为契机，为企业发展建言献策，认真抓好整改和各项措施的落实。注重树立良好的企业社会形象，捐资上海"两新"公益同行专项基金；捐款资助希望小学和贫困学生；建立与社区党建联建共建机制，开展助学帮困，积极参加所在社区各项活动。

2.努力建设学习型企业。党委紧跟党的大政方针政策和新形势，紧跟企业创新转型发展新任务，分党委中心组层面、企业干部层面和党员层面三个层面开展各类学习讲座，仅2014年就开展各类学习活动10余次，学习内容丰富多样，既有对宏观经济形势的学习，也有对党建理论的学习，既有应用心理学知识的学习，也有传统国学知识的学习，既有走出去的实地考察，也有请进来的专家讲授，受到各层面干部职工的好评。2015年，通过组织"交大中高层管理人员卓越领导力研修班"和"上勘院首期青年骨干训练班"，着力提升干部的管理水平和综合能力。党委通过组织多层次、多类型的学习活动，努力为干部职工提供新思路，拓宽新视野，把学习新知识作为促进企业可持续发展的重要智力源泉。

3.努力参与谋划发展战略。党委注重对企业发展方向、战略规划的整体思考。2014年，由党委牵头，开展"以集成创新再造商业模式，实现企业转型发展"软课题研究，五万余字的课题报告为企业转型发展和新一轮战略发展提供决策依据。由党委主要负责人带队"走出去"考察交流，通过广泛调研兄弟单位在企业战略转型、产业链整合、科技创新、人才建设和企业文化建设等方面的成功经验和做法，形成调研考察报告，有关调研成果在干部会议上进行广泛深入交流，为企业持续健康发展提供规划建议。

（二）党建聚人才，着力体现党的组织优势

上海岩土院党委始终高度重视人才队伍建设，按照党管人才要求，把选好人才、用好人才、凝聚人才作为党建服务企业发展、服务党员、服务职工的重点工作加以推进落实。

1.高度重视抓好干部队伍建设。岩土院党委把干部和后备干部队伍建设作为巩固好群众路线教育实践活动成果的一项重点工作努力抓好，尤其重视从企业长远战略发展的高度，加强对青年后备干部的选拔、培养和考察。由党委牵头，每年结合年度考核工作，重点围绕各分、子公司主要负责人情况、领导班子情况、后备干部情况等内容进行考核访谈，涉及各分子公司班子成员、中层干部、青年骨干、一线职工，为选人用人奠定基础。开展管理干部带教活动，对基层主要把手、经营干部和技术管理干部分别实施管理带教，提高他们的综合素质和管理能力。动态考核后备干部队伍，党委建立了党政主要领导与后备干部谈心制度，沟通信息，释疑解惑。

2.高度重视三支队伍建设。岩土院党委承担了选人用人的重要职能，通过加强团队建设，为企业发展集聚人才。党委高度注重管理团队建设，通过定期学习培训、干部轮岗交流、挂职锻炼等多种形式，提升干部队伍整体素质，拓宽管理思路；高度重视技术团队建设，完善新职工带教、骨干带教和职位晋升答辩制度，试点落实复合型人才培养和职工职业发展计划，提高集聚高端人才的实效性；高度重视蓝领工人团队建设，以"技师工作室"和"技术比武"为抓手，着力提高蓝领工人的岗位技能和综合素质，稳定外聘员工队伍。

3.积极落实多项人才激励措施。为进一步集聚人才，岩土院党委在公司经营管理层的支持下，探索实施了多项人才激励举措。一是在新一轮增资扩股中通过定向增发实施对青年骨干的股权激励，提高人才激励实效性；二是加大工作力度，引进外聘员工中的优秀技术工人进正式员工编制，畅通外聘技术工人职业发展通道；三是开展各类先进集体、先进个人、优秀党员的评选表彰活动，以榜样的作用激励人，并通过期奖、期股等形式给予奖励；四是关注人才切身利益，在执业资格提升、居住证办理、居转户政策落实等工作中进行一对一帮助，解决实际困难。

（三）党建增和谐，着力打造利益共同体

上海岩土院党委注重整合工会、共青团等各类资源，通过落实企业民主管理制度、加强企业文化建设、实施员工关爱项目等发挥党组织在职工群众中的政治核心作用，着力打造企业发展与员工发展目标相一致，发展成果企业与员工共享的利益共同体。

1.落实企业民主管理制度。在党委领导和指导下，岩土院工会已两次按期换届，工作运行顺畅。每年组织召开职工代表大会，审议企业发展大计，协商签订集体合同，民主评议领导干部，广泛听取职工群众对企业发展的意见建议，进一步落实民主管理制度，畅通民主管理渠道，为凝聚智慧、群策群力奠定基础。年初，岩土院获得2013-2014年度上海市厂务公开民主管理工作先进单位称号。

2.加强企业文化建设。近年来，岩土院党委加强对企业愿景、企业使命、企业核心价值观、企业精神等企业文化理念的宣传，努力实践社会主义核心价值观，弘扬正气。通过加强阵地建设，营造良好的企业文化宣传氛围，通过在总部机关、各生产基地设置电子宣

传屏，宣传企业各阶段重要事项；开通微信订阅号，及时发布企业重要活动和重大新闻，目前订阅用户近300人；在企业内网中开辟宣传专栏，开展"廉洁文化宣传周"活动，大力弘扬廉洁文化，宣传廉洁制度；开辟"身边故事"专栏，集中反映优秀人物典型事迹，传递正能量。

3.实施员工关爱项目。开展"实事工程"，努力为职工办实事。坚持落实员工体检、带薪休假、补充养老金和补充公积金等一系列制度，关注职工健康需求和生活福利。坚持关怀离退休老干部，开展"五个必访"和"双节"团拜慰问活动，与离退休职工共同分享企业经济发展和改革取得的成果，努力将对离退休职工的关怀落到实处；关注特殊困难职工，由党组织牵头，为身患重病的外聘劳务工人募得爱心善款84000余元，帮助他顺利走出困境，体现企业大家庭的温暖。开展形式多样的活动，丰富职工群众业余文化生活，积极参加市社会系统各项活动，展现职工良好形象；开展重大工程立功竞赛活动，提升企业核心竞争力；组织开展了新春联欢会、运动会、青年野外拓展训练等一系列活动，增强企业凝聚力。

（四）党建讲规范，着力提升党建工作质量

岩土院党委十分重视党组织建设和党建规范化建设，采取就措施夯实基层支部建设，重视发挥党支部战斗堡垒作用和党员的先锋模范作用，认真落实党建日常工作任务，使党建工作朝着规范化道路迈进。

1.切实夯实基层支部建设。选优配强基层党支部书记，积极组织基层支部书记、支部委员参加上级党组织举办的有关讲座、培训。结合年初、年中行政工作会议，及时召开支部书记例会，通报党建工作情况，部署有关工作任务。落实支部与社区结对工作，开展党建共建与助学帮困工作。大力支持基层支部开展形式多样的"党日"活动，鼓励基层党支部开展支部特色项目申报和组织实施，各基层支部既有对红色教育基地的走访，也有支部党员间的座谈交流，支部工作有声有色，富有成效。

2.重视党员作用发挥机制建设。以岗位建功为基础，开展党员履行责任承诺签名活动，引导广大党员立足岗位，努力发挥"一名党员一面旗帜"的示范作用。每年"七一"纪念建党活动期间，开展民主评议党员活动，评选优秀共产党员，并积极宣传优秀党员的先进事迹。切实把好从严入党关，根据名额指标，发展优秀职工入党，体现了向一线职工和青年技术骨干倾斜的原则。建设高素质的党员志愿者队伍，在爱心捐助公益服务活动中，在工程抢险完成急难险重任务中，处处体现共产党员先锋作用。

3.认真落实党建基础工作任务。认真维护好党员信息管理系统，做到有党员转入转出，手续规范，人员调整及时到位；认真做好党员组织关系转接工作，遇有党员个人信息调整，保证及时核对、更新有关内容。要求基层支部都要建立党员微信群、qq群，开展网上学习交流和组织生活活动，确保党组织的要求和指令及时传达到每一个党员。

三、非公企业党建工作的新规律

从岩土院党建工作实践成效，可以分析出非公企业党建工作的一些新规律，从而积极采取措施加以应对和落实，不断提高党建工作的针对性和有效性。

1.融政治性的政治策略。融政治性，不是不讲政治，而是把执政党的政治意图和政治主张，有组织、有领导、有目的地通过广大党员及其积极分子参与社会活动、文化活动、业务活动等，将党组织的政治性融汇到企业各项工作中，不带鲜明政治标记的工作途径和方法，潜移默化地传递、输送到党员群众之中，达到预期的政治目标。

2.无领导色彩的领导艺术。如何让非公企业的广大党员和职工群众自觉地接受党组织的领导，为党工作、为党分忧。党组织的书记们，不应讲"官腔"、摆"官谱"，需要用个人威信和人格魅力而非职位权力凝聚党员、职工。

3.少行政依赖的资源整合。非公企业党建不同于国企可以获得行政资源，而是通过搭建内联加外联平台，整合各类社会资源。内联是指企业内党组织之间的相互资源整合；外联是指积极主动地融入区域化党建网络，与区域内的党组织建立组织互联、资源互通、功能互补、工作互动的关系，扬长避短。

4.不以岗位定论的评价标准。目前看来，非公企业党员不仅在岗位上发挥先锋模范作用，同时，很多年轻党员热衷与参加社会公益活动。党组织应该支持和鼓励党员积极参与社会公益活动，为他们展现社会主义核心价值观和实现自身的人生抱负创造条件。在这一情况下，对于党员的评价应该有一些新标准。

（作者单位：上海岩土工程勘察设计研究院有限公司）

聚智把脉　聚力谋势　主动作为　共促发展
开创安装企业党建思想政治工作和改革发展新局面

王国辉

一、认清形势，顺势谋篇，深刻认识加强行业党建与思想政治工作的重要性和必要性，全面增强责任感和使命感

无论是一个地区，还是一个企业，主要不是赢在起点，而是赢在转折点。中国经济进入新常态，我们正处在重要的历史转型期，一是产业结构正由工业主导向服务业主导转型；二是城镇化结构正由规模城镇化向人口城镇化转型；三是消费结构正由物质性消费为主向服务型消费为主转型。经济转型的阶段性特点是增长、转型、改革高度融合，经济转型升级蕴藏着巨大的发展潜力和市场空间，也对企业党的工作提出了新的更高的要求。在新的形势下，全面加强党建和思想政治工作是贯彻全面从严治党的战略要求，是深入贯彻落实习总书记关于国企改革发展和党的建设系列重要讲话精神的客观需要，是凝心聚力打好建安企业"十三五"攻坚战的现实需要。

什么是政治？生存与发展是建安企业最大的政治，"转型升级、提质增效"是绕不过的坎、躲不过的河，是最现实的政治。什么是思想政治工作？在最具考验的时刻，提出领航企业发展、助推企业经营管理、维护稳定发展大局的思路与举措就是思想政治工作。如何把握大局、做好党建与思想政治工作，引领企业实现良性可持续发展？

（一）从六个方面把握发展大势

一是深入研究国家"十三五"规划及各省、市、地区出台的区域发展规划，提升建安产业与整体经济业态的匹配度和融合度，寻找关系资源，寻找商业机会。二是坚定实施协同发展战略，审慎精准实施"PPP"项目，注重与自身总部产业集团的全产业链的有效联动，提升在中国城镇化进程中的行业价值。三是大力实施"走出去"战略，选准区域、选准国别、选准项目，承揽相应的国内、国际工程，合理布局建安企业的区域市场。四是立足"十三五"战略定位，紧扣"转型升级、提质增效"核心课题，打好开局、做好布局、抓好破局，在深化改革中提升行业发展质量。五是注重市场研判，在变中求新求活，以观念的创新引领工作的创新，以工作的创新推动企业创新驱动与创新发展，引领行业向工业与民用安装并进、产融高度融合、互联网＋与能源管理等方向迈进，实现高质量发展。六是落实全面从严治党要求、服务发展大局，把握大局大势，有效发挥党组织功能融合、制

度衔接、价值协调、能力适应的政治核心作用,为建安企业改革发展提供坚强有力的政治保证、组织保证和人才支撑。

(二)值得借鉴的五条规律性经验

一是规模化发展的思路。在竞争日益激烈,社会平均利润率越来越低的情况下,规模效益是持续发展的重要出路。二是精细化发展的思路。关键是抓好企业基础性的管理的标准化和信息化工作。三是专业化发展的思路。大客户、大项目长期经营跟进;人无我有、人有我专、人专我精,走工业与民用安装、预制装配化、优化设计、持有优秀自有职工队伍等,都是专业优势的选择。四是协同化发展的思路。注重研究政策,分析市场,积极与外部环境协同;联动发展,互联共享,加强全产业链协同;以工匠精神铸造精品城市,实现企业文化和品牌的协同。五是差异化发展的思路。做强产业链的上下游,选择适应自己的发展模式;结合自身拥有的社会和企业资源,另辟蹊径,步入蓝海。

二、聚焦问题,突出重点,在深化企业改革发展中增强党建与思想政治工作的实效性、针对性

(一)聚焦问题,正视挑战

一是企业战略发展对党建与思想政治工作提出了新挑战。党建、思想政治工作始终是国有企业的独特政治资源,是企业核心竞争力的有机组成部分。面对全面推进"十三五"战略规划和新一轮国资国企改革发展的新形势新任务,面对国有企业进一步转变经济发展方式、深化改革、创新发展的新情况新要求,迫切需要以改革创新的精神进一步加强和改进党建与思想政治工作,特别是要主动应对业务国际化和实施"走出去"战略带来的新挑战;要主动应对产权多元化带来的新挑战,积极探索构建现代企业制度下党组织充分发挥政治核心作用的公司治理结构运行机制;要主动应对产业结构调整带来的新挑战,不断创新工作品牌和工作载体,真正把政治优势转化为企业的创新优势、发展优势、竞争优势。

二是实现企业与员工共同发展的目标要求对党建与思想政治工作提出了新挑战。人是生产力中最活跃、最具决定性的因素,企业党组织的工作说到底是做人的工作。多年来,国有企业发展的实践充分证明,建设一支高素质党员干部队伍和职工队伍,对于构建企业核心竞争力、实现企业与员工共同发展具有重要的战略意义。面对国有企业创新发展和科学发展的新要求,面对广大职工对提升自身能力素质和实现个人全面发展的内在需求,把坚持党管干部、党管人才原则和推进"人才强企"战略与实现职工的全面发展有机结合,把领导干部和人才队伍建设作为实现企业可持续发展的关键,为企业科学发展提供强有力的干部人才队伍保障,是我们面临的重要课题,必须放在突出位置抓紧抓好。

三是职工群众多元化的利益诉求对党建与思想政治工作提出了新挑战。坚持党的根本宗旨不动摇,实现好、维护好、发展好最广大职工的根本利益是企业党组织全部工作的出发点和落脚点。坚定不移地依靠职工群众办企业,是企业发展壮大的力量源泉。当

前，经济体制深刻变革，利益格局深刻调整，思想观念深刻变化，对国有企业党的群众工作传统模式带来了强大的冲击，特别是要应对好群众的利益表达方式变化带来的挑战、民主政治发展给群众工作带来的挑战、新媒体对党联系沟通群众传统方式的挑战，需要国有企业创新党建与思想政治工作的理念和实践，不断增强企业凝聚力，实现职工与企业共同发展。

（二）突出重点，精准施策

一要夯实组织基础。这是能否发挥作用的重要依托。要主动适应国有企业改革发展的新形势，及时健全和优化基层党组织体系，以党建工作的延伸扩大，逐步实现服务对象的全覆盖和服务内容的全方位，努力把服务型党组织建设落到实处。二要强化服务功能。这是检验作用发挥的核心。要突出"三个服务"，即服务企业发展、服务广大党员、服务职工群众，通过服务来更好地履行宣传、教育、引导、管理群众和党员的功能，调动各方面的积极性和创造性。三要构建服务平台。这是持续发挥作用的重要环节。要立足企业发展、广大党员和职工群众三个服务对象，针对需求分类构建服务平台，把政治优势转变为企业的竞争优势和发展优势。四要建立长效机制。这是强化作用发挥的根本保障。要加强党建与思想政治工作的系统化管理顶层设计，形成统筹规划、横向协调、上下联动、整体推进的工作架构，自上而下建立以服务为导向的思想政治工作体制机制。

三、强化担当，主动作为，在凝心聚力共促发展中体现自身价值

（一）明确责任、主动作为，进一步提升党建思想政治工作的成效

一是要以高度负责、一抓到底的精神抓好党建与思想政治工作。党组织要牢固树立"抓好党建是最大的政绩"，"抓党建就是抓发展，抓发展必须抓党建"的理念，高度重视党建与思想政治工作，自觉将其融入企业改革发展稳定的中心工作中。要着重抓好党建工作责任制的落实，切实形成一级抓一级、层层抓落实的党建工作责任格局。党组织书记要进一步增强抓党建的主角意识、主业意识、主动意识，切实把主体责任记在心上、扛在肩上、抓在手上。要注重传导压力、激发动力、凝聚合力，层层落实党建工作责任制，真正做到守土有责、守土负责、守土尽责。

二是要以辩证的思维、科学的方法抓好党建与思想政治工作。要把做好重点工作同做好经常性工作、基础性工作结合起来，把抓住关键环节同整体推进、系统推进结合起来，把大胆探索同求真务实、注重实效结合起来。积极适应企业特点，探索政工工作规律，完善工作制度、细化工作流程，不断创新活动方式和载体。注重总结推广经验，进一步提升党建与思想政治工作的科学化水平，使党建工作真正为企业所需要、党员所期盼、职工所拥护。要高度关注改革发展进程中出现的新情况、新矛盾，加大思想政治工作力度，在构建和谐企业中发挥凝聚导向作用。

三是要以过硬的本领、良好的作风抓好党建与思想政治工作。要以增强党性、改进作风、提高能力为重点，大力加强党群工作部门自身建设，强化党群工作部门设置，配齐配强党群工作干部，给予必要的人力、物力和财力支持，保证党群工作人员与企业经营管理

人员同待遇、同考核、同奖惩。要积极创造条件，通过专业、系统、全面的培训和实践锻炼，着力打造学习型、服务型、务实型、创新型、和谐型、廉洁型团队，培养政治上靠得住、工作上有本事、作风上过得硬、能够担当得起发展重任的优秀党群干部。

（二）强化担当、履职尽责，争当优秀的党委负责人

一是强化责任意识，发挥好政治核心主责作用。落实全面从严治党的关键，就是要增强管党治党意识、落实管党治党责任，党委要担负起从严治党主体责任，书记要切实承担起第一责任人的责任。党委书记要团结带领党委一班人，毫不动摇地坚持党对国有企业的领导，毫不动摇地加强国有企业党的建设，坚持"四同步"原则开展党的工作，以党建工作的实际成效去赢得和获取企业党组织在公司法人治理结构中的法定地位，为全面深化国企改革、做强做优做大国有企业，提供坚强的思想、政治和组织保证。

二是强化大局意识，发挥好企业改革发展的引领把关作用。党委书记要树立全局观念和大局意识，在工作指导思想上要始终坚持围绕生产经营中心、服务改革发展稳定大局来开展工作。其中，要维护稳定，营造良好发展环境。落实维稳工作责任制，特别是要针对改革力度的加大，做好重大决策社会稳定风险评估和职工的思想政治工作，确保稳定的企业内部环境。要进一步落实"党政同责、一岗双责、失职追责"的安全生产责任制度，提前做好隐患排查，及时协调解决问题。

三是强化民主意识，发挥好重大决策的凝聚共识作用。党委书记作为班长，要以自身的素质、水平、品德、修养、作风，在广泛民主的前提下，充分集中"一班人"的智慧，适时做好科学决策。贯彻好民主集中制，按照集体领导、个别酝酿、会议决定的原则，加强与班子成员的沟通，与行政主要领导及时交换意见和全过程参与企业重大事项决策，抓好"三重一大"制度的落实。

四是强化规矩意识，发挥好执行党的政治纪律和廉洁自律的带头作用。党委书记要强化规矩意识，就要带头严守政治纪律，在政治方向、政治立场、政治言论、政治行为方面守好规矩，自觉坚持党的领导，自觉同党中央在思想上政治上行动上保持一致，自觉维护党中央权威，坚决做到党中央提倡的坚决响应，党中央决定的坚决照办，党中央禁止的坚决杜绝，决不允许上有政策、下有对策，决不允许有令不行、有禁不止，决不允许在贯彻执行中央决策部署上打折扣、搞变通、做选择。党委书记还要带头遵章守纪、廉洁自律、廉洁用权，模范执行各项制度规定和党纪党规，做到正确对待和行使手中权力，不以权谋私，管好自己、亲人和身边工作人员，自觉接受组织和职工群众的监督。

五是强化表率意识，发挥好在班子建设中的示范带动作用。加强领导班子建设不仅要靠制度规范和实际措施的落实，很大程度上还要靠党委书记表率意识的强化和示范带头作用的体现。党委书记的表率、示范作用，要在以下方面得到体现：①强素质。思想政治业务素质上比较全面，具有全局意识和大局观念，工作思路清晰，企业发展方向把得准，具有较强的工作驾驭能力。②讲原则。党性观念强、政策把握准，依据制度规定处理事情，不为名所惑，不为利所诱，不为人情所困。③正作风。脚踏实地、积极进取、办事公道、为人正派、表里如一，不搞哗众取宠、华而不实。④重品行。有较高的思想境界和道德水准，遵纪守法、行为高尚，表率作用好。⑤善协调。具有较好的沟通能力和较高的领导艺

术，注意正面激励和调动积极性，有效形成思想共识和工作合力，营造和谐友善工作环境和团结合作的良好工作氛围。⑥抓落实。既重决策、又抓落实，既挂帅又出征，脚踏实地、真抓实干、开拓进取，善于开创新局面。

思想政治工作是企业创新发展不可或缺的重要力量，是企业持续健康发展的重要保证。面对行业改革发展的新形势新任务新要求，国有企业党组织和党员干部要以高度的责任感和使命感，凝心聚力，锐意进取，扎实工作，以推动建安企业党建思想政治工作和改革发展的新业绩迎接党的十九大胜利召开。

（作者单位：北京市设备安装工程集团有限公司）

探索轮岗交流新机制　激发党建工作新活力
——中国建筑六局提高党建工作科学化水平对策研究

吴春军

一、新形势下创新国企党政干部轮岗交流机制的重要意义

面临新常态，打造一大批党性强、作风硬、懂经营、善管理的高素质人才队伍是加强党的领导、做强做优做大国有企业的必然要求，是深化国企改革的有力支撑和坚强保障。其中，创新党政干部轮岗交流机制是创新国企人才培养机制的重要途径，是实现"伯乐相马"与"赛场选马"相统一的有效手段。

（一）创新轮岗交流机制是激发基层党组织活力的现实选择

强化基层党组织建设，重在务实、贵在创新、要在用人。轮岗交流是党的干部人事制度改革的重要环节，是调动干部积极性的主要措施。激发基层党组织活力、内生动力就要充分调动基层党务干部的工作热情和激情，让基层党务干部摒弃"等、靠、要"心态，形成基层党组织外部配套机制建设与内部自我强化同频共振。通过创新轮岗交流机制，不断拓宽党务干部选拔晋升渠道、优化党政干部配备，持续激发基层党组织活力、战斗力、生命力，不断提高基层党组织建设科学化水平。

（二）创新轮岗交流机制是构建"大党建"格局的重要举措

就党建抓党建是一部分国企党建工作成效不彰的重要原因。要使党建工作发挥合力，需要对国有企业党建工作进行整体设计，在"大党建"的框架下进行党建资源的有效整合，努力打造"党建+"工作平台，其中，创新党政干部轮岗交流是构建"大党建"格局的重要突破口。通过轮岗交流历练和考核晋升机制引导，使党政干部熟悉企业管理逻辑和党组织管理规律，并自觉将其运用到企业的管理实践当中，有效解决党建工作与企业管理"两张皮"难题，实现党建思维时代化、体系系统化、制度规范化、管理标准化、动力长效化。

（三）创新轮岗交流机制是党建工作融入经营管理的有效路径

国企党建制度是现代国有企业的独特优势，是企业核心竞争力的重要内容。当前，国企改革正处于攻坚期和深水区，党的领导只能加强，不能削弱。深化改革在对国企党建工作提出更高要求的同时，也为国企党建工作发挥作用提供了广阔舞台。国企党建工作要立足创新，与深化改革方向、力度、速度相适应，与深化改革组织、机制、资源相匹配，在

推动企业完善现代企业制度的同时,将党建工作与公司法人治理结构有机结合,通过创新轮岗交流机制,不断优化完善双向进入、交叉任职的领导体制,持续提升国企党建现代化水平。

(四)创新轮岗交流机制是培养高素质干部队伍的内在要求

全面深化改革,关键在党、关键在人。国企领导既是党的干部,又是企业生产经营的组织者和领导者。通过党政干部轮岗交流,找准国企党建工作着力点,坚持党管干部、党管人才,让国企领导干部熟悉了解马克思主义执政党建设规律、市场规律和现代企业运行规律,严格落实党建工作责任制,将国有企业领导人员打造成既坚持党性原则、又具有企业家精神的中国特色社会主义企业家,引领企业勇担国家使命、不断改革发展。

二、中国建筑六局党政干部轮岗交流机制的探索与实践

中国建筑六局按照中建总公司党组"一融入、两对接、五转化"总体要求,以党务和行政干部轮岗交流为抓手,不断提升企业领导干部政治定力和业务能力,持续释放基层党组织潜能,有效凝聚了企业转型升级强劲动力。

(一)突出问题导向,轮岗交流机制创新服务企业中心工作

当前企业党建工作普遍存在重业务轻党务,党建、生产"两张皮"以及基层党组织凝聚力战斗力不强、党员先锋模范作用发挥不显著等问题。破解企业党建工作薄弱难题,一方面要解决党务干部思想意识问题,另一方面要配套完善相应制度规范。基于此,中国建筑六局党委创新思路、全面调研、科学规划,紧密结合企业转型升级、提质增效战略,找准企业党建工作与企业中心工作最佳"结合点",突出党员干部核心带动作用,坚定实行党政干部轮岗交流,有力提升了领导干部党务工作水平和业务工作能力,基层党组织活力日益凸显,为企业转型升级战略目标实现提供了有效动力支撑。

(二)强化整体布局,轮岗交流机制释放党建工作新活力

2011年,中印发《中国建筑第六工程局有限公司领导人员轮岗交流任职管理办法(试行)》,对党政干部轮岗交流体制进行整体设计,稳步构建了"1+3"党政干部轮岗交流长效机制,即轮岗交流制度+选拔储备机制、培养提升机制、管理考核机制,使党政干部轮岗交流实现标准化、规范化、制度化,党的政治优势和组织优势有效转化为推动企业又好又快发展的强劲动力。

1. 完善选拔储备机制。结合企业年度经营业绩考核建立后备领导干部人才库;结合领导干部职业发展规划,有计划地进行党务、行政岗位历练,并建立"局总部—二级公司总部—项目部"三级纵向综合培养渠道,为党政干部选拔储备提供了有效制度保障。

2. 强化培养提升机制。中国建筑六局党委积极推进党务干部与行政业务干部轮岗交流"双向进入",近年结合企业完善法人治理结构,特别是在二级单位开展模拟董事会制度改革,实行"党政职务一肩挑",同时加大党政干部专业知识培训力度,进一步强化了党政干部对"三重一大"、党委中心组学习、"三严三实"专题教育、党务公开、"三会一课"、

民主生活会、党建工作述职、党员教育管理制度、党员联系群众、党风廉政建设等党建工作方法和企业管理知识的学习和执行，实现党政干部在轮岗交流后的新岗位能够快速找准定位、融入角色、发挥职能。

3. 规范管理考核机制。为保证党建工作有效融入企业中心工作，破解轮岗交流固有模式，中国建筑六局党委不断创新思路，组织成立了工程局党委书记为主任、工程局相关领导为委员的党群工作业绩评估委员会，以规范化管理和精细化考核为抓手，制定印发了《中国建筑六局党群工作业绩评估实施细则（试行）》，对党群工作考核进行了详细规定，同时将考核结果与企业业绩考核、二级单位领导班子成员年薪挂钩，实现党建工作与企业管理和业绩考核的有机衔接，有力提升了企业党建科学化水平。

（三）坚持务求实效，轮岗交流机制提升党建工作品质

经过党务、行政岗位的双重历练，中国建筑六局党务干部队伍素质能力显著增强，实现党建工作与生产经营协同联动、融合高效，使党建工作迸发出新活力，有力地推进了企业的履约守信、品质提升、创新创效，特别是重点基础设施项目不断刷新中建系统记录，屡次跃居中建、全国乃至世界基础设施业务领域之巅。

中国建筑六局地铁公司党委创新性地提出党建工作首问责任制、限时办结制、一次性告知制、服务承诺制、责任追究制，开展"党员示范岗"、"党员责任区"、"一名党员一面旗帜"等活动，有效激发了党员责任意识、创新意识和奉献意识，其中，天津地铁6号线R1合同段党员技术攻坚小组获得26项国家实用新型专利。中国建筑六局桥梁公司重庆鼎山长江大桥项目党支部党员面对百年一遇洪峰，冲在一线、奋力拼搏，如期履约交付中国建筑第一座长江大桥，并以鲁班奖证明了大桥的高品质，受到央视新闻等中央媒体高度赞誉。

天津港瑞海公司发生特大火灾爆炸事故后，中国建筑六局党委第一时间组织承担"8·12"事故抢险救援工作。中国建筑六局安装公司成立电力抢险党员小组，进入离爆炸核心区不到1000米的排水泵站，连夜抢修电力设备，保证了泵站的正常运行，使爆炸产生的有毒废水得以及时排出，避免了污染扩大危险；同时，按照滨海新区政府通知，承担距离爆炸点仅550米、受灾最严重的两个小区共3504户房屋维修任务，300名管理人员、2000名施工人员跑步进场，最终圆满完成各项抢险救援任务，有力彰显了央企的社会政治责任担当，在庆祝建党95周年之际受到天津市委表彰，并荣获"中国建筑股份公司特别贡献奖"。

三、中国建筑六局党政干部轮岗交流机制探索实践的启示与思考

创新党政干部轮岗交流机制涉及企业党建和企业管理众多领域，需要有目的、有计划、有步骤地开展各项工作，扎实有效地向前推进。

（一）找准工作定位，破解工作难题

中国建筑六局实施轮岗交流机制围绕企业中心工作，着重解决了党建工作所反映出的"虚化、弱化、淡化"问题，使党政工作相互渗透，同步运行，从而实现党政工作规划统

一研讨,党政工作开展统一部署,党政工作落实统一督查,党政工作指导统一实施,党政工作绩效统一评价,党政工作考核统一奖罚的"六统一"目标管理,切实发挥了企业党组织在企业发展中的引领作用。

轮岗交流机制确保思想同频,实行基层党政领导同签业绩责任书,使党政工作目标一致,共担责任风险;确保目标同向,紧密围绕企业生产经营任务,通过企业文化建设,提升团队素质,凝聚员工力量,推动各项工作高效有序运行;确保发展同力,实现党建与生产经营一个过程,两个丰收,积极发挥党组织优势,上下一心,聚精会神抓生产、一心一意谋发展;确保战略同步,充分发挥交叉任职优势,从源头落实"一岗双责",党建工作与生产经营实现协调发展,互为促进。

(二)注重顶层设计,强化体系建设

"不谋万世者,不足谋一时;不谋全局者,不足谋一域。"党政干部轮岗交流是一项复杂的系统工程,包含着党建工作逻辑、企业管理规律、人事制度改革、文化氛围营造、基层党组织建设、企业核心价值观引导等方方面面的内容。这些内容不是相互独立、互不相干的,而是相互依存、相互影响的一个整体。这就要求党政干部轮岗交流机制创新要注重顶层设计,做到党政干部轮岗交流机制创新目标与企业发展战略目标相一致,兼顾人才培养当前目标与长远目标,做到重点突破与统筹兼顾,不断加强党的领导。轮岗交流机制建设内容多、要素多、工作多,必须从各自企业实际出发,在组织体系得到保障的基础上,分层次、分阶段逐步推进和实施,不可急于求成,更不能"头痛医头脚痛医脚"。

轮岗交流使懂经济、会管理的企业党组织领导成员依法进入决策机构、经营机构和监督机构,保证党组织在企业的政治核心作用和企业的健康发展,使企业党支部的设置更趋合理,各企业党委能够根据企业生产经营状况、党员结构变化和党员分布状况的异动,适时调整支部设置,使党员管理更加便利,增强战斗堡垒作用。国有企业要从顶层设计高端规划,从职责上、体制机制上,工作内容上推动党管干部与董事会依法管理经营管理者有机结合,把握好工作部门和职能的合并,改进选人用人的管理方式,从而理顺两者的关系。

(三)坚持不断创新,适应企业改革新发展

创新是企业发展的本质和核心力量,更是制度机制得以长效运行的内在动力和源泉。创新轮岗交流机制建设需要立足企业实际,不能照搬照抄、生搬硬套,需要企业在实践过程中不断探索、创新、完善。只有不断创新,轮岗交流机制才能保持活力、生命力,支撑企业科学发展、可持续发展。一方面,要不断创新理念。要打造一流的人才队伍必须要有一流的理念作为指导。深入推进轮岗交流机制需要不断更新理念,要充分吸收世界一流企业人才培养的经验教训,要不断汲取我国传统文化和管理思想精髓,要结合我们党对于企业领导干部的现实要求,还要适应本企业的实际情况和行业特点。另一方面,要不断创新制度机制。轮岗交流机制要以领导干部选拔储备机制、培养提升机制、管理考核机制相结合,将企业管理的绩效考核应用和党组织的德才兼备、以德为先培养考察方式相结合,将对党忠诚、干净担当的干部选拔到企业各个关键岗位,确保国有资产保值增值。

首先从领导岗位职责上,做到一体化运作。积极探索现代企业制度条件下国有企业领

导体制和组织管理制度，把党组织的机构设置、职责分工、工作任务纳入企业的管理体制、管理制度、工作规范中，坚持"双向进入，交叉任职"的领导方式，在基层实行一岗双责，抓安全、抓生产、抓文化，在实际工作中锤炼新型党务工作者；其次从机构设置上，推进政治经济并轨化，使企业党的工作在职能上从单纯的党务工作延伸到经济工作，在方法上从单一的思想教育延伸到教育和行政手段并用，从体制上加强了党的领导作用，从效果上增强了思想政治工作的刚性和力度；同时科学界定各级党建工作职责，落实党建工作责任。

（四）坚持以人为本，促进干部群体全面发展

轮岗交流要坚持党管干部原则，充分重视调动人的积极性、主动性、创造性，建立适应现代企业制度要求和市场竞争需要的选人用人机制。国企领导人员首先是党的干部，通过轮岗交流进一步强化国企领导干部在党言党、在党为党的职责意识，切实履行好管党治党职责，大力抓好国企党的建设，严格落实党建工作责任制，以高标准、严要求建好班子、配好干部、带好队伍，为推动国企改革、做强做大做优国有企业提供坚强有力的政治保证、组织保证和人才支撑。与此同时，国企领导人员又具有企业家属性，通过多岗位锻炼，使国企熟练掌握市场规律和现代企业管理规律，将市场化选聘与党管干部、党管人才有机统一、有效融合，不断扩大选人用人视野，创新党管干部培养提拔形式，有效激发国企领导人员工作激情、创业热情，形成能者上、庸者下、劣者汰的良好局面，在激烈的市场竞争中，不断提高国有企业活力、竞争力、影响力和抗风险能力。

（作者单位：中建六局有限公司）

发挥党建思想政治工作的独特优势助推中国铁路设计咨询企业更好"走出去"

——中铁二院海外党建工作模式引发的几点思考

王 刚

作为"中国制造"和当代"工匠精神"的典型代表,中国铁路设计咨询企业肩负着打造更具国际影响力的"中国高铁"名片,输出"中国设计"、"中国标准"和"中国装备"的时代重任。在"走出去"的过程中,始终坚持把思想政治工作作为企业改革发展的"生命线",发挥好党建思想政治工作的独特优势,更好地调动员工积极性,将有力助推铁路设计咨询企业抓住国家扩大开放和实施"一带一路"战略的重大历史机遇,在中央供给侧结构性改革的进程中,发挥好作为国民经济中坚力量和骨干支柱的作用。

一、中国铁路设计咨询企业加快"走出去",既是时代选择也是自身发展的迫切需要

国家"一带一路"战略提出后,中铁二院敏锐地意识到,这是企业加快"走出去"的重大机遇,积极响应国家"一带一路"战略,充分发挥勘察设计龙头作用,主动参与国际高铁项目合作、基础设施互联互通、"经济走廊"、大通道建设,积极推动中国铁路技术、标准"走出去",不断拓展企业国际化经营。在全面参与国家"一带一路"战略的过程中,公司充分发挥勘察设计龙头作用,努力当好开路先锋。坚持规划先行,在"设计引领"上作表率。坚持全面对接,在"高端经营"上求突破。坚持惠及各方,在"互利共赢"上求发展。坚持突出优势,在"中国创造"上展作为。坚持抱团出海,在"优势互补"上闯市场。坚持着眼长远,在"项目孵化"上下功夫。

通过近年来的潜心经营,我们成功进入了北美、欧洲和大洋洲等发达或较发达地区国家的市场,在亚、非、拉、美四大洲40多个国家或地区,设有31个分支机构,主持承担了100多项工程,已小签合同额达300多亿,在轨道交通勘察设计咨询中让世界爱上"中国标准"。特别是成功运作了莫喀高铁、中老、伊朗铁路、中巴经济走廊、美国西部快线、两洋通道等一大批对中国铁路国际化发展具有重要历史意义的重大项目,奠定了中国铁路"走出去"先锋企业地位。

二、在企业"走出去"的进程中,党建思想政治工作能够发挥更为重要的作用和影响

坚持党的领导、加强党的建设作为企业的"根和魂",是企业的独特优势。国有企业

党组织是企业思想政治堡垒，在推进企业改革发展中发挥着极其重要的作用。党建思想政治工作是国有企业的鲜明特色，是企业核心竞争力的重要组成部分。设计咨询企业实施"国际化战略"，核心在"做"，关键在"人"，而党建思想政治工作的优势恰恰就在于引导"人"，即做好员工的工作。这就从根本上决定了，在企业"走出去"的进程中，党建思想政治工作不仅可以，而且完全能够发挥出更为重要的作用和影响。

（一）用强有力的思想政治工作，激励干部员工"愿意走出去"。要建设国际型工程公司，首先员工必须具有国际化思维。以中铁二院为例，作为一个从国有老企业发展而来的设计咨询企业，在实施"走出去"战略的过程中，经历了一个员工由不太理解、不太支持到认识统一、高效参与的过程。如果员工思想上不想走出去，认识不到企业必须参与国际竞争的必要性、重要性，企业要想真正迈开腿发展国际化战略，无异于"水中花、镜中月"。在全国率先创办《一带一路报道》期刊，通过多维度工作，统一思想，凝聚共识，为最终走出去创造了有利条件。

（二）用坚强的政治引领和统筹协调，支撑干部员工"能够走出去"。解决了愿不愿意的问题，下一步就要瞄准"能不能够"的问题。前者是认识层面的问题，后者是能力素质层面的问题。如果能力素质达不到，就是想走也走不出去，走出去了也要吃亏跌跟头。我们在"走出去"的进程中，强调一个支部就是一个堡垒，一名党员就是一面旗帜，要做国际经营的"拓荒者"，国际项目管理的"明白人"，海外业务生产的突击队，采取有力措施，不断提高干部员工参与国际项目开发、谈判、设计、管理的能力，有力地促进企业真正实现"走出去"。

（三）用扎实的文化建设和人文关怀，保障干部员工"出去留得下"。海外市场开拓十分复杂，有时候一个项目的周期很长，海外员工走出去以后，能不能很好地融入当地社会、能不能很好地适应海外市场竞争、能不能愿意长期扎根海外工作，是企业拓展海外市场不容回避的重大课题。作为中国高铁技术的领军企业，以"三个沙龙"为载体，以"家文化"建设为平台，以"安心工程"为保障，很好地解决了海外员工留得住、站得稳、干得好的问题，海外业务蓬勃发展，特别是近期成功中标俄罗斯莫斯科-喀山高铁项目、孟加拉拉帕德玛连接桥等项目，引起国内外广泛关注。

三、多措并举多管齐下打造积极走向海外三大"金字招牌"

党建思想政治工作要更好发挥作用，必须找准载体，选好平台，我们在"走出去"的进程中，牢牢抓住员工思想、标准技术、管理架构三个重点，着力打造走向海外三大"金字招牌"。

（一）以思想为先导实现员工思维国际化

通过典型引路、报告辅导等方式，让员工明白国际化发展是大势所趋、竞争所迫、发展所要，除了坚定"走出去"别无选择，停顿和倒退没有出路。近几年来，很多企业通过与海外高端项目为引领，通过产融结合、银企结合、强强联合加强海外开发，取得很好的效果和收益，使干部员工看到了实实在在的成效，从而进一步统一了思想，"走出去"成为干部员工共识，广大干部员工以"走出去"为荣，争先恐后奔赴海外经受国际市场的锻炼和洗礼。

(二) 以项目为平台实现中国标准国际化

要成功实现"走出去",就必须发挥好设计咨询单位的技术优势,占领产业链制高点,提前谋篇布局。通过党委中心组、总工总体、科处级干部培训班等形式,研究使用 FIDIC 条款,学习总结海外项目管理经验,最终实现较强的话语权、议价能力和产业带动能力,通过以项目为平台,做到中国标准国际化。同时,还在不断分析欧美标准的基础上,把中方的高铁设计标准、理念和经验输入到项目中,协助所在国建立高铁规范体系,既提高了企业竞争力,也提高了员工海外项目设计的国际化水平,让员工自身价值最大化。

(三) 以管理为核心实现管理架构国际化

企业党组织积极发挥在国际化战略中"把方向、议大事、抓关键"的作用,着力构建与海外业务发展相适应的管理架构。一是"走出去",采取以项目为中心的方式,在有项目的国家或地区,开展"中国中铁-企业-项目部"的三级开发管控模式。二是"请进来",邀请外国铁路官员到企业考察调研培训,乘坐中国高速铁路,直观体验中国高铁技术。三是"带起来",发挥产业管理职能,积极带动一、二、三级公司大力走出去。

(四) 以党建为保障助推国际竞争力提升

多年来,我们坚持企业发展到哪里、党的建设就跟进到哪里、党支部的战斗堡垒作用就体现到哪里,党员的先锋模范作用就发挥到哪里,必须坚持"四个对接"、"四个同步",即坚持在体制、机制、制度和工作上的"四个对接",坚持党的建设与生产经营、工作机构、党务工作者、党的工作同步开展,把海外党建贯穿于生产经营落实的全过程,为企业做强做优做大提供强有力的思想组织保证。作为海外工程项目党建面临的形势和自身的特点,决定了海外党建的工作定位是,必须牢牢抓住项目部管理这个根本,相信项目部职工,依靠项目部职工,服务项目部职工,从而走出一条具有中国企业特色、符合时代特点、经得住实践检验的有效的海外项目党建之路。应当遵循以下"五个必须坚持",即必须坚持"党建跟着项目走,党组织建在项目上"的原则。海外党建思想政治工作要融入中心同步化、项目党建标准化、主题实践活动特色化、党员主体作用发挥主体化、思想教育管理人文化,创造性地开展工作。必须坚持"以人为本、担当奉献"的原则。把正确的价值观、人生观注入海外党建工作,凝聚人心,真正当好海外工作的探索者、开拓者、实践者、引路者,具体指如何开展海外经营、海外团队锻炼、人才的培养、项目管理机制体制的探索等。必须坚持"祖国的利益高于一切"的原则,时时刻刻维护祖国的尊严和利益,在此基础上促进海外业务的发展。必须坚持"德才兼备、以德为先"的原则。选齐配强海外项目领导班子,实行党政"双向进入、交叉任职"、"专兼结合、一岗双责"等任职方式。必须坚持"五不公开、五不放松、五个更好作用发挥"的原则。海外项目党建思想政治工作严格坚持"党组织机构不公开,但基层党组织建设不放松,党组织政治核心作用和战斗堡垒作用要发挥更好;党内职务不公开,但对党组织书记的履职尽责要求不放松,党建思想政治工作要开展更好;党员身份不公开,但对党员履行义务标准不放松,党员先锋模范作用要发挥更好;党内活动不公开,但对党内活动的重视不放松,党内活动推动中心工作的作用要发挥更好；党内文件不公开，但对党内文件的学习不放松，党的路线方针政策要贯彻执行更好"。还要做到不以党组织负责人名义对外接受采访等，这就要求我们不断尝试和探索根据不同国别情况采取不同的工作方法，不断适应海外项目党建工作的需要。通过十多年海外工程项目党建思想政治工作的运行探索，各级党组织紧密围绕海外事业发展战略和经营目标，创新性地开展党建思想政治工作，努力把基层党委的政治优势转化为企业的发展优势，把基层党组织和群众工作优势转化为攻坚克难的能力，不断助推企业的国际竞争力逐步提升。

四、统筹国家、企业、员工三者利益，探索具有时代特色的铁路设计咨询企业国际化发展道路

当前中铁二院国际化战略成功实现由小到大，由弱到强，经历了借船出海、搭船出海、造船出海、属地化管理四个过程，党建思想政治工作创造了具有自身特色的"五对接"工作模式，做到把方向、管大局、保落实。

（一）文化对接，着力提升海外员工能力素质

把经营人员培养纳入"四个一流"职工队伍建设范畴，围绕企业特点，组织开展海外员工素质提升"321"工程，即"三个沙龙"、"两个书屋"、"一个讲堂"活动，加大在国际商务、外交常识、心理健康、FIDIC合同条款、技术标准、财务金融等培训，尽快掌握国际化知识，更新国际化经营理念。选派一定数量的高层次人员到国际知名大学、科研院、企业以及国家进行为期半年以上的学习，使海外人员能够更快地适应当地文化和市场环境。

（二）机制对接，畅通海外员工职业发展通道

考虑到海外工作人员工作的特殊性，在国（境）外工作期间，岗位工资、绩效奖金、职务晋升、专项津贴、职称外语免试、休息休假、先进评优、困难帮扶等八个方面实施激励政策，实实在在地激励广大技术人员"安心走出去"，当好排头兵。

（三）服务对接，解除海外员工后顾之忧

以"我爱我家聚人心、和谐团队促发展、提高职工幸福感"为主题，积极营造"快乐工作、健康生活、幸福人生"的"家"文化氛围，将海外员工群体作为重点关爱对象，深入开展"六大家园"建设，大力实施"五必访、四必谈"、海外职工"安心工程"、"三让三不让"、"幸福企业"品牌工程，当好职工的贴心人，帮助解决后顾之忧，以组织的爱心、关心、诚心换来职工的忠心、铁心、贴心，做到在思想上解惑、工作上解难、生活上解困、心理上解压、文化上解渴，能够安心"待下去"。

（四）人才对接，使国际型外经人员"后继有人"

制订海外经营人才发展总体规划，建立人才库，从专业背景、年龄结构、知识层次、人员规模等方面进行顶层设计。大力宣传优秀海外人才的先进事迹，选树先进典型，在思

想舆论上引导优秀年轻人员积极投身海外经营一线。积极借鉴知名跨国公司经营模式，探索经营人员本土化、属地化的实践路径，大量使用当地人员。

（五）模式对接，做到海外项目工程优质干部优秀

海外项目所在国大多社会制度形态复杂，中外文化价值观差别大，员工来源多样，不同的文化背景、政治信仰、思维方式和生活习惯经常发生撞击。积极创新手段，推广运用"互联网＋党建"模式，切实在做优服务、做亮品牌、做大影响上下功夫，积极开展"祖国时刻在我心中"、"我是中国人"等系列活动，大力弘扬"勇于跨越，追求卓越"、"设计未来、创造历史"的企业精神，积极推进诚信文化、安全文化、创新文化、品牌文化、和谐文化建设，精心打造"中国中铁"和"中国中铁二院"国际品牌。认真开展海外项目廉洁文化教育，真正做到海外人员"不能腐、不敢腐、不想腐"。切实抓好重点技术和关键项目保密工作，切实维护国家秘密和企业商业秘密安全。做好宣传，讲好企业好故事，传递企业好声音，打造企业品牌，展示企业良好形象，实现"做一个项目、交一方朋友、闯一片市场、树一块丰碑"的目标。坚持党的领导，在"把方向、管大局、保落实"中更好地履职尽责、发挥作用，努力把国有企业的党组织、政治、群众、文化优势转化为企业的竞争、发展优势，继续当好"一带一路"走出去的先锋，朝着建设"国内领先、世界一流的国际型工程公司"的目标奋进，定能海外生花，实现全球经营的伟大梦想。

（作者单位：中铁二院）

积极融入区域党建　推进燃气安全进社区

上海燃气浦东销售有限公司党委

近年来，上海燃气浦东销售有限公司党委不断创新基层党建工作理念和活动方式，以社企党建联建为载体，精准对接社区需求，公司各党支部积极融入所在地区的党建工作，全情服务社区百姓，在深入推进创先争优活动和建设服务型党组织的过程中，有效发挥了基层党组织"推动发展、服务群众、凝聚人心、促进和谐"的作用。

一、契机——打响世博燃气保障攻坚战

2010年，举世瞩目的上海世博会在浦东举办。作为世博燃气工作主要保障单位之一，公司党委以党建联建为抓手，迅速切入世博会筹备和运营各项工作，为服务好一届成功、精彩、难忘的世博会提供了强有力的组织保障。

一是携手社区创建平安世博。为营造祥和稳定的世博大环境，公司党委主动对接社区党组织。各营业所党支部主动与所在街镇党组织取得联系，成立了以党团员、积极分子为骨干的平安志愿者服务队，深入社区宣讲普及燃气安全应急处置技巧、突发事件应对等相关知识；加强进户燃气安全检查，隐患排查，举办平安世博专题培训，形成携手社区全员共创、全社会共享平安成果的良好氛围。

二是党建联建共同保障世博。为确保世博配套项目和运行保障，公司党委与建设单位党组织主动联系，组织工程所党支部与项目建设单位开展党建联建，着力在工程监管、人才培养、廉政服务等方面进行合作；园区外，二所党支部与川沙新镇居委党建联建，着力消除用户燃气安全隐患，为确保世博各项任务的圆满完成提供了有力的保证。

二、拓展——构筑社区燃气安全生命线

公司党委积极融入区域化大党建格局，完善区域党建共同体的运行机制，以共同目标、共同需求为结合点，以共同意愿、共同行为作为切入点，通过项目化实施、制度化保障，注重供需对接，提高服务效能，与社区共同构筑燃气安全生命线。

一是优化顶层设计，建立组织机制。定位紧扣区域特点和需要。公司党委围绕中心工作，着眼于服务和安全，立足区域实际，聚焦广大用户最关心、最直接的问题，创造性地构建多元化党建联建模式。公司下属三个营业所党支部主动上门与区域所在党组织联系，介绍公司党委开展党建联建工作的基本思路，争取所在区域党组织的重视和支持，共商构建燃气服务、安全"事先多沟通，遇事多商量，难事共解决"的协作平台，实现"支部共建激发活力，互动双赢促进发展"的共建目标。针对"出租房"隐患整改率低，依靠街镇

居委会实施了"安检整改二同步",即在燃气安全检查现场,同时设立隐患整改咨询点,受理"出租房"隐患用户的咨询和整改需求,实现了简单隐患当场整改,复杂隐患预约隔天处理的承诺,切实将燃气安全隐患消除于萌芽之中。

推进注重机制和制度保障。公司党委、各党支部通过建立健全各项制度,保障区域化党建工作取得预期实效。围绕区域化党建工作日常运作,成立工作协调小组,建立联席会议制度,定期召开会议,探讨区域联动合作,着眼于微观层面解决实际问题;积极整合组织资源、服务资源,建立共建共创实施细则;深入开展党员先锋岗、党员责任区、三岗联动,建立义务服务日制度,拓展党员服务空间,丰富服务内涵,确保区域化党建工作的规范有序推进。

二是拓展"云服务",形成互动机制。服务互动。党委提出运用"云模式"概念,探索将燃气服务窗口建到居民的家门口,把服务再向前推进一步,让党员成为公司和用户之间的"云"。党员云是良好的纽带和载体,通过拓展服务空间、丰富服务内涵、发挥燃气服务效能,让用户更安全。同时,各党支部针对不同区域的特点,不同的服务对象,在宣传、调表、安检、检修等方面,寻求区域党组织的支持,采取针对性的措施,提高工作实效。一所党支部借助《青年报》"查找身边的安全隐患"等活动载体,积极开展燃气安全进社区活动,取得很好的成效。

活动互动。在区域化党建工作中,公司各党支部和党员尽职尽责,认真完成燃气服务各项工作,展现燃气人的工作魅力,同时主动参与区域化党建平台建设,成为社区活动的主力,把党员队伍建设渗透到合作共建中,提升了组织和党员的形象。

三是追求合作共赢,完善保障机制。协调联动机制。为实现"互动共赢",达到用户投诉、用气事故下降,购销差控制、用户满意度增高的目标,公司在区域化党建平台上定期召开联席会议,推动领导层面、管理层面和操作层面的沟通交流,全方位提升服务工作。每季度召开社区安全协作会议,通过燃气安全网格化管理,及时了解用户信息,社区动态,互通安全控制措施,对存在的隐患问题进行会诊,寻求最佳解决方式。

信息反馈机制。公司充分依靠社区参与,及时反馈信息,通过定期沟通、评比和研讨,不断提升服务质量、保障用气安全。社区"啄木鸟"一方面对掌握的燃气安全动态进行反馈,一方面对燃气人员上门的服务态度、质量等做公正的评价;在区域化党建平台上,驻区内政府机关、企事业单位之间,加强信息的沟通反馈,共商共治,优势互补。

三、创新——把公共服务带给千家万户

深化燃气改革是当前的重要任务,公司上下为实现从能源售卖向综合性能源服务的转型,在保安全,优服务等方面提出了更高的目标和要求。燃气公司和管辖社区条、块关系分明,行业管理由条线承担,成效由块面检验。公司党委在强化区域化党建思路的引领下,发挥组织优势,加强统筹协调,把服务群众的工作理念落到实处。

一是区域联动形成更强合力。燃气安全零事故和创建平安社区关系密切,对企业和社区来说都是难点问题。公司党委和各党支部积极寻求政府的合作,引导多元主体联动,在用户信息、资金等方面给予支持;公司在专业燃气技术等方面加以支撑,达到服务用户、服务百姓的目的。如联合开展燃气器具调换活动,对超龄、老旧燃气灶和热水器,由政府

补贴每台 200 元进行调换；营业所负责调换安装、安全检查，这种由政府出资协助企业消除燃气用户隐患整改的模式正得到逐步推广。

二是区域化党建形成更大格局。2015 年底，公司党委正式成为上海市浦东新区区域化党建成员单位，为实施"联建联动、整合资源、推动发展、服务群众"的工作要求创设了更大的舞台。2016 年 7 月，公司党委与塘桥街道党工委，与浦东新区城市网格化管理中心、公用事业署、自来水公司、市住房城乡建设管理委城市管理处等多家党组织开展党建联建，推动公共服务进社区项目的实施。各签约单位梳理责任清单，细化工作任务，在区域化大党建的平台上，政府网格专线向企业开放，切实精准高效地解决问题，实现"区域统筹、信息互通、资源共享、优势互补、难题共解"区域化党建新目标。

三是志愿服务形成常态长效。近几年，公司党委以"服务大局添活力，立足岗位建新功"为主题开展党内实践活动，党员充分发挥内驱力，在带头服务用户、隐患整改、安全宣传进学校进社区等方面做出了表率。公司"蓝焰使者"志愿者队伍在安全宣讲、小品演出、授课培训等活动中的表现可圈可点。如"小手拉大手——燃气安全进学校"宣传教育活动，达到"一个学生带动一个家庭，一个家庭辐射一片社区"的目的。开设"居家燃气安全馆"，馆内常设三块活动区域，分别用于燃气业务咨询，摆放新老燃气具和播放安全用气的视频资料，让用户更系统地了解如何在日常生活中安全使用燃气。

四、成效——打造队伍凝心聚力服务群众

自 2007 年世博会筹备工作开始，公司各党支部初步探索了党建联建对各项工作的推动作用。获取成效后，公司党委加强总结，形成可复制、可推广的创新性经验。在此基础上，公司党委进一步融入区域化大党建，推进"燃气安全进社区"党建项目的实施，取得一定的成效。

一是促进企业全方位发展。近年来，公司党委坚持服务导向、需求导向、项目导向，通过学习宣传和引导，使广大党员转变思路，跟上国企深化改革的节奏，志愿投入区域化党建工作，为社企联建、结对共建谱写了华丽篇章。

二是创新党建工作模式。实践证明，共驻共建的区域党建理念被广泛认同，区域化大党建模式作为新形势下党建工作的探索和创新，也收到了实效。在区域范围内，企业和社区之间搭建起一座沟通的桥梁、对接的平台，沟通信息，聚焦问题，精准对接，共同化解。地域化的优势和专业化的服务，使得企业党组织和社区党组织实现了资源互动，形成了工作合力，企业的服务功能得以提升，服务内涵得以拓展。在党建项目化推进的过程中，真正实现了统筹发展、开放共享的目标，充分发挥了基层党组织的战斗堡垒作用。

三是强化党员队伍建设。在区域化党建工作中，公司党委以"我带头、我行动"专项行动为抓手，践行"改革发展党员先行，服务群众党员践诺，共建和谐党员示范、诚信廉洁党员引领"的活动要求，党员不断增强大局意识、服务意识，在各项工作和活动中起到带头作用。

试论党建目标管理对推动管养工作的作用
——浅谈太原市政管理处实行党建目标管理对促进管养工作的重要意义

郝晓华

一、实行党建目标管理的重要意义

目标管理是现代管理科学的一项重要内容，把目标管理这种现代化的管理方式引入党建工作中，从而使党建工作奋斗有目标，优劣有依据，考核有标准，对提高党委工作效率和工作水平有重要意义。

（一）实行党建目标管理是历史的需要。成立于1953年的市政工程管理处，条件艰苦、点多、线长、面广，社会地位低，工资收入不高，特别是近年来随着城市建设的飞速发展和市民生活品质的不断提升，市政设施量迅猛增加，专业技术人员缺乏，投诉率呈逐步上升的趋势，政府压力不断加大。作为一支市政设施专业管养队伍来讲，非常需要一种强大的凝聚力来激发干劲，形成合力，确保市政设施全、道路平、水道畅、桥梁稳、环境美。那么，如何形成强有力凝聚的核心，确实是摆在处党委面前一个重大的课题。常言道："人心齐，泰山移。"为此，处党委不断寻找落脚点，经过多年的尝试和探索，试行党建目标管理，通过细化责任，量化指标，做到目标、任务、标准统一化和具体化，形成人心思上，齐心协力，逐级负责，分工合作的落实体系，有效发挥出两级党组织的战斗堡垒作用和党员的先锋模范作用，不断推动市政管养工作发展。

（二）实行党建目标管理是现实的需要。当前，我国正处在全面深化改革的攻坚期，经济结构转型为党的工作造成了一些"空白点"，社会结构变化给党建工作增加了"责任田"，社会思潮和利益多元化为党员教育管理带来了新难题，基层党组织所处的环境、担负的任务、工作的条件发生了重大变化，面临着诸多新情况新挑战。特别是从事市政管养工作的基层党组织，面对近几年来招考的年轻党员较多，文化素质高，业务能力强，思维跳跃快，接触新生事物多，在转型升级关键时期，出现了思想多元、多样、多变和复杂的新情况。如何根据形势要求，带好年轻党员队伍，稳定党员队伍，引领干部职工团结创新、艰苦拼搏、精心管养、造福社会，是实行党建目标管理又一个课题。为此，处党委制定了年轻党员目标管理，通过健全完善学习制度、定期汇报制度和动态管理制度，加强日常管理、督导检查，及时掌握年轻党员的思想脉搏，有针对性开展工作，带好党员队伍特别是年轻党员队伍，发挥其对干部职工的引领作用，使党员、干部、职工三支队伍更加具有稳定性、连续性和联动性。

（三）实行党建目标管理是未来的需要。近年来，城市建设迅猛发展，特别是今年，中央时隔37年再次召开全国城市工作会议，提出"一个尊重，五个统筹"的要求，着力打造"智慧城市"，无疑是对市政管养工作提出更高的标准。面临的形势更严峻，任务更艰巨，两级党组织发挥作用的平台更高更大。如何推动党组织建设，培养高素质的党员队伍，为城市建设输送和锻造一批"市政铁军"，无疑是实行党建目标管理更高的一个课题。为此，处党委清醒地认识到面临的新考验、新机遇和新常态，一方面继承和发扬传统党建工作的优势，将一些好的经验做法坚持下来，不断完善党建目标管理，练就"金刚不坏之身"的市政党员。另一方面，着眼于党建工作中具有前瞻性、代表性的问题，运用新媒体，通过搭建"网上党员之家"、设立"党员工作室"，开展"党员志愿服务"和"市政服务进社区惠万家"活动，积极探索新形势下做好党员工作的路径和方法，不断提高党建工作水平，以此激发党员先锋活力，发挥党员辐射作用，以点带面，激励士气，造就出一大批高素质、勇担当的城市建设主力军。

二、实行党建目标管理的具体实践与做法

太原市市政公共设施管理处，隶属于太原市城乡管理委员会，主要承担着全市819条道路、1878条排水管道、171座桥梁、43座泵站等市政基础设施的管理、维护以及城市防汛抢险、抗震减灾、重大节庆市政设施保障等公益性工作，拥有60多年历史文化积淀。现有职工1076人，下辖基层总支1个、支部15个、党员512人（含离退休128人）。作为一个以社会效益为第一要务的单位，多年来坚持实行党建目标管理，夯实党建根基，突出四环相扣，推动管养发展，两级班子建设得到加强，党员整体素质得到提高，确保了"市政设施全、道路平、水道畅、桥梁稳、环境美"。具体做法包括以下几个方面：

（一）全面合理制定目标是基础环节。党建工作目标如何确定，不仅反映出党建工作责任制所涵盖的内容，也反映出党建工作在本单位全局工作中的位置。作为基础环节，市政管理处坚持高标准，全面合理设置党建目标。一是本着科学严谨、操作性强的原则，突出考核重点。党建目标管理作为一个完整的体系，既要考虑其科学性，环环相扣，又要考虑施工生产和管理的实际，考虑其落实中的可行性，必须做到横向可以比较、任务可以分解、考核可以量化。目前，该处的党建目标管理已形成了涵盖班子建设（6项）、党组织建设（10项）、廉政建设（8项）、精神文明建设（14项）、工团建设（10项）、其他（3项）的5大项51个子项较完善的体系。同时，每一项都有相应的内容分值、考核标准、检查形式，做到了常规工作和重点工作有部署、有落实、有目标、有责任。二是本着目标明确、协调统一的原则，合理量化指标。在管理目标设置上，该处把责任目标设定为处党委、基层党支部、党员三类，还注重了宏观与微观，大目标和子目标的协调与结合。处基层单位有管理型、养护型、技术型等，其工作性质各不相同。每年，要求基层支部根据处党委制定的总目标，结合各自工作实际制订出本单位的子目标和具体目标。对于各类不同目标，都要求任务、职责明确具体，内容分值量化，这样既保证了总目标的实现，同时又不拘一格，各有侧重，各有特色。三是本着与时俱进、兼顾全面的原则，明确考核办法。在坚持不懈抓常规内容的同时，根据形势的需要和工作重点的转移，不断赋予目标管理体系新的内容。如近两年来，先后将落实"两个责任"、"创建全国文明城市"、"市政服务进

社区惠万家"、"意识形态"、"道德讲堂"等内容充实到目标体系中,对各支部和全体党员提出了明确的考核目标,并采用百分制进行量化计分,对基本分、加减分情况做出具体规定,突出了党建工作目标管理的导向作用和可操作性。

(二)层层细化分解目标是重要环节。世间事,做于细,成于严。如何将党建目标细化并层层分解落实至关重要。每年年初,处党委根据上级党委工作目标和处中心工作,确定年度总目标,在此基础上,根据各基层支部的不同特点,确定分目标,党委各工作职能部门也要确定具体的目标任务,把每一项工作任务层层分解,并细化落实到各基层支部和职能部门,做到人人有责任、事事有人干、件件有着落。同时定期召开党建工作会议,进行安排部署,并与基层各支部、机关总支签订目标责任书。在此基础上,各支部根据各自实际确定分目标。党委、支部、党小组、党员层层签订责任状,把每一项工作任务逐条分解,落实到每个支部、党小组和每个党员,真正形成了"党委—支部—党小组—党员"四级目标责任体系,形成一级抓一级、一级对一级负责的管理机制。

(三)动态管理实施目标是关键环节。目标确定之后,如何落实目标成为核心问题。为此,市政管理处采取有力措施,四管齐下加强目标实施过程中的动态管理。

一是坚持政工例会制度。处党委定期召开政工部门和基层支部工作例会。一方面,通过认真听取近期目标责任制的落实情况,对完成情况好的及时表扬;对确实存在困难、暂时难以完成的帮助寻找解决办法。另一方面,根据形势发展和任务变化对下一阶段的工作进行安排部署。基层各支部则通过周一例会等形式,把党建工作与行政工作同安排、同部署、同检查、同落实。

二是加强动态信息反馈。处党委将党建目标落实的反馈过程概括为"两点四线"。即通过党办、组织部"两个信息处理点"和党务部门、工会、团委、民兵组织等"四条信息反馈线"来畅通动态信息的反馈渠道。"四线"每月定期向"两点"传递信息。"两点"分别整理分析信息后,一方面将工作成效报告处党委,为处党委调整工作部署、编制月初下达基层各支部、各部门的党委工作任务书提供依据;另一方面,定期出刊内部刊物《党员先锋工程专讯》、《政工研究与信息》、《市政动态》、简报等,反映责任目标落实方面的新动态、新经验、新问题。

三是找准活动有效载体。从 2003 年以来,处党委一年一个主题,坚持不懈开展"党员先锋工程";先后以"树好党员形象,争当三个先锋"、"双争双带双培"、"三抓两带一夯实"等主题活动为载体,提高党员先进性的践行力。各基层支部根据处党委的"大目标",结合本单位工作实际确定各自的载体,确保"小目标"的实施。近两年来,处党委结合党的群众路线教育实践活动及"三严三实"、"两学一做"学习教育,开展了"五、四、三"活动,即:党支部要增强凝聚力,做到"五个好";领导干部要率先垂范,做到"四带头,四过硬";党员要以身作则,开展"三亮三比三争创"等。同时,主动适应新媒体,采取"听音频、学党章"方式助力学习教育,设立了"廉政修身堂",制定了《干部职工工余时间管理办法》,把管理触角延伸到 8 小时以外。总之,有效的载体,为各项工作目标的顺利完成提供了平台。

(四)侧重实绩考核目标是保障环节。处党委突出一个"严"字,按照重在建设、重在基层、重在平时、重在实效的原则,采取"三结合"方式,确保责任目标考核取得实效。一是全面考核与突出重点相结合。处党委除围绕思想建设、组织建设、作风建设、廉政建设、制度建设等方面对党建工作进行全面考核外,每年还围绕管养任务设置不同的目标,对重点工作、难点工作进行专项考核,防止党建工作与行政工作出现"两张皮"。二是定期考核与经常调研相结合。处党委通过半年调研、年终检查、民主生活会等途径对党员在本职工作岗位上发挥作用情况进行专题调研,随时了解目标责任的落实和进展情况、存在的问题及涌现出的先进典型,及时协调解决。特别是在"两学一做"学习教育中,处两级领导班子认真履行"一岗双责",通过调查研究等多种方式,深入职工、社区,访民情、解民难,收到了显效。三是平时考核和年终考核相结合。平时考核由党务部门对基层各党支部日常完成任务情况定量定期督导、反馈、打分,并作为年终考核的依据。年终考核时,采取考核组听汇报、实地查看资料和座谈了解等形式进行综合评定,逐条对照目标要求和考核标准,并结合平时考核的情况,按照优、良、一般、差四个等次进行评比,考核结果纳入年度党建目标责任考核总分,经处党政联席会研究确定考核结果。同时,每年"七一"对责任目标完成较好的优秀党组织、星级党员、党员先锋示范岗进行选树,并与领导干部提拔任用及年度职工"三A"文明诚信考核挂钩,极大地激发了全处两级领导及全体党员的积极性。

三、实行党建目标管理的几点启示

连续三十年党建目标管理的实施和完善,进一步推动了处党建工作朝着体现时代性、把握规律性、富于创造性的方向健康发展,也为两级党组织开展党建工作注入了活力,强化了"三个功能":

(一)实行党建目标管理,可以强化凝聚功能。处党委始终认为,坚持也是一种创新。作为加强党的建设的一项长效机制,目标管理在处推行已经整整30年了,感触最深的就是它之所以有如此强劲的生命力,源于几任领导持之以恒地抓,实实在在地抓,做到"三变三不变",即领导在变、核心不变;要求在变,灵魂不变;形势在变,步伐不变,源于党建工作契合新形势的要求,既有继承,又有创新,常抓常新,动态管理,形成了党委统一领导、党政工团齐抓共管、部门协调配合,全员抓,抓全员的目标管理网络。同时,党委目标管理当中包含完成管养工作的内容,行政目标责任中又包含班子建设、精神文明建设等方面的要求,党政各有侧重又相互渗透,紧紧捆在了一起,实现了目标责任制"四同时",有效地激发了两级党组织和全处党员投身市政管养工作的热情。因此,领导重视,周密部署,立足本职,真抓实干,是实施党建目标管理的基石。

(二)实行党建目标管理,可以强化精细功能。推行目标管理是一项长期、复杂的系统工程,同时也是党建工作一项行之有效的长效机制,需要各部门、各环节的相互协调、互相配合,任何部门、环节的一丝疏忽,都将会影响到大系统的正常运行。每年年初,处党委开始制定目标、分解目标,层层签订责任状,中间过程进行督查,年底进行考核兑现,确保目标一抓到底,形成流程闭合。同时,目标管理的落实情况如何,存在哪些困难和问题,如何尽快采取措施加以解决,这些信息的及时有效传递,直接影响着目标管理的贯彻落实。因此,建立机制,优化流程,过程管理、评先奖优是落实党建目标管理的根本保证。

(三)实行党建目标管理,可以强化推动功能。党建目标管理的落脚点和关键点在于以党建促发展，不断提高党建工作服务中心工作的能力和水平上。处以"围绕中心抓党建，抓好党建促管养"为不变的宗旨，把创新、协调、绿色、开放、共享的"五大发展"理念作为党委目标管理的核心，把打造"精品市政、服务市政、功能市政、和谐市政、安全市政"的要求作为党建工作的着眼点，主动找准工作定位，做到虚实结合，带领全处党员和基层党组织在推动发展上创先进，在服务群众上争优秀，充分发挥了党委的政治核心作用、支部的战斗堡垒作用和党员的先锋模范作用，不断推动市政管养事业跨越发展。因此，只要围绕中心，科学决策，就抓住了目标管理落实的基础，就能在实际工作中扎扎实实发挥其杠杆作用。

实践证明，处党委坚持不懈的实行党建目标管理，两级领导班子的从政能力、整体功能以及全处党员综合素质有了较大提高，全处各类评比中，党员占到了85%以上。在党员民主评议、群众评议党员中，党员合格率达100%，优秀率达45%以上。打造了以全国百佳班组——第二养护所水道三组和全国劳模、全国人大代表王润梅为代表的一批品牌班组和品牌职工，营造了想干事、干成事，风清气正的干事氛围。处党委连续三次被授予"全国文明单位"光荣称号、先后荣获全国和省住建系统"企业文化建设示范单位"、山西省"先进基层党组织"等荣誉，有效推进了市政管养工作全面发展。

（作者单位：太原市市政公共设施管理处）

互联网+思维助力公交企业党建

丘丽红

当下,可以说这是一个无"微"不精彩的"互联网时代","互联网+"正以"武林盟主"的强大气场吸取传统产业。"互联网+"时代传播主体的平民化、传播方式的立体化、传播内容的碎片化、传播速度的裂变化等以鲜明特征强烈冲击着作为公交企业"生命线"的党建工作,如何抓住新时期公交人的核心诉求,引导新时期公交人爱党、爱国、爱岗、敬业,如何把党建工作稳"故"纳"新",是当前重要的研究课题。

一、互联网+时代公交企业的特征分析

1.信息传递滞后性。城市公交企业具有"点多、面广、线长"分散性强、兼顾公益属性的特点。开展业务、进行交流,信息的流转容易滞后。但同时容易受到外部网络的影响,信息的放大效应也较为明显,容易出现"人云亦云""随大流"的情况,在判断认识方面出现偏差,甚至出现群众性行为。

2.组织结构集权化。公交企业与新时期互联网企业的松散结构不同,一般都是传统的国有企业,或具有强烈的行政色彩化公司,拥有十分典型的集权化传统组织管理模式。受公交公益性决定,公司经营权受政府部门和公交政策影响很大,公司各职能部门由此与上级主管部门各职能部门对应成立,形成直线控制结构,实行集权化管理模式。企业一般普遍采用一级核算、二级管理、全面推行绩效考核及线路领导下的线长负责制和车间主任领导下的班组长负责制。在严格的层级管理中,企业管理的职能偏向于管控,强调规矩、制度、强调对权威的认同感。

3.员工素质参差化。近年来,公交企业实行整体竞聘上岗后,经营管理岗位人员素质有较大的提升,但仍缺乏高水平、高素质经营管理人才。但一线的从业人员普遍呈现学历偏低、老龄化的特点。一线员工专业技能和职业素养与工作岗位要求仍不能匹配,工作能力有待进一步提高。不仅如此,公交驾驶员的驾考高难度、劳动高强度、高风险、高损失的辛苦及各种风险,让全国公交企业都出现了驾驶员"招不来,留不住"的情况。同时驾驶员逐渐老龄化,由于工作的精细化,各种要求越来越多,员工精力不足,思想不够活跃;新入职的80、90后年轻驾驶员经验不足,成长速度较慢,造成了公交企业人才队伍断层、青黄不接现象十分严重。

二、互联网+时代公交企业党建工作面临的挑战

(一)企业生态环境的变化。"互联网+"搅动着各个传统企业,公共交通也自然纳入

其中。针对传统公交换乘不便、到站时间误差大、站点规划不合理等痛点，以地铁、高铁为首的轨道交通快速发展，其快速、准点、便捷，迅速成为市民出行至爱的"超级粉丝"，导致公交客流急剧下降。滴滴巴士、小猪巴士、嗒嗒巴士乃至政府牵头的官方定制公交，如广州公交的如约巴士，多家互联网巴士在全国各地接连涌现，它们利用互联网对信息高效的匹配能力，用一人一座、快捷、廉价、透明、方便预订等方式聚集人气。由互联网定制公交构建的新型公共交通生态圈正在逐步形成。这对传统的公交企业党建和自身建设产生了深远影响。公交企业党组织的凝聚力、党员的政治定力和政治鉴别力都带来了前所未有的挑战。

（二）组织建设面临考验。互联网＋下，深刻影响着公交事业的进程和未来，改变着公交员工的学习、生活、工作与思维方式，对传统的信息传播格局以及道德观念、价值取向、行为模式、社会认知结构等都带来巨大冲击。微信、微博等用户可以根据自己的喜好和需求进行选择与控制，可以在任何时间、地点进行信息的发布和接收。"微信群""讨论组""朋友圈"等各式各样的群组成为不可忽视且数量猛增的非正式组织。这些自媒体什么样的人都可以发声音，更使得任何人都可以组成一个非正式组织，并成为核心。组织的无形化、多态化、非正式化，使得正负能量交织传播、理性和非理想并行，一方面丰富了员工的表达渠道，另一方面也给公交企业各级党组织建设、管理运行和考核监督提出了严峻考验和挑战。

（三）党员干部队伍建设面临的考验。"互联网＋"对人们思想意识构成的巨大影响力：具有前所未有的广泛性、几何级数的扩散性、不受时空约束的便捷性、日新月异的质变性。而公交企业传统基层党建存在认识不到位、工作不到位、措施不到位，一手硬一手软和零敲碎打的问题。在党建网络建设中，党员干部不能以身作则，不能坚持党性原则，利用微信、微博散发假信息、假情报，获得了很多利益，一些党员干部缺乏宗旨意识和公仆意识是党群关系在新形势下面临的最大挑战。与此同时，似是而非的信息容易搞乱党员、员工的思想；貌似正确的信息往往误导员工的判断；鱼龙混杂的信息时常污染企业的政治生态；西化分化的信息严重销蚀主流价值的影响力。普通党员要经受得住多元经济利益和多元价值观对职工思想造成冲击，增强党性修养，提高政治敏锐性和政治鉴别力，提升信息甄别能力尤为紧迫。

三、构建公交企业"党建＋"的路径思考

作为一个事关千家万户的公交企业，面对新形势、新挑战、新机遇，党组要以敏锐聚焦的目光关注它，以积极应对的姿态接纳它，以"为我所用的"精神融入它。

（一）去中介化，搭建党建＋"思想直通车"。互联网思维典型特点是去中介化，让组织变得更加扁平，让内部沟通变得更加畅通。这对公交企业基层党建有很强的借鉴意义。构建公交企业党建＋，就要进一步加强和在指导思想上要牢固树立"守土有责"和"抢占高地"的意识，需要树立"取代中介"的理念，坚持以问题为导向，通过移动网络建立跨越组织层级的快捷通道，采用集体和个人、线上和线下相结合的形式，使每一位党员都能不衰减、不变形、不迟滞地分享党建信息，促进党建工作传至末梢，落地生根。结合公交企业的实际，一手抓顶层设计、全局把控；一手抓分类指导、因地制宜的推进。具体来

讲，公交企业在探索"党建+"模式上要着重在两个方面下功夫。一是围绕"加什么"，在"党建+"内容和特色上下功夫。二是围绕"怎么加"，在"党建+"方法和保障上下功夫。

（二）党员至上，打通服务党员"最后一百米"。互联网+时代，员工在生活和工作中已经离不开网络工具，业余时间刷微信、微博，已经成为员工们的习惯。如果企业党建不占领这块阵地，那么党员教育和引导就会成为两张皮，只会让更多的党员沉湎于精神迷幻之中。而"互联网+"的核心是用户至上。那么对于党建工作来说，就是要树立起"党员至上"的全新理念，把党建活动载体视为我们经营的"产品"，坚持党员需求导向，把党建工作的创新点融入微时代、"新媒体"中，设置"党费计算""我要入党""我要转正""在线学习""我要考试""微课堂""微活动""党员建言""投票选举"等个性化服务菜单，让党员有参与感和归属感，使党员成为"粉丝"，激发党建工作的鲜活持久生命力。通过党建+，打通服务群众的"最后一百米"，让公交企业的党建管理模式、传播方式、管理制度更加透明和先进，实现干部队伍建设与经济社会发展的双赢。从而获得党建的黏性用户，进而在用户层面进行集权，实现党员教育管理的科学化、网络化和智能化。

（三）利用大数据，创新党建+"微平台"。"互联网+"最鲜明的特征就是大数据、云计算，实现精准化管理。党组织和党员每天都会产生大量的信息数据，对这些数据进行系统分析处理，有针对性地开展党员教育、日常管理、党建考核等各项工作，将大大提升党建工作的科学化、精准化水平。针对当前公交企业"点多、面广、线长"的特点，党员尤其是线路驾驶员的党员在公交线路上"单兵作战"，劳动强度大、服务工作时间紧迫的特点，可以微信公众号为依托，以公司和基层一线两级"1+N"式党建微信群为基础，搭建集"自主学习、互动交流、信息管理、一站式服务、零距离走访"多种功能为一体的党建工作平台，将党建业务指导和党员管理的触角深入每个基层党组织和每一名党员。

四、以广州一汽巴士为例，构建公交企业党建+内容的建议

（一）推行党建+党员

公交企业线路、场站点多面广，一线职工分散流动，作息相错，基层党组织作为基层工作的领导核心，如何在服务群众中增强凝聚力和战斗力，是基层党组织面对的一道现实考题。广州一汽巴士近30个基层党组织在全市范围内"星罗棋布"，500多名在职党员在线路、车厢中"穿梭流动"。以往党员教育大多通过三会一课或专题培训等方式来实现，主要采取"我教你学、我讲你听、我念你记"的灌输方式。这样一来，不仅会占用大家的工作时间，学习效率也没有保证。传统的组织生活方式单一、手段陈旧、内容老化等因素，直接影响到党组织活动的效果，因而要转变思路，立足于班组、扎根于基层，构建互联互通、覆盖广泛、注重服务的基层网络党建信息化平台，让组织管理者之间、普通党员之间、管理者与普通党员之间的"互动"与"服务"随处可见。通过机制联动、组织联建、活动连搞、资源共享实现党组织与群团组织同频共振，最广泛地把群众组织起来、动员起来、团结起来，把党的决策部署变成群众的自觉行动。在具体的操作过程中，需要依靠大数据平台，开发建设一套综合管理系统。一是便于灵活对接。普通党员群众可以登录

查询入党流程、党组织关系接转等信息，网上开展党日活动、组织生活会，及时对接靠拢党组织。二是实行智能处理。大数据系统对党员信息进行全程纪实、分类整合，并将零散数据转换成图表，直观显示党员结构分布、发展动态等情况。三是实现精准管理。实行轨迹积分考核，挖掘党员党内行为信息，与社会行为对接，完善奖惩、进退机制，全面体现从严管理党员。

（二）推行党建＋服务

作为广州公交的鼻祖，广州一汽公司随着城市的发展扩展到哪里，公交的线路就延伸到哪里；群众的脚步走到哪里，公交公司的服务就延伸到哪里。利用互联网＋推行党建＋服务，是新时期广州一汽增强党建工作凝聚力、向心力和执行力，推动企业健康持续发展的重点所在。广州一汽要针对新时期市民出行的出行需求，以创建发展型服务型党组织为抓手，以精准党建引领服务，利用互联网＋，开展党员网格化管理模式，按下"快进键"、跑出"加速度"、开启"党建＋"新模式，着力擦亮"公交基层组织建设"新名片。如打造同一党员账户下"组织版"和"个人版"的党务精细管理APP服务。个人版的党建APP除了可以让广大党员在网格内找到自己的"责任田"，让"坐等靠要"变成自己主动去学习、去提升、去完善，实现党员"零距离"为其他员工和乘客办实事、解难题，成为线路、班组工作的"防火墙"、工会干部的"好帮手"、群众的"贴心人"。对于各级党组织的领导人员，除了可以在常规的"个人版"中实现对党员个人的精准管理之外，还为其专门提供管理级别更高、管理功能更细、管理手段更先进、管理范围更广的"组织版"。实现党委、基层党组织可以查看管辖范围内支部、党员的学习、活动等开展动态。突出发挥党组织和党员在"网"中的管理服务作用，形成了横向到边、纵向到底、条块结合的公交基层党建工作网络，进一步促进基层党建全覆盖、公共服务无遗漏、一线管理无缝隙。网络备案便于网络查询、统计信息，有助于推动党建工作，而纸质化备案则有助于保障党员组织关系的安全性。

（三）推行党建＋品牌

搭上"互联网＋"的快车，党建工作创新面临着崭新的机遇，党建工作者要主动运用新科技、新手段来提升传统党建工作的号召力、感染力，进一步牢牢占领党建思想宣传主阵地，引领社会新风尚。要探索基层党建特色化、个性化，注重品牌的培育过程，处理好点和面的关系，整体把握、系统设计，处理好当前创新与长期规范的关系，是广州一汽把党的品牌建设成果提炼上升为基层党建工作制度的重要突破口。有了方向的把握，有了制度的保障，"互联网＋党建"工作才能不断前进，创新的成果才能不断被检验、被转化、被运用，才能永远保持动力与活力。巩固原有"友爱在车厢""巾帼文明岗""青年文明号""工人先锋号""全国先进集体"等品牌，积极塑造具有群众性、代表性及行业优势的新品牌。不断挖掘、总结、提炼友爱品牌的特色、亮点，注重宣传推介，扩大品牌影响力。全面开展企业文化落地工作，打造独具公交特色的企业文化，形成企业核心竞争力。积极开展企业文化宣传月活动，并通过群众性的社团组织，丰富职工文化生活。

（作者单位：广州一汽巴士有限公司）

围绕中心主动融入是基层党建工作之本

郭奕娟

国有企业党的建设既要遵循党建工作的普遍规律，又要突出企业和行业特点。实践表明，只有紧紧围绕中心工作，树立服务理念，创新工作思路，主动融入生产，才能增强党建工作活力，才能为企业发展提供强有力的发展动力和组织保障。华东建筑设计研究院有限公司规划建筑设计研究院党组织，经过多年的"围绕中心、主动融入"的工作实践，取得了一定经验和成效，发挥了党组织的政治优势和组织优势。

确立一个好的目标定位

抓基层党的建设，眼界一定要高，视角一定要宽。要把党建工作放在企业中心工作的大环境中来考虑，做到立足职工、推动工作、服务发展。规划院找准党建工作与中心工作的结合点，把目标定位在建设服务型党组织上，使党建工作融入工作的各个环节，贯彻于工作的全过程。做到党建工作与生产经营中心工作同部署、同落实、同督办、同考核。这种捆绑式的工作模式，让党的建设深入各个角落。服务型党组织建设的着力点工作放在"人"字上。人的思想状态、工作激情、积极性和主动性直接影响工作效率和工作效果，做好人的工作是完成各项工作任务的基础和前提，党的建设必须通过队伍建设，为业务工作提供坚强保障。如，结合属地化业务的转型，院派遣员工到市规划编审中心及徐汇、嘉定、闸北规划局等多个规划管理部门挂职锻炼。融入政府部门的日常工作中去，通过角色的换位，开阔职工的视角，提升业务能力。如第一党支部通过与兄弟单位项目的合作，延伸了党组织活动共建，不定期组织项目交流会、项目考察活动，实现了"以党建促生产，以生产优党建"良好互动和融合。

服务型党组织建设的活力体现在"创"字上。党组织的工作要紧紧跟上时代的步伐，从内容上、形式上都要与时俱进，开拓创新。规划院党组织发动党员职工积极开动脑筋，贴近党员职工需求，把党的活动落到实处。如院第二党支部结合服务型党组织建设，开展了"半暖空间分享"活动，在办公室设立职工活动角，党员职工利用工余时间，为员工购买了图书、健身器等，小小的角落成为加班加点同伴们的"加油站"、工作之余的"聊天室"。又如规划院的育龄女职工比较多，院与共建单位一起邀请专家上门指导，并参与街道组织的"准妈妈"活动等。党组织的精心策划，党员的用心服务，产生了良好的反响。院提供职工期盼的服务，加强人文关怀和心理疏导，积极为职工排忧解难，寓教育于服务之中，切实增强了党组织的吸引力和影响力。

形成一个好的工作机制

党的建设要发挥优势和作用，必须要有一套好的机制体制。一方面要健全组织机构，实现党组织的全覆盖。另一方面，建立工作责任体系，落实基层党建工作的主体责任和党风廉政主体责任，形成党群一体化工作机制。企业的党群部门主要包括党组织、工会和团组织，三大组织都有加强自身建设的要求，同时要发挥好企业文化建设的组织者、践行者、影响者的职能。如何通过党组织的引领主导，将工团工作有机结合，发挥最大效益，是值得研究的课题。从2014年底，规划院借鉴兄弟单位的先进经验，试点实施规划院党群工作评价体系。由党总支和党员及群众对党群部门年度工作进行评价，使党群工作开展有据可依，有迹可循，更好地落实党建和党风廉政的两个责任制，进而打造服务性党组织"党总支服务党支部、党支部服务党员、党员服务职工群众"的纽带和落实党建工作主体责任的"通路"。其后，集团党委在全集团推出了《现代设计集团基层党支部工作考评指南（试行）》。一系列制度的实施，为党组织切实履行好领导和指导职能，体现党组织的引领组织、保障凝聚作用，形成了责任明确、领导有力、运转有序、保障到位的党建工作机制。

抓住一个好的工作载体

企业党组织要发挥优势和作用，还必须有一个好的舞台，形成好的氛围。党员主题实践活动是基层党支部在党员教育管理中，结合行业特点和本单位的工作实际，有计划地组织党员开展的一系列增强党员先锋模范作用的党内活动。在集团党委的统一部署下，"聚焦改革抓机遇，岗位实践争先锋"成为集团党的建设特色主题活动。通过这一条主线，把党建工作与服务发展、服务企业结合起来，与党员干部教育和思想作风建设结合起来。

2015年集团改制上市，集团党委提出了"改革发展，党建先行"的新要求。院党总支部认真组织党员职工学习领会国企改革新精神，面对深化改革和市场环境变化的新形势，主动思考和适应企业改制上市的要求，统一思想、凝聚共识、形成合力。要求党员干部聚焦改革发展大局和各项重点工作，主动思考、积极作为，在推进企业改制上市中勇担当、敢实践、创业绩。主动献策，服务企业。面对院业务明显下降的趋势，院党总支主动与行政沟通，提出了对成本费用实行事项预算、预申报制度，以及加强审核的降本增效新举措，严格了收入与成本配比要求。结合集团《领导人员履职待遇、业务支出管理的实施细则》的要求，院党总支深入各部门，了解生产一线运营情况，结合实际，提出了修改院财务报销规定和职务补贴的建议。进一步严肃了党的纪律，严格了管理要求。破墙联营，共享资源。院借助"区域化党建"品牌建设，敞开大门搞党建，增强了党员主体意识，凸显党组织的社会责任，提升了企业的社会影响力。强化责任，岗位争先。院通过"党群评价体系"，明确责任要求，使党组织的战斗力、凝聚力进一步增强，党员干部的先锋意识、服务意识进一步提升，为完成各项工作任务提供了政治、思想和组织保证。

发挥党支部和党员的作用、突出有效落实

在构建"目标、机制、载体"的基础上，党组织以落实为抓手，党组织书记与工团干部联手共建，指导支部按照工作要求，制定各项工作计划，发挥党支部的战斗堡垒作用和党员的先锋模范作用。一是加强对支部工作指导和保障。院下属两个党支部都是技术出身

的业务干部兼职书记,平时的业务工作非常繁重。为了提高支部的工作效率,院党总支部坚持例会和联席会议制度,给予及时的指导意见,帮助解决遇到的问题和困难。年初,根据院工作要求,制定全年党群工作责任清单,明确开展各项工作的责任部门和责任人,落实各项活动的经费,创造良好的工作条件。每年安排书记参加集团的"书记培训班",抓好院党群干部的培训教育,提高他们做好党务工作、群众工作的能力。二是发挥党支部思想引领作用。思想政治工作是党组织的重要工作之一。院充分利用党支部和党小组的组织通道,形成思想工作网络。以探讨会、座谈会、个别访谈等方式,了解干部职工的思想情况,做好党员干部的思想分析,并有针对性地开展辅导。如结合学习国家的"十三五"规划,邀请集团相关部门领导做行业分析和"十三五"发展思路研讨报告;结合互联网跨界趋势,组织党员开展互联网时代的设计行业出路探讨等。通过系列活动,给党员职工打"预防针",做中医"调理",明微观、识大局。三是支持党支部落实各项活动。近年来,各党支部根据集团党委各项要求,结合自身发展实际,做了大量的具体实施工作,院党总支部在第一时间给予指导和帮助。如第一党支部承办的党员志愿者服务,在院总支的推动下,经过三年的坚持已经在集团和共建单位形成了一定的影响力。院总支组织的每年党员民主评议,与党员社会考察,党员学习,党员个人承诺、践诺、评诺相结合,探索党员教育的长效机制,推动院学习型党组织建设和精神文明创建活动。

在"围绕中心主动融入"这个问题上,本人的体会是:党的建设要主动作为才有真正的地位。主要体现在三个方面。

一是党组织要主动担当,为中心工作排忧解难。党组织除了按"规定动作"扎实加强自身建设外,更要主动围绕中心工作,开展企业文化建设,开展职工凝聚力建设,主动参与中心任务,"攀上亲、搭上边",当好"政委"。要激活党员在各项工作中的积极性和创造性,督促党员自觉承诺践诺。要化解党支部在企业中找不到发挥战斗堡垒作用"支点"的窘境,避免支部作用被"边缘化"。二是党建工作要围绕中心任务开展。党建工作不能框定在政治学习、思想教育、发展党员和开展组织生活的狭隘范围之内。党建工作要通过加强队伍建设,调动党员干部积极性与创造性,来实现党建工作在中心工作中的功能和作用,充分利用党员干部的工作热情和责任意识,使企业各项工作效率更高,质量更好。这样才能使二者紧密结合、相互促进、形成合力,避免党建工作被"虚化"。三是党组织的干部要勇于突破传统,开拓创新。党建工作要解放思想,突破把党建工作停留在"为教育而教育""为学习而学习""为活动而活动"的形式层面,要拓展工作思路,创新活动内容和方式,把党建工作渗透进去发挥作用,激发党建工作在各项工作中的活力,避免党建工作被"僵化"。

新形势下如何更好地发挥企业党建工作的作用,还需要不断地探索、深化与总结。党建工作要做强,就要开动脑筋,主动融合,大胆创新。真正发挥了党建工作的优势,激发了党建工作的生机与活力,才能在企业发展中成为真正的战斗堡垒。

(作者单位:华东建筑设计研究院有限公司规划建筑设计研究院)

党建融入中心　打造企业品牌

陆　静

党建工作要有效服务企业的改革发展，必须在融入上下功夫，在深化中树品牌。如果企业党建内容单一化、活动模式化、载体不创新，效果肯定不理想。发展始终是企业的第一要务，党建工作需要紧紧围绕企业生产经营的中心，根据政治经济大环境的变化，调整工作思路，创新方式方法，推动党建工作与企业发展中心工作互促共赢。企业党建必须与企业的行业特点、职工的岗位职能相结合，确定有效的活动载体，把最能体现企业特色和富有活力的企业文化等要素纳入党建工作中，在充分发挥党组织政治保障作用、党员先锋模范作用的同时，也注重发挥工会和共青团联系群众的作用。

党建必须在融入上下功夫

把着力点放在党建工作的"融入"上，从"围绕中心抓党建"向"融入中心抓党建"转变。两个字的变化，突出的是党建工作与生产经营中心工作更加紧密、有机地结合和融合，把发挥党支部战斗堡垒作用、激发党员创新勇担当精神，作为破解改革发展难题的有效途径和重要法宝。"融入"的抓手和载体，就是"改革促转型、聚力谋发展"主题活动。各个支部结合实际开展丰富多样的主题活动，从不同的方式和角度把党建活动融入各自重点、难点工作中去，长期坚持，不断深化，定见成效。党建融入中心工作，需要建立党组织融入生产经营的工作制度和工作导向，创新党建服务生产经营的载体、活动和方法，以最大限度发挥基层党组织的战斗堡垒作用和党员的先锋模范作用，以党组织的凝聚力、引导力和助推力为企业转型发展提供正能量。

融入经济中心保增长

企业党委要积极围绕"改革促转型、聚力谋发展"这个主题，开展丰富多样的创建活动，积极推动党建工作融入生产经营中心工作中。结合实际开展"五个促进"：促进生产经营，促进科技领先，促进管理提升，促进降本增效，促进创新转型。

促进生产经营。有的党支部围绕部门重点、难点、瓶颈工作，组建了建筑总包、人才招聘培养、奖金分配等多个课题研究小组，组织发动党员骨干探索突破重点难点问题；有的建立项目临时党支部，推进重大工程建设活动。在中博会、江苏大剧院等重大项目建立临时党支部，协调各方团队资源，组织党员骨干开展劳动竞赛；有的开展技术培训提升专项化水平，组织总师系列讲座、酒店工程等专项化参观和研讨、建筑原创交流、青年员工跨专业培训等；有的带领党员积极开拓自营业务，大力发展设计咨询前端、高端业务，抢占行业与技术制高点。

促进科技领先。有的支部成立了"党员技术攻关课题组",作为党员创先争优的载体。党员亮明身份,在各自岗位上充分体现先进性和带头作用。如:地基中心的党员和职工在一系列大型工程与重点项目科研攻关上取得创新成果,"软土深基坑工程安全与环境控制新技术及应用"项目喜获国家科技进步二等奖,设计团队获得"第三届上海市职工科技创新优秀团队"称号。在以院技术委员会和各专业委员会为核心的科技创新组织构架的基础上,成立了创作、城市设计、结构、地基基础、绿色、机电等关键技术研究中心。

促进管理提升。有的党支部组建设计总包项目管理团队,由骨干党员领衔,定期交流分析试点项目在总包设计项目管理中的经验与问题。协助行政组织协调人力资源,加强运营管理;有的将成熟团队进行细胞分裂,缩小总监团队管理幅度,提升精细化管理水平;有的健全部门分层管理机制,建立机电资料库,编制机电顾问常态化操作文件,提升管理效率。

促进降本增效。有的支部通过网络、远程视频和电话会议等方式,加强与客户及施工单位的沟通交流,降低出差及会议成本;有的实现报销精细化管理,在保证员工正当利益的同时,严格控制报销项目,节省企业成本开支。

促进创新转型。有的支部创新规划实施商业专项化发展,新辟"商业运营模式""前期策划"的研究重点;有的主动适应行业技术发展的需要,顺应国内外BIM应用发展的趋势,大力推进设计师的设计工作向三维设计平台转型,加快建设三维模板库;有的加大科研投入,收获专利成果等。

融入服务职工促和谐

党建工作的生命力很大程度上体现在为职工解决实际问题的成效性上。院党委从尊重职工、关心职工、提高职工、激励职工、规范职工五个方面强化了服务职工的机制。为切实改善员工工作环境,在院办公楼装修的室内设计、绿色节能、办公家具比选等方面让员工充分参与和体验,认真听取员工的意见,最大限度让员工满意。在搬入新楼前预先做好通风和空气检测,搬入后布置大量绿植净化空气。有的支部为新楼空调开关做色彩标记,便于职工加班使用,为每个会议室添置电脑、无线键盘与鼠标。在涉及院改革发展的重大举措、涉及员工利益的重要问题上,党组织积极开展思想工作,及时宣传、释疑、解惑,努力把党员和职工的思想凝聚到一起。有的支部设立专门信箱,收集职工意见建议,提出"收集问题在平时,解决问题要及时"的工作目标,保证一周内对问题进行回复或落实;有的支部开展"支委与党员、党员与员工的沟通谈话"活动,了解党员、群众的想法,认真听取意见;有的支部定期组织健身活动,包括每周羽毛球、乒乓球锻炼等,每季度组织观影活动,对病休职工及时探望;有的支部为加强部门交流互通组织"下午茶沙龙",举办各类专题沙龙讲座,涉及情商管理、OFFICE高级技能、建筑知识、日常急救常识等等,深受职能部门员工欢迎。目前,每个支部都结合实际实施为职工办实事的项目。如党支部牵头、工团组织联合开展的各类帮困慰问活动、党员职工座谈会、签约黄浦区公租房,缓解青年住房困难,以及团队拓展、文体健身等活动,成为党组织服务党员、党员服务群众的有效载体和抓手。组织院党代会、职代会的提案征集、办理工作,通过提案办理,解决一批党员和职工关心、关注的问题。

融入党员管理树新风

激发党员模范作用,提倡党员做到五个带头:带头学习提高,带头岗位贡献,带头创新突破,带头服务职工,带头弘扬正气。各支部广泛开展了党员"五诺""党员责任区""党员示范岗""一名党员一面旗"等活动,党员主动认领主题活动中的工作任务,党员负责组织技术讲座、建筑参观、团队拓展、帮贫扶困等系列活动。锤炼了党性,发挥了党员的模范带头作用,展示了善于创新、勇于担当的党员风采。党员主体作用的发挥,进一步提升了华东总院"崇尚尊重员工,持续改进创新"的企业文化。

融入机制建设创品牌

从解决党建工作中一个个具体问题入手,深入挖掘品牌主题,切实找准品牌定位,丰富完善品牌理念,深化拓展品牌内涵。同时,在多方面征求意见特别是广泛征求党员意见的基础上,咨询专家,深入实践,使确定的党建品牌贴近实际、特色鲜明、内涵丰富、群众认可。

在党建品牌的创建过程中,各党支部紧紧围绕本单位的中心工作,遵循创建党建品牌的基本规律,找准创建载体,强化创建措施,完善创建机制,实实在在地创建、培育和打造品牌。不断扩大品牌影响,形成了一批辐射带动和示范导向作用比较强、具有鲜明时代特色的党建品牌,进一步激发了党建工作的生机与活力,推动了党建工作创新发展。

在党建品牌的创建过程中,先后建立健全了一系列机制和制度,为深入创建党建品牌工作提供了保证和支持。为做好党建品牌的评价认证工作,建立健全了以职能部门、党员代表、职工代表评价为基础、以党委评审为主体、以党员群众满意为标准的党建品牌评价机制。为增强党建品牌的创建实效,建立了分类指导、跟踪指导的党建品牌创建指导机制,通过季度书记沙龙交流点评、半年评价颁发创先争优流动红旗、年度先进党支部评选等举措,使党建品牌创建工作始终沿着正确的方向发展。经过多年的探索实践,总院的生产型、技术型、管理型、服务型党建品牌创建工作实现了健康有序发展。目前,已初步形成了"一根主线穿,各自放异彩"的良好局面。

坚持融入党群工作强文化

注重发挥党群共建力量,激发各级党工团组织形成合力,围绕年度重点战略任务,抓好主题活动实施。党组织发挥统筹协调作用,切实加强组织领导,详细制订实施方案,精心设计活动载体;工团组织发挥党联系服务群众的桥梁纽带作用,把主题活动覆盖到基层,落实到全员,努力做到全员覆盖,营造浓厚的氛围。通过主题活动策划会、座谈会,实行例会制度,保障主题活动有效推进。院工会举办了职工健身嘉年华活动,深受职工欢迎；团委倡导青年树立正确价值观，举办了"听标兵讲故事大家问"五四青年沙龙、亚信峰会平安志愿服务等精神文明活动。工团组织坚持开展已有 15 年历史的"爱心西部行"创建活动，组织青年开展援助设计、公益创作等发挥院青年特长的志愿者活动。有的生产所党工团联合组织新员工职业发展讲座、"所长为你来解惑"、分层次交流等活动，党群合力联动，共同构建和谐发展的企业文化。

（作者单位：华东建筑设计研究总院）

转变思路　融入中心
积极探索企业党建思想政治工作新途径

李慧龙

丹东市燃气总公司属国有大二型企业。始建于1923年,至今已有93年的历史,是我国最早城市供应煤气的8家燃气公司之一。截至2015年底,公司在册职工1099人,在岗职工746人,在册党员521人,在岗党员319人。全国劳模3人,省五一劳动奖章和优秀党员获得者2人,市级劳模11人,2015年总公司被辽宁省授予五一劳动奖状。

燃气总公司现有调峰气源厂1座,3.5万立方米,湿式煤气储罐3座,储气量10.5万立方米;全市燃气输配管道近500公里,承担着丹东市老城区23万余户管道燃气和金山地区3000余户天然气用户的供气服务和管网维护维修任务,履行着保证全市供气安全的社会责任。作为一家已有90多年发展历史的老企业,既经历过掌握焦炉煤气、发生炉煤气、重油制气、水煤气等当时国内先进生产工艺技术的阶段辉煌,又背负着日伪时期就开始铺设的管网老旧、腐蚀带来的安全隐患,以及计划经济时历史遗留下来的诸多问题和市场经济与公用企业之间的矛盾等制约燃气事业发展的各类问题。一是管网设施老化、腐蚀严重,影响安全供气、威胁公共安全;二是资金匮乏,严重制约企业进一步发展;三是人才流失、人才断档,企业缺乏持续发展活力;四是职工收入低,思想波动大,职工队伍不够稳定。

面对这样的现实,公司党委致力于促和谐、保稳定,充分发挥思想政治工作的优势,努力提高党组织的凝聚力和战斗力。经过几年的探索实践,我们的工作取得了初步成效。

一、转变思路,党政合力,抓安全保服务

2010年,总公司新一届领导班子组建以后,在对以往的工作总结和思考后,逐步调整了党建和思想政治工作的思路,变围绕中心为融入中心,就是把党建思想政治工作围绕中心工作开展,转变为党建思想政治工作要融入中心工作去做。为什么这样去想,我们觉得围绕中心好像和中心还有些距离。融入中心,我们就在其中。那么,怎样融入,我们有三个方面的实践和探索:

一是思想要融入。就是要把全公司干部职工的思想全部都集中到做好安全和服务工作上来。中心任务完成得好不好,与队伍的工作态度与思想状况有直接的关系,或者说起着决定作用,而做思想工作正是我们党的优势。例如,在安全工作中,总经理提出安全工作是总公司全部工作的前提和基础,是重中之重,党委就致力于提高干部职工的安全供气意识,提出了安全工作是全体干部职工的本职工作的要求,并从我做起,把安全工作作为党委书记的基本职责。过去,安全工作主要靠分管领导和分管部门去做,不分管的干部不愿

意靠前，遇到具体问题绕着走，党委抓住典型事例在全公司的干部会议上公开批评教育，使全体干部转变了对安全工作的态度，逐步形成了全员重视安全工作，全员参与安全工作的氛围。

二是组织上要融入。从2013年起，实行了基层党支部书记兼行政副职，并做到有职有责，而且大多数书记都分管安全或服务工作，使基层支部书记既是安全和服务工作的保证人，又是安全服务工作的责任人。以前，基层单位党政分开的时候，支部书记是左右为难，参与行政工作，又没有行政分工，不参与行政工作，又感觉自己是旁观者。实行兼职以后，真正形成了党政合力，书记们虽然工作任务重了，也比以前辛苦了，但感觉工作更充实了，党组织的作用也充分得到了发挥。

三是活动上要融入。就是要把党组织的活动融入安全和服务中心。目前，公司党委常年在党内两项主线活动：一是社企共建活动，二是"我是党员我先行"活动。从2011年开始，公司同全市74个社区建立了社企共建关系。社企共建活动共有四个方面的内容：一是定期到社区开展便民服务；二是定期到社区开展安全用气知识的宣传；三是在社区征召闻漏志愿者，协助我们及时发现漏点，及时维修，确保安全；四是公司在维修和检收工作中遇到难点问题，社区帮助协调解决。通过几年的努力，收到了明显的成效，用户的安全用气意识普遍得到提高，公司维修检收工作中遇到的难点问题，大多都通过社区的调节得到解决。

二、促和谐保稳定，千方百计调动干部职工的积极性，确保完成安全供气和优质服务任务

作为一个老国企，一个困难企业，如何充分调动全体员工的工作积极性，使队伍保持一个好的精神状态，确保安全持续稳定供气，确保优质服务工作任务的完成，总公司党政班子想了很多办法，经过不断的努力工作取得了明显效果。

（一）不断强化思想政治工作，是保证队伍稳定，调动职工工作积极性的基础。

强化思想政治工作，关键是长期坚持，久久为功，不能是闲时就做忙时就不做，也不能有时候做有时候不做。例如，公司总经理每年都确定一个主题对干部提出具体的工作要求，党委就组织党员干部进行学习讨论和贯彻落实。通过有效的思想教育，在职工中形成积极向上的工作氛围、干事创业的工作环境和敬业奉献的企业文化。

（二）班子坚强有力，党政同心合力，充分地发挥政治核心和战斗堡垒作用是队伍和谐稳定的关键。

在公司班子，党政工作分不开。行政工作也是党委的工作，党建思想政治工作也是行政领导的工作。

党员领导干部必须率先垂范、以上率下。例如，总公司每年冬供期间，领导班子成员每周都要担负一定数量的巡检抽查任务，真正做到了经常深入基层，深入一线。再如，基层营业处班子成员每人每月都担负一定数量的检收指标，而且必须是本人亲自完成，不准他人代替。

（三）充分发挥典型的示范作用。

发挥典型的示范作用是我们党的工作的基本方法之一，公司历届班子都高度重视并努

力做好这项工作,使公司形成了一个典型群体,在职工队伍中充分地发挥了示范和引领作用。

在典型的选树工作中,我们有以下几点体会:

第一,典型的培养不能只靠自然成长,组织上要帮助、引导,最好要有一个规划,使典型不但能干,还得会干。

第二,先进典型不能墙里开花墙外香,要做到墙内也香,领导要认可,职工也要认可。

第三,要允许典型身上有缺点和不足,他们大多是普通的工人,有缺点领导要帮助他克服,但不能因为有缺点就否定他。有的人对典型用放大镜去照,好像典型身上就不能有毛病,这时领导要站出来多加引导。

第四,要关心爱护典型,包括工作、学习、生活、子女、老人等等,有困难要更加用心地帮助解决。我们有一句话,让先进典型流血流汗,不流泪,决不能伤了他们的心。

第五,对典型还应有一些特殊政策。比如,年终评先劳模,党委直接确定其为公司先进生产工作者,而且不占所在单位的评先指标。

(四)要增加感情投入,让职工有家的归属感。

工作以感情为基础,没有感情就做不好工作。在工作中,我们有这样一种认识,就是你希望你的上级怎样对待你,你就怎样对待你的下属。

关心职工,真正为职工着想,根本的是要提高职工的收入。近几年,公司在这方面付出了极大的努力,虽然还没有达到职工的期盼,但职工也看到了领导班子的努力,也理解了领导的难处。

三、以实效性为出发点,采取多种形式,抓好思想教育

实效性是抓好思想教育的原则之一。近几年,公司通过开展情景互动式党课等多种形式,对党员职工进行教育,收到了较好的效果。在开展情景式互动党课教育中,有三点体会:

(一)要有好的创意。2011年,丹东市委总结推广了情景互动式党课,我们党委也进行了认真的研究,基本的想法就是,要从实效性出发,用身边的事,教育身边的人,把情景互动式党课同宣传树立我们公司的先进典型很好地结合起来,使其达到教育党员,影响和带动职工的作用。

(二)要发挥党课的宣传辐射作用。以往的党课,主要是在公司内部进行自我教育。情景互动式党课,是我们通过和纤维社区党员活动站联合创作,不但使全公司的党员职工受到了教育,同时也把这堂党课推向了社会。党课共有5000多人观看,其中,公司共有不到1000人。其余的4000余人就是社区的党员和居民。这样,就把企业的服务工作生动形象地展示给了社区居民,也为企业做了一个很好的宣传,使用户更了解燃气企业和职工,更理解我们的工作,也更支持我们的工作。

(三)要有创新和突破。情景互动式党课不但创新了党课的形式,更给我们一些启示和思路。传统的党课多是说教式,一个人说话很多人听,形式单一,缺乏吸引力,效果也不佳。往往上面在讲课,下面还有打瞌睡的。情景互动式党课,下面没有打瞌睡的,说明

这种形式生动形象，具有感染力。当然，还有一些其他形式，也能达到这种效果，比如活动式党课，就是把党员活动和党课的内容结合起来。每年，我们都组织开展党员进社区活动，不但为社区居民提供便民服务，也通过活动增强了党员意识，增强了服务群众的意识。我们还有一种形式，叫专题式党课。2015年10月份，公司的一位全国劳动模范段永斌因病去世了，年仅52岁，他在企业工作了32年，做出了突出的成绩。他去世后，公司把他32年的工作经历和事迹进行总结汇编，制作了专题电视片，组织全体党员职工观看学习，并向上级推荐，丹东市住建委党委做出了在全系统向段永斌学习的决定。

情景互动式党课也有不足的地方，就是投入比较大，包括人力、财力、物力、精力的投入。另外，创作周期也比较长。

通过初步的探索，我们觉得，党课一定要讲究实效性，只要能抓住党员的眼球，能抓住党员的心，达到受教育的目的，就是好的党课形式。

（作者单位：丹东燃气总公司）

民生视角下的党建工作研究与思考
——以城乡规划行业基层党组织为例

张高攀

前言

关注"民生"是古往今来治国理政的基本经验。但凡我国兴盛的朝代,上至帝王将相,下至先贤达士对于"民"的认识都曾相对深刻。《尚书》记载:"民可近不可下,民惟邦本,本固邦宁";管子倡导"以人为本"的主张;孟子则有"民为贵,社稷次之,君为轻"的仁爱思想。

不可否认,封建王朝固然有其无法逾越的阶级性和时代局限性,但从大的历史格局判断,具有民生、民本意识的治国方略确实推动了相关朝代的趋好发展。譬如,周朝的"成康之治",提倡以德慎罚、平缓官民矛盾;西汉的"文景之治",顺应民道、休养生息,使西汉逐步获得强盛的局面;唐朝的"贞观之治",尊臣纳谏,看重民心、民情和民意,使国力持续上升;清朝的"康乾盛世",更是从民生的角度关注农业发展,实现了人口社会的繁荣。

然而,反观众多朝代的殁落,除了社会更替规律使然,皆与民心向背有关。对于一个国家而言,人民群众犹如包容世事的汪洋大海,关呼百姓生存与发展的"民生问题"更是无时无刻不在蕴蓄能量的潮涨潮落。除去外部国际纷争,作为我们唯一合法的执政党——中国共产党,首先把内部民生问题解决好,一定程度上是保证家园风平浪静、天下太平的基础。

一、党建与民生

1. 勿忘初心,坚持党的宗旨

党一直都在致力于"让人民当家做主",党的各级组织应该毫无他念地围绕这个命题来开展工作。毛泽东同志曾经提出"全心全意为人民服务"的要求,可以说是没有夹带任何"杂念"的。后来"为人民服务"成为中国共产党的根本宗旨。邓小平同志强调"为人民服务"是党的全部任务,要一切以人民利益作为每一个党员的最高准绳。

纵观建党九十五年以来的历史轨迹,党中央领导全国各族人民一路披荆斩棘,争取了一个又一个伟大胜利。但是,客观上讲,这九十五年以来,各级党组织肌体中不同程度地产生了一些病症和问题。尤其是改革开放三十多年以来,伴随着辉煌的成就,一部分党员干部开始脱离群众,漠视民生。全国范围内出现了为数不少的"重症患者"。很多违法乱纪案件表明一部分人的主导思想出了问题。他们都有一个通病，就是爱上了"自己当家，做人民的主"。高高于人民之上，大搞尔俸尔禄、民膏民脂、中饱私囊之事。他们混在党的队伍中，影响了党的声誉，毁坏了党的事业，滞缓了国家发展之进程。如果党员干部从根本上都记不得宗旨，看不见民生，何以谈党建工作？

2. 明察秋毫，坚守民生为上

"民生在勤，勤则不匮"（《春秋·左丘明》）。习近平总书记的"民生观"则更加勤勉务实。他指出："保障和改善民生没有终点站"、"让群众要得到看得见摸得着的实惠"。我们从中可以深切体会两层含义：一是各级政府要始终如一地服务于百姓，不能折腾百姓；二是要真正地解决民生问题，让百姓满意。习总书记所提倡的民生观将是广大干部自查自省、彻底转变工作作风的开始。

诚然，民生问题受限于社会的发展阶段，基于法律法规、政策机制还不完善，还不健全，社会生产力也很难在短时期内全面满足人民群众日益增长的物质和文化等需求。导致了包括教育、医疗、住房、交通、环保、食品安全等一系列问题。但是，上述所谓客观因素并不能成为我们面对民生问题听之任之的理由。

因此，作为执政党的一分子，每一位党员干部都应常怀关注之心，细致入微、明察秋毫，认真地发现问题、钻研问题，不断从各自部门、各自专业角度制定祛弊趋利的解决方案，这才是真正"看得见民生"的积极态度。

3. 鉴前毖后，坚定党建立本

"物必先腐，而后虫生"（宋·苏轼）。很遗憾！在很长一个时期，一些党员干部在对待和处理民生问题上确实存在了"三心二意为人民服务"的现象。比如："不求有功，但求无过"的思想大有人在。面对群众，消极倦怠、态度生硬、相互推诿等；也有一部分人官本思想泛滥，自认为是官老爷，根本没把老百姓的事情放眼里，视民生为儿戏！

真实的案例历历在目："让小明证明小明是小明"的事情时有发生；看病住院要找门道；孩子上学摸不着门道；盖几十个公章才能办成一件事等。所有一切都是"真真切切"把老百姓在当球踢。面对办事难，百姓岂能无怨？面对问题多，百姓岂能无恨？同时，众多的违法乱纪现象，更是于民生不顾，不但不为民请命，反而做出许多损坏人民利益的事，有的甚至威胁到人民群众的生命和财产安全。

习总书记所讲的"打铁还需自身硬"其折射、敲打某些基层组织还存在"自身想打铁，但自身还不够硬"的尴尬。一些基层党组织并没有带头解决掉广大干部的思想问题，党建工作还存在很多疏漏，还缺乏行之有效的组织制度和创新机制。更极端的是个别基层党组织形同虚设，警勉监督作用缺失，毫无党建而言。长此以往，实则变相成了很多不和谐现象的帮凶。其扰乱了民心，制造了矛盾，增加了社会成本。毫不客气地说，针对局部乱象，相关行业基层党组织应负有一定责任。

目前，在新时期、新形势下，我们要清醒地认识历史的使命和任务。如果不冷静反思，不加强党的建设，不根除存在党组织中漠视民生民意的问题，就无法树立党的威信，无从改善党的领导。十八大以来，亡党亡国的警示已经让人振聋发聩。因此，面对党和人民的事业，需要通过党建立本，鉴前毖后，坚定思想，带领广大干部重新认识民生问题的极端重要性。

二、民生视角下的基层党建思考——以城乡规划行业为例

"党要管党、从严治党"明确了一系列党内制度和政治规矩,这是方法和手段;而改进工作作风,走群众路线,解决百姓问题,这才是主要目的。党建工作旨在作通思想,但同时也要能将党建成效实实在在体现在为人民服务的业务工作中。反之,一切不以关心百姓疾苦、不以解决民生问题的党建工作都是华而不实的,甚至是徒劳无效的。"空谈误国"这句话很符合党建原则。

笔者身为高级城市规划师,从业十五年以来,从业务的角度也有很多切身体会。城乡规划建设确实是关乎民生大计的重点之一,城乡规划牵扯到人民群众的政治、经济、社会、文化以及日常生活方方面面的福祉。其影响的深远性、深刻性,是关乎于每一个家庭、甚至几代人命运的大事。所以,作为一名城市工作者绝不可掉以轻心、来不得半点马虎。作为党员规划师,更是要除了坚守基本职业操守外,在业务中还应学会体察民情,勇于担当,多以主人翁的精神为百姓谋福利。

1. 问题剖析

改革开放以来,我国确实出现了很多规划建设乱象,除去一些客观因素,与从业人员的"惟权是从""惟令是从"以及"惟钱是从"的思想变化也不无关系。

规划人员一方面要从甲方一边获取合同产值,另一方面又不能"一边倒"地仅仅只考虑甲方的利益偏好。这似乎成了一门"工作艺术"。业内有一句话:"面对甲方,中规院是可以说不的",这确实令中规院人引以为豪。反之,不难想象,社会上更多的设计机构、咨询公司由于实力和话语权的差异,更多时候"弱于说不"和"不便说不",很多同行因此难以把控,迷失方向。出现了欺上瞒下、助纣为虐、唯利是图的不良现象,除了打擦边球损害公共利益外,极个别人员甚至铤而走险以身试法,最终走向犯罪的不归之路。

导致普遍意义上的不良后果包括:(1)假以提升城市品质为目的隐性损害人民群众利益的政绩工程、面子工程等,看似带来了现代化、宽马路、大广场,但这些很难与老百姓的实际生活相衔接;(2)盲目扩大城市规模,间接损害了老百姓利益,这个过程中,需要以侵占大量良田、侵占大量生态空间为代价;(3)肆意破坏历史文化遗产,直接侵害老百姓利益的拆迁行为。有些古城及周边环境原本是当地老百姓世代相传赖以生存的家园,一些规划师与政府、开发商不管不顾、沆瀣一气、强占强拆,谋图高额利润等。这些乱象背后无外乎是一个私利在作祟。造成了老百姓的现实困难和疾苦。导致"群体事件"时有发生。个别人、个别机构的所作所为,其产生的"激发效应",就是一只老鼠坏了一锅汤,让整个城乡规划建设事业蒙羞。

反过来,住建部门各级党组织及广大同志们,应时刻绷紧神经,踏踏实实、全心全意准备为民生问题分忧解难,随时随地考虑解决以规划建设为核心的城市百姓问题,将不良现象事先要杜绝于萌芽状态,防患于未然,然后方可讨论与民携手、与民共建家园的美好愿望!

2. 解决思路

民生为上,就是要求城市规划师必须坚守技术底线,不能"惟命令""惟权利""惟金钱"所动。试想,我们手中的笔一旦画下去,就可能导致民声鼎沸、社会不安。更进一步,

作为一名党员规划师，决不能犹豫，时刻应对照党的要求，提高标准，必要时要有不惜自身利益、为民请命的勇气。笔者认为，只要城市规划从业人员自身能明确其中的利害关系，心志坚如钢铁，坚持原则，很多于民不利的规划建设问题都会有一个良好的解决基础。

（1）肃清不良思想，回归人性的常态思维

对于规划行业基层党组织而言，教育应持之以恒，管理应常抓不懈。在及时有序开展组织生活的基础上，应该实现内容的多样化和生动化，让每一位党员能从中深切感悟"新常态"真谛。让原来在工作中，大家习以为常、不算事儿的错误，在肃清思想后，能认真严肃的认识其错误。让原来的"有错"不脸红，到脸红心跳、不敢就范的转变。实际上这也是人性的正常回归。在党建过程中，作为党员规划师，通过不断汲取正确的思想能量和养分，干干净净的消除不良影响，以正视听，从而保证广大同志存于内心的正确方向。

（2）规范工作环境，完善制度，建立问责机制

一是创新党建成效考核内容，主要实现问责机制的量化。可以尝试把"主观考评"变成"客观条款考核"，特别无法量化的内容，可以补充定性分析。同时，应建立党员行为电子信息库，建立长效机制，用以查阅对比监督；二是建立基层党组织的群众参与机制，推进监督的多元化和日常化。通常"群众的眼睛是雪亮的"，组织生活通过开门见山，坦坦荡荡听取群众意见，多与群众进行互动。尤其在规划业务中，党员同志应该带头与当地百姓沟通，让公众参与发挥实效，让问责机制逐步在群众中得到公认；三是完善质询程序，要给问责对象解释和说明的机会，确保公平、公正，以实事求是服人。

（3）面向长远目标建设，培养坚定信念

"有了理想，才有活的灵魂。丧失信念，堤坝就会崩溃"（习近平）。信仰泛指对某种主张、主义、宗教等的信奉和尊敬，并把它奉为行为准则，信仰带有情感色彩。共产党员的信仰就是共产主义，她并不是虚无缥缈，她是实实在在的革命烈士和千百万中华儿女用鲜血和汗水奠基起来的中国建设事业。

中华人民共和国成立以来，每一次时代进步，我们都坚实地向共产主义迈进一步。这种信仰是对人类社会发展规律的认知和敬畏，也是对揭示客观真理的追求。这需要一代又一代共产党人的不懈努力和探索，而在信仰接力和传递的过程中，党建工作犹如指路明灯，不断照亮我们的前路，照亮我们的未来。

三、结语

2016年5月20日，"中央全面深化改革领导小组"第二十四次会议提出多项为民要务，包括"着力于扶贫济困、扶老救孤、恤病助残、救灾助学等事业；强调彻底改善作风，提出规范执法、公正执法、文明执法"等要求。党中央以人为本、民生为上的基本阐述已经集中体现在"使学有所教、劳有所得、病有所医、老有所养、住有所居"当中。由此可见，党建工作并不是纸上谈兵，而是化思想为实干的动力。通过党建工作，让每一位党员能够牢记"为人民服务"的宗旨，关心群众冷暖安危，竭力为百姓"办实事、做好事、解难事"。这样，我们才能有机会赢得广大人民群众的拥护和支持。否则一切都是空谈！

（作者单位：中国城市规划设计研究院）

强化企业领导班子思想政治建设的要点和路径

何智群

在当前复杂多变的形势下，企业领导班子思想政治工作面临许多新挑战、新问题，必须采取针对性的相应措施，对症下药，有效增强思想政治工作对企业发展的推动力。

一、以制度建设为根本，提升决策的科学化水平

思想政治建设是党的建设的首要任务，是企业领导班子建设的核心和灵魂，也是建强领导班子和企业持续健康发展的保障。进一步加强领导班子思想政治建设，不断提高领导班子整体功能，必须要找准思想政治工作与经营工作的结合点，创新运作管理机制体制，有效实现思想政治工作与企业发展的有机结合。

一要建立科学的领导班子民主决策机制。坚持民主集中制，进一步健全完善与民主集中制相适应的各项领导制度和工作制度。提高领导班子的民主素质，培育一种制度文明。完善重大问题领导班子议事和集体决策制度，凡重大工作部署、重要人事任免、重大项目建设、大额资金使用等必须由领导班子集体讨论决定。

二要进一步规范科学决策的配套制度建设。加强决策咨询工作，重大决策前，征求专家意见、坚持风险评估和集体讨论等制度，不断增强领导班子决策的民主性、科学性。坚持和完善职工意见反映制度，拓宽职工群众参与决策的渠道，通过网上、网下的信息反馈、民主评议等，畅通党内民主渠道。建立逐级谈心谈话制度，确保谈心谈话效果。

三要建立责任追究机制。建立领导班子议事决策全程纪实制度，严格决策失误责任追究，提高领导班子决策的民主化、科学化和规范化水平。

二、以学习为抓手，提升领导者的综合素质

思想理论建设的核心是党性教育，引导领导干部牢固树立正确的三观，随着时代变迁不断赋予党性教育新内涵，引导领导干部持续学习。同时，社会的快速发展和科技的日新月异对领导队伍的综合素质也提出了越来越高的要求。领导干部需要积极利用各种新平台、新载体，把加强党性教育和提升综合素质及管理能力结合起来，为企业建设提供坚强的领导保障。

一要积极利用各种平台，把党性教育融入能力素质培训和行业发展培训。积极利用各种主要渠道，派遣班子成员参加思想政治和能力素质为重点的干部教育培训课堂，突出理论武装、党性教育、道德建设，引导领导干部增强辨别能力、管理能力和实践能力。有条件的企业，通过开设党性教育讲座、行业发展论坛以及聘请客座教授等，为领导干部提供

理想信念、宗旨意识、能力素质等多方面的培训教育，使理想信念与企业发展实际对接。

二要抓住中心组学习阵地，通过思想政治建设解决企业发展实际问题。只要牢牢抓住一个点，你将拥有全世界。在思想政治建设中，中心组学习正是这个关键之点。通过中心组学习，促使改革、创新、发展成为加强领导班子思想政治建设的新动力，将学习、调研、实践融为一体，将学习阵地有效建设成企业发展阵地。通过明晰企业发展战略和目标，引导领导班子牢固树立勇于创业、敢于创新、善于创优的价值追求，进一步转变发展方式、突破发展瓶颈、拓展发展空间，推动企业持续健康改革发展。

三要善于发现、使用新载体，整合社会资源。政府部门在创新干部理论学习的形式方面做了很多努力，搭建了网络学院、党建手机报等平台，建立了干部现场教学基地；社会上也有专门针对大中型企业开设的提升课堂，企业要善于使用，使领导班子的政治学习形象化、生动化、权威化，提高学习的实效性。

三、以督查考评为保障，为企业发展提供制度保障

一要建立干部考核科学指标体系。健全完善业绩考核评价机制。根据不同层级领导班子的职责要求，设置各有侧重、各有特色的考核指标。加强对成绩的综合分析，既包括显绩，也包括潜绩。科学量化考评分值，包括领导分值和职工分值，加大职工意见在干部选拔中的权重，增强一线职工的话语权，强化领导干部服务基层的作风导向。

二要注重思想落实、组织落实和措施落实。一方面，建立执行情况考核机制，重点整合各方面的监察资源，建立决策执行责任的考核、评议、奖惩制度，解决落实不力的问题。另一方面，科学设计考评指标体系，突出发展导向、作风导向，激发班子成员干事创业的积极性和强化自身作风建设的自觉性。

三要加强对一把手的考评监督。一把手要正确对待手中的权力。建立分层分级考评机制和责任追究制度，进一步加大对党政班子正职的经济责任审计以及离任检查工作，加大任中审计及专项审计力度。积极探索经济责任审计与干部考察工作同步进行的可行措施。认真落实领导班子民主生活会制度，对一把手的问题早发现、早提醒、早纠正。完善对党政领导干部的问责制度，拓宽问责内容和问责渠道，切实加强对一把手的监督。

四、以作风建设为突破口，为企业发展提供持续动力

一要建立密切联系群众的长效机制。进一步拓宽服务内容，改进服务方式、考评办法，完善联系服务群众的长效机制。健全完善基层调研制度，规定每年到基层调研时间，突出调研成果。探索建立领导干部联系服务群众考评制度，建立和完善领导干部服务群众的量化考评激励机制。

二要创新服务群众工作方法。党的十八大报告明确要求："以服务群众、做群众工作为主要任务，加强基层服务型党组织建设。"要积极应对多元化条件下基层党组织工作面临的新问题，推动基层党组织服务架构、服务载体、服务队伍、服务保障的转型升级。深入开展服务基层、服务群众、服务发展的特色活动，提高服务水平，不断完善和总结群众工作方法，注重创新，善于联系服务群众。

三要建立健全思想政治建设监督制度。按能力素质、思想作风、民主意识等项目进行定性定量分析和考评，推行满意度调查测评，对思想作风测评情况较差的班子和干部进行诫勉谈话，对群众反映强烈的班子进行调整、撤换，真正发挥群众的监督作用。

　　企业在顺境中保持快速发展并不难，难的是在遭遇行业低潮和市场不利的双重打击时，领导班子依然能够带领团队奋起前进，行稳致远。在这个时候，尤其需要强化领导班子思想政治建设，化软为硬、化虚为实。紧紧围绕企业改革发展的中心工作，建立思想政治建设责任制，形成完整的责任链条，保障企业持续健康发展。

（作者单位：四川省建筑设计研究院）

关于发挥党员在建设行业改革大潮中先锋模范作用的调研报告

原兴胜

一个党员就是一盏明灯，一个党员就是一面旗帜。近年来，克拉玛依市建设局围绕克拉玛依市委、市政府中心工作及全局年度方针目标开展党务工作，积极推进基层党支部建设，紧紧依靠全体党员，充分发挥党员先锋模范作用，先后涌现出了王月斌、苏富庆、马合沙提、马莲花等一大批优秀党员和先进模范，促进了全局城市建设和管理工作再上新台阶。

然而，由于受当前经济环境、机构改革、生产条件、生活环境、文化程度等因素的影响，如何进一步加强党员队伍建设，提高党员的党性修养，发挥党员在建设事业中的先锋模范作用，已成为建设行业亟待研究的重要课题。本人现就党员如何发挥先锋模范作用，如何适应市场经济环境，在建设行业改革大潮中建功立业，争先创优，谈一些粗浅的认识。

一、当前部分党员发挥先锋模范作用存在的问题

（一）学习流于形式。一是个别党员干部对学习的重要性和必要性在认识上有偏差，学习态度有问题，视学习为负担，存在应付现象。二是存在重业务轻学习现象，以工作忙没时间为借口，把各项学习特别是当前进行的"两学一做"学习教育流于形式，没有认真组织开展政治理论学习。

（二）组织观念不强。一是个别党员干部不能按规定参加党的组织生活，不能正常履行党员义务。二是个别党员干部不按党的组织原则办事，对党组的决定不能认真执行。

（三）宗旨观念不牢。一是个别党员干部把自己混同于普通群众，忘记了自己的党员身份，不思齐、不内省，离一名合格党员的标准渐行渐远，甚至以退党要挟党组织。二是个别党员干部爱岗敬业意识淡化，产生较重的职业倦怠感，缺乏奉献建设事业应有的激情和热情。

（四）能力素质不高。一是对当前市场经济"三期叠加"不适应，调研不足，准备不足，觉得这个时局变化太大，驾驭全局、科学决策的能力不够强。二是面临的工作日益广泛而复杂，个人本身知识储备不足，知识结构以及获取新知识的能力不足，不能很好地适应环境变化。

（五）党员精神不振。一是不能保持良好的精神状态，工作消极懈怠，觉得干得多犯错误的概率就大，多一事不如少一事。二是遇到矛盾绕道走、碰到困难往后退，担当意识消退，少作为、不作为、不会为、不善为，对工作敷衍应付、得过且过。

（六）道德行为不端。一是个别党员干部在职业道德的遵守方面表现欠佳，在服务对象、服务群众上按照关系亲疏有别。二是个别党员干部不注重个人品德修炼，不能保持共产党员良好风范，群众反应很大。

二、造成部分党员发挥先锋模范作用弱化的原因

一是受市场经济大潮的影响。当前我国正处于体制机制改革的深水区，正是触及深层次利益关系和矛盾，要啃硬骨头的关键时期。这种改革不仅给人们的社会生活带来巨大而深刻的冲击，而且给人们的思想观念带来剧烈的震荡，人们在物质需要不断得到满足的基础上，越来越追求高品位的精神文化生活。由于利益的驱动，不少党员在思想上产生偏差，少数党员干部价值观异化，党性意识和宗旨意识不强，放松主观改造难以抵御社会不良风气和市场经济的负面影响。

二是基层党组织没有发挥战斗堡垒作用。基层党组织对党建工作的地位和作用缺乏深刻认识，支部班子不健全，党组织功能有所弱化。支部班子对党务知识的学习运用不到位，支部书记对党的组织原则认识不清，理解不深刻，支委作用没有充分发挥，工作中存在着重管事轻管人、重业务轻党建的倾向，不愿在党建工作上花费过多的精力。

三是党务干部没有发挥骨干带头作用。个别党务干部素质不高，作风不实，对群众困惑解释不清楚，对群众困难解决不尽心。支部书记、支委成员的骨干带头作用没有发挥出来，党员责任区没有辐射到每个班组，党小组长的作用没有充分发挥出来。

四是对党员的管理监督检查力度不够。党员干部作风之所以存在一些突出问题，一个很重要的原因是基层党组织对党员干部的管理松散、监督检查不力。个别基层党组织责任意识弱化，作风不深入，对党员干部的行为失察、失管、失控，不能及时发现问题、解决问题，缺乏有效的监督检查机制。有的对落实制度规定执行不严，对未按规定参加组织生活的党员，不能及时进行约谈，对违纪的党员习惯于老办法，大事化小小事化了。

五是基层党组织创新意识不强。基层党组织对党员的教育管理，仍然停留在"以会代教"、"以会代管"的做法上，认为只要把党员召集起来学学文件、念念报纸，就等于是做了党员教育、管理工作，忽视了教育对象的多样性、层次性等特点，使党员教育管理缺少针对性，缺少创新意识，滞后于新形势的发展要求。

六是党员日常工作考评激励机制不够健全。从当前来讲，党建工作软任务多、硬指标少，对优秀党员的推荐，由党小组、党支部开会，逐级推荐出来，往往重业务、轻思想，重视业务水平、忽视全面素质，有时更多地以工作业绩来衡量，缺少切实可行、行之有效的党员考核评价激励机制。

七是部分党员综合素质的影响。个别党员干部认为理论学习是空的、虚的，参加学习教育的积极性、主动性不够；有的认为提高理论水平是领导的事，与己无关，对学习理论的重要性、紧迫性认识不足。由于放松了对自身学习教育的要求，制约了一些党员理论水平、政治素质和业务能力的提高，导致不能较好地发挥先锋模范带头作用。

三、党员发挥先锋模范作用的对策与措施

（一）进一步加大基层党组织的建设力度

一是制定基层党组织中长期发展规划。结合当前经济环境、机构改革等外界因素和克拉玛依市建设局内部管理实际，以提高党员素质、改进工作作风为目标，以建设一支廉洁、高效、勤政、务实的党员干部队伍为目的，制定基层党组织中长期发展规划，建立党建工作长效机制，从而实现党建工作与加快发展良性互动、协调推进。

二是对各支部实行目标管理。按照克拉玛依市委《标准化党支部星级管理办法》要求，以各支部创建星级标准化党支部为目标，对全局各支部每年提出创建更高一级的星级标准化党支部工作要求，同时对照管理办法，进行督促检查。

三是在全局各支部推行"一二三四"机关支部工作法，即"树立一个目标，开好两次会议，建立三项制度，落实四有要求"。明确支部建设目标，开好问题分析会和述职评议会，建立学习交流制度、联系服务制度和管理监督制度，落实有责任清单、有工作品牌、有支部手册、有先进典型等四有要求，起到凝聚和引领党员的作用。

四是及时健全完善支部班子。将未纳入支委成员的基层单位分管领导纳入支委中，充实支部领导班子；对支部书记或支委成员调动的要及时进行改选，避免长时间缺位；对支部书记或支委成员下基层或其他原因长时间不在岗位的，要及时安排接替人员，避免工作停滞。对党员较多的支部，吸纳工作、党性各方面都较优秀的40岁以下党员进入支委。对支部班子，要加强党务工作知识、行政管理能力、组织领导能力等方面的培训，特别是要加强党务知识的实务运用培训。

（二）进一步加大对党员的管理力度

一是对党员实行目标管理。支部对党员提出具体目标管理要求，要求党员结合支部年度工作目标，制定当年党员个人工作计划，支部按照工作计划对党员进行目标考核。

二是在全体党员中推行"1+4+1党员意识提升行动"。即亮明党员身份，抓承诺践诺履行责任、抓教育培训强化党性、抓主题活动提升意识、抓党内关怀凝聚力量，量化管理示范带动。各支部在此基础上结合实际创新形式，创造性地开展，使活动更加符合本单位特点和工作实际。

三是探索建立党员考核评价体系。结合克拉玛依市建设局实际和克拉玛依市"红细胞"工程双积分管理，根据党员日常表现、履行义务、发挥作用以及完成工作等情况，定期对党员进行量化评分，合理设置加分、减分和"一票否决"项目，公示结果接受监督，并作为年度民主评议、评先选优的重要依据。

四是转变对党员的学习教育方式。精选理论学习内容，转换教育学习形式，对党员注重分类施教，注重学习与实践相结合。坚持"三会一课"制度，完善发展党员机制、完善党员示范岗和责任区制度、完善党员监督制度、完善党员科学激励制度。对班组中没有党员的，要由支委直接联系承包有关班组。对不能按时参加组织生活的党员，要进行补课。对不主动参加组织生活的党员，要进行约谈。

（三）为党员发挥先锋模范作用创设学习和实践的平台

一是开展党员亮明身份活动。实行党员"挂牌上岗"，促进党员"把党员身份亮出来，把党员的先锋模范作用发挥出来"。建立党员责任区示范岗，党员要自觉接受党支部和群众的监督，努力做到"平时工作能看出来，关键时刻能站出来，危急关头能豁出来"，不断教育激励党员在建设行业改革和发展中充分发挥先锋模范作用。

二是开展党员承诺践诺活动。开展"我是党员我承诺"、"我是党员我带头"等活动，增强党员党性意识，打造党员模范形象，把党员形象树起来，做一个甘于奉献、勇于创新的好党员。

三是开展党员政治生日活动。通过建立一份党员政治生日登记册、赠送一张党员政治生日电子贺卡或发送一条手机问候短信、进行一场主题谈心谈话、重温一次入党誓词、组织一次党员志愿服务活动等方式，把党员思想教育同关心关爱党员、树立党员责任意识相结合，充分发挥党组织温暖人心、凝聚力量的作用。

四是开展主题党日活动。每月确定一天作为主题党日或党员活动日，对党员进行党性教育，组织党员开展学习培训、志愿服务、联系群众等多种活动，让党员受教育有课堂、起作用有舞台。

五是开展"共享笔记"本活动。全体党员在同一个笔记本上谈认识、谈体会、谈感想，各支部书记带头传写，在"共享笔记"本上撰写读书感悟、心得体会或理论文章等，并对其他党员干部撰写的笔记进行点评。

（四）为弘扬党员先锋模范事迹搭设展示的舞台

一是从不同岗位工作中发掘党员先进典型。注重从一线工作中推出如绿委办马合沙提、城建科马莲花等先进典型。注重在平凡好人好事中，推出如排水处王斌同志等好人好事典型。注重在平凡岗位上，推出如退休站孙其久同志等社区红细胞先进典型。

二是培养铸造党员先进典型的特有气质。关心党员先进典型的成长环境，对党员先进典型的工作学习家庭生活，给予坚强有力的精神支持与必要的条件保障，帮助党员先进典型克服不足，促进全面发展。结合时代特征，深刻挖掘提炼党员先进典型的时代内涵，反映时代精神，体现核心价值观，使党员先进典型具有明显的时代特征。注重对党员先进典型的磨砺，塑造党员先进典型过硬气质，压担子、挑大梁，让党员先进典型在实践中锤炼过硬品质。

三是发挥党员先进典型示范引领作用。利用每年一度的"七一"庆祝活动，表彰发挥党员先锋模范作用的先进党支部和先进个人。通过充分运用多种媒体宣传途径，加强对先进党员的宣传力度，大力弘扬党的先进事迹。开展党员先进典型帮带活动，让党员先进典型产生孵化、辐射效应，使新的党员先进典型不断涌现。让党员名实所归、感受成功，让群众学有榜样、干有方向。

四是加强对党员先进典型的管理。建立党员先进典型信息反馈制度，对典型做好定期的情况反馈，掌握他们的工作、思想动态，有针对性地对典型进行培养。实行领导联系制，定期找他们谈心，教育他们正确对待成绩和荣誉，当他们出现问题时及时给予关心帮助，在肯定成绩和经验的基础上，严肃指出缺点与不足，帮助克服缺点。为党员先进典型营造良好的成长氛围，批评教育嫉贤妒能、讽刺打击先进典型的不正之风，树立大家都来关爱先进典型的良好氛围，保护先进典型应当享受的正当权利。引导党员先进典型正确对待自己、对待群众，处理好同周围人员的关系，谦虚谨慎，戒骄戒躁，不断进取，使党员先进典型经得起荣誉和困难的考验。让他们在工作中锻炼、提高，树立更高的目标，使先进典型的生命力更加持久旺盛。

总之，发挥党员先锋模范作用，既是党组织对党员的基本要求，又是党员义不容辞的光荣使命。需要我们不断拓宽视野，不断刷新思路，不断丰富内涵，不断创新途径。只有这样，才能在职工中树立起党员的良好形象，影响和团结广大职工共同进步，增强党组织的凝聚力和战斗力，真正做到"一个党员一面旗，红旗插在主阵地"。只有党员队伍建设好，才能使建设行业保持优良的党风，促进建设事业又好又快发展。

（作者单位：新疆克拉玛依市建设局）

实施"党员正能量记分卡"
助推企业发展新突破

杭州市燃气集团有限公司党委

如何在国有企业中落实党中央全面从严治党的重大决策？如何将从严治党与企业经营发展、企业精神文明、企业正气文化、工作作风建设以及廉政勤政建设等工作有机整合起来，有效解决党员日常管理难的问题？杭州市燃气集团公司党委认为必须创新党员管理机制。这个机制不仅要保证发挥党支部的战斗堡垒作用和党员的先锋模范作用，同时还要调动起党小组连接党支部与党员之间的桥梁和纽带作用。经过不断的学习调研，党委设计了"党员正能量记分卡"（下称"记分卡"）。2015年，先在6个党支部145名党员（占党员总数36%）中试行9个月。2016年，在410名党员中全面实施。"记分卡"活动这一机制创新收到了一定的成效。2015年，被评为杭州市国资委系统优秀党建品牌，在中央组织部杭州调研会上作了专题汇报，省市组织部来集团进行了两次专题调研。具体情况如下。

一、围绕"从严管党"一条主线，把"记分卡"建设成集团公司党建的核心平台

"严"是习近平总书记关于党的建设重要论述的重要关键词。总书记多次指出，治党"必须按照从严的要求"，使党内生活"真正严格起来"，"组织观念、组织程序、组织纪律都要严起来"。在"两学一做"中，做合格党员中更体现了"严"的方面。党委设计的"记分卡"制度，把企业"正气文化"中的正心、正业、正派的内涵与党员考核结合起来，分为正心修身、正业自强、正派厚德三大类。正心修身。主要考评内容是"不忘初心，继续前进"，坚定理想信念，提升道德境界，追求高尚情操。讲党性、讲正气、讲规矩，切实做到心正、言正、行正、身正。正业自强。主要考评内容是大力倡导敬业必须正业，敬业的行为来自正业的强大心理，才能自强不息。强化发展意识、责任意识、创新意识和表率意识。正派厚德。主要考评内容是牢固树立宗旨意识和服务群众意识。具有爱心和奉献精神，积极参加文明创建活动和正气志愿者服务等各类公益活动。模范遵守党纪国法，做到廉洁从业、干净干事。通过"记分卡"制度，进一步发挥了基层党组织的战斗堡垒作用和党员的先锋模范作用，使党员先进性标准更加优化，党员的工作目标更加量化，党员日常工作考核更加细化。

二、采用"定性定量"两个手段，在"记分卡"中充分彰显党员的先进性和纯洁性

"记分卡"采用了定性规定、定量考核的手段，把党员的先进性和纯洁性具象化。明

确定性什么不能做，什么必须做；明确定量做什么要扣分，做什么能加分。一是彰显党员的先进性。党员要成为教导员、实操员、宣讲员和裁判员。如在2016年上半年杭钢地区天然气改造工作中，活跃着一支胸佩党徽的党员带队的正气志愿者队伍。他们放弃休息时间，无私奉献。有人问再过2个月就要退休的老党员章铭华，为啥要坚持到现场来，他说"作为一名普通党员，站好最后一班岗，是我应该做的"。又如在G20峰会保障期间，全体党员组成各类突击队、服务队，放弃周六周日休息时间，奋战在管网提升改造、入户安检、小区服务以及重点岗位值守等克难攻坚岗位上，营造了党员带头、群众跟进的良好工作氛围。党员的这些先锋模范作用，都能在"记分卡"中得到了充分体现。二是彰显党员的纯洁性。如在"记分卡"反向扣分第一项中规定，"理想信念不坚定，信教不信党，经教育仍不思悔改者，底分全扣，并劝其退党"。又如正向加分第4项中，要求各党支部开展"党员固定日活动""微型党课"活动，让普通党员和中层干部上党课。党课内容可以是政治觉悟、理想信念内容，也可以是学习专业技术、岗位成才的体会。通过讲党课，谈体会，让党员得到了党性锻炼。能源公司每月都有2名党员报名讲党课，形式生动多样，党员参与积极性高。

三、明晰"正心正业正派"三个标准，在"记分卡"实施中使企业"正气文化"真正落地

在"记分卡"考核中，把企业党建与企业文化建设进行了融合，设计了24条反向扣分项、18条正向加分项。正心修身，设计反向扣分10条，正向加分2条，内容涉及政治觉悟、思想品质等内容。正业自强，设计反向扣分7条，正向加分12条，内容包括爱岗敬业、岗位成才等。正派厚德，设计反向扣分7条，正向加分4条，内容包括文明创建、参加"正气志愿者"公益活动等。

"记分卡"规定，反向扣分底分为70分，根据评分内容进行逐条减分，单项分扣完为止。正向加分根据相关内容进行逐条加分，加分不封顶。同时还规定，各党支部可根据实际情况，自定义加扣分项10分。如今年以来，自定义加扣分项更多地体现了G20峰会保障内容，使阶段性工作在日常工作中能充分体现和展示。

"记分卡"还规定，考核结果的运用不与经济责任制挂钩，只与党员个人的"双争双评"相结合。同时，各支部之间也不搞名次排行，目的是党员活动强调政治性，避免庸俗化，突出党性修养。同时，也能体现党支部的内部的真实考核情况，如果在各党支部间搞排行，难免会出现虚假情况。

四、发挥"党员党小组党支部党委班子"四个方面作用，在"记分卡"中落实责任清单

开展"两学一做"的关键是发挥党委和党支部两级组织的作用，要求全体党员做合格党员。在"记分卡"中，无论党员干部还是普通职工党员都要参与，做到"全覆盖"。全体党员的任务是针对正向反向42项加扣分清单，在本职岗位上认真履行党员义务。有党员反映，"记分卡"使党员"坐不牢"了，在党员身上产生了"三多一少"的变化，

党员身份说在嘴上多了，主动要求参加活动的多了，落实工作安排容易多了，党员落在群众后面的少了。"记分卡"的实施，发挥了党员、党小组、党支部、党委班子四个方面作用。党员要解决如何发挥党员先锋作用，做一名合格党员问题；党小组通过收集、核对党员自评表单，解决一个谁来日常考核的问题；党支部从实际出发，在个性明显的考核条款中进行细化，同时对党员记分进行审核把关，对被扣分的党员个人进行面谈，并在支部范围内进行公示，解决一个怎么落实的问题；集团党委要把中央有关加强党建工作要求与集团公司工作实际结合起来，强势推进，强化引导，解决一个怎么找载体的问题。"记分卡"做到了党的建设、经营管理、文化建设三者的有机连接，同时与年度党员"双争双评"、员工"推优评优"紧密结合起来，比较好地解决了"一阵风""空对空"的思想认识问题与实际操作问题。同时，党委做好检查监督工作，试行期间，到所属基层党支部进行了四次专题调研，有力地推动了此项工作的落地。

五、努力实现企业改革发展五个助推，在"记分卡"实施中充分展现党员"干在实处永无止境，走在前列要谋新篇"的精神风貌

一是助推"双正指数"有效落实。"双正指数"是指基层党组织的"正能量堡垒指数"和党员的"正能量先锋指数"。党支部"正能量堡垒指数"评定标准是结合年度党建和纪检工作目标责任书细化所制订的考核指数。党员"正能量先锋指数"评定标准就是根据集团"记分卡"标准执行。"双正指数"的推出进一步拓展"记分卡"的外延，也丰富了"记分卡"的内涵。通过制度规定、标准评分、程序公开和结果运用等设计，努力推动党建考核的常态化、制度化、规范化。二是助推G20峰会安保措施严格到位。集团公司党委发出了"保障G20，党员当先锋"的号召，深入开展党员先锋岗、示范岗创建活动。坚持干部带头、党员率先，全力推进了主城区老旧管线改造和重点场所、重点区域供气提升，以及管网隐患整治等工作，全面提高管网设施运行的安全性、稳定性、可靠性，全面提升城市用气保障水平。2016年3月以来，在完成重点区域集中入户安检任务中，在党员中深入开展"蓝色火焰"志愿行动，党员带头利用休息日和节假日，深入用户家中，开展了54场"蓝色火焰"现场服务，完成了9.7万户的入户安全检查，及时有效地发现和掌握居民用户的燃气管道运行状况。组建了党团员职工巡防大队，佩党徽、戴袖章，定时定范围进行巡防，筑牢群防群治的铜墙铁壁。三是助推党员日常管理有效开展。首先实现党员活动常态化。通过每个季度的考核及公示，增强了党员政治意识和纪律意识，公开党员身份，晒出工作"成绩单"，又得到了日常性的党性锻炼。第三是党员能力建设专业化。通过坚持培养五年人才、培育工匠精神、建立导师工作室等手段，把党员培养成为一支模范的干事队伍。通过坚持从严治党，弘扬正气文化，努力形成"风正、气顺、劲足"的发展氛围，推动"集团化、专业化、市场化、资本化"企业建设。四是助推企业文化落地。现在集团公司最大的合资公司是杭州天然气有限公司，有职工900余人，其中党员232名。党员在企业"两保一优"中要发挥好主力军作用，唯有更加主动、更加勤奋、更加努力，才能体现执政党的巨大能力，才能体现推动企业不断发展的具有杭天公司特色的企业文化。集团公司推行的"记分卡"活动，也得到了

外方的认可。

"记分卡"活动现在还处在巩固阶段,从一年多的实践来看,各党支部、党小组和全体党员都动起来了,收到了初步成效。公司党委坚持做好这项工作,争取早出成果,为集团公司的全面发展提供有力支持和保障。力争经过几年的努力,把"记分卡"打造成集团公司党建工作的"金名片"。

浅谈新常态下地方国有建筑企业政工队伍建设
——以广西建工集团一公司为例

广西建工集团一公司党委

一、当前地方国有建筑企业政工队伍的现状和特点

结合地方国有建筑企业的一些普遍情况，具有以下几个特点：

1. 政工队伍偏薄弱，以兼职为主。政工人员占员工总数的比例偏低，专职政工人员较少，大部分为兼职；部分基层分公司实行"交叉任职"，即党组织书记兼任副经理，副经理兼任党组织书记；分公司一级无党办机构，办公室是"综合办"性质，除行政后勤工作之外，大部分兼顾党务、宣传等工作；分公司团组织书记由办公室、经营、财务人员兼任，没有专职的团干部。由于政工人员大部分是兼职，业务不精，又身处基层，事务繁多琐碎，部分人员责任心不强，工作存在拖沓、马虎、应付的情况，一些具体工作成效不明显。

2. 呈年轻化趋势，新老交替，有断层情况。一些老地方国企，有一批经验丰富的40～60岁的政工人员，但他们面临退休或退居二线的情况；政工队伍大部分以参加工作三年内的年轻人为主，基本上为本科以上学历，富有活力，学习能力强，但由于是兼职，业务还不精，经验不足，大多人还未能独当一面接，老中青衔接存在一定的断层情况。

3. 未实现全覆盖，内部不平衡。建筑企业点多面广，所属的分公司、项目部较多，以一建为例，主体分公司都设立了党委或支部，但小型分公司、托管分公司、部分重点工程项目未设置党组织，也未配备政工人员，仍存在党建政工空白；企业内部政工工作不平衡，部分分公司党建、宣传工作较薄弱，政工人员缺失，现有的政工人员没有发挥应有的作用。

4. 一定的流动性和转岗情况。特别是企业的法律、行政岗位的政工人员，由于考公务员、跳槽等因素造成外部流失，一些政工人员往生产、经营岗位转岗，造成内部流动，导致工作缺失和人员缺位。

二、当前国有建筑企业政工队伍建设面临的问题

党的十八大以来，党中央对全面深化政治、经济、文化和社会体制改革提出了一系列重大战略部署，尤其是十八届三中全会作出了全面深化改革的重大部署，十八届四中全会提出全面推进依法治国的重大部署，以及全面从严治党，持续推进作风建设和党风廉政建设常态化，对作为党领导下、市场经济的重要力量的地方国有建筑企业提出了诸多新的命

题,是机遇也是挑战。

1.时事政策的变化对企业思想政治工作提出了新的要求。党的十八大以来,国有企业思想政治工作所处的环境、面临的问题发生了深刻的变化,在当前企业改革发展的攻坚阶段,思想政治工作在推进改革、稳定人心、凝聚队伍以及强化党组织政治核心作用等方面必须要发挥不可替代的作用,尤其是一个拥有众多职工和党员的地方国有企业,与时俱进,实事求是,充分发挥思想政治工作教育、引领、宣传、稳定的功能显得尤为重要,这些最终要落实到政工队伍的作用发挥上。

2.职工个人诉求多样化对政工人员提出了新的要求。当前,企业职工个人诉求日益多样化,除了对薪酬福利事关切实利益的核心诉求,在民主参与企业管理、构建企业文化建设、指导职业规划设计、法治维权等方面产生了各种个性化需求,比如一建公司拥有1600多名青年员工,这个庞大的群体,对企业文化氛围有突出的要求,需要一个展示自我和相互交流的平台,这些都需要政工人员去了解、重视和关注,提供一个畅通的表达渠道,并予以回应和解决。

3.工作的载体日益多元化。过去开展政工工作主要是上课、开会、文体活动等方式,现在由于网络、移动媒体的快速发展和全面普及,以及受众群体的特点,给政工工作提供了更多可能,也提出了新的挑战,不能单纯按照以往的老方式、老办法来开展工作。

4.工作创新的重要性更加突出。建筑施工企业点多、面广、人员分散,流动性较大,不同于相对固定的企业,组织的设置不能套用固定模式,职工的思想动态也难以全面掌握,因此不能一刀切,在工作方式方法上必须结合建筑行业的实际要所创新。

5.企业对政工不够重视,政工人员地位较低。在一些地方国有建筑企业中,或是企业的部分下属单位里,片面地以生产经营为中心工作,追求效益和业绩;部分一把手对党建政工工作不上心、不重视,认为抓党建政工工作不必那么上心用劲,存在"政工工作是虚的"的误区;对政工人员的待遇与生产经营管理人员有所区别,或者没有落实到位,政工人员的积极性受挫。

三、新形势下如何抓好国有建筑企业政工队伍建设

(一)坚持思想教育这个根本,不断提高理论和政策水平

1.抓好社会主义核心价值观教育。习总书记说"核心价值观是最持久、最深层的力量,是百姓日用而不觉的价值观",政工人员必须积极践行社会主义核心价值观,践行爱国、敬业、诚信、友善的公民价值准则,与企业的价值观和职业道德相融合,如"诚信创造价值"等,作践行核心价值观的带头人,剔除责任心不强、懒散的毛病,从自身做起,在实践中争当最美政工人,树立良好的个人形象。

2.抓好形势政策和政治理论教育。打铁还需自身硬,政工人员从事的是党建、宣传思想政治工作,对当前形势政策,对当前党的一系列重要理论,如在当前开展的"两学一做"学习教育活动中,政工人员首先要更加深入学习党章党规、学习系列讲话的内涵,在掌握领会上要比他人更全、更深、更精,只有这样才能作为一个纽带,宣传、引导给企业的其他职工。因此必须抓好学习,只有通过学习、思考、研究,不断夯实思想基础、丰富

学识本领，才能开阔眼界、提高思维能力。

3.加强党性修养和作风建设。国有企业政工人员绝大部分是党员，从事的是党的工作，必须要加强党性修养，严守党的纪律和规矩，遵循党的工作原则，做公道正派的政工人。要树立担当意识，尤其是建筑企业的政工人员，树立"铁军"精神，不怕苦、不怕累，敢打硬仗、能打胜仗，争做勇于担当的表率。要践行群众路线，经常下基层，与职工群众打成一片，了解他们所思所想所盼，帮助他们解决实际困难。

（二）坚持能力培养这个主线，不断增强能力和业务本领

1.开展经常性业务培训。把政工人员培训作为企业年度教育培训计划的一项重要内容，有计划地组织开展理论、党务、宣传、活动策划等方面的业务培训，掌握法律法规、企业管理、人际交流等辅助知识，同时深入了解掌握建筑企业生产、经营、管理方面的基本知识和管理制度，提高政工人员在组织策划、沟通协调、宣传引导等方面的业务能力，着重提高如何围绕企业中心，服务大局，创新思想政工工作方式方法的能力，努力成为复合型人才，为企业献计献策和贡献力量。

2.强化传帮带培养。传帮带制度是许多国企长期以来坚持的优良传统，企业政工队伍建设，青年后备政工人员是关键。要强化传帮带培养，实行导师带徒考核，要求党政领导和老政工人员要指导和帮助年轻的政工干部快速成长，在政治上严格要求、业务上严格把关，工作上给任务、压担子，让年轻政工干部以务实求进的工作作风、勇于创新的开拓精神，在工作实践中磨炼成长。

3.实行轮岗锻炼。针对建筑施工企业的实际需求，基层政工干部在工作中不仅要善于做党务工作，还要懂生产和管理，才能更好地围绕中心服务于施工生产，可以有计划地选拔一批品行好、素质高、善于作思想政治工作的年轻人充实到政工岗位上磨炼，生产经营人员兼职做政工工作；另外，把政工人员转到生产经营岗位上轮岗锻炼，更好地了解和熟悉企业的中心工作，鼓励和支持政工干部向"一专多能"人才发展，建设一批精干高效的政工人才梯队。

（三）坚持制度建设这个抓手，不断探索和创新政工工作

1.结合建筑企业实际，加强项目政工工作。国有建筑企业基层一线是项目部，项目政工工作尤其重要。近年来，广西建工一建保持较好发展势头，面对施工项目增多，施工战线长，党员较分散，流动性大，项目政工工作相对薄弱的实际，以"围绕项目抓党建，抓好党建促项目"为思路，以设立项目党支部为载体，两年来共设立了35个项目党支部（党小组），以建立"四大机制"即联席会议协作机制、劳动竞赛定期机制、党工团妇联动机制、主题实践长效机制，有效地克服了项目党建的不利条件，提高了基层党建工作水平，使企业中心工作和基层党建工作"共促进，同发展，双丰收"。

2.重视企业政工工作，完善政工人员激励机制。作为企业的党政领导，首先要意识到政工工作对于促进企业和谐稳定发展的积极意义，从思想上摆正政工工作在企业发展之中的地位，摆正政工人员在企业人才队伍中的地位，彻底摒弃对待政工人员以"有你不多，没你不少"、"有事用你，没事懒得理你"、"说起来重要，忙起来不要"的认知态度；在管理上把政工工作开展同步纳入考核领导个人及单位工作成绩中来，形成一种导向意识。关

心和重视基层政工干部的成长进步，建立政工岗位激励制度，注重政工干部的培养锻炼，对事业心强、工作业绩突出的优秀政工干部要放到重要的岗位轮岗锻炼，提升其综合能力与自身价值的实现；确保政工干部待遇，不断激发政工干部从事政工工作的热情；指导帮助政工人员进行职业生涯规划设计，让他们有所图、能所图，不断成长提高。

3.充分运用新媒体，提高政工队伍信息化水平。如今社会信息、交通高度发达，政工工作的载体呈现多元化，可借助新媒体、移动媒体等载体，如利用公众微信号、微博等移动端，主动占领这块的宣传阵地，更加快捷、有效地做好宣传思想政治工作，做好员工的交流沟通。

（四）坚持内外交流这个媒介，不断学习和借鉴先进成果

俗语说"采人之长，补己之短"，在内部不断探索创新的同时，企业要多地组织政工人员去先进单位学习，如在党建、人才建设、企业文化建设方面，中建、中铁建等央企一直走在前列，已经形成了一套较为成熟的做法，甚至实现了项目党建的标准化管理，笔者所在企业就曾组织去中建八局广西分公司项目进行了学习，收获很大。在企业内部，也要组织经常性的交流学习和研究探讨，树立典型，予以推广，形成标杆。

强化学习平台 落实长效机制
——建设学习型党组织的实践与思考

上海市水利工程设计研究院有限公司党委

为充分发挥学习对企业发展的推动作用，上海市水利工程设计研究院有限公司（以下简称"水利院"）把学习型党组织建设作为党建工作的一项重要课题来抓。2013年，水利院编制了《上海市水利工程设计研究院有限公司学习型党组织建设规划（2013-2015）》，明确了学习型党组织建设的功能定位和学习型党组织的基本特征。

注重学习平台建设，适应需求的多样性

由于个体存在差异，每一个党员职工对学习的需求以及个体学习的方式是不一样的。为了推进学习型党组织建设，满足广大党员群众差异化的学习需求，水利院积极搭建五大学习的平台，为党员职工提供多样化的学习渠道、学习方式和学习内容。增强学习的针对性，进而提高学习成效。

（一）扎实推进交流互动平台建设

在企业内部，坚持每年举办一期"中层骨干团队培训班"，提高干部的管理水平和人文素养。坚持每月一期的技术交流讲座，院人力资源（组织）部和技术质量与信息部统筹协调，积极举办技术交流讲座，探索行业前沿知识，分享项目设计经验。坚持开展"新进员工培训"，注重理论培养和实践锻炼相结合，帮助新进员工顺利完成角色转变。各党支部积极探索学习型党支部建设，定期由正副所长、主任工程师、项目经理主持，开展专项技术交流；同时，各支部要求参加外部培训的员工在培训结束后，将培训的主要内容在支部内进行交流，这种交流是开放式的，也欢迎其他部门的员工参与。在企业外部，鼓励员工积极参加行业协会、高等院校等单位组织的专业知识培训；同时，集中力量每年承办或协办一次具有国际影响力的学术交流会议，加强国际交流，扩大公司的科技影响力。

（二）深入推进互学帮带平台建设

2005年，水利院建立了师徒带教制度，对促进员工成长起到了积极的促进作用。2013年，为进一步规范和深化师徒带教工作，加强公司人才队伍建设，水利院由人力资源（组织）部牵头组织，就师徒带教制度开展了专项课题研究。2014年初，制定了《上海市水利工程设计研究院有限公司师徒带教实施办法（试行）》，对师徒带教组织管理方式、带教方式、带教周期、师徒条件和职责、实施程序等方面的内容作了进一步规范。水

利院各生产所积极响应，积极提交所在部门导师推荐名单。水利院党委中优中选优，选择部分人员作为师徒带教的"导师"，导师名单定期更新。根据《师徒带教实施办法（试行）》，师徒带教主要分为三种形式：适应式带教、拓展式带教、定向式带教。目前，第一设计所从新员工所学专业、职业发展等角度出发，精心挑选出 5 名骨干员工，作为带教老师，开展"适应式带教"，为期半年。其他设计所也积极跟进，相继启动了师徒带教的进程。

（三）不断丰富拓展持续发展平台

2014 年，水利院在职业生涯导航计划的基础上，积极探索建立"暑期实习生计划""管理培训生计划"和"职业生涯增值计划"。"暑期实习生计划"：招聘工作前移，提早筛选人才。每年 7～10 月，从高校招聘一批大三、研二或博二学生，实习 3～6 个月，涵盖各生产所和职能部门。各部门根据实习生的总体表现，推荐部分优秀实习生作为下一年度新进员工的候选人，同等条件下候选人得以优先录取或直接录用。"管理培训生计划"：重点培养有潜力的新职工，为公司储备优秀人才。从每年新进应届学生当中，选择部分非常优秀者进入"管理培训生计划"；入选"管理培训生计划"的员工入职后，岗位暂时不定向，待轮岗锻炼后再确定具体的岗位。公司加强对入选"管理培训生计划"职工的管理，制定专门的培养计划，配备专人给予指导，进行重点培养和锻炼。"职业生涯增值计划"：激励优秀青年员工，增进员工价值。从 30～40 岁年龄段优秀青年人才中，选择部分更具发展潜力的员工进入"职业生涯增值计划"；针对员工不同特点，制定相应的培养计划：给予优秀员工不同岗位的轮岗机会，选拔部分优秀人才到高校就读 MBA、工程硕士；推荐、安排部分优秀员工到其他单位进行挂职锻炼；让部分青年员工担任部门主任助理等职务，提升其管理协调能力。2014 新年伊始，水利院提拔了一批年轻同志担任部门助理。

（四）积极落实校企合作共赢平台

水利院与上海交通大学、同济大学、河海大学等高校携手，充分发挥产、学、研各方优势，广泛开展研究生培养、科研合作、实习基地等方面合作。上述三校在水利院成立学生实习基地，河海大学在水利院还成立研究生培养基地，每年安排一批学员到水利院进行工程硕士的锻炼。近两年，水利院作为工程硕士实习培养基地，每年为河海大学培养五名左右的研究生。另外，水利院牵头组织，联合河海大学、浙江围海股份，申报组建了上海围海工程技术中心，水利院的一大批青年员工、业务骨干将在这一平台得到充分的锻炼。加入平台锻炼的员工将逐步形成集科研、设计咨询、项目管理能力于一体的能力，成长为水利行业的综合型人才。

（五）不断完善自主学习平台

水利院在图书阅览室和红色书苑的基础上，加大了对信息化学习平台的投入力度。结合公司知识库的建设，对现有学习资源进行系统整合，部分学习资源已经纳入信息化学习共享平台。投资建立信息化的学习沟通交流平台，实现学习问题线上讨论和交流。目前，水利院已建立了微博平台、公司员工 QQ 群，并准备在知识共享平台增加学习沟通交流模块。拟开通企业微信平台，加强学习内容的定期定向推送。水利院不断丰富信息化学习共享平台的内容，加强各类信息化学习资源（如电子书、教育视频材料、在线学习材料）的采购，推进各种学习资源的共享。外出培训考察资料、培训考察小结、学习体会等都提交到知识共享平台。

注重长效机制建设，提升学习的规范性

建设学习型党组织是一项长期任务，水利院着眼于学习常态化、学习科学化，积极探索建立一套推进学习型党组织建设的长效机制。通过机制约束，制度规范，促使学习型党组织建设有序运行，确保学习型党组织建设各项要求落到实处。

（一）统筹制定学习计划

2013年，水利院组织编制了《学习型党组织建设规划（2013-2015）》。对接企业发展战略，同步编制《学习型党组织建设规划》，提升学习型党组织建设对企业发展战略的推进作用。自2014年起，水利院党委把学习型党组织建设纳入年度党建工作重点，人力资源（组织）部和技术质量与信息部统筹制定年度学习计划，系统推进落实。确保每月都有全公司性质的学习教育活动。各支部按照公司党委的部署，认真制定本支部的学习计划，推进支部学习制度化，积极推进学习型支部建设；水务海洋科研所（规划所）党支部和管理部门党支部，结对共建学习型支部，积极探索开放性学习的有效途径，提高学习型党支部建设的成效。

（二）系统制定考核制度

一是制定学习型党组织评价指标体系。对照公司学习型党组织的定位及特征，水利院参照平衡记分卡的经验，着手制定学习型党组织建设的评价体系。考评体系涵盖三个层面：学习型党组织、学习型党支部、学习型党员。水利院希望通过指标体系的引导，促进党员职工严格要求自己，加强学习。二是将学习情况全面纳入到年度考核之中。2014年开始，水利院对照党建计划和年度工作计划，将学习方面的指标纳入到对各党支部、各部门年度工作的考核重点。对没有完成学习指标的部门及支部，给予必要的教育，并要求整改。三是建立绩效考核反馈制度，结合年度绩效考核，及时反馈学习型党支部（学习型部门）建设情况，并与被考核支部（部门）共同查找原因，商讨整改措施，保持学习型党组织建设推进的连续性。

（三）落实学习激励机制

水利院为鼓励员工学习，促进学习型党组织建设取得良好成效，建立了鼓励学习的四项制度。一是培训激励，鼓励全体员工自主学习，自主选择学习内容、学习方式和培训机构，在岗位工资内的相关费用由公司报销。同时，为业务骨干提供出国培训考察、学历深造机会。二是岗位激励，提倡学习工作化、工作学习化。采用岗位竞聘、挂职锻炼、岗位交流等方式，通过实践锻炼培养员工，实现员工价值最大化。2014年初，交流调整部分中层岗位和挂职培养青年骨干，共有8名中层人员进行了岗位交流和调整，9名青年骨干

进行挂职培养和锻炼，干部交流调整成为激励学习的有力举措。三是薪酬激励，水利院历来重视注册执业资格人才引进和培养，鼓励员工参加执业资格考试。对取得执业资格的人员，给予重奖，并按月给予工资津贴。2014年，水利院对注册考试奖励标准进行调整，鼓励更多的员工参加注册考试。体现效率优先，多劳多得，与时俱进的激励原则。四是荣誉激励，水利院注重物质激励和精神激励相结合，设立"十大杰出员工""金牌银牌"项目经理"创新明星""希望之星""服务之星""党内主题活动先进个人"等奖项。对通过学习，在工作中表现突出的员工，进行公开表彰。另外，院结合"寻找身边的感动""最美建设者"等活动，对学习方面的先进个体，进行事迹宣讲，激励党员职工更好地学习。

"情景互动式党课"创新了党课教育

冯 民

情景互动式党课是思想政治教育的有效创新

党的十八大以来,为适应全国燃气行业改革与发展的新形势,燃气行业广大企业注重发挥政治工作优势,不断加强和改进思想政治工作和基层党组织建设,积极探索新形势下开展思想政治工作和党的建设工作的新途径和新方法,结合行业改革的热点和难点问题,有针对性地组织和开展重点研究课题的研讨、学习和交流活动。丹东市燃气总公司始建于1923年,是一个具有90多年发展历史的老企业。面对形势的发展和广大用户的需求,公司党委紧密结合企业实际,扎实抓好党建创新,注重抓好党员队伍经常性的政治思想教育。多年的工作实践,公司党委不断总结和探索出了一条符合企业实际和党员、干部队伍思想实际的党建工作新思路和新途径。"情景互动式党课",就是丹东市燃气总公司发展和创新基层党建党课教育的一个缩影。可以说,丹东燃气的党建工作走在了全国燃气行业的前列,他们的经验和做法得到了住建部领导的高度关注。中国建设职工思想政治工作研究会将学习和观摩"情景互动式党课"作为 "创新思想政治教育"研修班的一项重要内容。

什么是"情景互动式党课"?"情景互动式党课"就是通过演员的表演使情景回放,并通过实物、道具,多媒体等教学手段,声情并茂地叙述、点评人物及事件,把党员带入特定的情境,启发和引导党员积极参与交流讨论,形成多向互动的一种党课授课方式。"情景互动式党课"一般有两个组成部分,即情景展示和互动交流。"情景互动式党课"主题鲜明,解读深刻,生动活泼,与会者听得聚精会神,互动时争相发言,台上台下融为一体,听课同志的思想与党课的内容产生了真正的共鸣。

2010年7月,丹东市燃气总公司"情景互动式党课"正式开课,截止到目前,已举办近30场,受教育党员5000余人。丹东燃气的党员发生了哪些变化?企业收到了哪些成效?市民得到哪些实惠?互动发言的同志回答了大家的关注。

习近平总书记在庆祝中国共产党成立95周年大会上的讲话,10次强调不忘初心。在现实生活中,少数领导干部忘了入党誓词,忘了当初的理想信念,信仰发生了动摇,以至于贪污腐化,违法犯罪,走到了人民的对立面。如何不忘初心?丹东燃气的"情景互动式党课"就是一个形式新颖、内容鲜活、参与互动的不忘初心的好方式。"情景互动式党课"从干部、职工的思想认识问题入手,有的放矢讲道理、解疙瘩,在潜移默化中教育人、感化人、激励人。

当前,全党上下正在深入开展"两学一做"学习教育,这是推动党内教育从"关键少数"向广大党员拓展，从集中性教育向经常性教育延伸的重要举措，是加强党的思想政治建设的重要部署。开展"两学一做"学习教育，基础在学，怎么学？"情景互动式党课"给了我们一个全新的学习方法：它讲大道理不空，讲小道理不俗；说百姓话，讲具体事，寓理于事，以事明理；与党员的实际工作和现实生活贴得很近，与党员的心理特点和精神需求贴得很紧；特别是党课中的主人公都是自己身边的典型，拉近了交流的距离，接受起来更自觉。所以，"情景互动式党课"给了我们有益的启迪。

情景互动式党课对思想政治教育的启迪

启迪之一，党课创新是不断增强党课教育生命力的现实需要。

改革开放以来，城市建设日新月异，这是建设系统的荣耀与自豪。作为服务于党员思想政治建设的党课教育，也应当跟上经济建设的步伐，要不断进行改革创新。近年来，面对合资合作的体制变化，面对党员年龄结构日趋年轻，面对互联网的普及，面对党员干部队伍的思想实际，我们的党课大多还是几十年一贯制，形式呆板，内容单一，缺少互动。如何解决这些问题？只有保留党课教育中好的东西，创新适应当前形势和党员需要的东西，才能解决自身存在的现实问题，才能增强党课的活力。丹东市燃气总公司进行了大胆、有益的尝试，为全国建设系统的企业树立了榜样。"情景互动式党课"因其题材丰富、生动活泼、手法先进、广泛参与，因而受到了广大党员的一致好评。

启迪之二，党课创新是加强党的先进性、纯洁性的需要。

党的十八大以来，党的建设不断强化，尤其是近两年开展的"三严三实"教育活动和"两学一做"专题教育，充分反映出党建工作的重要性，这就对新形势下党课教育提出了新的更高的要求。想不想创新，敢不敢创新、能不能创新，关系到党员队伍的先进性、纯洁性和战斗力，关系到企业的生存与发展。这就要求，建设系统的企业和广大党员，要有一种"敢为天下先"的精神，不安于现状，不甘于平庸，不畏惧困难，在党建工作创新实践中打开新局面。丹东燃气总公司历史遗留问题较多，市场经济与公用事业企业之间的矛盾，不同程度地影响着企业的发展。面对这样的状况，丹东燃气以提高基层党组织的领导力、执行力、凝聚力、战斗力为抓手，创新党建工作，确保全市持续安全稳定供气。

从丹东燃气集团党建创新的实践看，如何围绕党建工作进行创新，不断改革创新党课，确保这项工作成为各级党员领导干部的内在意识和自觉行动，是摆在建设系统各企业面前的一个重大而现实的课题。丹东市燃气总公司"情景互动式党课"创造了生动有效的经验，我们要因地制宜地把"情景互动式党课"的精髓，融入到"两学一做"学习教育当中，推动全国建设系统生产、经营、安全、服务等各项工作再上新台阶。

（作者：沈阳燃气集团有限公司党委副书记、纪委书记）

丹东燃气总公司、鞍山燃气总公司 "情景互动式党课"成效明显

中国建设职工思想政治工作研究会燃气行业分会

为进一步总结和推广丹东燃气总公司、鞍山燃气总公司两单位"情景互动式党课"的经验，燃气行业分会组织了专题调研组，就"情景互动式党课"这一创新模式进行了实地考察调研，有关情况如下：

一、何谓"情景互动式党课"

"情景互动式党课"，即以一个或多个人物、事件为题材，通过演员的表演使情景回放，并通过实物、道具，多媒体等教学手段，声情并茂地叙述、点评人物及事件，把党员带入特定的情境，启发和引导党员积极参与交流讨论，形成多向互动的一种党课授课方式。"情景互动式党课"不仅使听课的党员坐得住、听得进，在潜移默化中产生思想共鸣，教育效果明显。同时，丰富和创新了党课教育模式。"情景互动式党课"一般有两个组成部分，即情景展示和互动交流，主要包含题材的选择、脚本的创作、手段的运用、互动交流的设计、人选的确定和培训、教学环境的选择和布置等要素。两家燃气企业"情景互动式党课"的题材均选自职工身边模范人物的先进事迹，真实可信、可敬可学，听课的党员互动时争相发言，台上台下融为一体，气氛十分活跃，教育效果显著。

二、"情景互动式党课"的进展

为鼓励党员带头参加志愿者活动，拓宽党员联系和服务群众的渠道，引导党员践行先进性标准和要求，丹东燃气总公司结合丹东市开展的第三批学习实践活动，尝试以国家住建部优秀党员、省服务标兵、市五一劳动奖章—公司检表员马宝贵同志的先进事迹为样板，编写了《奉献双岗位、温暖万人心》的党课脚本。构思出了这种寓教育于情景之中的党课授课方式。2010年7月，《奉献双岗位、温暖万人心》的党课在纤维党员活动站正式开课。随后，鞍山燃气总公司以住建部劳动模范、维修工吴峰同志为主人公的《忠诚、共产党人最可贵的品质》的党课也同时进行。

此次党课不仅有主讲人，还有主持人、演员等工作人员，他们全部由公司的中层干部、职工和社区志愿者代表担任。"情景互动式党课"利用演员的表演，以影音兼备的形式，情景再现了普通共产党员的动人事迹。党课还重点设计了互动交流环节，党员们争相发言，台上台下融为一体，课堂气氛十分活跃。党员们在主持人的引导下畅谈听课感受，并与主持人一起重温入党誓词，共唱革命歌曲。"情景互动式党课"不仅吸引了丹东燃气

公司的 317 名党员，也吸收纤维地区的街道社区、非公有制企业、新社会组织的 100 多名党员参加，收到了非常理想的教育效果。

截止到 2015 年 10 月，丹东燃气总公司情景互动式党课已先后在全市福春、纤维等 6 个社区、六道派出所、建委、万通焦化厂、振兴区政府等 7 个政府及企事业单位及学校上党课 23 场，受教育党员近 5000 人。鞍山燃气总公司也先后多次深入到企事业及街道社区进行互动党课交流。丹东市委组织部长李春晓，鞍山市委宣传部长王守卫等领导同志都分别对两个公司的"情景互动式党课"给予了高度评价和充分的肯定。

三、"情景互动式党课"的特点

"情景互动式党课"能得到基层党员的普遍接受和欢迎，关键是贴近党员生活，符合党员需求，适合党员口味。与报告式、辅导式等传统形式的党课相比，"情景互动式党课"具有以下特点：

（一）丰富的题材选择。传统的党课多以传达会议精神、学习上级文件为主，内容相对枯燥、单一。"情景互动式党课"的题材灵活机动，可以选革命历史题材，也可以选现实题材、发展题材；既可以选人物，也可以选事件；既可以选社会先进人物、道德模范、也可以选本单位的优秀党员、先进工作者。机关和事业单位、农村、社区、非公有制经济组织、新社会组织等，可自主灵活地选择题材，内容更切合实际，所以深受党员欢迎。

（二）生动活泼的现场感。改变了主讲人单向灌输、党员被动接受的单一授课形式。通过主人公演出、观看视频短片、图片或道具展示、主讲人陈述、互动交流等环节，让党课变得内容充实、气氛热烈、场面生动活泼。一些党课还结合主题设计了情景剧、快板书、舞蹈等文艺形式。有的还邀请到党课主题人物和亲朋同事进行现场访谈、现身说法，并让听课的党员畅谈感想、同步参与。

（三）先进的演示手段。"情景互动式党课"强调课件的制作，使用了多媒体等现代化的教学手段，充分利用了网络和视频资料。播放前期精心选择和制作的背景音乐，使用党旗、党徽、入党誓词板等实物，增强亲和力和感染力。每堂党课都做到了课件精美、流畅，教学环境布置主题鲜明、意境突出。

（四）党员受教育面广。一方面，"情景互动式党课"在主题选择多样，党员关心什么，喜欢听什么样的内容，广泛听取党员的意见和建议。创作团队制作课件时，集思广益、群策群力，收集和挖掘大量有价值的影音、图片等资料。另一方面，党员现场发言，畅谈自己观看党课之后的心得体会、所想所思。党员设计和参与情景剧，担任主持人、主讲人、旁白、领诵、演员等。党员既是受教育者，又直接参与了党课的设计和实施，实现了自我展示，自我教育，全体听课的党员以不同方式、在不同程度上成为党课的主体。

四、"情景互动式党课"的成效

"情景互动式党课"创新了党员经常性教育，课堂上出现了多年少有的活跃氛围。社区居民 82 岁的王佩荣老人在听完丹东燃气的党课后感慨地说："上了一辈子的党课，这次党课让我最难忘。"原纤维二社区书记郑淑芬用"深受教育、深受感动"表达自己的感受，认为丹东燃气总公司"情景互动式党课"，主题鲜明，解读深刻，形式活泼，确实值得推广。从几年来"情景互动党课"实践看，主要有以下成效。

（一）为党员的经常性教育注入了生机和活力。"情景互动式党课"从实际的思想认识问题入手，有的放矢讲道理，解疙瘩，在潜移默化中教育人，感化人，激励人。党员干部普遍反映，这样的党课内容新颖、独具匠心，是加强党员教育、转变工作作风的好形式、好方法。公司全国劳模，燃气营业处处长袁美丽说，凡是看过"情景互动式党课"的党员、领导干部，都感觉讲大道理不空，讲小道理不俗；说百姓话，讲具体事，寓理于事，以事明理；与党员的实际工作和现实生活贴得很近，与党员的心理特点和精神需求贴得很紧；特别是党课中的主人公都是自己身边的典型，拉近了交流的距离，接受起来更自觉。一位社区退休党员说："以前的党课都是领导讲，党员听，如今的党课，台下的党员也有了发言的机会，很自然、很轻松地就达到了受教育的目的，这样的党课越多越好"！实践证明，"情景互动式党课"有效地丰富了党员教育的内容和形式，拓宽了党员集中教育的思路，提升了党课的质量和效果，得到了党员的真心支持和普遍欢迎。

（二）党员的主体作用得到了充分发挥。策划、设计、组织一堂"情景互动式党课"，从题材的选择、方案的设计、脚本的创作，以及环节的设计、情景的展示、主持人、主讲人的选择等方面，需要多人合作、集体完成。"情景互动式党课"让普通党员成为党课的主角，从创作、到讲述、再到互动交流，处处体现普通党员的参与，共担教育任务、共享教育成果、共负党员责任、共筑党员意识，获得一种精神上的激励，让党员找到一种归属感和认同感，增强了主体意识。公司一些有专长的离退休老党员、老干部，积极主动要求参加党课的创作，担当主讲人，积极热情地为党员服务。鞍山燃气总公司情景党课演员，公司优秀党员王洋，在排练期间不慎受伤，头部缝了20多针，不顾领导和同事们的劝阻，坚持参加排练。由于党课非常受欢迎，短短的一个月时间内，在全市巡回宣讲15次，平均两天一场。丹东燃气总公司主讲人、党员鞠海滨带领宣讲团走进企业、社区、党员活动站，嗓子哑了，扁桃体发炎了，嘴起泡了，没有丝毫怨言。宣讲团成员说，作为一名普通党员，能参与这样重大的活动，本身就是一种价值的体现，看到大家经久不息地鼓掌，再苦再累也心甘情愿。

（三）党组织的凝聚力和吸引力得到显著提升。丹东燃气总公司作为燃气行业仅有的几家国有企业，由于地区经济等问题，职工工资在全国燃气行业中最低，在经费及党活动阵地紧张的情况下，坚持做好党建工作，入党积极分子也同步接受教育；不少群众旁听党课后，也深受教育，表达了积极靠拢党组织的愿望。目前，公司在职职工746人，党员就有317人，并培养出3名全国劳动模范。党组织的凝聚力、吸引力在丹东燃气总公司得到了充分的体现。

（四）基层党务干部的综合素质得到明显提升。制作一堂精品"情景互动式党课"，需要基层党务干部投入足够的热情，付出大量的心血。需要翻阅书本或是通过网络查找资料，需要向身边的老同志吸取宝贵经验，还要协调各方面的关系，发动各方面的力量，探索各个领域的知识，边工作、边学习、边思考，基层党务干部的综合素质得到了明显提高。

五、实施"情景互动式党课"的思考

（一）"情景互动式党课"要坚持实事求是，依据本单位实际，因地制宜、量力而行，切不可跟风，搞形式主义。如果脱离了党员的思想实际，脱离了工作实际，难达到党课教育的效果。

（二）"情景互动式党课"为创新党员教育模式推开了一扇新的窗口，其优势毋庸置疑。但此种形式，牵扯到人力、物力、财力和场地等方面的因素，组织起来比较复杂，对一些基层单位来讲具有一定的难度。

（三）"情景互动式党课"的创新值得肯定，也需要继续发展，与时俱进。随着互联网家文化的形成，"情景互动式党课"要充分利用网络技术，采取电声、图像、网站等多种现代化手段组织实施，以保持旺盛的生机和活力。

让先进典型人物姓"典"
——听情景互动式党课想到的

邬维翔

近日,有幸参加了中国建设职工政研会在丹东市举办的"创新思想政治工作"研修班。学习期间,除了亲耳聆听专家学者具有思想高度和深刻见地的专题报告外,尤为令人印象深刻的是一堂情景互动式党课。听罢党课,不由得使人产生一些思考和想法。

这堂名为"奉献双岗位,温暖万人心"的情景互动式党课,讲述的是辽宁省优秀共产党员、丹东市劳动模范马宝贵在城市燃气行业平凡的检表员岗位上做出的不平凡事迹。党课撷取了马宝贵十多年如一日勤俭敬业、尽职尽责的平凡工作和生活点滴,运用人物表演、情景展示及互动交流等手法,淋漓尽致、生动形象地展示了一位普通共产党员崇高境界和感人事迹,在潜移默化中起到了教育人、感化人、激励人的作用。

典型的价值在于确实典型

由此,笔者想到,如何让先进典型人物姓"典",使先进典型起到更多更好的榜样作用,不啻是我们从事思想政治工作者需要思考和探索的课题。

"典",在现代汉语词典里注释为"标准"、"法则",意喻规范和规则。引申到"典型",是指具有代表性的人物和事件,用示范的方法推广先进经验。所谓先进典型人物就是具有概括性或代表性的人物,是思想道德境界升华了的代表。作为典型,应具有被人们学习、仿效的某一具体特征,在其先进性上既有其共同之处,但又不是千人一面,而是各自都有其显著特征。此次情景互动式党课的主角马宝贵同志是一位普通到不能再普通的燃气检表员,十多年的检表收费工作也不过是再平凡不过的职业,然而"一个人做好事并不难,难得是一辈子做好事"。就是这样一位平凡的检表工人、普通的共产党员,以他十年如一日勤俭敬业、廉洁奉公、尽职尽责、不徇私情的工作态度和思想境界,从做精每一件小事、做实每一件平凡事做起,赢得了周围干部群众和社会广大用户的一致点赞。难怪有位职工老党员在听了党课后这样说:"自己听了一辈子党课,但这一次党课让我最难忘。以前上党课总想睡觉,但这次我竟然被感动得流了眼泪!"先进典型人物的典范效应得到了充分释放,情景互动式党课教育人、感化人、激励人的作用也得到了充分体现。

突出典型的先进性与可学性

纵观此次党课的正能量效应,除了党课创造性地运用了情景展示、互动交流的剧情样式外,更重要的是在姓"典"上下了功夫:

一是注重先进典型人物先进性特征的挖掘和刻画。展示和宣传他（她）们的事迹不是停留在公式化、符号式的苍白描述上，而是抓住他（她）们日常工作中所蕴藏着的许多看似平凡，实质生动感人的小事，以小见大，发人深省。党课中有一件令现场同志十分感动的小事，讲述的是马宝贵无私付出、不求回报地十几年如一日照顾生活难以自理的孤寡老人，做的都是再平凡不过的收拾屋子、洗衣做饭等家务小事，但却感动到老人把马宝贵当作了自己的儿子。在马宝贵的细心照料下，老人安详地走完了94载人生之路。正是因为这样一位普通共产党员、一名普通检表工人所做的每一件好事，真真切切地感染了周围的同事，感染着社会普通的民众，才使典型引领的作用得到了更好的体现。

二是注重先进典型人物先进性做法的归纳和提炼，使之形成某种能被广大同事、社会公众学习、仿效的规范。先进典型人物除了其思想境界、整体素质具有先进性、超前性之外，更重要的是还有自己一套先进的理念和工作方法以及保持先进的诀窍。就拿马宝贵来说，他所在的振兴营业处共有47个检表地区，他十年来走遍了每一个地区，别人不爱调换地区，嫌调换一个新地区，对用户不了解，干起活来特别累，可马宝贵却能愉快接受，从无怨言。每到一新地区，他的出卡户数都能提高2～3个百分点。他有"四最"之称，即每个月检表户数最多、发现违章表和停表最多、处理的"四拒户"最多、出卡户数最高。他的诀窍就在于踏踏实实做到了"四勤"，即眼勤、嘴勤、手勤、腿勤。用他自己的话说，"只要能做到'四勤'，就一定会干好检收工作"。而在四勤的背后，有他多年辛勤劳动、认真总结、付诸行动的规范和准则！

三是注重先进典型人物先进性形象的展示和推广。过去，有句俗话说"酒香不怕巷子深"。时至今日，多少有点不合时宜。当下的社会，用一句时尚的话来说："好酒也要穷吆喝"。再好的东西，埋在深处，藏在闺中，世人不知不晓，何以体现其"好"？先进典型人物也同样需要挖掘、培育、塑造、展示和推广。马宝贵事迹的传送得益于注重运用情景互动式党课，注重宣教样式的创新就是一个成功的案例。

创新宣传形式　放大典型能量

作为基层党建创新案例，情景互动式党课之所以能得到大家的普遍欢迎和认同，最重要的是它能贴近党员生活，符合党员需求，适合党员口味，改变了一般党课主讲人单向灌输，党员被动接受的单一授课形式，让听课人在情景展示和互动交流中，潜移默化地受到感染和感化，从而使先进典型人物的形象更加生动和丰满，典型示范的作用也更进一步得到体现。（当然，情景互动式党课由于制作要求高、周期长、成本大，在规模较小的基层单位难以普遍推广，只能作为党课形式的一种补充）。由此引申开去，如何让先进典型人物姓"典"？我们还应做好两方面工作：

（一）要做到"三个结合"。

一是学习先进树立典型要与挖掘先进人物的特色相结合。学习先进不是为了鼓励大家的"五分钟热情"，而是要使先进人物的思想境界和特征在人们的认知中保持长久的生命力。因此，不能仅满足于宣传他（她）们先进思想，而应该善于捕捉和挖掘他（她）们先进性的特征。这样，大家学起来没有距离感、印象深、效果好。

二是学习先进树立典型要与推广他（她）们的典型做法相结合。先进典型人物除了具有先进的思想意识外，还具备了许多实实在在的好方法，而且还能够举一反三，发散开去，让更多的同行视为样板，仿效示范。许多先进典型人物中既有革新能手，也有服务明星，还有能工巧匠，更有形成自己一套独特的操作法等等就是生动的写照。

三是学习先进树立典型要与形成行业（职业）规范相结合。先进典型人物的先进思想和行为本身具有典型示范效应，也是行业（职业）群体中一份宝贵财富。把先进典型人物的思想和行为经过提炼规范，并融入到行业（职业）规范中去，不仅是可行的，也是必要的，它可以让先进典型人物的典型示范固化下来，推广开去，从而变个别典型为群体行为，变少数先进为带动多数。如能这样，先进典型人物的激励作用就会得到充分的显现。

（二）要善用各种宣教手段，让先进典型人物的"典型"能量得到更多的释放。

随着社会主义市场经济的不断深入和发展，也带来了社会阶层的多样化和社会群体意识的多样化，党的主流意识的教育也应随之作出调整，以便更好适应变化了的形势和任务。会用、善用各种宣教手段，是每一位从事思想政治工作者应尽的职责。随着宣教样式的技术更先进、操作更便捷、形式更多样，近年来在宣教活动中被广泛运用的微电影、微党课、大讲堂、情景模拟课堂等等都不失为好的宣教手段，也逐渐地被大家所喜闻乐见，在宣传先进典型人物中起到了很好的教育人、感化人、激励人的作用，我们应该为之而更积极地去创新和实践，让更多的先进典型人物在多样化的宣教过程中释放出更强大的"典型"正能量。

（作者单位：中国建设职工政研会市容行业分会）

党委书记如何讲好党课

沈明达

讲党课是党委书记开展党建工作，用中央精神统一党员干部思想，用正能量激励党员干部岗位奉献的重要载体。

一、讲党课是党委书记必备的基本功

党建工作有很多载体，其中，讲党课是非常重要的一个载体，党委书记必须牢牢抓住。党课不同于一般的形势报告和一般的宣传教育，首先，党课主讲人一般应是党组织负责人或党组织成员，参与听课的对象主要是党员和党员领导干部，有时也会邀请非党员干部、入党积极分子或青年骨干参加。党课的主题往往是与党的路线方针政策、阶段性的重要工作紧密结合，重点是解决深层次的理想信念问题、党性党纪问题、作风形象问题。所以，讲党课是一项比较严肃的政治任务，讲好党课要事先作好充分的准备，不能马虎轻率。

讲党课是党委书记的必备能力。党委书记要发挥影响力有很多载体、很多形式、很多途径，但讲党课是一个非常重要且必须用好的载体。每年2月份，我们单位利用双休日，全体党员和中层干部集中学习，300多人集中上党课，氛围比较好，规模效应比较明显。我坚持带头讲党课，也请担任党委副书记的院长结合生产经营讲一课，让纪委书记结合党风廉政案例讲一课。这样的党课形式连续坚持了16年，取得了很好的效果。个别同志因经营工作出差误课的，都会觉得"不上这一课是个损失"，事后自觉进行补课。应该说，上党课已经成为本单位党建长效机制的重要组成部分。党委书记要善于用好党课这个载体，发挥党组织在思想政治上的影响力和引领力。

二、讲好党课要抓住三个重要环节

第一，审时度势选好主题。必须根据党的中心工作，紧密联系本单位党员干部思想和工作实际选好党课的主题。2015年，党中央部署全党开展"三严三实"专题教育，这个主题非常鲜明。但是，如何与本单位的实际情况结合起来，党委书记必须自己搞清楚。通过调研，我们形成了《"三严三实"与作风建设》的党课主题。我体会，"三严三实"专题教育是党的群众路线教育实践活动的延展和深化，是巩固反四风、贯彻中央八项规定成果的针对性很强的教育，重在思想作风建设，所以把党课主题定位于"三严三实"与作风建设。

近年来，我讲党课选择了以下一些主题，如《辩证看待形势 坚定三个自信》《坚定

理想信念　严守党的纪律》《守纪律讲规矩　做"四有"党员干部》《增强四种意识　坚持正确方向》《学好五中全会精神　积极开拓海外市场》《党建工作要在"微时代"激励正能量》《五商中交创先锋　转型升级作贡献》《为实现中国梦贡献青春》等，受到了党员、干部和青年们的欢迎，效果都比较好。

第二，认真备课找准视角。选好主题后，还要找准一个好的视角切入主题。例如，"三严三实"专题教育的党课，我选了加强作风建设的视角，分为五个部分来讲。第一部分讲背景，第二部分讲意义，第三部分讲导向，第四部分讲延展，第五部分讲要求。结合本单位的实际情况，对党员干部提出了8点要求，把"三严三实"落到了实处。

根据多年的实践体会，需要找准这样几个视角：一要紧密结合国内外形势找准视角。比如说，中央非常强调，国资委非常重视加强中央企业党的建设，提出"一岗双责"，"党建责任考核"等要求。讲党课的时候就要说明这个大背景，讲明企业深化改革过程中，加强党建的重要性，增强转型升级的信心。二要紧密结合贯彻中央和上级党组织的精神找准视角。讲党课也要根据中央、国资委党委、上级集团党委阶段性的工作要求找准视角。三要紧密结合企业经营生产和重点工作找准视角。2015年，我讲了《五商中交创先锋　转型升级作贡献》的党课，紧密结合了企业深化改革转型升级的需要。四要紧密结合党员干部思想实际找准视角。党课必然要讲大的形势，党委书记就一定要明白党员干部在想什么，有什么思想困惑，这些困惑对贯彻中央的要求、推进本单位的工作有什么影响，讲的时候就有了明确的针对性。比如，引导党员干部用辩证的思维观察形势、思考问题，我旗帜鲜明地提出"三个不"，即"不以偏概全"，"不人云亦云"，"不随波逐流"。我在党课上讲，很多人都在用微博、微信，别人发什么内容，主动权不在你，但你转发什么就带有自己的价值倾向。党员干部要从自身做起，传播和激发正能量。联系实际讲党课，就能提出切近可行的要求，效果比较实在。

第三，联系实际讲好案例。讲党课既要有深度的理性思考，又要尽可能生动一些，讲好案例很重要。一是案例要紧贴讲课主题。二是案例要鲜活生动，比如用身边人身边事，说明党员在日常工作和关键时刻如何发挥先锋模范作用。三是案例要远近结合，既讲国际国内的、央企的、社会的，又要讲本企业的。四是案例要贯穿党课全过程，要精心准备案例，始终抓住听众。

三、党委书记要在讲好党课上狠下功夫

在29年担任国企党委书记的实践中，我深切体会到，党委书记要上好党课，自身的理论武装和学习十分重要。

第一，不断提升自己的政治理论水平和辩证思维能力。要认真学习贯彻习近平总书记系列重要讲话精神，深刻领会、准确把握"四个全面"战略布局。要注重提升战略思维、底线思维和辩证思维能力，讲党课必须有战略眼光和底线思维，分析问题要防止片面性。

第二，不断提升自己的学习能力和人文修养。我总结了十六字学习方法："学有所思，思有所悟，悟有所行，行有所效"。我们企业每个党员干部的学习笔记本上都印了这十六个字。党委书记要积极拓展知识面，知识面越是宽广，讲课的生动性就会越强。要积极培育人文情怀，提高文学素养，文学功底或者文学素养比较好，表达起来效果更佳。

第三，不断提升自己的表达演讲能力、亲和力、感染力和影响力。党委书记一要敢讲、多讲。你想得再好，若不敢在台上讲，不敢脱稿讲，那就永远是空中楼阁。我讲党课都是列一个提纲，准备一些案例和数据，脱稿讲，课后根据录音整理修改，随后印发讲稿。要在讲课实践中，自觉地提升自己的演讲能力，如果照本宣科效果肯定不好。二要提升人格力量。党委书记必须把真理的力量和自身的人格魅力结合起来，这样才能引发党员干部的思想共鸣。三要提升亲和力和感染力。党委书记讲党课要做到不辱使命，从容自如，必须经过长期的学习、积累和修为。

（作者单位：中交第三航务工程勘察设计院有限公司）

开放融合激发活力
——"开放式组织生活"建设成果的回顾与思考

高慧文

一、"开放式组织生活"党建品牌建设的具体做法

"开放式组织生活"要牢牢把握"开放"的主线,通过"主题、形式、人员、评价"四层面的开放,深化内涵,拓展外延。

(一)明确内涵,固化模式。要让"开放式组织生活"深入人心,达成共识,首先必须明确内涵。公司党委将"开放式组织生活"定义为一种创新型组织生活方式,打破以往形式单一、内容单调、运行单向的做法,对组织生活各个要素进行优化重组,表现为系统开放、广泛参与、多元丰富。既拓展时间空间,又整合优势资源;突破了壁垒,开拓了视野。其特点是具备"四个打破,四个开放"。即:打破思维定势,主题策划开放;打破组织壁垒,参与对象开放;打破模式固化,活动形式开放;打破评价单一,成效评估开放。

通过高度概括、朗朗上口的内涵定义,反映了公司党委对新形势下党组织生活内在规律和本质要求的思考,为各基层党支部开展工作指明了方向。同时,按照解放思想、求真务实、与时俱进、实事求是的原则,固化开放式组织生活模式,从观念思路、建章立制、形式内容、评价机制四个层面全面阐述"开放式组织生活"党建品牌的深刻内涵,增强党组织生活的实效性。

(二)创新理念,拓展外延。公司党委在战略高度谋划党建工作,在融入公司生产经营任务时,"一盘棋"考虑党建工作,统筹安排,既抓住重点,又有序推进。

在这一理念的指导下,各党支部积极拓展"开放"的区域,着眼提高党建工作的效能。将原来只是公司内部部门间的开放,拓展到公司乃至集团外部的"开放",包括公司所在地的社区、集团分子公司、同在业务链上的兄弟单位等。通过进一步放大党建工作的规模效应,在大区域的角度去思考谋划党建工作,使党建工作不仅引领公司事业,同时又成为公司承担社会责任,提升服务品牌的有效载体之一。一个个鲜活的联建案例纷纷涌现,党建的"小圈圈"变成"大循环",提升了"开放式组织生活"的实际效果。

(三)建章立制,形成品牌。党的组织生活作为教育党员、加强沟通的重要途径,也是凝聚群众、提升素质的重要平台,在党的建设中具有关键性的作用。公司党委针对基层党组织功能定位的深化,通过建章立制,形成长效机制,打造具有公司特色的党建品牌,进一步提升党组织的感召力和凝聚力。

自上而下形成若干长效机制,支撑"开放式组织生活"落地生根。一是党建工作规划制,年初在集团党内主题活动的指导下,聚焦公司发展重点,系统研究分析,科学谋划设

计,结合各党支部年度计划,形成"开放式组织生活"工作计划表。让各党支部"按图索骥",明确工作重点。二是"开放式组织生活"操作规范制,制作下发《基层党支部工作手册》,明确"开放式组织生活"的工作流程,做到统一格式、便于操作、高效简洁。三是党员轮流主持党组织生活制,改变传统组织生活自上而下设计,组织唱主角、党员当观众的"旧模式"。通过党小组轮流认领策划,党员轮流主持党组织生活,创造让普通党员参与党内事务的平台,充分发挥党员的积极性和主动性。四是党务工作者日常激励制,在事业发展和工作津贴两个方面激励党务工作者。在事业上,大力推进"班长工程",加强实操培训,选派优秀党务工作者赴集团组织的党校培训班学习。在津贴上,根据《党建工作责任书》的考核结果,实行一定的津贴补助,调动党务工作者的积极性。还有活动信息发布制,新员工入职引导制,党员责任区制,定期调研制等,形成了服务型党组织的建设框架。

二、"开放式组织生活"建设的现状分析

通过广泛的问卷调查,对"开放式组织生活"建设情况形成了四点基本判断。

(一)对"开放式组织生活"品牌的认同度较高。有84%的受访者知道"开放式组织生活"这一党建品牌;有54.2%的受访者对"开放式组织生活"党建品牌的建设表示满意,35.3%表示较为满意,认同"开放式组织生活"党建品牌的比例达89.5%。

(二)"开放式组织生活"推动了企业发展。83.7%的受访者认为"开放式组织生活"党建品牌完全符合公司未来的发展需要,70%的受访者认为"开放式组织生活"党建品牌在推进公司发展上非常有效,起到了应有的作用。

(三)有一支思维活跃,业务娴熟党支部书记队伍。98%的受访者认为,所在党支部的书记非常负责,能认真指导党支部的各项工作,成效显著或比较负责,有一定作用。正是因为有一支思维和业务素质过硬的党支部书记队伍,才使"开放式组织生活"富有活力,才使基层党建富有生机。

(四)"开放式组织生活"仍有提高空间。对于"开放式组织生活"的未来,受访者提出了非常好的建议。75.8%的受访者表示,"开放式组织生活"可以采用新媒体、新技术,增强吸引力;61.4%的受访者表示,"开放式组织生活"可以围绕人才培养,凝心聚力提出新的工作手段和思路;58%的受访者表示,"开放式组织生活"要进一步与中心工作紧密结合,突出有效性。

三、"开放式组织生活"品牌建设的经验启示

(一)融入中心、服务大局,使企业党建富有生命力。党建强,企业才有竞争力;企业强,党建才有说服力。公司党委在引领转型融合、改革发展的过程中,在党建创新上下功夫,选准工作切入点,将"开放式组织生活"作为发挥党组织政治核心作用的重要载体,引领发展,为顺利实现公司融合转型保驾护航。公司党委通过开放式组织生活,改变党建理念,实现由重形式、重落实向融入中心、紧贴实际转变,以推动发展的实效检验党建工作的成效,实现从生产经营的"看客"到"融入"。党员职工普遍认为,党建工作只

有融入中心，推动发展，才能真正体现党建工作的价值，展现党建工作的活力，体现党组织的战斗力和党员的先进性。

（二）开放融合、广泛参与，使企业党建富有吸引力。"开放式组织生活"的魅力在于开放融合，广泛参与。引导党组织跳出原有"单打独斗、自弹自唱"的传统模式，转换"单轨运行、自行其道"的不良状态，使党建的工作目标更加明确，吸引力和战斗力不断加强。同时，不断提升党员的主体作用，实现活动形式从"传统、单一"向"开放、多元"的转变，激发了党员职工参与党建的热情，增强了公司上下对党组织的认同感和企业的归属感。

（三）以人为本、和谐包容，使企业党建富有凝聚力。在"开放式组织生活"建设中，公司党委以人为本，突出"人"的主观能动性，着力营造尊重人、服务人、培养人的良好和谐氛围，充分调动党员职工的积极性、主动性和创造性。只有突出党员的先锋模范作用，才能引领和带动广大员工推动企业发展；只有体现为员工、人才服务的根本宗旨，坚定不移地把帮助解决好员工最关心、最直接、最现实的利益问题，才能使党组织生活成为他们不能割舍的沃土。

（四）落实责任、提升水平，使企业党建富有感染力。"开放式组织生活"工作好不好，责任是关键。在公司党委的统筹领导下，已经形成了一级抓一级，一级带一级的党建工作格局，一批思维活跃，业务娴熟，敢于担当的党支部书记队伍成为了工作的主力军。衡量党组织活动是否有效，就要看是否有实践成果、理论成果、制度成果，并且要从这些成果中，总结好经验、好做法。近年来，公司党委坚持基层党建调研，不断建立提高组织生活有效性的长效机制，形成年度调研报告，不断提升工作水平，进一步实现党员受教育、群众得实惠的工作目标。

四、提升"开放式组织生活"建设成效的思考

（一）抓住"中心点"，增强党组织生活的政治性。党组织生活是党的生活的重要内容，是党组织对党员进行教育、管理、监督的重要形式。落实党的组织生活制度、提高组织生活质量，强化组织生活功能，是提升党员群众凝聚力和战斗力的重要保证。因此，要增强党组织生活的政治性，避免过分"开放"可能带来的组织生活随意性、形式化、庸俗化。

要抓住"中心点"，就必须强化责任抓落实，不断提高落实组织生活质量，增强教育管理党员干部的原则性和战斗性。要自觉站在高举旗帜的政治高度，把深化"开放式组织生活"作为加强企业党建的基础性工作，狠抓各项制度落实，增强党组织教育管理和监督党员的能力。公司党委通过落实《党支部工作手册》《基层党建工作责任书》、党工团联席会议等抓手，要求各支部书记、委员、党小组长积极发挥主观能动性，及时了解掌握党员职工的思想、工作、学习情况，并于工团一起，形成齐抓共管的工作合力。在全年党建计划中，突出关键环节，明确"规定动作"。要求各党支部在《工作手册》中算好"计划账""内容账"和"质量账"，该有的步骤一个不少，该走的程序一个不漏，该坚持的标准一丝不降，真正将组织生活的功能落到实处。

（二）抓住"落脚点"，成为推动生产经营的保障。创新组织生活模式，优化组织生活

流程的最终目标和落脚点是要推进企业各项工作的有效开展。

组织生活要与增长本领相结合。借助组织生活这一平台，及时将公司的发展变化传递到每一位党员干部。各党支部通过开展"BIM沙龙""建筑沙龙""谈判专家""微型党课"等内容丰富、形式多样的组织生活，引导党员干部主动服务生产经营，充分发挥各级党组织和党员的战斗堡垒和先锋模范作用，取得实实在在的效果。组织生活要与中心工作相结合。各党支部要围绕公司的生产经营和事业发展，群策群力，积极将活动的主题与中心工作、实际业务紧密相连。各党支部通过组织"EPC辩论赛""EPC大讨论""项目实地参观讨论"等活动，组织党员有效联系公司发展的主要工作、未来的建设目标、岗位的实际内容集思广益。使党员干部在思想上得到升华，更充分地发挥先锋模范作用，为组织的发展创造新业绩。组织生活要与生产生活需要相结合。各党支部根据实际情况，加强工团联建，强化外部开放，把新的专业技术、管理理念、人文科学等具有较强时代感又与日常工作生活悉悉相关的实用技能知识带入组织生活中。组织"经济讲座""理财顾问""心理健康""育儿知识"等活动，让党员通过组织生活增加知识，培养技能，扩大视野，从而更好地发挥作用。

（三）抓住"着力点"，构建"互联网＋"的"微"体系。在坚持党组织生活思想性、政治性、原则性的基础上，积极推进党组织生活载体创新。互联网技术的迅猛发展，为丰富组织生活形式提供了更大的平台和载体。在调查中，75.8%的受访者认为新媒体对"开放式组织生活"具有重要的意义和作用，有助于党组织生活更好的开展。要探索和尝试在党组织生活中创新载体，利用新媒体、互联网不断提升党员教育和管理的时效性。要顺应技术发展趋势，将党建与互联网紧密结合，建立以互联网为主阵地的党建工作新平台，实现党的组织建设、思想工作以及党员教育、管理、服务、活动的网络化、智能化、现代化。

公司各党支部都已建立相应的党员、积极分子"微信群"，推动党员教育管理"全覆盖"，开启党员教育新模式。下一步，公司党委将利用公司微信公众账号和党支部书记微信群，积极推送一批微课程、微视频，让党员互动和分享。进一步激发学习兴趣，提高学习效率，更为适应新时期党员经常性、个性化的学习需求。同时，将微信群和公众号作为传播"正能量"的主阵地，加强对热点问题和突发事件的引导，宣传工作生活中的先进人物和典型事件，使之成为宣传舆论工作的重要力量。

（作者单位：上海现代建筑设计集团工程建设咨询有限公司）

新形势下加强机关党组织落实
党风廉政建设主体责任的实践与思考

浙江省住房和城乡建设厅直属机关党委课题组

党的十八大以来，以习近平为总书记的党中央，以新的战略思维深入推进党风廉政建设和反腐败工作，以良好的党风促政风带民风，赢得了党心民心。特别是党的十八届三中全会明确提出，落实党风廉政建设责任制，党委负主体责任，纪委负监督责任。各级党委（党组）按照中央和省委的要求，以实的作风和硬的举措，层层传导压力，层层落实责任，确保主体责任落地生根。本文从机关党委视角，以近年来省建设厅党组落实党风廉政建设主体责任的实践为启发，研究和思考进一步落实党风廉政建设主体责任的举措，希望发挥推进工作的作用。

一、落实党风廉政建设主体责任的重要意义

党风廉政建设和反腐败斗争是全面从严治党的重要方面。明确党风廉政建设主体责任和监督责任，是十八大以来新一届中央领导集体科学判断当前反腐败斗争形势作出的重大决策，是对惩治和预防腐败规律的深刻认识和战略思考，是加强党风廉政建设的重要制度性安排。落实主体责任，就是要求各级党委（党组）对发生党风廉政建设风险时要承担的组织领导、教育管理等方面的责任，党委（党组）主要负责人要承担第一责任人责任。抓好这个责任，任务艰巨，使命光荣，意义重大。

（一）落实主体责任，是新形势下党要管党、从严治党，巩固执政地位的必然要求。当前，党风廉政建设和反腐败工作总体形势是好的，但滋生腐败的土壤依然存在，反腐败斗争形势依然严峻复杂，加强反腐倡廉工作比任何时候都更为繁重、更为紧迫。推进党风廉政建设和反腐败工作是党章赋予的重要职责，是重大的政治责任。只有把落实党风廉政建设主体责任放在心上、扛在肩上，以强烈的忧患意识，主动认识主体责任、践行主体责任，才能切实担负起党要管党、从严治党的历史使命。

（二）落实主体责任，是巩固党的群众路线教育实践活动成果，扎实推进"三严三实"专题教育的重要举措。落实主体责任，作风建设是关键。只有把落实主体责任同巩固深化党的教育实践活动成果和"三严三实"专题教育结合起来，同反"四风"和"不严不实"问题的整改结合起来，同作风长效机制建设有机统一起来，切实用履行主体责任实际行动检验教育实践活动和"三严三实"专题教育实际成效，用作风建设成果保障和推动党风廉政建设主体责任落实，这样才能做到相辅相成、互促共进，成为有机整体。

（三）落实主体责任，是防范和解决腐败问题的治本之策。落实主体责任，必须坚持依规治党，要把加强纪律建设摆在更加突出位置。只有教育引导广大党员干部严守纪律底

线，尊崇党章、敬畏党纪，讲纪律、守规矩，加强惩防体系建设，强化监督执纪，形成威慑作用，才能有效防范腐败问题发生，营造风清气正政治生态。

（四）落实主体责任，是培养和保护干部，顺利推进各项工作的客观需要。敢作为、勇担当，严字当头，主体责任方能真正落到实处，取得实效。严抓、细管、实干是落实主体责任的主要特征，只有严格要求，严格教育，严格管理，严格监督，才会抓好班子，带好队伍，推动工作。

二、近年来的实践与成效

近年来，省建设厅党组高度重视党风廉政建设主体责任，摆上重要议事日程，作为全厅一项重大而又严肃的政治任务来抓，坚持高起点谋划、高标准要求、高质量推进，突出责任重点，强化问题导向，狠抓工作落实，党风廉政建设和反腐败工作取得了显著成效。目前，全厅党员干部党章党规党纪意识有了进一步强化，抓党风廉政建设的责任感有了明显加强，机关作风和精神面貌有了明显改善，遵纪守法的意识有了显著提升，进一步筑牢了反腐倡廉的思想道德防线。其主要做法是：

（一）精准站位谋划，健全责任体系。严格落实厅党组主体责任、驻厅纪检组监督责任和党员领导干部廉政责任。一是注重责任分工。建立完善党组书记抓总、分管领导抓片、处室主要负责人抓点的责任体系，定期研究部署，划清责任边界，及时制定《省建设厅反腐倡廉建设组织领导和责任分工》，把廉政责任分解到厅领导班子每位成员，实行"一岗双责"，确保责任落细落实落到位。同时，根据"派驻（出）机构主要负责人不分管驻在部门其他业务工作"的要求，厅党组及时把派驻纪检组长原来分管的业务工作调整给其他厅领导，保证纪检组长集中精力好监督主业。二是注重同步推进。分别与11个市住房城乡建设各行业行政主管部门"一把手"签订了党风廉政建设责任状，做到建设业务工作与党风廉政工作两项任务一起抓、两个责任一起负、两个安全一起保。三是注重责任追究。建立厅领导班子、处室和厅直单位主要负责人每年向厅党组报告落实党风廉政主体责任的制度，对领导不力出现违纪行为的实行责任追究。

（二）注重关口前移，筑牢廉政防线。加强日常管理，切实转变机关作风。一是把好思想防线关。开展正反两方面的学习教育，既注重党纪党规教育，唤醒党章党员意识，坚守忠诚信念，又长期开展廉政警示教育，做到警钟长鸣，引以为戒，时刻绷紧思想道德防线。二把好工作纪律关。重点整治上下班迟到早退、擅离职守；工作时间网上聊天、炒股、玩游戏；"酒局"和"牌局"等问题，切实规范公务行为。三是把好"节日"廉政关。严格贯彻中央八项规定精神，重点抓好中秋、国庆和春节等重要节庆的管理，开展突击和集中检查，防止用公款送礼、收受购物卡、请吃等不正之风的反弹回潮。四是把好组织覆盖关。深化基层纪委组织建设，在省城乡规划设计研究院、省建筑设计研究院、省建筑科学设计研究院有限公司3个党委设立纪委，其他总支、支部全部设立纪检委员，实现纪检组织全覆盖。

（三）突出监督约束，强化动态管理。厅党组高度重视和支持驻厅纪检组工作，自觉主动接受监督。一是在执行廉政规定上，主动接受监督。特别在领导班子民主生活会、述职述廉、日常考核等都有驻厅纪检组参加。如，2014年全厅因私出国（境）96人次，因公出国（境）94人次都主动接受驻厅纪检组监督和把关。97名处级干部按要求报告个人有关事项。特别是发生姚强案件后，全力支持和配合检察机关办案。二是在干部选拔任用上，主动接受监督。凡是涉及干部选拔任用和评先评优等工作，都事先听取驻厅纪检组意见和建议。比如，2014年新提拔任用的19名厅管干部，驻厅纪检组全程参与监督和任前廉政谈话，防止和纠正选人用人上的不正之风等问题发生。三是在资金的管理分配上，主动接受监督。重点对专项资金分配、厅机关大额资金支出等情况，都主动请驻厅纪检组参与监督，同时，将厅每月行政开支会计报表送驻厅纪检组。四是在企业资质资格审查上，主动接受监督。对企业资质审查、审批材料的受理、审核、公示等环节，主动接受驻厅纪检组审查把关。

（四）加强制度建设，形成常态长效。按照把权力关进制度笼子的要求，加强制度建设，制定《浙江省建设系统建立健全惩治和预防腐败体系 2013—2017 年工作实施细则》、《中共浙江省建设厅党组履行党风廉政建设主体责任和驻厅纪检组履行监督责任的实施办法（试行）》，并对照教育实践活动查摆的问题，又出台了《省建设厅工作规则》、《省建设厅机关加强作风纪律规范内部管理规定》、《省建设厅机关财务管理办法》、《省建设厅直属机关纪委若干规定》等8个方面22项制度，推动作风建设常态化和规范化。

三、当前党风廉政建设工作需要值得重视的问题

从调研情况来看，大家普遍认为，当前党风廉政建设工作不断被推向新的高度，厅党组按照中央、省委精神，在认真落实党风廉政建设主体责任方面，抓得紧、抓得实，努力营造风清气正的工作环境和氛围，取得了较好的效果。但当前住房城乡建设系统反腐倡廉形势依然严峻，权钱交易、以权谋私、收受贿赂等问题在某些领域和某些岗位还不同程度存在。因此，思考和分析当前的党风廉政工作，我们觉得以下问题需要我们进一步加以重视和关注。

（一）同频共振抓落实还不够。党风廉政建设要真正落到实处，需要主要领导、分管领导、部门负责人、支部书记乃至每一名工作人员自身都加以重视，并切实担责管好工作、管好队伍、管好自身。目前，抓廉政建设在领导层面的共识已经基本形成，也采取了有力的举措，但更加需要各业务部门将党风廉政建设融合于业务工作，在制度建设、作风建设上加以推进和落实。

（二）学习教育的有效性还有待于加强。学习教育停留在传达文件多，结合业务工作深入思考交流少，支部"三会一课"作用还未得到很好发挥。

（三）日常监管还应进一步从严。作风问题和腐败问题存在很高的关联性，实践证明，思想作风、工作作风有问题，往往容易导致腐败，而腐败变质的人则肯定在作风上有这样那样的问题。因此，要进一步通过抓勤政来促廉政，通过抓改革创新不断促进工作机制完善，真正建立预防腐败的制度防范体系。

（四）执纪问责要进一步挺在前。多栽花少栽刺的思想在党员干部思想中不同程度地存在，对一些苗头性和倾向性问题，顾虑比较多，不愿或不敢当面提醒，怕得罪人。对落实主体责任不力的责任追究还有待于进一步加强。

另外，党务干部队伍自身建设还需进一步加强。

四、进一步落实好党风廉政建设主体责任的对策与思考

加强机关党组织落实党风廉政主题主体责任,是一项复杂性、系统性工程,需要广大党员干部的广泛参与和合力推动。要始终围绕"四个全面"战略布局,按照党风廉政建设和反腐败工作的总体要求,着力加强党的纪律建设、作风建设和反腐倡廉建设,紧紧牵住党风廉政建设主体责任这个"牛鼻子",坚持"惩防并举、齐抓共管",强化责任担当,不断推动机关党组织履行党风廉政建设主体责任落细落小落实。

(一)强化班子带动,严格履行主体责任。落实党风廉政主体责任,班子起着决定性因素。要牢固树立抓党风廉政建设是本职、不抓党风廉政建设是失职、抓不好党风廉政建设是渎职的理念,进一步把党风廉政和反腐败工作纳入年度工作和党的建设总体布局,与开展各项任务同部署、同落实、同检查、同考核。结合机关工作形态和党风廉政建设实际,着力构建党组(党委)书记负"总责"、分管领导负"线责"、处长(主任)负"块责"、干部职工负"点责"的"四位一体"的党风廉政建设主体责任体系,并明确一位班子成员分管单位党风廉政建设和反腐败具体工作,做到人人有责,人人负责。注重发挥党组书记、机关处室支部书记和直属单位党组织书记三个层面党风廉政"第一责任人"责任的作用,做到重要工作亲自部署、重大问题亲自过问、重点环节亲自协调、重要案件亲自督办,在履行"第一责任"中亲自抓、主动抓、严格抓、经常抓,切实抓好班子、带好队伍、管好自己。同时,还要严格落实单位领导班子成员、机关处室主要负责人和直属单位党政主要负责人"一岗双责",层层传导压力,层层签订党风廉政建设责任书,确保责任落到实处。

(二)强化教育引导,着力筑牢思想根基。思想是行动的先导。加强党风廉政教育对于广大党员干部廉政从政,严守党纪国法,推动党风廉政建设和反腐败工作有着深刻意义。一是强化党纪党规教育。以支部为单位,采取自学和集中学相结合的办法,原原本本学习《中国共产党廉洁自律准则》、《中国共产党纪律处分条例》等有关党内法规,充分认识学习贯彻两部党内法规的重要意义,列入党员学习的重要内容,制订完善学习计划,自觉把两部党内法规的规定转化为做人干事的规矩,严明党纪的戒尺。二是强化廉洁从政教育。把廉洁从政教育纳入党员干部日常教育的重要内容,并纳入各类学习培训的教学计划,纳入系统教育的必修课程,切实提高全省系统廉洁从政能力。定期邀请有关专家作反腐倡廉形势专题报告,进一步增强党风廉政建设的危机感和紧迫感。三是强化廉政警示教育。深入剖析发生在身边的和系统的典型案例,从中吸取教训,举一反三,引以为戒,并作为系统和行业警示教育的重要反面教材。定期组织党员干部赴廉政教育基地,让腐败者剖析自身犯罪轨迹的警示教育,可起到震撼心灵、振聋发聩的作用,使受教育者亲眼看到或感受到腐败带来的后果,从而吸取教训,引以为戒,增强遵纪守法意识。四是强化先进典型宣传。既要深层次组织学习焦裕禄、孔繁森、杨善洲等先进人物的崇高品德和公仆情怀,又要依托道德讲堂开展身边人讲身边事、身边事说身边人活动,激浊扬清,以先进事迹教育人、鼓舞人和激励人,进一步营造崇尚先进、学习先进、赶超先进的良好氛围。

(三)强化监督制约,确保权力规范运行。强化对权力的制约和监督是有效预防腐败的关键。机关党组织既要主动接受派驻纪检组的监督,也要发挥各级纪检干部的监督作

用，做到事前有监督、事中有监督、事后有监督。一是严格党内监督。认真落实党内监督条例，严格执行述职述廉、廉政谈话、诫勉、询问、质询等各项制度。重点要加强对各级"一把手"执行党风廉政制度规定情况的监督，建立完善管人、管财、管物等方面权力运行机制。二是拓展监督渠道。加强和改进监督的新途径新办法，重点对权力相对集中部门和资金资源密集部位的监督，确保权力阳光规范运行。主动接受人大、政协、司法、社会团体、新闻媒体和人民群众的监督，建立单位内部相互监督机制。三是建立廉政档案。加强党员廉政档案建设和管理，把个人重大事项报告、廉政谈话记录、受党纪处理情况、群众举报投诉材料等纳入个人廉政档案，实行一人一档，分析跟踪，动态管理。四是完善责任清单。探索建立权力清单和责任清章制度，重点列出专项资金分配、企业资质审批、行政处罚、物资采购、招投标等方面的管理制度、工作程序和实施办法，明确权力责任边界，切实做到法定职责必须为、法无授权不可为、法有禁止不得为。五是加强风险防控。开展系统廉政风险点排查，建立职权目录、权力运行图和防控措施，加强制约和监督，确保权力依法实施。

（四）强化执纪问责，严明党纪党规。从严治党，严明纪律是根本。按照"四种形态"的要求，机关纪委要切实履职，要把纪律挺在最前面，恰当运用批评教育、诫勉谈话、组织处分、组织调整等方式处理各类违纪行为，惩前毖后、治病救人。一是加强案件查处。坚持有案必查，有腐必反。对全省系统腐败案件，全力配合纪检监察等有关部门，发现一起坚决查处一起，以零容忍态度惩治腐败，形成高压态势。重点要严肃查处党的十八大后不收敛、不收手，问题线索集中、群众反映强烈，而且岗位重要可能还要提拔使用的领导干部。二是突出执纪重点。从系统行业来看，要重点关注建筑市场、住房公积金、保障性安居工程建设管理、房地产市场、城市建设管理、工程质量安全监管、城镇房屋征收补偿管理等领域，抓住资质资格审批、项目审批、资金审批、评优评奖等重要环节，严肃查办贪污贿赂、腐化堕落、失职渎职、滥用职权案件。三是坚持抓早抓小。对党员干部的苗头性、倾向性问题，采取纪委约谈、支部书记谈心、廉政谈话等方式，做到早发现、早提醒、早处置，防止小问题变成大问题。四是实施"一案双查"。及时制定"一案双查"实施办法，明确实施程序、范围、形式等内容，做到有据可依。加大责任追究力度，健全责任分解、监督检查、倒查追究链条，坚持有错必究、有责必问，以实施问责倒逼各级党组织强化主体责任意识。按照《中国共产党纪律处分条例》等有关规定，重点对发生群体性和严重违纪违法案件，不仅要严肃查处违纪当事人，还要追究所在单位（部门）主要领导责任。

（五）加强党务干部建设，提升能力水平。机关党委作为承担协助党组落实党风廉政建设主体责任的具体工作部门，面对党要管党、从严治党的新形势、新任务，要自觉践行"三严三实"要求，不断强化自身建设。一要坚守党性。政治过硬是党务干部的本质要求。要始终把党和人民的事业放在最高位置，与党同心同德，对党忠诚老实。要坚持正确的政治立场和政治方向，在党言党、在党忧党、在党为党；要带头遵守党的纪律，严格执行党的规矩，明辨是非、敢于"亮剑"，勇于责任担当。二要加强学习。要认真学习习近平总书记系列重要讲话精神，深入学习十八届五中全会精神和新颁布的党内两项法规，把握核心要义和精神实质，努力转化为推进工作的思路和举措。要加强对当前重难点工作的思考与研究，从腐败案件中吸取教训，举一反三，从中找到或发现解决问题的方法，进一步推动工作的落实。三要带头示范。"打铁还需自身硬"。机关党委、纪委作为党纪政纪的执行者和维护者，作为落实党风廉政建设主体责任的实施者和推动者，标准更高、要求更严，要求别人做到的自己首先做到，要求别人不做的自己坚决不做，处处以身作则、当好表率。四要带好队伍。采取教育培训、集中授课、交流互学等形式，促进党务干部更新知识，开拓视野，提高政策理论水平和综合组织能力。要重视党务干部成长，改善队伍结构，牢牢把握党务干部培养、选拔、任用、管理四个环节，努力提升党务干部整体素质。

加强基层党风廉政建设保障园林事业健康发展
——关于福州市园林局系统党风廉政建设状况及分析的调研报告

福州市园林局课题组

党的十八大以来，党中央把党风廉政建设和反腐败斗争提到一个新的高度，提出"各级党委（党组）要切实担负党风廉政建设主体责任，各级纪委（纪检组）要承担监督责任"的新要求。搞好党风廉政建设，对于保障和促进园林绿化事业健康发展，具有十分重要的意义。近年来，我们结合党的群众路线教育实践活动和"四个万家"、"四下基层"等活动，组织人员深入到基层一线，重点围绕全局系统党风廉政建设的现状、存在的主要问题及原因等内容，通过听汇报、召开座谈会、发调查问卷、个别访谈等方式进行调研与探讨。

一、基层党风廉政建设的基本现状

福州市园林局是福州城市园林绿化的主管部门，主要担负城市规划区内园林绿化工作的组织领导和行业管理；编制城市绿地系统规划；实施市区主干道、公园（风景区）的绿化建设和养护管理；指导、协调五区八县园林绿化等工作。全局系统共有在职干部职工646人，其中党员269人，科级以上干部78人，局机关设8个处（室），下辖15个科级基层单位。近年来，面对城市园林绿化的新形势和艰巨繁重的工作任务，福州市园林局始终坚持一手抓园林绿化业务工作，一手抓党风廉政建设工作，做到两手抓、两不误。在抓党风廉政建设和反腐败工作中，突出抓好四个"以"，即以"廉政主题教育"活动为载体，深入推进党风党纪教育；以"党风廉政建设目标责任制"为龙头，强化领导干部"一岗双责"；以"建立完善制度和监督机制"为重点，积极推进惩防体系建设；以"解决职工群众关心的热点、难点问题"为抓手，深入推进园林系统政风行风建设。在全局上下的共同努力下，通过加强廉政教育，党员干部廉洁自律意识进一步增强；通过注重制度建设，源头上预防腐败工作进一步深化；通过强化监督惩治，"一把手"权力运行得到进一步制约；通过狠抓政风行风，全系统党群干群关系得到进一步融洽；通过坚持"一岗双责"，党风廉政责任制在各单位进一步落实。截至目前，我市建成区园林绿化覆盖率达到42.9%、绿地率达到39.5%、人均公园绿地面积12.9平方米，城市园林绿化各项指标均得到较大幅度提高。这些成绩的取得，与园林系统党风廉政建设取得的成效是分不开的。

二、党风廉政建设存在的主要问题和原因分析

通过调研分析，局系统绝大多数基层单位党风廉政建设的发展势头良好，得到了广大职工群众的认可。从收回的党风廉政建设调查问卷显示：90％以上的职工认为我们的干部队伍是好的，我们的党风廉政建设成效是明显的。基层的广大党员干部在改革开放、市场经济的大潮中经受住了历史性考验。但是，对照新形势、新任务的要求，园林系统基层党风廉政建设方面还存在一些问题和不足。个别基层单位领导对执行党风廉政建设责任制规定在思想认识上不够到位，有的在抓单位行政工作和抓党风廉政建设工作还存在一手硬一手软，对责任制规定的内容理解不深，工作落实不力，成效不够明显；仍有个别基层单位领导执行中央"八项规定"精神不够严，存在办公室超标、公车使用管理不规范等现象；有些单位不能严格按制度、按规定办事，在抓制度的落实上存在薄弱环节；个别单位对历史遗留的酒楼、店面欠租问题还没有彻底解决，在租赁过程中还存在阳光运作不够规范；少数基层党组织战斗堡垒作用和支部纪检委员作用未能很好发挥，党内监督不够有力；机关作风建设长效机制不够完善，少数同志为基层服务的意识和理念不强，对基层业务指导不够有力，为基层解决问题的办法、思路不多，"慵、懒、散"现象仍时有存在。上述问题存在的原因归纳起来主要有以下几点：

一是对抓党风廉政建设的思想认识还不够到位。基层一些单位的领导班子，甚至是主要领导，对抓好党风廉政建设的认识不够到位，没有把这项工作摆上重要议事日程，贯彻责任制的积极性不高，工作有时存在被动应付，畏难情绪。由于思想认识不够到位，尽管每年都签订了党风廉政建设责任书，但对责任书中责任内容没有很好的学习、理解和细化，对责任范围内干部身上存在的问题不愿指出、不敢批评，怕会影响工作积极性，以至造成工作缺少成效。

二是受利益驱动因素的影响。市场经济的利益最大化原则，刺激了人们追求欲望的增长，原计划经济体制下，依靠意识形态的强大约束作用维持的大公无私、公而忘私、先公后私等传统美德开始弱化。此外，一些领导思想麻痹，对本单位、本部门存在的廉政风险点和廉政隐患认识不清，仍然存有侥幸心理，对党纪法规的学习重视不够，抓得不紧，廉政敏感性不强。

三是抓思想教育还不够到位。认识是行动的先导，要解决人的行为中的问题，首先要解决思想中的问题，在基层党风廉政建设中，思想教育虽然搞了，但存在着满足于搞过了、学过了、看过了的自我满足现象，究其原因，虽有工作忙的因素，但主要是对思想教育工作潜移默化的作用认识不够，对思想问题的反复性认识不深，没有认识到思想教育的长期性、艰巨性、重要性，造成学习教育形式呆板、手段单一。有的平时不注意理论学习和党性修养，以致一些干部思想滑坡、行为失控。

四是在制度建设上还不够健全和完善，监督也不够到位。一些单位的制度制定与实际结合不紧，照搬上级文件，对哪些问题必须上处务会，哪些问题必须上支委会，没有进行明确，民主讨论决策不够，缺乏针对性；有的是制度制定了不少，但可操作性不强，真正执行落实的却不多。一些领导有好人主义思想，执行制度时怕得罪人，不敢大胆管理。在

监督方面，有的是监督意识不强，有些党员干部怕伤和气、怕说影响班子团结，碍于情面不愿监督；有的是下级怕招来麻烦，怕打击报复不敢监督；有的是群众知情少或不知情无法监督；另外还有就是对一些事务性工作由于没有参与介入，以至不懂不会监督。

三、加强基层党风廉政建设的对策和措施

通过调研和探讨，我们感到要解决基层党风廉政建设存在的问题，必须要始终以邓小平理论和"三个代表"重要思想和科学发展观为指导，持续深化党的群众路线教育实践活动和"三严三实"专题教育，坚持"标本兼治、综合治理、惩防并举、注重预防"的方针，以完善惩治和预防腐败体系为重点，切实强化党委的"主体责任"和纪委"监督责任"，具体采取以下几项对策与措施：

一是加强学习教育，通过教育提高人。把理想信念教育、宗旨观念教育、党纪政纪条规、法律法规教育放在突出位置，真正做到经常抓、反复抓。通过开展经常性的、丰富多彩的学习教育活动，使广大基层党员干部明确行为规范，知道什么应该做，什么不应该做，强化廉洁自律行为；通过以身边的案例、活生生的事件为教材，解剖典型、深挖根源等形式的教育，使党员干部接受教训，得到警示。通过着力培育和挖掘局系统各单位在执行规定、落实制度、开展教育等廉洁勤政方面的先进典型，并通过召开现场会、经验交流会等形式进行广泛宣传，发挥好典型引路和带动作用。通过强化廉政谈话教育机制，在干部职务变动、过年过节等特殊"关口"，或者群众对某一干部在廉政方面有反映时，进行提前廉政预防谈话，力求做到及时教育、防范在前。通过开展党员干部易于接受、乐于参加、丰富多彩的学习教育活动，力求使基层党员干部提高廉洁自律意识，树立起良好的形象；提高民主意识和接受监督的意识，自觉接受党组织和职工群众的监督；提高责任意识，真正按照党风廉政建设责任制要求履行好领导职责。

二是健全完善制度，通过制度规范人。健全民主决策的工作制度，严格执行基层领导班子民主议事规则，强化对基层党员干部职权行为的监督制约，确保重大决策、重要事项和大额资金使用由班子集体讨论决定，防止由"一把手"个人或少数人说了算。加强民主管理，狠抓制度的落实，进一步规范大宗苗木采购、经营服务网点和工程项目招投标管理工作。对大宗苗木采购、租赁项目的研究确定、招标文件和合同文本的制定、以及"阳光作业"的具体实施程序等要按照已制定的规范程序执行，防止在采购和租赁过程中营私舞弊行为的发生。同时在今后的实际工作中，积极推进制度建设与创新，把制度建设贯穿于全局工作的各个环节，抓好从源头上预防和治理腐败的各项治本工作，铲除腐败现象滋生和蔓延的土壤。比如对干部任前公示制度，就可以在公示内容上进行创新，改变过去习惯了的只公示候选人基本简历、拟任职务等简历式的干部任前公示，可以把"主要工作实绩"纳入干部任前公示内容，这样既能反映拟任干部的工作能力，又能让干部选拔任用工作更公开、更透明，群众也更为关心。

三是加强监督检查，通过监督制约人。扩大基层民主，强化民主监督，真正使职工群众参与管理集体事物。在具体措施上，进一步加大对权力运行的制约和监督，实行权力运行公开化、资源配置市场化、操作行为规范化，重点加强对党政"一把手"和容易产生腐败现象的重点领域、关键环节的监督，坚持上下监督，内外监督相结合，确保监督落实到

权力运行的各个层面，坚持事前、事中、事后监督相结合，把监督落实到权力运行的全过程。通过开好党员民主生活会、进一步落实各项党内监督制度等形式，切实加强基层领导班子内部的监督。通过进一步完善处务公开、政务公开工作，主动接受监督。在继续加强对绿化验收审批、树木移砍审批、组织人事、财务管理、工程建设、苗木采购、经营项目租赁等监督管理的同时，重点抓好扩大内需专项资金和园林绿化项目资金使用的监管，着重把握项目决策、资金使用、项目建设管理三个环节，确保工程质量和生产安全，真正形成用制度规范从政行为、按制度办事、靠制度管人的机制。在强化监督方面，进一步扩大监督范围，增强监督力量，把全系统各单位的支部纪检委员纳入局纪检监察队伍，并结合园林实际，统一制定支部纪检委员工作职责，明确党支部纪检委员的主要工作任务，加强队伍培训，认真履行监督职责，切实担负起监督任务，充分发挥纪检委员的监督作用。

四是加大查处力度，通过查处警示人。坚持纠建并举的方针和谁主管谁负责的原则，突出问题导向，抓住群众反映强烈的突出问题，整治行业不正之风。通过积极引导职工群众对违法违纪行为逐级举报、实名举报的方式，及时收集各种苗头性、倾向性信息，密切注意动向，把问题解决在萌芽状态，对反映属实的问题，必须严肃查处，绝不姑息，绝不手软；对发生因不负责任或失职而造成极坏影响的，严肃追究有关人员的责任对群众的各类信访件、举报信，真正做到及时处理、及时反馈。同时，注重发挥查处案件的治本功能，利用典型案件对党员干部进行教育，达到查处一案教育一片的目的。

五是强化责任追究，通过追究督促人。按照党风廉政建设责任制和有关责任追究的规定，严格责任追究制度的落实，增强责任追究的威慑力。通过定期和不定期检查，督促基层干部切实履行起职责范围内的工作任务，及时掌握情况。对领导干部职责范围内的反腐败工作敷衍失职，不抓不管，以致发生案件或造成恶劣影响的，严格责任追究。责任追究既要敢于运用纪律处分手段，还必须善于运用诫勉谈话、整改通知书、通报批评、责令辞职、免职、降职等组织处理手段，切实解决一些基层单位和机关部门存在的好人主义以及执纪不严的问题，使基层党风廉政建设的责任能真正落实到每个干部，真正使基层党风廉政建设的工作任务得到贯彻和落实，真正为我市园林绿化建设科学发展提供坚强保障。

践行"三严三实"提升基层党建标准化水平

张国强

一、以"严以修身"为标尺,强化党员学习教育标准化

"三严三实"中,严以修身列在首位,即要求党员必须要做到以学修身。不但要主动适应从严学习的常态要求,加强党性修养,坚定理想信念;更要真学政治理论,勤学先进典型,深学业务技能。为此,在党建工作标准化建设中,要把抓好党员经常性地学习教育,作为加强党支部基础建设及党员自身建设"标准化"的重点内容。包括:"组织生活5+",即按照"三会一课"的要求,党支部每月要组织一次组织生活会,在落实集团党委每年年初确定五项专题组织会的基础上,各基层党组织要根据自身实际和党建工作特色,自行确定组织召开组织生活会。"一次书记党课",即围绕中心工作,党支部书记每年至少亲自上一次党课。

从多年来环境院党建工作实践效果来看,强化党员学习教育,是加强党建工作的基础工程。需要从"大"处着眼,提高党员认识;从"小"处着手,做实工作。根据不同专业、不同岗位党员的实际需求,有重点、有针对性地开展党员教育培训。

例如,结合学习型党组织建设,试行"四个一工程"。即:用四个月的时间,每月阅读一本书、思考一个问题、撰写一篇学习体会、进行一次心得交流。浓厚的学习氛围,势必会带来各方面的实际效果。因为学习的缘故,大家的思想方式容易取得一致,思维逻辑更加趋同,沟通也更为顺畅。

二、以"严以用权"为戒尺,强化"刚性"制度标准化

探索推进党建标准化建设,不仅是一个简单的建标贯标问题,而且是新时期下党建管理制度的创新和实践过程。纵观国企党建多年来形成的许多工作方式和流程,有的单位仍停留在较为粗放的管理模式上,这显然与企业转型发展要求的精细化标准管理要求不匹配。实施党建标准化,就是要把党建工作中责任部门(责任主体)的权利义务、工作的规范流程及效能评价等,用文件体系制定固化下来。使这一系列的"标准化"党建工作成为"刚性"制度,一并纳入企业精细化管理范畴,成为企业的统一思想、自觉行动。

对照集团制定的标准化党建工作基础指标,在2016年内,需强化形成"制度标准化"的重点内容有:"一项党建主题",即按照集团党委确定的党建主题活动,结合自身实际和党建工作特色,每年确定一项党建工作主题。"一项专项突破行动",即结合党员"承诺、践诺、评诺",各基层党支部围绕本单位中心工作和年度重点工作,每年确定至少一项专

项突破行动，聚焦重点，专项突破。"一项关爱机制"，即建立"党支部关心党员、党员关心群众"的关爱机制，及时了解需求，予以思想解惑、事业扶助、困难帮扶等。"两次工作通报"，即按照党员"三先"的要求，党支部做好党务公开工作，加强日常工作通报，每年至少两次向党员通报公司（院）、部门中心工作及推进情况。

长期以来，环境院重视对党建工作实践成果的总结和提炼。以探索关爱型党组织建设为例，院党委围绕国企转型发展的中心任务，结合建设"关爱型、服务型"组织的党建特色，在历年工作积累的基础上，自2014年起，采取设立课题，边实践、边积累、边研究的方法，并尝试创建了环境院"企业关爱指数测评体系"。让来自组织的关爱和服务更加贴合实际，让"关爱型、服务型"组织建设工作可量化、可核查、可考核；进而深入推进党的建设，促进发展和效益。

在形成以"标准程序"的形式对党组织开展的各项工作进行规范和固化的同时，必须强调"严以用权"。在实际工作中，要清楚看到权利周边的"警戒线"和"高压线"，树立科学的政绩观，踏踏实实地干事创业；更要多下基层接地气，直面群众听心声；还要勇于直面困难，做到为官一任、造福一方。要始终紧扣勤勉有为，自觉地用党规政纪规范约束自己的言行，做政治上的"清醒人"、经济上的"清白人"和作风上的"正派人"。为实现党建管理制度标准化、程序明晰化、运行规范化、工作高效化提供最坚实的保障。

三、以"严以律己"为准绳，强化组织工作标准化

严以律己是谋事做人的行为准则，更是做好新形势下组织工作的重要基准。要在加强党组织自身建设、推荐选用优秀人才、从严管理党员干部队伍等方面，切实做到真管真严、敢管敢严、长管长严。

在量化的党建"标准化"指标中，对健全"一个支委班子"、完善"一套党员发展工作流程"、优化"一支人才梯队"以及开展"一次民主评议"等方面作了具体要求。使基层党组织在加强纵向组织体系建设和横向组织架构建设，加快人才队伍建设，强化党内评议监督等工作内容有标准、有方向、有依据，由"松散无序"变"紧密有序"，有效提高党建工作的科学化水平。

强化组织工作标准化也是进一步加强基层服务型党组织建设的需要。以服务型党组织标准化创建引领基层党建工作，并逐步形成以党组织服务党员、党员服务群众、党建工作服务生产经营的工作格局。为满足基层党建工作的新要求，党组织在实行标准化建设后，工作要尽可能地要细化量化：要加强支部建设，强化支部书记"第一责任人"意识。通过深入基层、扎根于职工群众的生产生活的丰富实践，进一步提升为民服务的能力。要严把党员"入口"关，把服务型党组织标准化建设内容，纳入党员干部经常性学习实践的必修课。使每个党员牢记自己党员的身份，做到"严以律己"。在各自的本职工作中发挥明显的作用，努力使自己成为业务骨干、岗位能手和服务标兵。要以党支部作为推进"标准化"党建工作的着眼点和落脚点，把建章立制等基础工作落实得好，三会一课等党内组织生活坚持得好，宣传教育引领得好，推动企业生产经营目标的实现。

"三严三实"专题教育工作，是对党员干部修身做人、为官用权、谋事创业提出的具

体要求，更是党员干部检验自身党性修养和言行举止的一把尺子、一面镜子。面对党建工作新要求，要做到善于思、勤于学、躬于行、廉于身。我们要以探索推行基层党建工作标准化管理体系建设为契机，从完善党建工作的基础内容、领导责任、机制创新和民主考评四个体系入手，不断提高工作的规范化、标准化和制度化水平。

(作者：上海现代建筑装饰环境设计研究院有限公司党委书记)

坚持三个重点通过"两学一做"活动完善党的群众路线教育的长效机制

赵 萍

按照党的十八大提出的要求，2014年我们重点开展了以为民、务实、清廉为主要内容的党的群众路线教育实践活动。作为管理国有房产和参与民生工程的物业服务企业，这项工作对推进我们长春房地集团物业总公司健康持续发展起到了重要的作用。但如何巩固群众路线教育的成果，将群众路线教育与"两学一做"活动相结合，与提升服务员工、服务百姓、服务社会的能力相结合，通过群众路线教育实现统一思想、打造队伍，是思想政治工作者需要重要思考和解决的问题。

一、坚持思想建党，提高认识，用群众路线的精神统一思想

思想是行动的先导。坚持党的群众路线，首先要坚持思想建党。要想做合格党员，首先要做到思想统一，统一到党章党规的要求上来，统一到习总书讲话的要求上来。

作为窗口单位的党员，学党章学讲话的最终目的就是要坚持和传承党的传统，把爱民、惠民的理念在工作中体现出来。把争做合格党员和发扬党的群众路线结合起来，真正意识到坚持、实践和传承党的群众路线，既有深厚的历史文化渊源，更有迫切的现实形势要求。

1. 学党章，领会坚持群众路线的历史意义

通过在"两学一做"活动中开展书写党章，学习党章，使党员们明确我们党取得革命胜利的三大法宝之一就是"密切联系群众"。古来就有"民可载舟也可覆舟"的道理，近现代新民主主义革命、改革开放和社会主义现代化建设等伟大事业，都是人民群众作为推动历史前进的唯一主导力量。

从"全意为人民服务"到"做任何事情，都要首先看人民满意不满意、答应不答应、拥护不拥护、赞成不赞成"，从"根本上说，政治问题主要是对人民的态度问题"到"实现好、维护好、发展好最广大人民根本利益"，再到"人民对美好生活的向往，就是我们的奋斗目标"，虽然表述不同，但思想始终如一，就是一定要坚持党的群众路线，这也开展党的群众路线教育的深远意义。

2. 学讲话，理解坚持群众路线的现实要求

习总书记在"十八大"讲话中提出的党和国家"两个一百年"奋斗目标，提出了我们在执政路上的"四大考验"和"四大危险"，这些要求我们必须时刻坚守党的根本工作路线，牢牢把握贯彻群众路线的重大原则，增强群众工作意识和群众工作水平，为推动党和国家事业不断发展提供支持和保证。

近年来改革的深化、经济的进步、生活的提高，复杂的国际环境，社会上负面因素的存在，对党员干部的党性考验更加严峻。个别人抵不住利益的诱惑，思想有变化、行动有偏差，极个别人最终脱离群众、走向对立面，形成了极坏的负面影响。在全党深入开展以为民务实清廉为主题的党的群众路线教育实践活动，正是我们党信仰坚定、理论自觉、自我提高、知行合一的必然要求和实践反映。

我们要通过学习讲话，真正理解习近平总书记指出的"崇高信仰始终是我们党的强大精神支柱，人民群众始终是我们党的坚实执政基础，只要我们永不动摇信仰、永不脱离群众，我们就能无往而不胜"。

3. 做合格党员，明确坚持群众路线的发展需求

要使党始终经得起历史的检验，前提是党员队伍经得起群众的检验。做合格党员，首先就要做一个群众满意的党员，牢固树立为民务实清廉的价值追求。

我们长房集团作为国有相对控股的企业，做合格党员，就是要自觉地担起政治责任、经济责任和社会责任，就要始终保持企业发展的正确方向，发展企业、助力民生。

党员领导干部要落实好全心全意依靠员工办企业的方针，不负党和国家重托；

党员要带头坚定理想信念，坚持人民至上、百姓至上，坚定奉行社会主义核心价值观。

党员队伍要统一思想，通过我们扎实有效的工作，体现党的群众路线精神，以思想纯洁保障作风纯粹，永远拒腐防变，永续推进发展，始终做到为民务实清廉，展示优良作风形象。

二、用群众路线的标准选人用人，用群众认可的标准争做合格党员

群众认可的党员就是合格党员的最低标准，群众公认的干部就是合格的领导干部。把群众认可的人选拔出来、使用起来，既是群众路线对选人用人标准的要求，也是在国有企业扎实落实群众路线、做合格党员领导干部的一个措施。

1. 把践行群众路线作为合格党员的首要标准

干部的作风形象就是一面镜子，具有示范效应和导向作用，它既反映党风、也体现政风、更引领民风。国有企业要实现科学发展、自主发展、率先发展面临诸多挑战，迫切需要一大批群众基础扎实、思想素质优异、业务本领高超、工作作风过硬的优秀干部。企业在选拔后备干部、考察拟任人选的先决条件之一就是看群众观念是否强烈、群众基础是否扎实、群众工作能力是否突出，确保选出的干部群众认可，选一个人就树一面旗、就带动一方。

衡量合格党员的标准，应当紧紧围绕"为民"的情感、"务实"的担当、"清廉"的形象，把定性评价与量化考核充分结合起来、侧重量化考核，着力实现作风标准从抽象概括向具体规定转变，从宏观描述向微观评价转变，树立党员队伍的正形象，传播干事创业的正能量。

2. 把践行群众路线作为合格党员的基本原则

在评价党员上，群众的参与必不可少，群众的意见不可或缺。加大群众对党员作风形象、能力素质、工作业绩的评价，让群众决定党员领导干部的奖与罚、去与留，促进干部

自觉接受监督、努力提高自我。

坚持群众公认、依靠群众评价、接受群众监督，是党员民主评议工作的宝贵经验，是党的群众路线在党员队伍建设中的必然反映。特别是对国有企业来讲，一定要在员工广泛参与下，通过评议把那些具有战略决策能力、把握市场能力、推动改革能力、应对风险能力、抓班子带队伍能力的优秀党员领导干部大胆使用起来。赋予群众更大的知情权、参与权、选择权、监督权，选出作风硬、业绩好、群众认可的党员领导干部，带出一支凝聚力、感召力、带动力强的党员和员工队伍。

三、坚持注重实效，用群众路线的观点推动发展

解决党员和领导干部中存在的"四风"问题，解决百姓关注的焦点和热点，明确发展的方向和重点，坚持立行立改、专项整治、集中整改，是群众路线教育的重要内容，也是做合格党员的基本要求，更是推动发展的长远要求。

1. 加强作风建设，是做合格党员的基础

检查"两学一做"成果的标准之一，就是看领导干部的作风建设情况，看党员队伍的凝聚力和执行力。"八项规定"令行禁止，反对"四风"新风扑面，震慑曝光违法违纪行为，切实解决了一大批人民群众反感大、抱怨多的突出问题，"舌尖上的浪费"、"车轮上的腐败"、"态度上的冷漠"等等，得到坚决制止和纠正。多名官员因被举报或涉嫌违纪遭查处，腐败官员被秒杀，防腐的列车在提速，活动赢得了人民群众的"满意"、"答应"、"拥护"和"赞成"，这些都是群众路线教育和两学一做活动的阶段性成果。

2. 关注民生问题，体现合格党员的价值

百姓关注的事就是大事，百姓反应强烈的事就到着力解决。做合格党员，需要真诚拉近与人民群众的情感距离，树立强烈问题意识，始终坚持问题导向，有什么问题就解决什么问题，什么问题突出就首先解决什么问题，老老实实为人民群众办实事、解疑难，用具体的"事"支撑作风的"变"，用作风的"变"回应群众的"盼"，不断让人民群众获得更多的真实惠。

存款达1600万陕西微笑局长的职务腐败，"地沟油、瘦肉精"等食品安全问题，郭美美引发的慈善危机，以及各个领域一系列的潜规则等群众关注反映强烈的社会现象和问题都得到了遏制和解决，许多负面现象都将成为历史，慢慢淡出大家的话题。而"美丽中国"、"生态文明"、"人民福祉"和"精神幸福指数"这些词语不再是一个美好预期，真正成为未来生活的一部分。

"两学一做"活动的最终目的是发挥党员群体的创造活力，破解改革难题、发展矛盾、稳定隐患，为经济社会发展提供深厚动力和不竭源泉，确保党和国家事业健康发展、持续发展，实现国家富强、民族振兴和人民幸福的中国梦；实现行业进步、企业发展和员工成长的创业梦；实现国有企业和员工"做强做优、争创一流、幸福富裕"的发展梦。

（作者单位：长春房地集团物业总公司）

"两学一做"关键在落实

刘中意

广西建筑业国有施工企业是当地行业的龙头老大，是本省建筑施工的主力军，拥有员工 30 多万人。施工队伍主要分布在广西境内，兼有省外、国外多个施工点，具有点多、面广、线长、人员分散的特点。单位建制为集团、总公司及属下子公司、分公司乃至项目，分别设有各层级党组织约 2100 多个，现有党员约 10 万多名。近年来，广西建筑施工企业各级党组织围绕党的中心，深化企业改革、服务职工和经济建设大局，为此而开展了丰富多彩的党员教育管理活动，特别是近期开展的"两学一做"学习教育，尽管发展不平衡，但个中仍有所积累、有所建树、有所启迪。现从实践的观点、总结的角度、经验的获取出发，挖掘、概括具有代表性、生命力、承前启后意义的典型与经验。

总揽全局，吃透中央的精神

在开展"两学一做"、党员教育管理一系列工作与活动中，但凡有成者，都有一个共同的特点：有一套行之有效的办法并取得显著绩效。主要践行了"一保、二引、三抓、四要"的做法。"一保"就是保证吃透中央精神。"二引"就是把全体党员的思想、行动引导到中央有关精神和应时的战略部署上来，在思想上、政治上、行动上引导到同党中央保持高度一致上来，形成"上下同欲"的政治环境。"三抓"就是抓组织。从集团、总公司到子公司，从分公司到项目乃至合作建设的兄弟建设单位、施工单位，分别设立了党委、党总支、党支部、党小组、联合党小组等，形成了横到边、纵到底的党员管理网络；抓调研。企业三级党组织建立基层联系点制度，定期深入调研，掌握第一手资料，形成党员教育管理和"两学一做"的科学决策；抓讨教。各级党员领导干部、党务部门骨干，深入党员和职工群众，以促膝谈心、召开座谈会等形式，诚心讨教，起到了集思广益的作用。"四要"就是要从现阶段的党的理论、中央有关精神中去要方向、路径、办法等；要切实可行的整体实施方案；要解决党员实际问题的效果；要行业、企业的丰硕成果。近年来，广西建筑行业多家国有施工企业党组织先后获得全国、广西党建工作先进单位等多项殊荣。

端正学风，建学习型党组织

核心做法是，本着"软、硬件共建"的精神，采取有力措施，以正学风。硬件方面：主要实施了"设、立、建、成、坚""五字工作法"。即：设置应时（重要学习、教育时期）领导小组，下设办公室；确立建设学习型党组织的目标与任务；建立党员书屋，建立党员工地阅览室；成立中心学习组（扩大）、成立党员学习小组，成立党员读书恳读会；坚持"三会一课"制度，坚持党员教育培训制度，坚持党员学习考试、测评制度，坚持党员学习教育检查制度。软件方面：主要实施了"带、巡、学、讲、读、研、开、演、抢、寓""十字工作法"。即：党员领导带头学习，率先垂范；从集团、总公司到子公司、分公司，层层组织理论巡回辅导小组，深入基层、工地宣讲；党员以自学为主，集中学习、上大课为辅；举办专题理论辅导讲座；中央领导重要讲话、中央文件精神、党章党规，都要通读，以为谨记；举办党员专题学习研讨会；开设企业报纸、杂志、橱窗、网站、工地板报学习园地与专栏；实施演讲比赛；组织党的基本知识抢答与测试活动；寓教于乐，在党日外出活动组织丰富多彩的围圈答题、重温入党誓词、参观红色教育基地和实地上应景党课等。"软硬件共建"经不断实践，在党员中形成了"以学为尚、以学为智、以学为先、以学为荣"的良好风气，与业界一起创建了多家全国、省级学习型党组织，学习型优秀企业。

务实教育，解决好思想问题

既注意抓好共性教育，也认真抓好个性教育。共性方面：面上经常性教育，无论以何种载体或形式，都做到灵活地将党的宗旨、理想信念、党章党规，特别是习总书记系列重要讲话精神穿插进去，对重要内容、重要警句进行反复宣传学习教育。个性方面：从建筑行业运作特性与工作特点出发，主要采取了"警、必、导"的做法。"警"即每年开年之际，就组织管人、管物、管财的党员管理人员，召开"防微杜渐警示教育大会"，组织反腐倡廉法制宣传挂图的驻地、工地巡回展。组织典型反面教材的电教片巡播，特别是大力宣传学习中央的八项规定和"五个必须"等，真正使党员警钟长鸣，消弭吃、拿、卡、要现象。"必"即坚持开展"六必做"活动，体现基层党组织关心爱护党员的优良传统。做到了：党员在远征工地特别是遭遇自然灾害时，必须做好看望慰问与救助工作；党员生活工作遭遇困难挫折时，必须做好发动捐助和上门帮助工作；党员家属亡故时，必须做好到访安抚工作；党员生日之际，必须做好祝贺工作；党员有思想问题时，必须做好教育转化工作；党员在生产中取得可喜成绩时，必须做好表彰鼓励工作。"导"即因势利导，引导企业党员立足行业、立足本职、立足岗位，以焦裕禄、杨善洲、谷文昌及身边党员先进典型为榜样，奋力拼搏，为企业深化改革、经济发展、和谐稳定做出应有的贡献。

开设平台，让党员大显身手

紧密结合实际，开设多样性平台，充分发挥党员的先锋模范作用。一是开设企业总平台，全体党员紧紧围绕"创年度经济效益杯、安康杯"，围绕又好又快突破全年经济技术指标开展劳动竞赛活动。二是实施项目党建标准化管理。三是在企业职能服务部门和项目部开展"三争三创"，即争当岗位能手、争当管理好手、争当创效高手；创优质品牌项目、创高效服务部门、创务实精干团队的主题实践活动。四是组织"项目党员服务站"，不断丰富其内容和实践。根据重点工程建设、高效低耗、绿色施工、质量安全、科技创新、美丽工地等要求，组织党员积极开展"施工项目创佳绩，一线岗位争先锋""一名党员就是一面旗帜"和"创工地金牌党员"诸项活动。成立了党员任务突击队、科技创新攻关队、志愿者服务队和安全生产宣讲队，设立了党员先锋岗、安全示范岗、青年文明号等，收效较好。一大批项目党员服务站受到政府主管部门的肯定与表彰。五是开展"和谐在企业、和谐在项目、和谐在社区、和谐在社会"活动，党员踊跃投入，努力做好职工维稳、协助处理农民工工资、调解邻里关系，带头为灾区和山区贫困孩子捐款捐物等，以实际行动构建企业内外和谐。

完善制度，建立起考评机制

在党员教育管理中主要形成了以下考评机制：一是修订完善党员教管制度。与时俱进，全部重新修订完善了党员学习、教育、培训、使用、廉洁、纪律、作用、考核、晋升等一系列配套制度，基本上消除了旧制的不适应性，体现了新、简、易、实的特点。二是实行全年工作考评。从集团、总公司到子公司、分公司基层各级党组织，组成年终党建、党员教育管理工作检查考评小组，对年度各项台账资料进行检查评分。三是发挥群团组织作用。抓好组织发展源头，依靠群团组织做好推优育苗工作，实行跟踪培养，严把入党质量关。四是做好深入考察工作。组成党员考察小组，日常深入到基层，驻外分公司和远征工地，深入到职工群众中，采取"听、问、访、察、比"的方法，深入了解党员各方面的表现并做好备案工作。五是重用党员突出"实"绩。发现"七实"，即对党忠诚老实、工作能力实、深入工作实、密切联系群众实、执行党纪国法实、谋事干事办事处事实、业绩实的党员，予以优先考虑重用。六是积极宣传先进党员。运用企业电视、报纸、杂志、驻地橱窗、职工网站、工地里板报和新闻媒体等手段，认真做好策划，组织力量采写，大力宣传在"三个文明"建设中涌现出来的党员先进典型。七是大力表彰先进典型。对在生产经营、遵法守纪、党建暨思想政治工作中、群团工作中，作出突出贡献的党员和在党员教育管理中成绩显著的党组织，均予以表彰、奖励，并形成制度。

管好党员，严肃党纪和国法

坚持"预防为主，严惩为辅"的党员教育管理原则与办法。预防方面：施工企业党组织层层签订年度党建目标管理责任状；与公检法机构联手，实施"三个共同"，即共同开会研究一个时期、一个阶段预防工作主题，共同制订预防党员职务犯罪实施方案，共同选专题举办法制讲座；认真组织了"六五"普法学习，特别是经常聘请专家就经营、质量、安全和民工管理等问题，给基层、机关部门党员骨干上法制辅导课，促进党员知法、懂法、尊法、畏法、执法、守法；印制《廉洁从业工作手册》，分发给企业党员，指导廉洁从业；按照建筑行业、施工企业的特点制订"约法三章"，作为党员教育管理系列实施办法下发执行。严惩方面：建立信访、党员监督管理制度，设立举报箱、检举电话，发现违反党纪国法者，绝不姑息养奸。近年来，违反党纪、触犯国法的党员分别受到了党内处分和法律的惩处。

(作者单位：广西建工一建)

做严明党的纪律和规矩的表率

郝晓华

《习近平关于严明党的纪律和规矩论述摘编》，是党员干部学习习近平总书记系列讲话的重要读本，是系统学习总书记谈治国理政方略的重要组成部分，是落实全面从严治党的重要遵循。

一、纪律和规矩是维护团结统一的根本保障

政治纪律是最重要、最根本、最关键的纪律，遵守党的政治纪律是遵守党的全部纪律的重要基础。党的性质、地位和使命，决定着全党必须严守政治纪律和政治规矩，必须用铁的纪律维护党的团结统一。当前，世界格局发生"新变化"，国内经济进入"新常态"，改革攻坚进入"深水区"，依法治国进入"新时代"，从严治党进入"新阶段"，要求我们要比以往任何时候更加维护党的集中统一，更加严明党的政治纪律和政治规矩，才能形成强大的力量，将"四个全面"战略布局和实现中华民族伟大复兴"中国梦"不断推向前进。

严守党的纪律和规矩是我们做好各项工作的首要前提。当前，太原市政管理处的发展正处在机遇和挑战并存的紧要关头，中央城市工作会议的召开和《关于进一步加强城市规划建设管理工作的若干意见》的出台，对市政设施管养工作的要求越来越高，政府和市民对市政工作的期待也越来越大，各项工作推进也越来越不易。越是在困难加大、民生建设加码的情况下，越是要强化党的纪律和规矩的严肃性，带领和依靠坚强有力的干部队伍，把省、市、管委的精神与实际工作有机结合起来，以高度的政治责任感和担当精神去攻坚，去创新，为打造智慧城市、智慧市政积极努力。

二、纪律和规矩是领导干部党性原则和政治品格的高度体现

政治纪律和政治规矩体现了全党的意志和要求，是全体党员政治行为准则。能否做到守纪律、讲规矩，反映了党员干部的党性觉悟和政治品格，检验着对党是否忠诚。太原市政党委围绕"严以律己，严守党的政治纪律和政治规矩，自觉做政治上的'明白人'"这一主题，组织中心组成员召开领导班子研讨交流会，对严守纪律和规矩的丰富内涵，以及如何做到有规矩、守纪律进行座谈。从理想信念、遵纪守法、党性原则等方面举一反三、检身正己，深入查摆剖析，深入总结反思，做了一次深入的政治体检，共同经受了一次深刻的精神洗礼，一致认为守纪律是底线，守规矩要靠自觉，要用道德力量提升党员干部素质。

党员领导干部要"讲党性、重品行、作表率",那就必须严守党的政治纪律和政治规矩,这既是党性的重要体现,也是做好其他工作的基础和保证。党的纪律和规矩不是一种束缚,而是党员立身的重要标尺,是指导自身工作、生活和学习的方向标。如果党员干部在这个问题上做不到、做不好,不拿党的政治纪律和政治规矩当回事,在重大原则问题上立场摇摆,那就是在党性原则和政治品格方面出了问题,任其发展下去,就会对党离心离德。党员领导干部要有"上善若水"的境界,"虚怀若谷"的胸怀,"尊道贵德"的品位,"以上率下"的行动,严守党的政治纪律和政治规矩,坚持党的原则,只有这样才能做一名合格的党员干部。

三、纪律和规矩是检验理想信念和履职尽责的利器

政治纪律和组织纪律就是最大的规矩、最基本的规矩,党员领导干部要以思想自觉引领行动自觉,强化纪律规矩意识,知关节,得要领,把严守党的纪律和规矩落实到工作中。

一要涵养思想自觉,坚守责任担当,让党的纪律和规矩真正在头脑中立起来,做学习的表率。思想是本,行动是形,本正则形立。以思想自觉引领行动自觉,关键是要用好思想建党这个"传家宝"。要把学习《习近平关于严明党的纪律和规矩论述摘编》贯穿到学习的始终,不断增强全处党员领导干部的政治警觉性、政治鉴别力。要认真开展"学系列讲话、学党章党规,做合格党员"的"两学一做"活动,使广大党员尊崇党章、严守纪律,明底线、知敬畏。要在职工中加强警示教育,以典型案例和身边的违纪违法案件为反面教材,汲取教训,引以为戒,使党员干部职工在认识上真正清醒起来,在思想上真正警觉起来,坚持高标准和守底线相结合,向善向上,筑牢拒腐防变的思想道德防线。

二要强化制度自觉,实行精细管理,让党的纪律和规矩真正在履职中抓起来,做守纪的表率。要落实从严治党主体责任,强化党委的政治核心作用,把党要管党、从严治党方针落实到管养发展的各方面和全过程。要持续优化工作机制,细化主体责任清单,强化责任追究机制,在实行"一岗双责"管理机制的基础上,2016年,要进一步加大源头防控风险,重点加强对人、财、物管理重点环节以及决策程序的监督。把《党建工作流程》各项制度落实到自己分管的各项工作中,打好集体领导不松手、班子成员齐上手、一把手抓一把手的"整体战"。要不断加大责任落实力度,细化工作支撑、逐级传导压力。建立健全报告制度、约谈制度、公开承诺制度、明察暗访制度和党风廉政建设责任制监督检查考核办法等,抓两头、促中间,推动整体工作开展。及时发现典型,总结经验,进行推广。

三要引领行动自觉,提升管养水平,让党的纪律和规矩真正在决策中用起来,做服务的表率。要坚持服务"五城联创",不断提升驾驭能力。结合"五大发展"理念,按照上级关于全国文明城市创建工作的要求,坚持站在全省乃至全国的大格局中思考单位党建工作发展方向。围绕冬季行动、春季清淤、雨污分流、架空线缆、防汛抢险、桥梁维护、地下综合管廊、"市政公用服务进社区"等管养中心,努力实现创建工作台账化、档案电子化、创建网络化、考核数字化和管理动态化。要坚持服务全处工作,不断提升创新能力。打造"1234"智慧市政:即,一个智慧市政指挥中心,两个服务平台、三个网络集群、四个民生通道,形成全方位、立体化的市政新格局。要坚持服务市民群众,拓展服务群众的

渠道。继读引深处"市政服务进社区惠万家"和"党员志愿服务"活动，切实提高全处广大党员的整体素质，以点带面，推动工作，形成"马上就办，真抓实干"的处风，全力以赴抓发展、促中心，为市民群众服好务。

知律而明责，自律而正身。党委书记要始终把纪律和规矩落到具体行动中，管好班子，带好队伍，为市政管养事业的健康发展奠定扎实的基础。

（作者单位：太原市市政公共设施管理处）

新时期加强全省城乡建设系统新闻宣传和舆论引导工作的调研报告

浙江省建设政研会课题组

习近平总书记指出,做好党的新闻舆论工作,事关顺利推进党和国家各项事业。新常态下,城乡建设领域已经成为经济建设的主战场、改善民生的主渠道、生态文明建设的主力军、依法治国的主抓手和经济转型升级的主载体,成为宣传舆论的焦点和热点领域之一。尤其是新媒体宣传舆论互动性、快捷性、全域性、大众性、多元性的特点,给住房城乡建设改革发展提出新的挑战。为此,省建设厅组织课题组分赴省内 11 个地市实地调研,发放 2000 余份问卷调查,以专家咨询、座谈交流和在线讨论等形式,广泛吸纳各方意见,并进行分析研究,就新时期加强和改进全省城乡建设新闻宣传和舆论引导工作提出初步的设想和对策。

一、全省城乡建设系统新闻宣传和舆论引导工作的现状及主要做法

近年来,全省城乡建设系统在省委、省政府的坚强领导下,顽强拼搏,特别是面对"三改一拆"、"五水共治"和"小城镇环境综合整治"等系列环境整治"组合拳",全省系统上下攻坚克难,奋力争先,相继夺取了一个又一个胜利,有力提升了系统的社会影响力。这些成绩的取得,离不开全省系统新闻宣传和舆论引导,离不开风清气正的舆论环境,舆论宣传工作发挥了举足轻重的作用。

一是明确责任抓落实。我省城乡建设系统各部门各单位认真履行意识形态工作责任制,建立完善"一把手"负总责,分管领导负线责,职能部门负点责的"责任链",把意识形态工作作为党的建设和政权建设的重要内容,摆上重要议事日程,纳入年度工作,纳入领导班子、领导干部管理,做到同部署、同落实、同检查、同考核。研究完善《浙江省住房和城乡建设厅意识形态工作组织领导与责任分工规定》,厅党组书记与党组成员,党组成员与分管的机关处(室)党支部书记和直属单位党委(总支、支部)书记,分别签订了意识形态工作责任书。同时,建立完善舆论宣传和意识形态工作形势分析、研判、会商、报告等工作机制,确保责任落到实处。

二是突出重点抓声势。近年来,按照省委、省政府的统一部署,全省城乡建设系统紧紧围绕"三改一拆"、"五水共治"、"四边三化"、"小城镇环境综合整治"等重点工作,发挥各种渠道,加大宣传力度,造声势、营氛围,广泛争取群众的理解、参与和支持,确保各项工作稳步、有序、有效推进。温州、义乌等地在推进"三改一拆"专项行动中,声势大,成效好,先后召开了全省乃至全国的拆违治违工作现场会,创造了拆违治违鲜活经验,打响"拆违治违"环境综合整治浙江品牌。同时,各地结合行业特色,以城镇化、城

乡规划、建设、管理、保障性安居工程、建筑业、建筑节能、房地产宏观调控等为题材，分别在新华社、《人民日报》、《浙江日报》和《中国建设报》等主流媒体进行刊载，如央视对宁波市引入PPP模式治理内河、桐庐县美丽县城建设、义乌国际小商品市场建设等作了系列报道，提升了我省城乡建设工作的影响力。

三是多措并举抓推动。采取借力宣传与自力宣传相结合。一方面，各地积极借助中央、省级等主流媒体开展系列宣传报道。另一方面，各设区市规划、建设和城管等部门均创办了杂志、官方网站，供水、环卫、园林等协会还创办了行业报，有些机关和企事业单位开通了"微博"、"微信公众号"等新媒体宣传平台。据不完全统计，全省系统已注册的官方网站620个，报刊160多份，近3000名的通讯员和网络舆情引导员。近几年，省建设厅组织了全省系统"最美建设人"、"优秀服务窗口"等各类评选表彰活动，杭州市开展"当好东道主、喜迎G20"系列宣传活动，宁波市举办"城管好声音"歌咏比赛，温州市组织"媒体聚焦城市建设新亮点主题宣传活动"等，全面展示全省系统广大干部职工走在前列、干在实处的良好精神风貌。

四是完善机制抓长效。从调查的情况来看，全省城乡建设系统十分注重制度建设，建立健全领导班子统一领导、分管领导重点跟踪、职能部门统筹协调的舆论宣传工作机制，制定出台舆论宣传工作意见，明确细化工作任务，建立完善定期分析、情况通报、教育培训、督查考核等工作制度，切实推动宣传舆论工作制度化、规范化和长效化，确保新闻舆论宣传有条不紊、有章可循。如宁波城建城管系统建立的宣传工作例会制，衢州建设系统利用新媒体助推公共服务的做法都产生了良好宣传引导效果。

二、全省城乡建设系统宣传舆论工作面临的主要问题

随着城乡建设事业的蓬勃发展，新闻宣传和舆论引导工作的地位更加突出，任务使命更加繁重光荣。虽然我省城乡建设新闻宣传和舆论引导取得了一定成效，但离新媒体时代的发展要求，离城乡建设工作日益繁重的职责任务，还有诸多不相适应的地方。

一是思路理念需要提升。从调查问卷看，87%的城乡建设从业人员认为领导对舆论宣传工作的思路理念、重视程度需要转变；41%的认为要增强城乡建设舆论宣传的传播力，33%的认为要关注社会热点，14%的认为加强网络沟通，12%的认为要选准宣传重点。但从实际情况看，有的单位对新闻宣传工作重要性认识不足，主动发声作为的意识不强；新媒体时代舆论宣传工作定位不够精准，新技术、新平台、新模式推广运用节奏慢、力度小，新闻传播、信息发布的传播力、影响力有待于进一步提升。

二是方式方法创新不够。问卷调查中了解到，普遍认为新媒体对城乡建设监督渠道更多了，建言献策方便了，了解信息更快了，但如何提升城乡建设舆论引导能力，89%的人认为要重视新媒体宣传，建立多维度的"大宣传"格局。从面上看，还缺乏整体策划，一般报道的多，主题策划的少；机械式被动应付的多，系统性主动安排的少；宣传形式方法单一，习惯于依赖传统媒体，而忽视对新媒体宣传路径、方法、效果的深层探索。

三是舆情处置能力不强。信息化条件下舆情监测手段落后，专业技术人员缺乏，对重要负面舆情的跟踪、研判和应急处置的能力不强，特别是对征地拆迁、危旧房改造、城管、房地产业、城市拥堵等方面的不良舆情信息主动介入，积极引导还不够有力，往往工

作比较被动。缺少实践经验，对网络一些不良言论或谣言，反应不及时，对一些民生诉求没有做到第一时间回应。

四是队伍能力素质滞后。队伍建设整体滞后，结构不科学，专职人员偏少，经费投入不足，通讯员、网络舆情引导员缺少专业教育培训，业务水平还不能完全满足新闻宣传和舆论引导工作的需要。特别是基层懂宣传、会宣传的骨干力量欠缺，兼职的问题比较突出。

五是发展均衡亟待强化。从调查情况来看，地区之间、行业之间发展不平衡的问题相对突出。如杭州、宁波市的组织体系相对完整，力量配备也尽合理，新闻宣传开展有声有色，舆论引导力较强。而一些边远地区或欠发达地区舆论宣传工作还有欠缺；涉及民生实事的给排水、市政园林等行业舆论宣传成效显著，而规划、建筑等行业还需进一步加强。

六是运行机制有待完善。调研中发现有的单位信息宣传考核通报奖惩制度不健全，落实新闻发布会制度不规范，对城乡建设领域的重大政策，第一时间对外发布的时效性还有待于进一步加强；有的单位没有建立长远性舆论宣传规划，机构、人员、资金、办公场所、平台建设等方面缺乏制度保障。激励机制没有有效形成，舆论宣传工作积极性不高，导致不少年轻人不愿、不想、不肯担负舆论宣传工作。

三、全面加强和提升我省城乡建设系统新闻宣传和舆论引导工作的对策建议

当前，住房城乡建设领域改革已步入深水区，社会利益多元、价值观多元、传播渠道多元，都对城乡建设新闻宣传和舆论引导提出了新的更高要求。要按照习近平总书记在党的新闻舆论工作座谈会上的重要讲话精神为指针，结合工作实际，扎实补齐全省城乡建设新闻宣传和舆论引导工作短板，为全面保障和推动城乡建设事业发展营造风清气顺的良好舆论环境。重点做好六个方面的工作：

一要强化顶层设计，厘清责任目标。各部门各单位要加强对全省系统新闻宣传和舆论引导工作的组织领导，建立健全工作责任制，明确分工，落实责任。各级党组织书记切实担负起意识形态第一责任人的责任，分管领导要严格履行好职责范围内新闻宣传和舆论宣传引导工作，各职能部门要周密计划，层层传导责任和压力，确保舆论宣传工作责任到边到点。各设区市主管部门既要抓好机关和直属单位，也要组织部署所辖县（市、区）系统行业开展舆论宣传工作，有力形成上下系统联动抓落实的良好工作格局。要加强宣传工作动态管理，在一定范围适当公布全省系统宣传信息采集、报道、转载等有关情况，并进行排名通报，起到激励先进、鞭策后进的作用。

二要拓展方法渠道，扩大社会影响。增强受众面，扩大影响力是做好新闻宣传和舆论引导工作的本质要求。当前，群众对城乡规划、建设、管理的政策法规高度关注，及时有效的宣传和引导工作十分必要。要重点加强三方面工作：一是做强传统媒体的宣传。要进一步加大对外宣传力度，加强与《人民日报》、新华社、中新社、《浙江日报》、《中国建设报》等国家和省级及所在地主流媒体的交流合作，采取签订战略合作、开设专栏、访谈约稿、重点选题策划等形式，加大规划、建设、管理创新举措和先进典型的宣传力度，切实提高城乡建设的知名度和美誉度。二是做实新媒体的宣传。因新媒体的信息量大、受众面

广、传播速度快、浏览便捷，已成为新闻传播、信息发布不可或缺的重要平台。要借助新华网、中新网、人民网、浙江在线及本地区等网络媒体的平台，策划一批有影响力栏目和主题活动，报道城乡建设工作动态，展示建设成果，增强城乡建设工作认同感。三是做精社交媒体的宣传。要办好用好行业系统报刊，搭建政策宣传、交流经验、学习借鉴的平台，创新行业文化、企业文化和工地文化。要建立完善"微博"、"微信公众号"及行业网站，并利用好手机短信、社区电子视频和宣传橱窗等平台，切实加强系统公共宣传阵地建设。

三要注重舆情管控，维护和谐稳定。城乡建设工作行业宽、涉及面广、政策性强，与群众生产生活息息相关，社会各界高度关注。要研究新媒体规律，建立舆论引导机制，完善网评体系，加强舆情管控，提高预警预测和引导处置能力。各地要因地制宜开发网络舆情智能监测系统，专人监测网络舆情，重点对涉及我省城乡建设工作的网站、论坛以及电视、广播、报纸等主流媒体进行实时监控，并对负面舆情进行跟踪、分析和处置。要完善新闻发布会制度，对于重要会议、重大政策和突发事件，及时发布权威信息，及时回应社会关切，努力实现新闻发言人及时发布权威信息，通讯员及时跟进报道，网络引导员及时传播好声音，舆情监测员及时处置有害信息，法律顾问及时有效管控络的工作格局。

四要加强教育培训，提升能力素质。通过业务培训、参观学习和技术练兵，尽快建立一支集采、编、摄、播于一体，并且能够熟练掌握和运用现代传播科技手段的多媒体舆论宣传队伍。要大力引进适应新媒体环境的管理人才、技术人才、宣传人才，为运用新媒体促进城乡建设事业发展储备人才力量。要充分发挥激励机制作用，定期开展评先选优表彰。通过三年努力，力争实现全省系统宣传信息员和网络舆情引导员5000名的目标。同时，积极引导宣传信息骨干着力在新闻宣传和舆论引导的"浓度"、"深度"、"精度"上下功夫，以此凝聚人心、鼓舞士气，营造良好舆论环境。

五要完善考评体系，增添内生动力。完善的考核评价体系，是新形势下推动新闻宣传和舆论引导工作活的因素。要建立一套行之有效的组织督导机制、执行评价机制和责任追究机制，省建设厅拟制订下发《浙江省城乡建设信息宣传工作考核评价办法》，各市也要参照出台相关考核办法。要制定下发《年度宣传报道要点》、《专项活动宣传实施方案》，发挥其导向和指导作用。要制定《新闻发言人制度》，完善舆论宣传管理制度，严格规范传播行为，加快实现新闻宣传和舆论引导管理方式创新。

六是创新体制机制，激发工作活力。健全的组织、机构、人员、资金和设施是做好新闻宣传和舆论引导工作的先决条件。要结合行业特点和工作需要，会同人事、组织、编办等有关部门选好配齐宣传干部。要加强教育培训，每年制定舆论宣传骨干教育培训计划，组织开展各类岗位练兵和实战演练，不断提高洞察力、分析力和应对能力。要加强经费保障，将舆论宣传工作经费列入本级财政预算，并安排好办公场所，配备摄像、照相、传真等相关专业器材。要加强督查考核，及时总结经验，表彰先进，并每年产生推出一批舆论宣传优秀成果。

（执笔人：魏光华）

加强集团思想政治工作服务企业深化改革发展
——关于加强和改进集团思想政治工作的调研报告

北京建工集团党委

思想政治工作是我们党的优良传统，是经济工作和其他一切工作的生命线，是我们党和国家的政治优势。"十三五"期间，全面从严治党的新的更高要求，深化改革与转型升级的重大历史使命，京外境外市场拓展的发展机遇，80、90后新生代的多元思想诉求，都对北京建工集团思想政治工作提出了新挑战、新课题。

为进一步加强北京建工集团的思想政治工作，更好地服务企业深化改革发展，北京建工集团党委于2016年4月—12月，成立了由集团公司党委副书记、工会主席焦玉锁为组长，集团公司公关宣传部李琼、奚海霞、张晓磊、陈彦鹏四名同志参加的课题组，对集团新形势下开展思想政治工作中的做法、成效和基本经验，思想政治工作面临的新问题、新形势，以及加强和改进思想政治工作的措施和建议等项内容开展了深入细致的调查研究。

调研主要采取三种方式开展：一是先后深入22家二级单位和北京城市副中心、新机场、"菜篮子"、亚投行等京内重点工程以及苏州、上海、海口3个区域分公司及区域内部分项目党支部实地走访；二是深入京内重点工程和3个区域分公司及项目党支部，先后4次召开有各个层面管理人员和职工代表参加的思想工作、企业文化建设座谈会。三是编制下发《集团思想工作调研》电子问卷，向宣传工作主管领导，专职宣传干部，京内、京外、境外基层党支部书记、项目经理、专兼职宣传员等人员发放，共回收问卷333份并进行全面分析。

在此基础上，课题组总结了集团思想政治工作的做法、成效与经验、不足，提出了面临新常态、新课题、新要求，加强和改进集团思想政治工作的建议，进一步以思想政治工作的引领力、凝聚力，服务推动集团改革发展。

一、集团思想政治工作举措与成效

1. 始终坚持思想引领，凝聚干部职工改革发展共识

近年来，集团思想政治工作始终围绕企业中心工作，服务发展大局，在加强思想引领、强化理想信念教育、提高干部职工素质、凝聚发展共识方面发挥了重要作用。

一是领导干部思想理论学习不断加强。紧密围绕中央、市委重大决策部署，深入学习贯彻党的十八大、十八届三中、四中、五中、六中全会精神和习近平总书记系列重要讲话精神，抓住"群众路线""三严三实""两学一做"契机，以两级党委中心组学习为龙头，带动基层党组织和党员职工的思想武装。坚持党委理论学习"一号工程"，"走出去，请进来"，组织举办"北京建工大讲堂"，促进了思想解放和观念更新。在集团带动下，各单位结合企业实际，搭建自有学习平台。地产公司党委组织开展"周末讲堂"，国际工程公司党委开展"国际大讲堂"，机关党委牵头组织"管理沙龙"等，有力提高了领导干部和广大职工的思想理论水平。

二是职工形势任务教育有效开展。紧密围绕集团各项重大决策部署，紧密围绕各项重点工作任务，利用局域网、《北京建工》报积极做好精神解读和分析，使形势任务深入人心。持续不断进行思想发动，召开集团"十三五"发展规划宣贯会，在全集团范围内组织开展"收官'十二五'共绘新蓝图""聚力'十三五'共筑建工梦——两转、两走、两聚、两创"等主题实践活动，统一了干部职工思想，激发了广大党员干部职工共谋企业发展的积极性和主动性。

2. 与企业文化建设结合，汇聚干部职工发展动力

企业文化是企业生生不息的灵魂。通过将企业文化建设与思想政治工作有效结合，企业文化对员工的思想凝聚作用得到进一步加强。

一是加强企业文化建设，为思想政治工作提供了新力量。集团在"十二五"期间对企业文化进行了整合提升，并进行了深入宣贯，"建德立业·工于品质"的企业文化得到了职工的广泛认同，据问卷统计，企业员工对集团主文化的知晓率超过90%，集团企业文化逐渐内化于心，外化于形，成为广大职工共同的价值取向和精神追求，进一步增强了全体员工的凝聚力和向心力。各二级单位将文化建设作为企业发展的一项重要任务，广泛开展文化活动，如修复公司将企业文化培训作为公司新员工入职培训的固定课程；四建公司在新机场安置房项目部会议室增设电子屏滚动播放企业文化理念；三建公司华东区域在上海SK大厦等工地现场建设企业文化墙等，有效促进了企业文化入脑入心。

二是加强精神文明建设，提升职工思想道德素质和科学文化水平。将培育和践行社会主义核心价值观作为职工思想政治工作的重要组成部分，贯穿到经营生产的方方面面。组建"北京建工宣讲团"，通过开展分众化、互动化宣讲，引导广大职工弘扬主流思想价值观，坚定理想信念，展现积极进取的精神风貌；开展"百场电影进工地"等群众喜闻乐见的品牌文化活动和"城乡手拉手"文明共建活动等，满足职工的精神追求；通过组织各种"职工大学""读书沙龙"等活动，不断培养职工的学习习惯，提升科学文化水平，汇聚集团改革发展的智慧与力量。

3. 坚持舆论引导，营造集团和谐发展氛围

"润物细无声"是思想政治工作所追求的境界。日常的关心关注、身边人物的影响带动，对强化思想政治工作推动经营生产、营造和谐发展的舆论氛围具有显著作用。

一是发挥榜样力量，唱响主旋律。集团各级党组织、各单位广泛通过选树优秀共产党员、优秀职工、劳动模范、杰出青年等各类先进典型，并通过报纸、网站、微信等"全媒体"宣传，教育引导广大职工向先进看齐，向身边榜样看齐。如结合提质增效要求，大力宣传报道创效典型项目、先进人物，倡导"盈利光荣、亏损可耻"的创效理念；结合抢险救灾援建等急难险重任务，报道优秀团队和感人故事，倡导"铁军"精神、国企担当。各单位也积极推进典型引路，如党校自制党员教育系列专题片《身边的榜样·学习的楷模》；一建公司开展"劳模讲传统"等活动。这些活动传播了正能量，树立了良好的价值取向，鼓舞大家投身企业发展，形成学习先进赶超先进热潮。

二是坚持以人为本，维护企业和谐稳定。尊重人是思想政治工作的主体和核心，各级党组织在开展思想政治工作中，把解决思想问题同解决实际问题结合起来，把维护职工切身利益作为思想政治工作的出发点和落脚点，增强职工群众的企业主人翁意识，为共同参与企业改革发展事业凝聚精神力量。如有些二级单位设立"领导接待日""工会主席交心日"等长效机制，加强与职工沟通，化解矛盾，疏导情绪；有的企业结合派驻京外职工需求，建立"连心卡"解决职工实际困难。

二、集团思想政治工作建设基本经验

1.融入企业中心工作，是保持思想政治工作充满旺盛活力的不竭源泉。生产经营管理是企业中心工作，是实现企业长久发展的根本保障。思想政治工作始终把"融入中心、服务大局"作为基本职责，努力干在实处、走在前列，才能做到有守有为有担当。

2.密切联系职工群众，是增强思想政治工作针对性与实效性的根本方法。只有积极深入一线，服务基层职工群众，消除消极的思想苗头，才能凝聚职工力量为企业发展服务。只有真正了解职工需求，加强工作分类指导，有针对性地开展思想政治工作，才能取得实实在在的效果。

3.创新工作方式方法，是提升思想政治工作吸引力和影响力的重要抓手。只有认真分析新形势下思想政治工作的新特点和新要求，才能未雨绸缪、有的放矢。要坚持与时俱进，不断推进思想政治工作理念创新、手段创新、内容创新，用职工群众听得懂的语言、乐于接受的方式开展思想工作。

三、集团思想政治工作面临的问题

1.部分领导干部和党务干部的思想认识有待进一步提高。一些单位和个人对思想政治工作认识不深、重视不够。有的领导重视业务工作，对思想政治工作关注不够、指导支持不足，出现经营生产与思想政治工作"一手硬一手软"现象。有些政工干部思想认识不到位，开展工作的信心不足、腰杆不硬，缺乏攻坚克难的勇气和干劲。

2.思想政治工作保障机制有待进一步完善。一些单位思想政治工作未能与企业绩效考核挂钩，编制、待遇、经费缺乏完善的制度保障，个别单位政工人员不能与同级别行政管理人员同薪同酬，直接导致积极性不高、执行力不强。

3.思想政治工作队伍建设有待进一步加强。受调查的思想政治工作者中，愿意继续从事本职工作的仅占到50%，队伍稳定性有待加强；有超过60%的受调查者认为自身能力和工作要求有一定差距，需要提升，存在"方法不够用、不善用"困惑，解决实际问题的能力不足。

四、集团思想政治工作面临的新形势

1.推进全面从严治党对企业思想政治工作赋予新的内涵。十八大以来，党中央把推进全面从严治党提升到了一个新的高度。作为集团两级党组织的一项重要职责，做好思想政治工作就是做好党建工作，就是认真落实全面从严治党要求的有力实践。在这一背景下，全面从严治党为推动集团思想政治工作创新带来了机遇和挑战，也赋予了新的内涵。一方面要从全面从严治党的理论实践中汲取开展思想工作的丰富营养，另一方面要在开展思想工作中把握从严治党的内在要求，敢抓敢管，"踏石留印，抓铁有痕"。

2.深化改革和转型升级新常态对企业思想政治工作提出新的任务。站在"十三五"新的历史起点，当前世界经济深度调整，外部环境不稳定不确定因素增多，我国经济增长放缓，中高速增长成为"新常态"。集团正处于深化改革的机遇挑战期、产业转型升级的紧迫期、破解难题化解矛盾的攻坚期。"五大创新"和"绿色＋智慧"全产业链协同等方面的改革发展任务十分艰巨。面对集团"打造行业一流的工程建设与综合服务集团"的"十三五"发展定位，思想政治工作要紧密围绕企业中心工作，着眼改革攻坚重点难点任务、集团转型升级关键核心战役，创新思路、谋划举措，为实现集团战略发展目标凝聚智慧和力量。

3.员工队伍结构多元和互联网＋潮流对思想政治工作带来新的挑战。目前集团职工平均年龄38岁，80后、90后逐渐成为员工队伍的重要组成部分，队伍年轻化趋势更加明显，青年员工思想活跃、价值取向多元，做好思想政治工作难度较大。集团旗下跨所有制、跨地域（京外、境外）企业员工，因所处环境不同、文化背景差异较大，也给做好思想政治工作带来更大难度。同时，互联网的发展带来传播方式和载体的多样化，各种思想文化产生激烈碰撞和交锋。据调查统计，超过80%的企业员工获取信息途径为移动互联网和手机自媒体，守好思想政治工作的舆论阵地面临严峻挑战。面对员工队伍的新变化，集团思想政治工作要更加注重以人为本，探索思想政治工作的新方法、新载体，在服务职工、凝聚人心上发挥作用。

五、加强和改进集团思想政治工作的建议

1. 加强顶层设计，始终围绕企业中心工作开展思想工作

一是思想上要高度重视。开展思想政治工作必须始终坚持党的领导，要把思想政治工作放在落实全面从严治党和服务保障集团深化改革发展，推进集团"十三五"规划落地的高度来予以认识。二是组织上要加强建设。要建立健全目标明确、责权分明、运转协调、渠道畅通的思想政治工作领导体制和工作机制，形成党委统一领导、党政共同负责、工团齐抓共管，以专兼职政工干部队伍为骨干，以职工群众广泛参与为特色的思想政治工作格局。要增强思想政治工作的系统性、长远性、可持续性，紧密结合集团提质增效、转型升级的中心任务，专题研究思想政治工作总体规划、年度计划、专项工作等，使思想政治工作始终围绕企业中心工作，充分认识到"脱离企业中心工作开展思想工作是缘木求鱼，只抓企业生产经营忽视思想工作是无源之水"。

2. 加强内容创新，切实增强思想政治工作的吸引力和影响力

一是加强思想引领，坚定干部职工推动企业改革发展的决心。要强化学习教育。以两级党委中心组学习为龙头，利用集团"学习矩阵"，以深入学习贯彻十八届六中全会精神和习近平总书记系列重要讲话精神为重点，广泛宣传中央、市委重大战略部署，广泛宣讲集团"十三五"战略规划、重点任务和年度目标，确保集团上下思想统一、行动一致，以大战略、大思维、大格局推进集团改革发展，为喜迎十九大胜利召开营造良好思想舆论氛

围。要强化典型引路。要大力宣传出实招、干实事、求实绩的典型，大力宣传讲诚信、讲责任、讲奉献、讲担当的先进，以身边的人和事引导启迪广大干部职工，让敢于担当、强化执行、结果导向成为全员的价值导向和共同追求，全力推动企业改革发展。二是加强文化凝聚，引导广大员工树立高度文化自觉和文化自信。要坚持文化引领。重视思想政治工作在凝聚人心、文化聚力方面的风向标作用，把企业文化作为根与魂融入到差异性思想政治工作方法中，提升与企业发展战略、愿景的融合力度。要坚持以文化人。大力弘扬集团"建德立业·工于品质"的文化理念，发挥"劳模文化""铁军精神""先锋文化"的带动激励作用，在日常工作的小事、细节里发掘闪光点，潜移默化开展思想政治工作，实现春风化雨、润物无声的思想工作效果。三是加强载体建设，丰富思想政治工作新阵地。要搭建利用好四大矩阵（以"建工大讲堂"为主的"学习矩阵"，以《建工报》为主的"纸媒矩阵"，以集团官微为主的"新媒体矩阵"，以集团外网为主的"官网矩阵"），利用不同矩阵的内容特点，讲好建工故事，做好思想工作。要顺应网络信息技术发展的新趋势，使思想政治工作的传播方式从单向灌输向多维交流转变、工作方式从集中教育向多种渠道转变，探索 HTML5、GIF 动图、微电影等方式，提升思想工作效果。

3. 加强因材施教，深入细致开展各类人员思想工作

一是注重提高针对性和实效性。要针对京内、京外、境外工程的不同特点和参建员工思想、工作和生活实际，紧紧围绕工程建设总体目标和阶段性战役目标，加强策划、突出重点、扎实工作、务求实效，有效增强思想政治工作的活力。要把解决思想问题与解决实际问题紧密结合起来。对待员工合理诉求，各级党组织要综合调动各方资源予以关注解决；对待难点问题，敢于直面，坚持主动作为，着力解疑释惑、疏导情绪，消解负面因素，引导职工心理积极向上发展。二是关注思想政治工作的不同受众。一方面，抓好关键少数，不断夯实党员领导干部思想教育基础，补足精神之钙。要牢记"群众看党员、党员看干部"这一示范效应，稳定党员在企业发展中的关键核心。另一方面，要注重广大普通员工的思想引领，利用职工群众喜闻乐见的方式方法，营造"比、学、赶、帮、超"的良好企业竞争氛围。要重点关注青年员工。尊重青年员工、认真倾听他们的诉求。引导青年员工树立正确价值取向，帮助青年员工成长成才。

4. 加强素质提升，深化思想政治工作队伍建设

人才是企业基业长青的关键和根本。要做好思想政治工作，必须建立一支"勤于学习、善于创新、勇于担当"的思想政治工作队伍。一要进一步加强人才配备。利用好"三个一批"政策，借助"80、90人才工程"，从岗位需求出发，按照稳定队伍、优化结构、提高素质的要求，配齐配强思想工作干部，切实解决思想政治工作"没人干"的问题。二要做好职业生涯规划，并从职务晋升、薪酬待遇等方面予以保障，解决思想政治工作者"干不长"的问题。三是要进一步加强业务培训。要通过组织开展集中培训、轮岗交流、挂职锻炼、现场观摩等，对思想政治工作进行交底，开阔思想政治工作者的视野、提升工作水平，切实解决思想政治工作"干不好"的问题。建立起一支与企业发展相适应的高素质的思想政治工作者队伍。

（执笔人：奚海霞、张晓磊、陈彦鹏）

企业管理中对青年员工人文关怀的实践与思考

中国建筑六局人力资源部课题组

近年来,随着市场规模的不断拓展,中国建筑六局员工增量快速攀升。2008年以来,经由校园招聘进入企业的青年员工达4000余人,企业员工平均年龄连年被拉低。在建筑施工企业这样一个特定的行业以及建筑人特定的施工群体中,对青年员工的人文关怀提上了重要的日程,成为企业文化建设的重要组成部分。让更多的青年员工感受到了中建大家庭"拓展幸福空间"的文化魅力成为迫切需要。

一、对青年员工人文关怀面临的工作难点

难点一:地区差异化带来的难点。建筑行业的工作地点辐射全国各地,甚至海外,员工来自五湖四海,随项目所在地而四海为家,对整体开展人文关怀带来难度。由此,因项目管理者层次、水平和认识程度不同,开展人文关怀的质量和效果各有差别。

难点二:施工生产特性带来的难点。建筑施工的大部分项目都是连续作业,夜以继日,也经常面临时间紧张、任务重,抢工期的情况,导致员工的正常休假、休息的权利得不到保障。基本的保障一旦失去,人文关怀就需要做更多的工作来弥补,即便如此,也颇显乏力。

难点三:个性差异化带来的难点。员工来自不同城市和不同的学校,有着不同的思想文化,生活习惯、饮食习惯、语言习惯也各有不同,群体的个性化和差异化人文关怀工作的难度。

难点四:管理体系带来的难点。企业在渐进的发展过程中,由于管理制度、体系等不完善,造成青年员工的身心成长、人才培养、职业发展、薪资待遇水平不均衡,人文关怀往往与实际需要脱节。

难点五:价值观带来的难点。随着社会大环境的变化,新生代员工的价值观也在发生着质的变化。很多家庭条件相对较好的员工,生存压力小,追求生活品质,自我为中心倾向明显,对人文关怀需求的个性化很强。

二、对青年员工人文关怀的尝试

人文关怀包括对员工最基本的衣食住行等生活需求的关心,还包含群体的职业生涯发展、思想感情表达以及婚恋问题、住房问题以及个性化需求等。中国建筑六局在总公司母文化"拓展幸福空间"以及"守正、跨越"子文化的指引下,在很多项目进行了有益的尝试。

（一）建立良好的青年人才培养机制。六局形成了独具特色的"陆海英才"人才培养体系，进而衍生出"导师带徒"、"未来之星"、"专业之星"等人才培养的子体系，各单位也都陆续出台了对青年人才的培养实施方案，使越来越多的项目员工走上岗位成才的道路。

（二）建立健全对青年员工人文关怀工作体系。企业从上到下营造了关注、关心、关爱青年员工生活的良好氛围，各级组织定期深入项目调研了解情况，与员工座谈交流，通过多种形式与员工沟通思想，交流感情，人文关怀工作富有成效。

（三）提高施工一线员工的薪酬福利水平。很多单位出台了驻外补贴、培训补贴、电脑补贴、通讯补贴等制度，在福利待遇、奖金分配等方面向一线员工倾斜，体现了收入的差异化。

（四）办实事提高员工幸福指数。保证员工食宿的标准化，让员工住有标准、餐有质量。中国建筑六局还对员工推出了购买"幸福城"（自行开发建设的住宅项目）住房的等优惠政策，让人文关怀散发着和谐、幸福的魅力。

（五）APP助推员工与企业心连心。考虑到部分基础设施项目地点偏远，网络无法覆盖，中国建筑六局自行开发了企业APP，项目员工通过手机网络，随时了解企业的生产经营动态、时事要闻，确保员工与企业发展的主旋律异地同心。

（六）即时通讯联系。建立了全方位、多层级的QQ群，确保及时了解员工的个性化的诉求，以提供针对性的有效帮助。

案例：某个项目曾经管理混乱，青年人每天上班工作松散，下班无所事事。经过调研交流发现，项目缺失团队精神，对青年员工基本的人文关怀缺失。通过梳理问题，建立了规范化、标准化的管理流程，加强了日常管理。在业余时间组织培训，开展了多样的文体活动。解决青年员工遇到的思想问题和实际困难，项目重新焕发了战斗力和凝聚力。

三、对青年员工人文关怀的思考

新一代青年员工的主要是"80、90"后，他们的思想、个性、需求等具有明显的时代特征，他们想什么、干什么、需要什么？这些，必须从人文关怀的角度进行思考。

（一）"大孩和小孩"的问题。中国建筑六局的二级企业员工平均年龄不到30岁，"导师带徒"以及基层管理中，普遍出现了"大孩带小孩"和"大孩管小孩"的现象，这些"大孩师傅"和"大孩领导"是否具备足够的人文关怀能力和成熟的心智，如何更好的传承企业文化，体现企业人文关怀的水平，值得思考。

（二）长期超负荷工作的问题。企业生产经营工作量日益增长，员工持续加班加点，不能得到应有的休息和假期。久而久之滋长各种情绪，直接影响工作。如何处理企业持续发展与保障员工基本权益之间的关系，值得思考。

（三）人文关怀的误区问题。在企业人文关怀的文化氛围下，容易形成员工对人文关怀的依赖或"娇纵"。如何把握高标准、严要求与人文关怀之间的关系，值得思考。人文关怀不是一味的迁就和怀柔，坚持工作绩效严格要求，对员工的个人成长和进步严格要求，才更有利于员工积极健康的成长。

（四）人文关怀的外延问题。员工的子女就学、父母养老、员工住房等，关怀到何种程度值得思考。

（五）人文关怀的前移问题。中国建筑六局对已经签约尚未高校毕业的准员工，通过QQ群、微博互动等形式保持思想交流，人文关怀的关口前移到何种程度值得思考。

笔者认为，人文关怀是基于思想建设之上的情商工作，需要结合建筑行业的特点和青年员工的特点，创造性地开展工作，形成各具特色，有创新、有创意的工作形式和工作内容，不断焕发青年员工的激情与活力。人文关怀是企业管理与发展中的软管理，不仅是企业管理者情商的体现，更是企业文化的重要内涵之一。中国建筑的企业使命是"拓展幸福空间"，在幸福的大家庭里，青年员工能幸福的工作、幸福的生活和学习，也正是中国建筑企业文化人文关怀的具体体现。

（课题组成员：鱼洪文〔执笔〕、胡家凤、王凤义、王胜乾、徐远洋、陈士强）

天津市规划局干部职工压力状况调查报告

天津市规划局

目前,中国社会正处于转型的关键时期,社会结构的变化、利益分配的调整、社会节奏的加快、各种思潮的冲击等,使人们的思想、价值观、心理、行为发生了一系列变化,客观上对每个个体自我情绪调整提出了更高要求。为了解天津市规划局干部职工压力状况,在全局系统组织开展了干部职工压力测试调研工作,并针对压力现状,分析主要原因,提出加强干部职工压力管理,促进干部职工心理健康建设的有效对策。

一、调查基本情况

(一) 总体情况

本次调查采用国际上较为通用的华莱斯压力测试量表体系,此套问卷采用不记名方式,测试者在10分钟内填写相关问题,根据答案对应相关分值,即可了解测试者目前压力状况。此次测试向局系统21个单位全体在职人员发放问卷,最终共回收19个单位(19个单位中,10个单位为机关单位,9个单位为事业单位)共计3177份有效问卷。据统计,参与本次压力测试的19个单位中,在职人员为4109人,发放问卷数量3770份,回收问卷数量3204份,问卷回收率为84.99%,有效问卷为3177份,有效问卷率为99.16%。

根据华莱斯压力测试分值设置,对照分值不同将压力划分为9个程度:几乎无压力程度(19分以下)、压力缺乏程度(19~29分)、应对压力沉闷程度(30~40分)、被动压力程度(41~51分)、可控压力程度(52~62分)、适度压力程度(63~73分)、中等压力程度(74~84分)、较大压力程度(85~95分)、极大压力程度(96分以上)。

对压力测试得分一项进行统计分析,9个得分分数段人数及百分比分布见表1。

9个分数段人数分布统计表 表1

分数段	百分比	人数
96分以上	11.36%	361
85~95分	6.77%	215
74~84分	7.84%	249
63~73分	11.24%	357
52~62分	13.35%	424
41~51分	13.98%	444
30~40分	12.50%	397
19~29分	14.89%	473
19分以下	8.09%	257
总人数	100.00%	3177

按照压力得分分数值，笔者将压力状态分为三个方面：40分以下为压力不足状态；41～84分为压力合理状态；85分以上为压力较大状态。由表可见，近半数被调查者其压力状态合理，应对压力情况适宜。但是，超过1/3的人员处于压力不足或压力缺乏状态，长期任由发展，会导致工作生活应对消极，缺乏动力和创造性，难以保证自我价值的实现。近两成人员处于压力过大状态，压力过大长期得不到排解和释放，会影响身心健康，严重者则会产生由压力带来的各种心理疾病。

（二）具体指标分析

1. 从性别层面分析

此次参与问卷调查的3177人中，2027人为男性，占总调查人数的63.80%，1150人为女性，占总人数的36.20%。统计发现性别对压力影响不大。分析见图1。

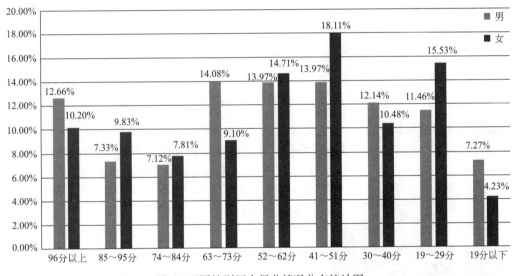

图1 不同性别压力得分情况分布统计图

2. 从年龄层面分析

年龄层次方面，参与调查人员超过8成为中青年人群（25～45岁），年龄结构年轻化。年龄分布情况见图2。

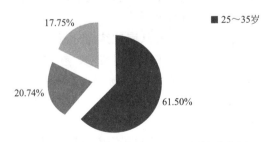

图2 局系统参与调查人员年龄结构分布图

通过对不同年龄段被调查者压力得分情况进行统计，比较发现，老中青三个年龄段人群压力情况都是呈现中间大，两端小的分布特点。其中，中年人压力分布情况最为合理，近六成处于合理压力状态。与中老年相比，青年中处于压力不足状态人员比重最大，为32.18%，处于合理压力状态比重最小，为44.72%。相比之下，可能由于工作、生活方面原因，老年中处于压力过大状态比重最大，为30.24%。具体见图3。

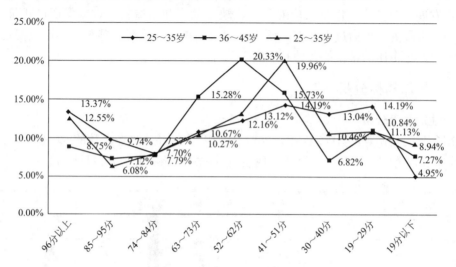

图3 不同年龄段人员压力情况分布图

3. 从文化程度层面分析

作为知识密集型产业，在实际工作中，无论职业设置或是专业要求，对学历诉求层次较高，因此，从文化程度方面来看，参与问卷调查人员的学历全部为大专以上，12.24%为大专学历，超过8成人员为本科以上学历，其中：65.94%的被调查者为本科学历，21.81%的被调查者为研究生及以上学历。分析见图4。

三种学历压力分布都呈现中间大，两端小的特点。处于压力过大状态，本科学历人员比重最大，为22.18%；大专学历人员比重最小，为16.03%。57.88%的大专学历和半数研究生及以上学历人员处于适度压力状态。处于压力不足状态三者分布较为平均。分析见图5。

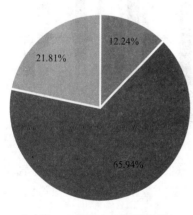

图4 文化程度结构分布图

4. 从岗位结构分析

工作部门层面，参与问卷调查的人员中，业务管理部门人员比重最大，人数最多，2582人，占调查人数的81.27%；行政管理部门504人，占总人数的15.86%，党群部门人数最少，91人，占总人数不足3个百分点，分析见图6。

从图6来看，作为人数最少部门——党群部门人员压力结构最为合理：超过7成人员处于合理压力状态。相较而言，行政部门人员压力最大，有23.63%的行政人员处于压力过大状态。业务部门中，19.52%的人员处于压力过大状态，半数以上压力适中，3成人员压力不足。

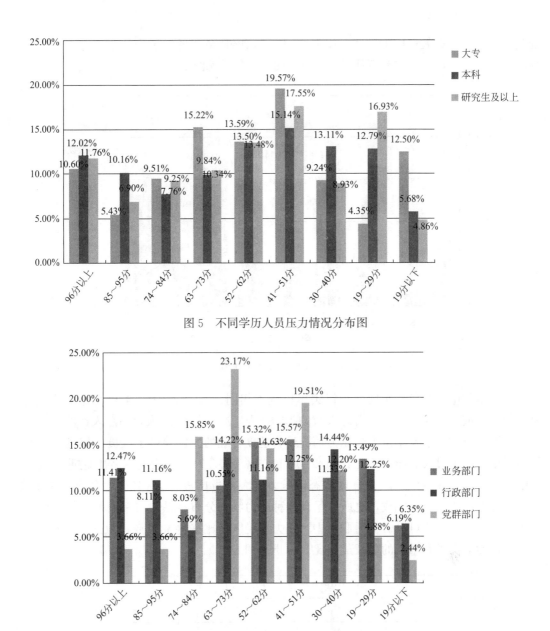

图 5　不同学历人员压力情况分布图

图 6　不同部门人员压力情况分布图

5. 从职务层面分析

职务层面，由于机关单位和事业单位职务设置差异，因此，在数据统计中，也将机关单位和事业单位数据单独统计和分析。

机关单位中，科级干部共134人，人数最多，占机关总人数的40.98%，约1/3为科级以下干部，108人，81人为处级干部，占总人数的24.77%。

职务不同，压力状况也会有所差异。综合来看，三者中，科级干部压力状况最优，半数以上压力适度，压力过大约占一成，近四成压力不足。由于职务越高，担当责任越大，对压力影响越大，相较其他两者，处级干部压力状态极端性更为凸显。其中，处于压力过大的人员比重在三者中居首，占13.43%，比科级和科级以下干部大约高3个百分点；而处于适度压力状态人员比重最低，仅占 38.81%，比其余两者低了十几个百分点；压力不足状态下的人员比重也在三者居首，达 47.76%。分析见图 7。

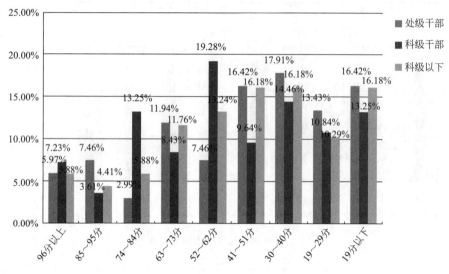

图 7　机关单位不同职务人员压力情况分布图

事业单位中，职务分布情况与机关单位基本相同：2850 人中，2446 人为职员，超过总人数的八成；中层 366 人，占总人数的 12.84%；领导班子 38 人，占总人数的 1.33%。

由图 8 可知，事业单位中，压力情况最为适度合理的为领导班子人员：超过 7 成人员压力适中，压力过大和压力不足比重仅为 11.76% 和 17.74%，均为三者中比重最低。中层中，一半以上人员处于压力合理状态，压力过大人员比重为 20.17%，为三者中最高，压力不足人员比重不足 3 成，之所以呈现这种压力状态分布，恐怕与事业单位中层作为工作中的中流砥柱密不可分。普通职员中，压力不足人员比重达 33.1%，为三者中最高，这与其对职业的诉求和承担的责任成正比。分析见图 8。

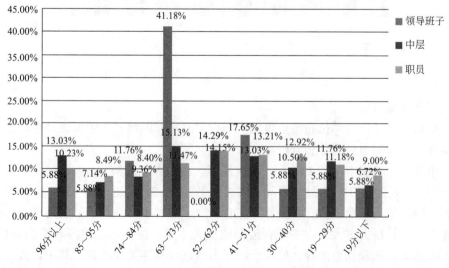

图 8　事业单位不同职务压力情况分布图

二、压力来源情况分析

(一) 压力来源情况

基于对日常工作生活的压力来源探究归纳,测试中将压力来源共分为12类。通过对调查问卷中填写的压力来源进行统计分析发现:42.74%的人把工作量大列为压力首要来源;35.66%认为假期休息易受工作影响是造成压力主要来源;34.94%的人将经济收入不理想列为压力第三大主要来源;此外,2.11%的人列举了其他压力来源,如:职称评定困难、团队构建困难、项目进度掌握不好、身体健康度降低、没有阶段性休息调整、没有娱乐休养型休假等。分析见表2。

压力主要来源人数分布情况统计表　　　　表2

分类	百分比	人数
工作量大	42.74%	1358
工作难度大	27.20%	864
对工作内容不感兴趣	8.31%	264
职责分工不明确	19.61%	623
职务晋升困难	19.04%	605
经济收入不理想	34.94%	1110
无法得到领导的指导和理解	11.21%	356
人际关系难处理	10.39%	330
家庭生活易受工作影响	19.89%	632
假期休息易受工作影响	35.66%	1133
没有这些情况	11.71%	372
其他	2.11%	67

值得注意的是,调查中的人员分别来自事业单位和机关单位。通过对机关单位和事业单位主要压力来源比较得知,经济收入不理想为机关单位人员的首要压力来源,占总数人的55.96%;而事业单位中,仅有32.53%的人员将其作为压力主要来源,比机关单位低了23个百分点。26.16%的机关单位人员将职务晋升困难列为主要压力来源;20.80%的机关人员和37.37%的事业单位人员认为假期休息易受工作影响是主要压力来源。分析见图9。

(二) 压力主要来源

由上图显示,机关事业单位中,工作量大、工作难度大、经济收入不理想、假期休息易受到影响是其主要压力来源。

1. 工作量较大,假期休息易受到影响

目前,天津处于城市跨越式发展的重要阶段,作为城市规划管理部门工作强度大。系统各单位,尤其是机关单位普遍存在人数少、业务量繁重、一人多岗、超负荷运转的情

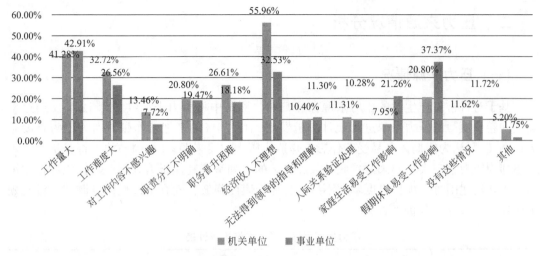

图 9 机关和事业单位主要压力来源比较图

况。尤其是业务部门，日常工作饱和度较高，并且包含大量需要和外单位沟通协调的事务，客观上加大了原有工作量，影响正常休假。

2. 工作难度大

作为知识密集型产业，规划工作对技术和经验的要求相对较高。机关单位所负责的规划审批管理细节多、流程严格，工作要求相对较高；违法建设巡查工作，不仅工作量较大，执法过程经常会遇到违法项目建设单位、施工单位的阻挠，大大增加了工作难度。调查中显示，有 61.5％的人员为 25～35 岁青年人，经验缺乏导致解决实际工作问题的能力不足，无形中增加了工作难度。此外，缺乏系统性的学习进修机会和学习奖励机制，加之工作后自我学习要求不足，缺乏学习时间，导致自身知识结构无法应对实际工作的需要，这都是导致工作难度大进而产生巨大身心压力的主要原因。

3. 经济收入不理想

调查中发现，25～45 岁人员占调查总人数 8 成以上，作为家庭的主要经济来源，这个群体面临社会生活成本的不断提高与经济收入不理想这一矛盾。

由图可知，与事业单位工作人员相比，机关单位公务员对经济收入不理想的感受更为迫切，并认为是导致自身压力的首要来源。

事业单位在编人员的工资水平是由职称高低决定的，而职称评定和聘用是有比例的，种种限制导致部分人员无法提升职称而维持了较低的收入水平，这种由单位性质和管理模式导致的收入状况短时间内难以解决。

三、有关对策建议

我局系统 46.40％（1474 人）的被调查者处于合理的压力状态，但不容忽视的是，过半人群压力状况不健康，超 3 成被调查者处于压力不足状态，近 2 成被调查者表示压力过大。这就说明部分干部职工压力不适当，同时缺乏良好的压力疏导和缓解，长此以往，带来很多问题，因此要求我们改进传统的思想政治工作，适时实施心理疏导和正确进行压力管理，更加注重干部职工的心理健康和人文关怀，以促进干部队伍全面发展和规划事业的科学发展。

(一) 开展员工心理疏导和压力管理的作用

1. 推进规划事业的和谐发展。规划事业的发展离不开干部职工的积极工作与上进心等因素，在工作中重视干部职工的心理健康，适当进行情绪的疏导能够在一定程度上缓解紧张的工作压力，减轻干部职工的心理负担，提升干部职工的积极性，从而提高工作效率，推动规划事业和谐发展。

2. 引导干部职工树立正确价值观。当前，多种思想和理念碰撞，干部职工的价值观念易产生波动。对干部职工及时进行适当的心理疏导来进行压力管理能够引导干部职工的思想价值观往正确的方向发展，树立起正确积极的价值观念，全身心地投入到工作中，创造更大的效益。

(二) 有效压力管理的原则

提高工作效率，在把握压力的"度"时，要熟知管理的基本原则，针对压力产生的原因注意注意五个原则：

第一，适度原则。进行压力管理并不是不顾组织的管理目标而一味减轻干部职工压力，最大化干部职工满意度，而是要适度。

第二，具体原则。进行压力管理时要区别不同的对象，采取不同的策略，做到具体问题具体分析。

第三，岗位原则。部门不同，岗位不同，压力不同。一般岗位级别越高，创新性越强，独立性越高的干部职工，承受的压力也就越大。

第四，引导原则。对于不可控的外部因素，正确的引导可以灵活地将压力变为动力，激发更多的工作热情。

第五，区别原则。找出压力的来源并区别对待。

(三) 有效压力管理的长期策略

从组织角度来看，压力管理主要是为被管理者营造一个能充分发挥所长的适度压力的工作环境，同时要避免过度压力的产生。我们在进行压力管理时，可以运用以下几个策略来改善管理模式，在满足干部职工的合理化需求，缓解和消除干部职工的压力。

第一，改善工作环境。管理者应致力于创造宽松宜人的工作环境，如适宜的温度、合理的布局等，有利于干部职工减轻疲劳，更加舒心、高效地工作。

第二，创造合作上进、以人为本的规划文化。要增强干部职工间相互合作和支持的意识，同时，上下级之间要积极沟通。

第三，任务和角色需求的管理。一是设置具体的目标；二是减轻压力的工作再设计，如工作轮换、工作扩大化、工作丰富化等。

第四，生理和人际关系需求的管理。这主要是为干部职工创造良好的生理和心理环境，满足干部职工在工作中的身心需求。

相关的管理方法有六种：一是合理的薪资。二是参与管理。三是身心健康方案。四是有效疏导压力。五是努力创造条件帮助干部职工完成工作。六是针对特殊群体采取特殊措施。

（四）有效压力管理的近期措施

目前被业界认可和推荐的是飞利浦公司，他们有七条经验值得学习：

结合我局系统的实际及现有的管理体制，参考一些企业、单位在组织压力管理方面的成功案例，在组织干预层面，我们建议近期可实施的措施：

第一，推行定期轮岗制度。大力创新人才管理模式，建立内部竞争机制和奖惩制度，实现人力、技术、资源优化配置。推行轮岗制度，一方面，对干部职工个人而言，轮岗可以强化沟通能力、扩展人脉关系、扩大视野范围，减少长期在一个岗位产生的职业倦怠感和工作压力；另一方面，对单位而言，轮岗可促进部门沟通、提高办事效率，是控制风险、制约腐败的有效手段之一，同时在轮岗中还可发掘优秀人才，淘汰不合格工作人员。

第二，加强与干部职工的有效沟通。要建立沟通机制与平台，拓宽沟通渠道。要采用多种疏导方式，使沟通具有实效性。各级管理者应经常与下属积极沟通，倾听干部职工对自己能力、需要、价值观的述说，全方位了解下属在工作生活中遇到的困难，并给予尽可能的安慰帮助。促进干部职工相互之间的平行沟通，增进干部职工间的理解与合作，减少矛盾和冲突，防止发生各自为政、互相扯皮的现象。设置局长信箱、职工意见箱或网上论坛等，主动引导公开谈论工作问题，使干部职工情绪得到及时释放。

第三，扩大干部职工对企业管理的参与程度。特别是企事业单位要推行真正的民主管理，让干部职工参与企业决策特别是与他们切身利益息息相关的一些决策，参与企业制度制定，建立与管理者对话的制度，畅通民主管理渠道，将职工的知情权、参与权、管理权和监督权真正落到实处，让干部职工情绪、意见、建议得到有效的表达与解决。

第四，完善干部职工保障体系。社会高速发展，干部职工对于风险还是有负担，尤其是不确定性存在时，员工就会感到心理压力巨大。因此，单位应做好干部职工包括失业、养老和医疗等常规性保障工作，解除他们的后顾之忧。例如可设立干部职工大病互助医疗计划，作为常规医疗保险的补充。

第五，开展丰富多彩的文化活动。通过开展内容丰富、形式多样的干部职工喜爱的文艺活动以及干部职工广泛参与的体育活动，扩大干部职工之间的相互交流与沟通机会，帮助员工消除心理烦闷、情绪紧张、心情失落等等不良情绪，使干部职工拥有成就感、自豪感、满足感及快乐感等良性情绪。

第六，创造良好的工作环境。各单位可以通过改善工作环境和条件，给干部职工提供一个健康、舒适、团结、向上的工作环境，丰富干部职工的工作内容。如关注空气、噪声、光线、整洁、绿化、装饰、拥挤度等方面，给干部职工提供一个悦目、爽心、舒适的工作空间，以减轻或消除恶劣工作条件给员工带来的压力。

第七，逐步将心理健康教育工作纳入干部职工工作生活的范畴。充分发挥工会劳动关系协调、职工权益保障、带薪休假制度监督、心理健康维护等职能，合理科学安排心理健康教育内容，有针对性开展讲座和培训，开展心理咨询工作。

第八，推动知识更新和职业生涯发展规划。根据工作需求定期安排学习时间、开展相关培训课程。提供继续教育平台，保证职工知识系统的及时更新。帮助职工制定职业生涯发展规划,充分尊重其发展性需求。结合单位实际工作和岗位编制情况,做好管理和业务两条职业发展通道。

　　压力管理直接关系到干部职工的身心健康、事业成败和生活幸福,有效的压力管理有助于减轻干部职工的压力和心理负担,拉近单位与干部职工之间的距离,增强组织的凝聚力。目前,我们在这个领域还只是进行了粗浅的探索与调研,今后在工作中还需进一步创新实践,探索积极有效的压力管理模式,不断提升规划系统干部队伍综合素质,保障和促进规划事业的良性发展。

(执笔人:战秋艳　谢　方　韩　乾)

关于如何促进建筑业农民工子女融入社会的调查研究

成都市第一建筑工程公司

随着社会对农民工问题的关注度不断加强，农村留守儿童和进城务工人员子女融入社会的问题越来越受到整个社会的重视，成都建工集团一公司团委基于强烈的社会责任感和进一步创新开展农民工关爱工作的需要，就如何促进建筑行业农民工子女融入社会问题进行了调研。

一、调研目的

建筑业是我国国民经济的支柱产业之一，是一个劳动密集型行业。根据国家统计局发布的《全国农民工监测调查报告》显示，全国农民工总量为 27395 万人，其中从事建筑业的农民工约占 22.3%，较上年增长 0.1%，达 6109 万余人。从事建筑业的农民工超过农民工总数的 1/5，他们承担着建筑施工一线绝大部分操作任务。在这样一支庞大的农民工大军中，有数千万的农民工子女，他们或随着父母移居城市成为"借读儿童"，或者留居家乡成为"留守儿童"。通过调研，实际了解建筑企业农民工子女的基本情况，为今后关心关爱农民工工作提供了方向和依据，进一步营造企业尊重、关爱农民工的良好氛围，增强农民工企业归属感，更好的做实关爱农民工工作，让他们和他们的子女更好的融入企业，为企业发展提供稳定、高效的人力资源，进而推进企业和谐发展。

二、调研方式

本次选择的调研群体为中国企业 500 强的成都建工集团下属子公司成都市第一建筑工程公司在建工地农民工。为保证调研样本的普遍性和数据的真实性，通过对公司在建工地的农民工发放问卷、深入访谈，以及走访仁寿县在公司务工的农民工留守子女实地调研等方式进行。

三、调研结果分析

成都市第一建筑工程公司是国有建筑企业，成立于 1954 年 3 月，公司拥有雄厚的技术力量和丰富的施工经验，2014 年产值超 40 亿元。在 60 多年的发展历程中，广大农民工为企业又好又快发展发挥了巨大作用。公司现有从业人员约 1.5 万人，而这当中农民工比例高达 94%，已然成为了城市建设和企业发展的生力军。此次调研选取了公司 19 个在建项目的312名建筑农民工作为探究农民工子女社会融入问题的调查对象,通过这次调研结果进一步了解挖掘农民工对社会的看法以及他们的生活态度,从中了解农民工子女在社会融入过程中遇到的困难、享受了国家哪些方面的帮扶、对社会的适应度以及对未来生活的憧憬。

问卷调查结果显示,外来务工人员以中青年男性为主,绝大部分育有子女。家中有留守人员者,子女大多在家乡就读,子女的居住、教育、医疗是他们在工作之外最关心的问题。而通过与参与调查问卷的30余名民工深入访谈和到仁寿县实地调研发现,目前需要解决促进建筑业农民工子女融入社会的问题主要集中在对农民工子女学习教育、心理健康、医疗保险、安全自护等方面。以下是对调查的分析阐述:

(一) 农民工就业环境对子女身心健康的影响问题

建筑行业具有从业人数众多、生产流动性大、生产周期长等特点,而这些特点也决定了建筑行业农民工在从业过程中可能会因为工作时间长、工作地点的不确定性,忽视对子女的照顾,特别是身心健康状况的关心。调查中发现,60%的被调查人员是夫妻双方一同进城务工,然而仅26%的子女随父母到城市学习生活,56%的子女在家乡由爷爷奶奶、外公外婆抚养,11%的小孩由外地亲戚照顾,7%不确定或无监护人。因父母的工作原因而缺乏足够的照顾,农民工子女长期处于"生活上缺人照顾、学习上缺人辅导、行为上缺人规范、心理上缺人引导"的不健康的生活状态中,对于"留守儿童",长期缺乏双亲的关爱导致子女的情感需求得不到满足,使部分孩子性格容易走极端,甚至出现道德品质和行为习惯上的偏差,如果得不到及时的正确的引导,可能会成为突出的社会问题;建筑行业生产流动性大的特点使农民工及移居城市的"借读儿童"生活场所发生经常性的变化,对于农民工子女来说,他们需要花费更多的精力来适应新环境,这些来自农村的孩子,思想观念中的乡土意识和保守主义色彩浓厚,主要表现为交往的封闭性和极强的族群意识,在城市同学居主导地位的情况下,他们出现了无法确定自己属于哪一个社会群体或社会范畴的社会认同危机,而经常改变生活学习的环境也会让他们难以很快适应学习生活,不能正常的沟通学习也强化了农民工子女的"局外人"身份,可能使他们的成长过程中出现自闭、叛逆、厌学等身心问题。

(二) 农民工子女入学及教育问题

据本次调查显示,农民工子女中处于幼儿园阶段占15%,义务教育阶段占44%,高中阶段占15%大学阶段占19%,其他占19%。农民工背井离乡来到城市工作,他们的子女有的跟着爷爷奶奶、外公外婆,抑或寄养在亲戚朋友家,这部分孩子就是我们常说的"留守儿童",有的随父母进城上学成为"借读儿童",还有的既不在家乡读书,也不在城市读书,变成了"失学儿童"。近年来,农民工子女在城市入学难问题以及"留守儿童"的问题引起了社会的广泛关注。《中国青年报》就曾以"保护留守儿童需要新举措"为题,呼吁社会给予他们更多关怀。留守儿童在老家读书,老家的学校教学质量比不上大城市,再加之爷爷奶奶、外公外婆的文化程度普遍不高,父母常年不在身边,对子女的学习也不能进行一定的辅导。除了留守儿童,还有一部分孩子跟着进城务工的父母来到城市,尽管他们来到了一切都比农村更先进的城市,但他们大多没有经历过系统的成长教育,学习和生活方式都与城里的孩子有所区别，不能很好的适应城市生活。导致他们刚进入城市学校成绩下滑厉害，语言沟通障碍和生活习惯不适应，以至出现逆反、厌学等不良情绪。除此之外，近年来随着农民工人数的激增，国家也大力扩建和新建农民工子女学校，但仍无法满足日益增多的农民工子女求学需求，尤其是中学教育服务出现了较大空档，面对入学困难的尴尬局面，农民工只能将子女送回老家就读当地中学。在孩子14、5岁正值叛逆期的他们却不得不离开父母，这将引发一系列的社会问题。通过这次调研我们还发现农民工子女在课余时间的安排上是非常单一的，有44%的农民工子女课余时间是与电视为伴，他们几乎不参加任何的课余辅导班、兴趣班、特长班等，几乎也不去包括运动场、科技馆、博物馆、青少年宫等城市所提供的儿童活动公共场所。这样不利于他们的身心健康和个性自由全面发展。而对于农民工子女就学和教育问题不仅关乎于他们的身心健康，也关乎于他们的父母能否安心扎根城市，创造更好的业绩以及城市的稳定。在接受采访的农民工中，他们对子女的教育问题也十分担忧，他们迫切地希望政府以后能放宽政策，让随迁子女也能在城市读到中学，能够收费平等，与本地孩子享受同等的待遇。

（三）农民工子女医疗保障问题

农民工子女随父母迁入城市后，他们的父辈为城市建设贡献力量，由于政策的不一致，在享受城市资源时受到了一定程度的影响和限制。通过问卷及访问调查发现，49%的农民工认为医疗问题是目前面临的主要困难，农民工及其子女基本已购买农村医疗保险，且持有农村医疗保险人员在村、镇卫生院就诊可报销40%～60%的医疗费用，若选择在二级、三级医院就医，报销比例仅20%～30%；户籍问题使农民工子女无法和城市户籍的小孩一样享受城镇居民医疗保险，而认知的不足也让他们对商业保险鲜有了解。巨大的费用差别使农民工子女在就医选择上有了较大的局限性大，小孩生病需要就医时候有56%的农民工选择了在附近的社区医院或者一般的诊所就医，在深入访谈和实地走访过程中，也发现对于去城市中医疗条件较好的大型医院他们感觉望尘莫及。在本次问卷调查中，有60%的农民工对医疗保险的相关政策不了解，这就导致了他们以及他们的子女在就医过程中出现"不敢"去大医院就医的误区，其实近年来国家已经出台了一系列关于农民工及子女就医的保障性政策，但由于宣传力度不到位，农民工不了解自己所享有的权利，常常会出现购买的医疗保险形同虚设的情况出现。

（四）农民工子女安全自护问题

在深入访谈和实地走访过程中，100%的农民工或农民工子女监护人对子女的安全问题担忧。介于建筑施工项目具有时间紧、任务重等行业特点，让大部分农民工没有时间、没有精力照顾孩子，疏忽了对孩子的安全自护教育，常导致一些溺水、交通意外、误食有毒有害的物品等事故发生，而部分没有人监管的、留守的儿童容易受到意外伤害，甚至成为不法分子侵害的对象。

四、对促进建筑业农民工子女融入社会的建议

农民工子女顺利的融入社会可推动城市发展和促进社会和谐、稳定。结合调研分析出

的问题，就家庭、企业、社会该如何促进建筑业农民工子女融入社会做如下建议：

（一）对促进农民工子女融入社会问题家庭所需的努力

1. 重视沟通，促进子女心理健康

作为家长要加强与其子女沟通，多抽出时间陪孩子，工作忙的时定期打电话回家和孩子聊天，不忙的时候多抽空回家，每次回家应计划与孩子单独相处的时间，通过父母与孩子加强交流，了解他们内心所想，内心所需，从而减少甚至消除长期不与父母生活在一起的负面影响。

2. 加强联系，了解子女学习情况

作为家长应转变传统思想，通过各种途径及时了解子女在学校的学习情况，建筑行业施工项目不可避免的流动性问题使部分农民工忽略了对子女学习问题的关注。为了孩子的健康成长，农民工应合理安排工作时间，保证留有足够的时间与子女、子女的监护人、子女所在学校的老师进行沟通，了解孩子的学习生活情况，用适当的方式鼓励他们通过学习提升文化水平，实现自身价值。

3. 强化教育，关注子女安全问题

子女健康安全的成长离不开父母对安全问题的关注，父母应在日常生活的点滴中教会孩子处理一些生活中遇到的危险情况，教会孩子辨别有危险的事物，并让他们学会如何保护自己的安全。特别是假期时，子女到父母工作地生活的时候，农民工更应该告知子女城市与农村的环境上的区别及所存在的危险因素，并教会他们必要的自救方法。

（二）对促进农民工子女融入社会问题企业所需的努力

企业在追求经济效益的同时，也要承担相应社会责任，在促进农民工子女融入社会的问题中，企业也能做出一些力所能及的贡献。

1. 合理利用资源，切实解决随迁农民工子女居住问题

随迁农民工子女，由于安全等诸多因素的制约，农民工子女不允许进入施工现场，对此企业应与房屋租赁机构建立合作，为有随迁子女的农民工家庭提供物美价廉的出租房源信息，帮助他们解决子女住宿问题。

2. 结合实际情况，多元化助力农民工子女成长成才

建筑业高强度、长时间的工作性质使大多数农民工没有足够的时间精力去照顾随迁的子女，但年幼的孩子在成长过程中，需要专业人员照顾他们的学习生活、引导他们建立积极向上的人生观、价值观。因此企业可以与周边社区进行联系合作，建立专业的托管班，让小孩在父母工作时可以进入社区的托管机构，照顾他们的生活，同时接受系统专业的教育。

而留守农民工子女与随迁农民工子女相比，相对存在教育资源落后，缺少学习必须品的情况，企业可定期为留守儿童送去适合他们年龄的、有益身心健康发展的课外阅读书籍，供他们阅读，丰富他们的学习生活。

3. 履行社会责任，全方位关爱农民工子女心理健康

对于子女留守老家的农民工，企业可以针对各班组的实际情况调整班次，使务工农民工抽出时间回家陪伴子女。对于留守农民工子女比较集中村镇，企业的党委、工会等组织可以定期到相关村镇看望留守儿童，了解他们的需要，为他们带去父母的关爱，也将他们的所需传达给父母；利用寒暑假，或者其他合适的时间，可以组织留守儿童到父母工作的工地参观，让他们了解父母在外工作的辛苦，也能让一家人天伦团聚。

有效利用互联网的普及，如成都建工集团通过建立"农民工文化驿站"，指导农民工运用新媒体的方式与子女网络聊天、进行视频通话等，让农民工随时关心子女的学习生活情况。成都建工集团还充分利用新市民学校、民工技校（夜校）授课等方式，向农民工宣传充分关心子女成长的重要性，再通过专业老师的讲授让他们了解如何与子女有效的沟通交流、真实了解子女成长过程中所遇到的身心健康问题，从而正确引导子女，使他们阳光、健康、快乐的成长，取得较好效果。

4. 做实人文关怀，保障农民工子女健康成长

首先，企业可以利用寒暑假，与专业的体检医院进行合作，为农民工子女送去专业的健康检查和营养指导，使在外工作的农民工能够了解子女的身体情况，如果查出需要治疗的疾病也能及时的到救治。

其次，农民工因为认知和了解的不足，无法了解除农村医疗保险以外的其他医疗保障形式，企业可以根据农民工的收入情况，向他们介绍、推荐一些在他们收入允许范围内的、能够切实为农民工及其子女提供医疗保障的商业类医疗保障措施，使他们有机会得到更好的医疗救治。

5. 开展志愿服务，提升农民工子女安全自护意识

企业更应该针对农民工子女的实际情况，开展一系列的安全自护知识教授的志愿服务活动，让农民工子女提高自我保护意识和能力，掌握紧急情况下自救逃生技能和突发危险状况自我保护技巧。

（三）对促进农民工子女融入社会问题社会所需的努力

1. 营造良好社会氛围，促进农民工子女融入社会

农民工及其子女在很长一段时间里都被视为城市边缘人群，虽然近几年政府对农民工问题的重视使农民工的地位有所提升，但这要从根本上改变农民工及农民工子女的自卑心理，还需要整个社会对农民工子女长期关心关爱。无论是随迁进城的农民工子女还是留守儿童，通过社会力量对他们学习、生活、医疗、安全的不断关注，为他们提供所需的帮助，就能更好的促进农民工子女融入社会。

2. 利用教育资源，搭建农民工及其子女学习平台

学校作为传授知识的重要场所，也是青少年儿童社会化的重要场所，在农民工随迁子女集中的片区，需要加大教育资源的投入，提高公办学校对符合条件的农民工子女入学的接收率；应针对农民工随迁子女到城市中不适应的情况开展专门的辅导课程，帮助他们更快的适应城市生活；学校应通过对家长开设网络培训班等手段，加强农民工和子女之间的沟通互动，利用教育机构帮助农民工及农民工子女共同学习进步。

3. 充分发挥社区职能，为农民工子女融入社会提供帮助

在辖区内有建筑工地的社区，往往会有大量的农民工及其子女居住，为有效促进农民工子女融入社会，这些有着大量农民工子女居的社区应不断改变工作模式，例如开展到工地为农民工及其子女义诊、在工地开展子女心理健康和安全讲座、组建针对假期无人照顾的农民工子女托管班等方式,多形式了解农民工子女的思想状况,让农民工子女在社区感受到"家"的温暖,让他们在城市也能有主人翁的感觉。

(四)对促进农民工子女融入社会问题政府所需的努力

稳定的生活是农民工子女实现融入社会的重要保障,而政府是解决农民工子女融入社会问题的重要力量。

1. 进一步完善农民工和农民工子女的社会保障体系。

(1)提供就业机会。政府相关部门可通过提供公平的就业机会,规范用人单位与农民工的劳动关系。如可在城市建立"进城务工劳动力市场"等,让进城务工人员有一个公共的地方可以来寻找就业机会。

(2)建立完善的农民工和农民工子女医疗保险制度。

根据各地的实际情况,自愿与强制性相结合的原则,针对职业相对稳定、有固定收入、流动性不大的"准市民型"农民工,享受与城镇职工一样的医疗保险待遇;针对流动性较大、从事短期灵活工种、没有固定单位、难以统一管理的农民工则采取鼓励为主,有农民工自愿选参保,实行灵活的医疗保险政策。以上两种方式,其子女应均可在父母参保地区享受和当地同龄儿童相同的医疗保险政策。农民工,特别是其子女可以根据自身实际情况选择在城市或老家享受医疗保险政策。

2. 解决农民工子女的教育问题,实现教育公平

调整现有的义务教育格局,建立适应"就地入学"的管理服务机制,将农民工子女的义务教育纳入城市教育规划和管理;对留守儿童,应完善教育和监护体系,强化农民工依法送子女入学的观念,加大农村教育建设投资的力度,建立农民工弟校,吸收留守儿童住校。

农民工问题是社会和谐发展最重要的问题之一,而农民工子女的社会融入问题又是农民工问题中最重要的部分之一,一直并将长期成为社会最关注的问题。建筑业作为吸收大量农民工的行业,关注并妥善解决农民工子女的社会融入问题,能够维持农民工队伍的稳定,促进企业、社会的和谐健康稳定发展,这需要家庭、企业乃至整个社会共同努力,充分协作,才能实现农民工子女融入社会的问题,进一步促使农民工问题得到圆满解决。

(执笔人:郝丽萍、刘 颖)

无意识教育在单位思想政治教育中的运用

河北省住房和城乡建设厅

所谓无意识教育，是相对于有意识教育而言的。是指教育者按照预定的教育内容和方案，在受教育者周围设置一定的生活环境和文化氛围，采用灵活的教育形式和教育方法，使受教育者在"不经意"间获得某种教益，受到正确的思想政治理论的熏陶，以达到教育目的的过程。无意识教育是一种无讲台教育，渗透于思想政治教育全过程的任何一个环节，任何一个方面和任何一个阶段，它不仅能有效地弥补有意识教育的不足，而且有着有意识教育无法代替的优势。

一、无意识教育的特点

（一）教育方式的隐蔽性。有意识教育主要是通过说教的形式向受教育者正面灌输敬业精神、理想、信念、情操等思想政治品德知识的，受教育者是直接通过对知识的掌握去接受教育的。而无意识教育恰恰相反，它不是直率地说教，不是把道理、观点、要求等赤裸裸地告诉受教育者，没有教育者对受教育者自上而下的灌输，没有面对面的教与学，它本身并不直接产生对受教育者的某种具体要求和直接体现教育目的，教育者与被教育者一般是间接接触的，教育者不直接言明教育的内容、目的，其教育的方式是间接的，深藏在各类活动及载体中。受教育者在教育中，隐性信息的获得不是活动本身指向的目的，而是附加物、伴随物，这种信息是受教育者通过直接体验或间接观察获得的。

（二）教育过程的顺然性。现代心理学认为，人的思想、心理存在一种"自身免疫效应"，当与人自身固有的思想体系相区别的外界思想进入时，人自身的原有思想就会形成一个"防护层"，阻止外界思想的"侵入"，并且这种外界思想被人感知的程度越大，它所受的抵触也就愈强烈。无意识教育是通过无意识的、非特定的心理反应机制而发生作用的，或者说是通过隐藏于内心深处的摄取机制而接受教育的。它讲究以情感人，以情动人，以情育人，做到入耳、入眼、入脑，因而在潜移默化中真正渗透到受教育者的心灵深处，在实现受教育者的思想转化过程中，顺乎自然地将某种思想意识转化到受教育者的思想中去。

（三）教育影响的弥散性。由于无意识教育是受教育者自己有意或无意通过直接体验或间接观察获取某种经验的过程，它摆脱了教育者对教育因素的控制，这就形成了与单位有意识教育的最大区别，即无意识教育的作用因素不是单一的，除了正式学习外，生活、工作、娱乐中的各种因素都可能成为受教育者学习的内容。所以，无意识教育可以说是一种全方位、多纬度的教育，是一种无课堂、跨时空的教育，它存在于所有的教育时空中，显现出弥散性的特点，有效地覆盖了受教育者的生活时空。

（四）教育作用的互补性。无意识教育与有意识教育是相互依存，相互补充的关系，他们是思想政治教育的两种模式，一并构成一个单位思想政治教育形式的完整体系。离开了无意识教育，有意识教育的目的就难以实现；离开了有意识教育，无意识教育同样无法存在。在实施思想政治教育的过程中，片面地强调一方否定一方均有失偏颇。因此，一个单位思想政治建设只有将有意识教育和无意识教育有机地结合起来，充分发挥两者各自的优势，通过彼此间的相互影响、渗透或互补、支援，形成合力，思想政治建设才能达到最佳效果。

二、单位开展无意识教育的主要形式

（一）用主体人格感召。真理被人们认识和接受，需要传播者一定的行为作代价。马克思主义之所以在中国具有气势磅礴、锐不可当的力量，正是因为成千上万的革命先驱为真理而献身的实际行为，感召了后来的革命者。正如毛泽东同志所说："中国共产党人以自己的艰苦奋斗的经历，以几十万英勇党员和几十万英勇干部的流血牺牲，在全民族几万万人中起到了伟大的教育作用。"对于一个单位思想政治工作者来说，单位的基层受教育者对其是怎么讲的，又是怎么做的，看得都很重。那种对人是马列主义，对己是自由主义；只是嘴上说得好，但在行动上做不好的人去搞教育，无论如何不会产生好的效果。教育者的行为就是一本无言的教科书，必须把身教和言教紧密结合起来，身教重于言教，用自己的实际行动来感染和教育受教育者。

（二）在单位文化生活中熏陶。文化活动体现着一定的价值取向、思想观点、道德观念。单位文化能使受教育者在潜移默化中陶冶情操、激励斗志、培育道德、明理解惑、提高素质，也使单位成为凝聚受教育者的生活乐园和精神乐园。长期接受一定单位文化和教育熏陶的受教育者，他们的思想观念、行为习惯会相对形成其独特的方式。我们应根据本单位实际以及受教育者不同的文化层次和个人爱好，充分利用各种文化新模式，开展琴棋书画、摄影、音乐、集邮欣赏，举办各种知识竞赛、球类比赛等格调高雅、美学内涵丰富、具有浓郁本系统气息的文化体育活动。此外，还要通过故事会、演讲会、文艺演出、板报等形式作好宣传，使受教育者从中吸取营养，校正人生坐标。

（三）用科学管理导向。管理是一种教育，是一种超前的思想政治工作，严格的规矩，本身就是一种潜移默化的思想熏陶。一个单位一种呈良性循环的管理机制能催人奋进，激人上进。相反，则会导致纪律松懈，离心离德。我们应在管理过程中要体现"以人为本"，尊重受教育者、理解受教育者、关心受教育者，使管理活动在和谐状态下进行，充分发挥管理的育人功能；要坚持党性原则，公道正派，对提倡什么、反对什么，态度要很鲜明，对错误行为、违纪违法问题，要坚决抵制，严肃处理，决不姑息迁就；要善于发现和大力扶持积极因素，坚持以正面引导为主，以表扬为主，以弘扬正气为主，注意用积极因素克服消极因素，营造良好的风气。

（四）用大众传媒牵引。随着知识经济和信息时代的到来，报纸、广播、电视、网络这些大众传媒已成为受教育者接受信息的重要渠道，受教育者每天生活在各种各样的信息中，而这些信息又是通过声、像、光等手段形象地传播给受教育者的，使得传统的思想政治教育的形式方法相形见绌。据统计，现在受教育者从思想政治教育中获得的信息不到

10%，这与改革开放初期的情况不可比拟。管理者过去具有教育信息的垄断权，当今，由于行政工作的缠身，接受传媒的频率、内容，往往比不上教育对象。过去那种口传面授式的教育已经面临着严峻的挑战。对于教育内容，教育者不再拥有绝对权威，受教育者也不再感到新奇和神秘，教育者"传道授业"的灌输功能日趋弱化。单纯依托单位行政组织体系开展思想政治教育已不现实，发展与现代传媒相协调的无意识教育法，已成为现代单位思想政治教育方法创新的课题。

（五）用健康的群体风气引导。单位是一个较为集中统一的群体，每个受教育者总是生活在一定的群体之中，群体风气制约着群体成员的思想内容和行为方式。有目的、有计划地培育和创设与单位建设需要相适应的环境氛围，可以使每个单位成员感受到单位集体特殊的荣誉、特殊的温暖和特殊的力量，对受教育者个体形成独特的影响力，具有强大的教育和感染力量。在发展社会主义市场经济条件下，我们要善于营造爱岗敬业、求知向上、团结互助、奋发进取的群体风气环境，要用时代和社会的主旋律，荡涤那些虚无、低迷的拜金主义、享乐主义情绪，以维护受教育者群体积极向上的精神面貌，使受教育者个体始终牢记自己的责任和使命，从而保持目标选择和行为路线方向的正确性。

（执笔人：张孟灏）

"加减乘除"组合拳打出四力
做好思想政治工作

陈 晖

思想政治工作学是中国共产党独创的一门科学。马克思曾说："一门科学，只有成功地运用数学时，才算达到了真正完善的地步。"

对每一个人来说，数学中"加、减、乘、除"只是计数的基本方式，各自有着简单而又毋庸置疑的运算法则，甚至可以熟练到不假思索就能轻轻松松地写下答案。但是我们把"加、减、乘、除"运用到职工的政治思想工作中，面对职工思想和观念的多元化变化，是一道解不完的难题。因此思想政治工作要以人为本，"人性化"管理，正确运用好"加减乘除法"组合拳打出"四力"，着力解决职工最关心、最直接、最现实的利益问题，努力构建全方位、全过程、全掌控、全承载的思想政治工作平台，发挥思想政治工作的"正能量"，最大限度满足职工的需求，为企业改革发展保驾护航。

一、用加法凝聚魅力

1. 增强归属感和责任感。从本企业工龄段对职工队伍进行划分，可以归为三类：一类是刚进企业的新职工。这些刚来企业的职工，总想有作为，抱有远大的理想和目标，为自己规划出宏伟蓝图，对自己今后工作期盼值最高。二是在企业工作大10几年的职工，他们已经熟悉企业，对自己的能力有一定了解，在等待机会发展，在安于现状同时心里还有点期盼。三是临近退休的职工，他们在企业奋斗大半生，职业上的疲倦，因此对自己的前景不再有期盼，只求平安退休。面对职工心态上的迷茫、中庸，工作的怠慢，职业上的疲倦造成的工作上缺乏的归属感和责任感，应采取行之有效的企业文化宣传、先进人物宣传、竞争意识教育、职业道德教育、主人翁教育等，特别是运用互联网这个思想政治工作的"双刃剑"，想方设法设置QQ、微博、微信等思想政治工作网络平台，可以拍摄些企业文化、劳模人物的宣传片在企业内部广泛传播，要变"灌输式"、"说教式"、"活动式"为"启发式"、"参与式"、"互动式"，进一步增强职工的归属感和责任感，使职工都具有劳动积极性和创造性，在企业中形成报效企业、感恩社会的良好思想气氛和积极向上的思想舆论。

2. 增加收入和福利。人的生活包括物质生活和精神生活。职工收入稳定、福利好是稳住人才、激发士气的最有效、最直接办法。随着物价不断上涨，职工最担心的是钱包的鼓胀。因此建立工资持续增长和集体协商机制，发挥收入分配的导向、激励作用，进一步体现多劳多得、优劳优酬、绩效优先的分配原则，不断完善重实绩重贡献、向优秀员工倾斜的分配激励机制，充分地调动职工劳动积极性。尤其是我们在贯彻落实党的"八项规定"

中，不要让"八项规定"和职工该有的福利相冲突，造成职工的失落感，要合理的运用好职工的福利，使职工薪酬福利有实质性的调整和持续性的增长，使职工认识到企业就是赖以生存的落脚点，以企为家，以企为荣。宁波埃美柯集团有限公司在职工管理中针对职工情绪好坏影响精神状态并直接影响安全生产的情况，推出情绪管理制定出情绪管理办法，增加员工精神福利，职工每天上岗前都要在一本心情晴雨表上签到，如果表示"心情糟糕"，当事职工可获带薪休假待遇。从这个例子我们看到关注职工心理健康，增加员工精神福利正成为企业管理的新趋势。

二、用减法凝聚动力

1. 减少消极因素。"减"是为了"加"，减少了消极因素，就必然会增加积极性。当前企业出现有的刚进来没多久的职工没干多久就另谋高就，个别快退休的员工安于现状，得过且过，当一天和尚撞一天钟，还有职工把精力花在到处找关系升官等现象。因此我们要正视这种现状，要让职工看到企业发展的希望，也看到自己发展空间。特别是快退休的同志，要让他们看到自己的宝贵价值，他们的长期工作经验就是一个宝贵财富，新员工的传帮带工作就是靠我们这些老工人来完成。最近我们公司出台了《退休人员返聘协议书》，从某种角度来说，让老工人看到了自己的价值和希望。我们要大力营造想干事、会干事、干成事的氛围，让想干事的人有机会，会干事的人有舞台，干成事的人有地位。

2. 减少沟通障碍。企业和谐靠制度民主、看环境宽松、看沟通有效。要营造企业和谐氛围，关键在于管理者与员工、员工与员工各级之间的和谐。目前企业福利制度比价完善，定期的关怀和慰问制度都建立，但员工还未能满意，原因在于职工是否认可管理者的工作。沟通上存在着的"谈不下去、谈不进去、给顶了回去"等种种障碍，这反映出来的不仅是沟通方法的问题，也说明对职工的心思了解甚少，缺发共同语言。企业要加强职工与各级管理者见面交流、接触谈心，削弱上下沟通隔膜，使沟通渠道途径通畅，沟通无阻。企业要建立和形成定期沟通交流会、网络直通车、职工接访日、一线慰问谈心活动等，通过企业内部网络平台，开辟互动交流栏目，用老话来说"与职工打成一片"，使大家融洽在一起，多见面，多交流，多问候，多关爱，与职工之间建立朋友式的情谊和亲人式的关爱，增强企业凝聚力。

三、用乘法凝聚实力

1. 尊重个人价值。"良禽择木而栖"，人才的成长、才干的施展需要良好的环境，良好的环境要靠创新体制机制去构建，用好用活人才需要体制机制作保障。将职工看成企业的重要资本，理解员工的具体需求，努力发掘员工身体积极的一面，因势利导地帮助员工更好地实现自我价值。员工在正常物质激励的状态下，逐步过渡到自身价值的体现，关注、关心自己的社会地位、岗位晋升、社会荣誉等。如今年我司推行的缺编岗位竞聘工作中，共有57人次员工参加竞聘，其中符合申报条件38名，在坚持公平、公正、公开的原则上，通过平等竞争，择优选用，有22名员工找到自己心仪的岗位。因此我们看到岗位竞聘也是开放职工选择岗位有效途径，通过平等竞争，开辟和拓宽员工岗位晋升渠道和空间,通过竞聘过程展现自己的机会,发现自己的价值,让员工找到自己心仪的岗位,从而增强工作自信心,努力为企业做贡献。

2. 加强技能培训。为适应新时期各种市场化挑战,除了资本、技术、管理等要素外,最重要是打造一批业务知识过硬、供水技术精湛、勤奋、敬业、爱岗的职工群体。培训是企业一项长期投资工作,是保留人才实现企业持续发展的粘合剂和助推器。特别像近来我司管道维修工就出现断层现象,除了制定完善全员培训计划化,针对一线青年职工文化素质偏低、技术水平和操作技能较差的实际,还可以进一步深化"一帮一"、"结对子"、"名师带高徒"等帮培活动来抓好一线职工的文化业务技术培训。我们还通过开展岗位练兵、技术比武和争当岗位能手等活动,,实施全员、全程、全方位、多元化"三全一多"员工教育培训模式,尽快提高职工技术水平和操作技能,发挥出"四两拨千斤"的效应。

四、用除法凝聚活力

1. 消除负面情绪。在这个不断深化改革的环境里,职工的世界观、价值观也发生深刻的改变,员工各种心理都有,包括各种负面和消极的心理思想。如职工在生活中确实出现了不可预测的困难,这些困难得不到解决,心理压力得不到释放,消极情绪得不到有效疏导,积聚到一定程度就会诱发心理危机,私底下会抱怨或发泄不满情绪,甚至以偏激的方式去找寻平衡点,影响而感染周围的同志。企业要正面应对职工出现的各种负面消极的心理垃圾,经常到一线"接地气",与职工构建思想和感情的桥梁,做到知人、知心、知情,要把职工看成服务对象,强化服务理念,要发挥疏导作用,内正其心,以情感人,以实帮人,建立一套服务体系,可以聘请心理咨询师为职工上课,及时服务、主动服务、跟踪服务。

2. 排除心理压力。职工压力主要包括两个方面。从主观因素看,部分职工思想认识跟不上形势变化,常常缅怀过去的好日子,无法自我解压,容易产生高压力;从客观因素看,工作任务重、时间长,上下沟通不顺畅,收入增长缓慢与物价迅猛增长之间形成的反差,都使得员工对企业发展前景堪忧,造成心理压力。因此要缓解职工的心理压力,就要改善工作环境,如适宜的温度、合理的布局等,有利于员工减轻疲劳,更加舒心、高效地工作。要从工作本身和组织结构入手,使工作任务清晰化、角色丰富化,增加工作的激励因素,提高工作满意度,从而减少压力及紧张产生的机会。利用工作设计包括工作轮换、工作扩大化、工作丰富化增强职工的工作动机,相应地减轻职工的受挫感和压力感,给职工对工作活动更强的控制力,从而降低职工对他人的依赖性,有助于减轻员工的压力感。

思想政治工作归结起来就是做人的工作,它是企业科学、健康、长远发展的重要保障。面对企业在发展中将要遇到很多未知的问题和困难时,要发挥思想政治工作的巨大能量,协调企业内部的人际关系,增强凝聚力,促进企业和职工达到"双赢"目的。

(作者单位:福州市自来水有限公司管线管理所)

企业报是一个平台 更是一方舞台

张辉虎

一、企业信息宣传工作四个维度

从把握意识形态工作主动权的角度，企业报是实现团队正面引导的主阵地。企业生产产品，更为社会培养人才，反过来没有素质优良、协同一致的职工队伍，企业想要有优秀的产品、良好的运行，也是不可能的。在此过程中，企业报承载、传递、反映什么样的信息，体现什么样的立场、导向，如何进行正面引导与正向激励，十分要紧。

从塑造企业形象的角度，企业报是一个综合平台。我们报纸上刊载的内容、栏目的设置，还有稿件所体现的主旨思想，既是企业经营管理日常运行的反映，是表象；更是管理者思想、理念、举措、作风和职工队伍风采风貌的反映，是内在的、深层次的。因此，一篇好的文稿，再加上好的版式与编辑，通常能够很好地彰显企业的整体形象。

从培育企业文化的角度，企业报是最好的孵化器之一。企业文化是企业经营管理、创新创造等实践活动和精神成果的集中反映与升华，回过来又影响和促进企业的管理，队伍的塑造。而企业报记载传播的正是这个过程中比较文明、先进、可喜的做法与成果，可以说都是正能量的因子，因此职工身边的"信息"对团队文化通常会起很大的作用。

从完善史料记录传续的角度，企业报是一部文字加图片的企业发展史。浙江一建创立于1949年，《浙江一建报》创刊于1987年，至今已出刊667期，每年都出合订本。相比之下，企业大量的"历史"和更为翔实的历史，就在1987年之后，在一建报里。我们常说没有历史就没有未来，看不到历史就不能很好地走向未来，企业也是这样，企业家、企业职工都是这样。

二、企业信息宣传工作四个特点

一建集团的信息宣传载体主要包括四个：20天一期的《浙江一建报》，门户网站"浙一建集团"，年刊《今日一建》，信息专报《浙江一建信息》，但企业报是重点之一，是重中之重。多年来我们身体力行也逐步形成和体现了四个特点与要求：

一是注重整体策划把握。企业报是内部小报，是局部的信息平台，但它同样有五脏六腑、上下左右的问题。如何在呼应宏观、服务大局的前提下，努力做到相对完整到位地展现企业一个时期、一个阶段的发展状态与团队风貌很要紧，比如宣传内容要有即时的与全年的整体性考量，内容分版与栏目设置要合理、清晰、醒目，企业总部、内部不同单位、条线的信息比例，都要相对协调，等等。

二是注重体现以人为本。在推动企业发展做强做大的过程中，企业当家人或者说整个经营管理团队无疑是至关重要的。但同样毋庸置疑的是，职工团队永远是基础性的。因此企业报既要姓企业——国家的、领导的、企业家的；同时也要姓职工，姓一线，且这两者不是矛盾的，应该是和谐统一的。要避免变成机关报、头头报，避免变成企业"政报"，避免只见太阳，不见星星和月亮。

三是注重结合外宣外联。办企业报，做信息宣传工作，既要有埋头做事的苦干实干精神，同时更要抬头看天，多与外界沟通交流。在守好"内"的同时，要积极学习研究所在地各类传媒和行业相关报刊尤其是主要媒体情况，主动加强投稿、联络，了解其定位、规律、特色与需求，这个过程既是宣传我们的企业，也是向各方学习沟通。此外，在企业有重点宣传、公关需要和危机应对时，也会多一条路子与可能。

四是注重队伍关心培养。队伍是基础，有几名专兼职做宣传、办报的人员，有一支较强的通讯员队伍，企业的办公办文办会水平和宣传文化工作或许就会有很大不同，甚至会很出彩。作为分管领导，首先自己要真心认同、能够从点滴中看到工作的价值，多宣传这方面工作的重要性与工作安排，多为条线说话、打气。同时要多与编辑人员、宣传干事、通讯员谈心沟通，要在业务上多关心指导，多商量帮助，要建立信息报送和评优表彰机制，要选送他们参加各种学习培训交流，还要从个体的角度多关心鼓励他们。

三、企业信息宣传工作者四重身份

历程记录者。办一份报纸，有许多相关方，但真正在办、在落实、在"亲历"的，往往就那么几人甚至更少。但也就是这几人与通讯员们一道，出于把企业报办完整、办好的初衷，直接间接地了解、积累着许多的信息与素材，成为企业发展进程的记录者。

形象代言人。企业报是企业形象气质与面貌的反映，是企业的又一窗口，同时也在很大程度上是编辑、办报人员形象气质与面貌的反映。这种反映不只是在报纸、文稿与版面上，也在平时的谈吐尤其是对外交往中。因为你是办报的，做宣传的，人家会有意无意地把你当作企业的新闻发言人。

干群连心桥。职工关心关注企业，关心高层声音，关心改革举措，关心发展动态，企业报是主要途径之一，尤其对于比较基层的职工群众更是如此。一张真正办得好的企业报，通过其较为周详、综合的栏目与内容，通过采写、组稿、编辑直至发行的过程，通过编读往来，可以很好地起到促进干群沟通、增进团队和谐的桥梁作用。

文化建构师。企业发展运行过程中的许多做法、亮点、经验、特色，管理层与一线职工的许多想法、心声和许多鲜活的创造，通过稿件的形式，逐步进行整理、归纳、总结、提升、传播，逐步成为企业个性化、品牌性的东西，有的还会成为企业主打宣贯的管理理念、文化元素，成为一个时期的鲜明概念与个性符号。这个时候，企业报工作者、文秘和通讯员们就功不可没了。

我真心热爱企业信息宣传工作，以四句话与同行共勉。

历史意识。企业报是小报，许多信息或许也是芝麻小事，准确完整是基本要求，但还不够，还要公正、适度。有时，平和、适中的用词与表述或许更好。因此要学会历史地看，我这样写、这样说、这样安排，是否有失"公允"。

服务视角。企业信息宣传工作十分重要，然而，就企业整体工作而言，它一定是辅助性的，服务性的，只是其中的一部分，一个环节。一定要有这样的适当的定位、心态、思维与视角。

　　成果酝酿。企业报是小平台小窗口，但是如果用心去做，去拓展，那么它也是一方大舞台，可以呈现大风景。通过提前的筹划，通过时间和量的积累，可以就若干门类尤其是好新闻、好评论、好副刊等方面出一些成果。

　　执着精神。要做好做成一件事，一些事，办好看似轻薄的一张企业报，其实不易，但天下之事，知难不难，细则必成。关键是静下心来，能够独守寂寞，持之以恒，则日积月累，水滴石穿，可以出成绩，出精品，出人才。

（作者单位：浙江一建集团）

浅谈如何利用新媒体做好公交企业的内外宣传

徐金峰

如今，互联网飞速发展，以互联网为代表的新兴媒体以其形式丰富、互动性强、渠道广泛、覆盖率高、精准到达、性价比高、推广方便等特点更能满足现代人的各种需求，在宣传思想工作中也越来越占据重要的位置。

一、充分认识有效应用新媒体做好新形势下宣传思想工作的重要性和紧迫性

有效运用新媒体，对于公交企业各级党组织做好新形势下的宣传思想工作具有十分重要的意义。

1. 载体丰富，受众面广，是一个不容忽视的宣传平台

由于新媒体时代的传播载体丰富，几乎人人都可以通过手机、网络了解各种各样的信息，较传统媒体，受众大量增加。城市公交服务万千百姓，有关公交的各类信息一直是百姓关注的焦点。因此，必须有效利用官方微博、微信、企业网站等平台做好企业宣传工作，让企业自身形象的建立推广覆盖面更广，宣传效果更好。

2. 形式多样，更易理解，是一个最平民化的大众平台

过去，我们在传统媒体上的宣传主要是通过文字和少量的图片或者有限的影像、声音进行宣传，较为枯燥。而新媒体时代，传播的形式更加多样化，除了文字和图片，还可以加入更加丰富的声音、视频等，能使受众更直观的感受和解读宣传内容，让不同年龄、层次、文化的乘客都能容易接受并留下深刻的记忆。

3. 互相交流，沟通便捷，是一个了解社情民意的最佳平台

在新媒体时代下，群众发表舆论信息十分方便，民众越来越多地利用网络等新媒体反映民意和提出诉求。每天，网民在网络上发布的信息不计其数，我们公交企业也可以通过网络，通过微博、微信留言、留贴，及时了解乘客关注什么、需要什么，更好地把握运营服务的重点和思想宣传的方向，听取乘客的意见和建议，及时答疑解惑，使乘客与公交企业加深互相之间的理解，拉近彼此之间的距离。同时，我们也可以对一些别有用心的混淆是非、隐藏事实真相的言论进行正面宣传引导，将事实真相放在公众的眼前，避免出现以讹传讹的情况。

4. 传播迅速，是一个可大大降低宣传成本的最优平台

传统的媒体宣传模式，如在报纸、杂志、电视等媒介进行宣传，均需要投入大量的经费，取得的宣传效果却十分有限。而通过新媒体进行宣传，只需在网络上发布信息即可迅速散播，几乎是零成本，而达到的效果则不可同日而语。比如今年正在唐山举行的世园

会，6月20起开通了世园会十元夜场直通车，19日晚我们确定了最终的新闻通稿，通过报纸、电视、广播都不可能发出报道了，但是微信、网络却将这一信息及时地发送出去，仅一个微信公众号一小时之内的点击量就达到了10万人次，宣传成本几乎为零。离开新媒体，这样的宣传速度和宣传效果简直无法想象。

二、当前公交企业自身在新媒体宣传工作中存在的主要问题

新媒体作为一个新事物，在应用和推广上，必然会存在各种各样的问题。从公交企业实际来看，主要有以下几方面：

1. 宣传工作观念上的不适应。当前，个别基层党组织和基层领导在宣传工作顺应新媒体时代的观念上存在着较大差距。主要表现在：部分领导和路队管理人员"重运营、轻宣传"的观念根深蒂固，对宣传工作持有不重视的态度，认为抓好运营和服务、保障安全就行，尤其缺乏对新媒体时代宣传工作的学习和了解，对新媒体时代的宣传工作认识就更为不足。同时，因新媒体传播上的不可控性，基层在认识不足的情况下，对新媒体的传播管理存在一定的担忧，甚至是抵触。有的宣传意识虽然较强，但观念不新，仍以旧思想、老观念看待新形势下的企业宣传工作，没有真正树立"宣传出战斗力"的思想和"宣传也是中心工作"的理念。

2. 宣传工作考核上的不科学。很多企业在宣传工作考核上，过分强调了内宣、内网的重要性，对外宣任务只重视报纸、电视等传统媒体，忽视了利用互联网、博客、微博、微信等网络媒体、手机媒体进行宣传。在考核记分和奖励上，内宣记分过重、奖励过烂，外宣记分尤其是新媒体宣传记分少、奖励少，由此造成基层不注重外宣，外宣的稿件量少质弱，"豆腐干"多，重量级、大篇幅和专题性、系列性的先进典型、工作经验的宣传报道，在互联网、官方网和媒体网站上宣传很少。

3. 宣传工作应急处理上的不完善。这一点主要表现在缺乏主动运用新媒体回应公众关心关注。如发现负面舆情时，思想敏锐性较低，对引导工作原则和方法等理解不深、把握不好，没有抢占先机掌握话语权和主动权，不能主动去引导、去回应社会公众对某时某事的极大关注，没有以宣传效应的正能量去正确引导公众、网民和网友，及时避免、减少和消除负面舆情带来的危机危害，有的干部职工甚至成为这些负面信息的传播者、转帖者；有的未建立健全重大新闻发布制度和突发事件应急管理机制，对发布信息"赢得第一落点、抢占第一落点"的理念没形成应有共识。

4. 宣传工作重点把握上的不深入。对一些重大活动、专项行动的宣传，重点总是放在讲成绩、列数据、玩"文字游戏"，没有将采取的新办法和下的苦功夫讲明说透，波澜曲折、细致入微、引人入胜、鲜活高大和扣人心弦的工作过程和精彩场面等宣传不足，对企业管理和职工队伍中的新举措、新亮点、新人物等宣传不多不深；思想上的敏感性弱，在紧扣中心工作、专项工作、专题工作等方面，缺乏周密而科学的宣传策划，出现宣传工作"神散"，对全局性、阶段性中心工作宣传不突出、不鲜明，成了"无主旨、无中心"宣传，造成了"内行不上心、媒体不愿用、公众不爱看"的现状。

5. 宣传工作队伍上的不健全。目前，我们每个企业都有一支宣传队伍，现在所开发应用的新媒体大都由这些宣传人员在做。但是我们一定要清醒地认识到，之前从事宣传工作

的人员技能相对单一。一些较为年长的员工对新媒体或多或少存在抗拒和抵触情绪，缺乏对新媒体时代宣传工作的认识，缺乏与新闻媒体打交道的沟通能力，缺乏运用新媒体手段和载体的宣传技能，缺乏对负面舆情的观察力、应对力和主攻力；还有很多工作时间不长、刚刚毕业、没经历过基层锻炼的大学生直接加入宣传队伍，有的缺乏为企业宣传忘我工作、脚踏实地、乐于奉献的精神，有的则缺乏深入实际、务实进取、精益求精的工作作风，不了解基层情况，文章写出来只是皮毛，不能深入探究，挖掘更深层次的本质和内涵。

三、与时俱进，开拓创新，利用新媒体服务企业发展大局

新形势下，公交企业自身要更好的重视新媒体、用好新媒体，充分发挥其传播信息迅速及时、受众面广的突出特点，进一步塑造公交企业发展进步的崭新形象，扩大公交企业的知名度和影响力，从而更好地贴近生活、贴近实际、服务百姓。要用好新媒体，就应当转变思路，与时俱进，开拓创新：

1.建设一支具有互联网思维的新媒体人才队伍。结合我们公交企业自身实际来讲，我们所需要的新媒体人才应该具备四方面的基本素养。

一是熟悉并掌握采、写、编、评、摄、录、播等基本技能，熟练应用文档处理（Word）、表格制作（Excel）、图像处理（Photoshop）、动画制作（Flash）、网页制作（Dreamweaver）、音视频编辑（Premiere）等软件。概括的说就是电脑和手机都玩得很溜，可以"一专多能"。当然并不要求每个人对于这些技能都样样精通，但相较于我们利用内部报刊、简报做宣传的时代，新媒体对于技术的依赖更深，所以要想让公交新媒体发展稳健，其从业人员必须扩展知识面、完善技能体系，做到"多能"。二是要有创新意识。互联网是一个不断颠覆自我、不断推陈出新的领域。唯有不断地锐意创新，自我扬弃，才能紧紧抓牢"挑剔"的网民，才能吸引更多的粉丝。所以，同样是来自于公交的各种信息，选题的角度、形式的呈现、语言的风格，无不需要创意的支撑。真正能让人眼前一亮，记忆深刻的内容，多半都是创意的功劳。三是要有团队意识。传统媒体时代可能一个人就可以完成一篇稿件，但是新媒体时代，即使你掌握甚至精通了所有新媒体相关的技能，也不如一个团队的战斗力强。这就是一个人走得快，一群人走得远的道理。一个产品要想循序渐进地发展，离不开团队中所有人的齐心协力。新媒体也是如此。因此，新媒体队伍必须是一个心齐、蓬勃、激情的团队。四是要有换位思考的意识。作为新媒体人，必须有换位思考的意识。通俗点讲，就是要结合公交行业的实际，站在百姓的角度，站在职工的角度，想尽一切办法，从发布内容的架构、页面乃至所有细节，都要让受众有一种贴心、舒畅、方便的感觉，既吸引眼球，也要满足对方对信息的需求。

公交行业自身所能提供的发展平台、前景甚至福利待遇有限，也阻碍企业引进经历过互联网公司磨砺的高素质人才。那么就剩下一条路——自己培养。在年轻职工中挑选具备互联网意识的好苗子，让他在我们自身培育的新媒体平台中去历练，从而迅速成长。同时，对待这些人，要"在政治上充分信任、工作上大胆使用、生活上真诚关心、待遇上及时保障"，争取利用一至两年的时间，打造出一支我们公交行业自己的新媒体人才队伍。

2.加强新媒体宣传工作制度的建设。要做好新媒体时代公交企业宣传工作，机制建设

尤为重要。应着力抓好四项机制建设：

一要积极探索并建立健全各类新媒体应用运作制度。制定网络宣传管理办法、官方微博和微信等公众平台宣传管理制度等，确保新媒体应用在企业宣传中的运行，让干部职工在使用和管理新媒体应用时有法可依、有据可查。二要抓好宣传队伍素质提升机制建设。建立素质培育机制，加强宣传队伍思想、纪律、作风和能力建设，提高洞察力、分析力和应对能力，在建设全媒型、专家型人才队伍上下功夫。三要抓好宣传工作激励机制建设。坚持内宣与外宣并重并用的原则，用必要的经费奖励有功宣传人员，开展优秀宣传员评比表彰活动，激发宣传人员积极性。四要建立健全重大新闻发布制度和突发事件应急管理机制。在制度健全的基础上，畅通和完善舆情信息汇集报送渠道，组建舆情宣传员队伍，及时掌握关于公交的热点、难点问题以及与之相关的舆情动态，力争在第一时间发现舆论炒作苗头，防止不实传言通过网络舆论进行扩散，激化人们的情绪，最大限度地消除负面影响。

3.注重新媒体与受众之间的互动和交流。互动性是新媒体中一个处于核心位置的关键词汇，也是与公交报刊等传统媒体区别最大之处。我们能在各种各样的平台上看到大同小异的新闻报道。当"是什么"已漫山遍野时，"为什么"就显得尤为稀缺。我们必须关注信息发布之后网上的跟帖、留言，并及时回复，这样才能引发网络用户的共鸣，获得更高的关注度。这时候，就需要那些既有哲学与逻辑学基础，又能将严肃的事情用轻松的笔调写出来的新媒体人，用幽默、犀利、一针见血的回复牢牢吸引受众群体。有的时候，一个高水平的回复甚至比新闻本身更具吸引力。这就需要我们做好博客服务和跟帖管理，让新媒体的互动性充分体现出来。

4.注重文字表达方式的灵活运用。实践证明，在互联网时代，网言网语、视觉形象、大众表达的语言情境更能够强烈吸引人们的关注、亲近和追随，激发人们的情感认同和思想共鸣。因此，新媒体要积极探索互联网时代微传播话语表达规律，创新不同信息发布采用的话语方式，使得公交宣传工作更接地气、更深入人心。要更加注重语言的亲和力、对话的平等性、受众的接受能力，努力形成主题新颖、内容丰富、形式活泼的微话语体系。同时，要善于学习和使用不同的网络群体所特有的语言表述习惯，要及时捕捉微时代形成的生动鲜活、极具价值内涵的话语方式，丰富和发展宣传工作的话语体系，推动话语表达的时代化、大众化、通俗化。

（作者单位：唐山公交总公司）

"互联网＋"与政研会工作的继承与创新

邬维翔

全国住建系统各级职工思想政治工作研究会已经走过了三十年的历程。三十年来，住建系统职工思想政治工作始终紧扣改革发展大局，紧贴基层工作实际，积极推进思想政治工作、企业文化建设、精神文明创建工作的研究与实践，很好地发挥了教育人、引导人、激励人、转变人的宣传教育职能。然而，随着"互联网＋"时代的到来，现代信息技术的迅猛发展，已经或正在对社会舆论的形成机制和传播方式产生深刻影响。在这样一个时代背景下，政研会工作即面临着如何继承以往良好工作传统的考验，也面临着创新工作理念和模式，适应现代社会信息手段多样化的挑战！对此，笔者就"互联网＋"与政研会工作的继承与创新作一粗浅的比较分析，并提出几点对策建议，以供参考。

一、"互联网＋"与政研会工作的比较分析

当前，我国正处于社会转型期，代表不同利益角度的舆论观点日益多元化。科技使信息接收更加通畅便捷，互联网的发展使多样化的信息传播成为常态，由此形成的"互联网＋"已经成为当下和未来社会经济发展的重要趋势。

时下，各行各业都在积极探索和实践与互联网的深度融合，以借力发展自己。而有着三十年发展历史的住建系统各级政研会，作为党的思想政治工作的重要阵地和研究实践的有效载体，在历经三十年的探索实践过程中，通过大量富有成效的工作和活动，打造成了推动住建系统思想政治工作的研究平台，推广先进典型的宣传平台，打造行业（企业）品牌形象的展示平台和交流经验、沟通信息的互动平台，这是值得自豪和必须继承的优势所在。

我们清晰地看到，"互联网"已经悄然深入到了我们工作、生活的方方面面，以微博、微信为表现形式的自媒体样式揭示了信息技术的突飞猛进和社会传播方式的日新月异。现在，我国即时通信网民规模已近五亿，超过三亿人在使用手机应用。一部手机、一部平板电脑，只要有网络存在，无论你身在何处，都能通过网络与外界进行信息交换。快餐式的文化消费已然成为时下一种主流意识，长篇大论乃至大块文章越来越难以吸引人们把它看完。微信朋友圈里三言两语的交流，简洁实用的短语、图文并茂的资讯，给人启迪的美文等等，体现出互联网时代新传播方式的优势所在。方兴未艾的微博和微信公众号、微信矩阵群正在成为新的信息传播和互动平台。传统的交流媒体和宣教形式在社会舆论中的主导地位已经被无处不在的网络所逐渐渗透，互联网时代带给社会的是一个更为广阔的思想舆论天地，这一切都给当今的思想政治工作带来了诸多新挑战。客观来看，政研会工作在手段上比较传统，方式上比较单一，比较注重以大型会议、大型活动的方式开展工作。大而

全的工作样式多，短、平、快的宣教方式少。尽管有一些行业和单位的宣教部门通过建立网站或以微博以及微信公众号等微信矩阵来借助互联网开展适时宣传，但多数政研会受制于各种条件的限制，传播媒介主要还是依赖纸质刊物，信息发布传递相对滞后，交流平台不多、狭窄，很少运用新兴媒介手段，与受众对象之间的互动不多，交流也不畅，因而宣传平台受关注度较低，影响力、渗透力也较弱，与互联网的切入与融合还有很长的路要走。究其原因，除了政研会它不同于一般的管理机构，缺少必要的条件外，另一重要原因恐怕是缺少用"互联网＋"思维来创新政研会工作。对此，我们应全面认识"互联网＋"与政研会工作的必然联系，积极把握好两者之间的互动关系，大胆实践与探索，努力使思想政治工作与"互联网＋"不断融合，进而推动政研会工作在互联网时代获得新的生机和活力。

面对互联网时代不同类型的社会群体逐渐分化成型、代表不同利益角度的舆论观点日益多元、个性化差异化的思想舆论到处弥漫的环境，政研会工作不能、也无法置身度外，同样也需要借助互联网扩大影响，增加人际间的互动，尽快融入到这样一个时代环境中来。对此，政研会可以运用它特有的探索研究人的思想政治工作的功能，借助互联网快速广泛多样化的传播优势，主动对接"互联网＋"，进一步扩大政研会的影响力和渗透力，传播更多的正能量，引导社会舆论和广大住建系统职工思想更加文明、进步，更加有声有色地推动两个文明建设取得新成效。而互联网也得以能在正能量的主流氛围中激浊扬清，健康发展。把握好两者的深度交集以及彼此间的相互影响和作用，并加以积极利用，就一定会给政研会工作带来新的转机和新的活力，我们应在厘清和把握两者关系和相互影响的基础上，努力寻找到一条推动政研会工作不断继承与创新的方法与途径。

二、关于继承和创新政研会工作的几点对策建议

全国住建系统的思想政治工作在不断的探索、研究和实践中已经走过了三十个年头。在总结工作和经验的同时，我们应该看到，在社会思想多元多变、舆论生态深刻变化、社会情绪需要疏导、意识形态形势不容乐观的新环境中，更需要把政研会工作放在互联网时代的背景下去思考，运用"互联网＋"思维创新政研会工作。一如习总书记所强调的："要把网上舆论工作作为宣传思想工作的重中之重来抓，创新理念、内容、体裁、形式、方法、手段，形成网上网下同心圆，构建舆论引导新格局"。作为每一位从事党的思想政治工作和热心政研会工作的同志，我们理应遵循习总书记要求，认真研究和分析当前时代特点和互联网发展趋势，顺应时代要求，把握舆论导向，在继承以往优良工作传统的同时，把做好互联网时代的思想政治工作始终作为当前和今后一个时期政研会工作的一项重要任务来抓。

（一）坚持顺势而为，在继承中创新

住建系统的各级政研会几十年来始终坚持教育人、引导人、转变人、鞭策人的工作宗旨，着眼于推进住建系统职工队伍整体素质的优化提高，做了大量积极有效的工作，在推动住建系统的全面发展上取得了令人瞩目的成效。然而，相对传统的思想政治工作形态和政研会工作模式需要在继承中不断创新，即能传递正能量，又能做到"不失声"，以适应

互联网时代的新特点。因此，我们应坚持顺势而为，强化工作创新，在继承政研会工作优秀传统的前提下，始终坚持贴近实际、贴近生活、贴近职工，增强思想政治工作的针对性、有效性和吸引力。

一是工作理念要创新。我们是职工思想政治工作研究会，探索研究思想政治工作的有效性应作为我们不断实践的动力和目标。要从过去单纯的"教育人"向"教育人"与"引导人"并重转变。在现时人们能通过各种各样渠道获得许许多多信息的情况下，思想政治工作单靠一味说教已很难奏效，这就需要借助互联网丰富的信息资源开展生动多样，易被人接受的教育与引导，让思想政治工作紧跟时代，贴近实际，润物细无声地深入到人们的头脑和心灵深处。例如，我们可以尝试通过网络利用网站、网页、微博、微信、信息矩阵等等诸多信息渠道获取许许多多具备思想深度的论述，富有哲理的短语，明快健康的观点以及能够暖心的表白，融合到我们真诚细致的工作中去，用网络化的语言开展工作，也不失为一种理念创新的有益探索。

二是工作机制要创新。我们要努力构建面向开放环境、适应互联网时代特点的思想政治工作研究的长效机制。积极探索政研会工作与"互联网＋"主动对接，善于运用互联网的信息手段和资源与政研会的具体工作深度融合，可以设想充分利用互联网平台建立各级政研会的通情通联机制，实现工作经验和信息资源共享，把各级政研会工作统筹起来，相互学习交流；同时，也可借助网络建立政研会工作的执行、督查和反馈机制，保障住建系统各级政研会能紧紧围绕总会的要求抓好工作落实。上级政研会也可充分利用网络对下级政研会工作开展有效督查，推动面上工作及时有效开展。需要强调的是，健全政研会的组织体制和工作机制十分必要，我们应大力加强政研会的组织建设，甄选热爱政研会工作、实践经验丰富、有较强工作能力的同志充实到政研会工作的队伍中来，同时积极探索形成政研会工作的经费及物质保障机制，不断夯实政研会工作基础。

三是工作方式要创新。"互联网＋政研会工作"，是一项需要不断探索的实践活动。我们在坚持和注重传统而有效的工作方式的同时，可以尝试"网上政工"与"网下政工"的有机结合，在用好"电脑"的同时有效地做好"人脑"的工作。例如，市容行业分会已先行在热心政研会工作的同志中形成微信"朋友圈"，进而组成微信群，通过不断更新和丰富信息内容来激活政研会工作。也可以积极创造条件尝试建立政研会的微信"公众号"，把短而小、活而灵、新而奇的思想政治工作新形态建立起来，为在今后形成住建系统政研会工作的微信矩阵探索有效路径，让政研会的影响力扩展出去，让政研会的成效得到不断显现。

（二）坚持探索研究，在调研中破题。政研会的生命在于研究

开展调查研究是政研会工作的重要职能。住建系统各级政研会本着研究课题以当前为主，研究调研以应用为主，研究活动以基层为主的职能意识，多年来开展了多层次、多方面的专题调研，形成了具有一定理论深度和应用价值的研究成果，对住建系统的改革发展起到了很好的推动作用。在互联网时代，坚持调查研究仍然是开展政研会工作的重要手段，也是我们必须继承和坚持的优良传统。我们应努力在调研中破解各类发展瓶颈、拆除影响改革的思想藩篱，始终坚持好"围绕中心、着眼基层、直面职工、加强调研、立足应用"的基本指针。

一是选好调研课题。选好调研课题是保证调研工作取得成效的前提。要善于观察了解住建系统改革发展和职工队伍建设中的重点、难点和热点问题，坚持调研工作要体现针对性、普遍性、需求性的原则，选好研究课题。总会每年在部署全年工作时，都及时提出具有全局性、前瞻性和有操作性的重点课题，就是对各级政研会调研工作的最好指引，应该很好继承和大力加强。

二是选好调研方式。调研方式是为调研内容服务的。要注重科学制定调研方案，明确调研宗旨、内容、方法、要求等。落实具体可操作的计划。同时，应安排有丰富工作经验、能力较强的同志组成调研骨干或建立课题组，确保调研工作的基本力量。要注重防止走马观花、蜻蜓点水、纸上谈兵式的"花样调研"，真正把调研成果总结出来，推广出去。

三是选好调研成果。选好调研成果是实现调研工作目标的关键。调研的目的在于应用，推广应用好优质成果，才能真正实现调研工作的目标，也能体现政研会有否作为、有否地位的重要因素。我们应有计划、有重点、分阶段的组织调研成果的交流、评比和表彰，以利于为领导决策提供信息和依据，向有关部门提供建议、当好参谋，也有助于向各级组织和政工干部提供案例和办法，让调研成果真正成为破解难题、推进工作、加强两个文明建设的重要抓手。

（三）坚持搭好平台，在服务中显效。把政研会工作作为为中心工作服务、为基层服务、为职工服务的"三服务"平台，是政研会工作的本质要求。

一是搭好研究平台。做好研究工作是政研会的基本要求。应根据不同时期、阶段的形势要求和住建系统的重点任务，结合各级政研会所辖地区或单位面临的职工队伍思想政治工作的新情况、新特点，开展有重点、有针对性的研究。应充分借助和依靠所在地区或单位的领导力量及专门部门开展研究，切忌搞"象牙塔"式和单打独斗式的研究。

二是搭好宣传平台。搞好宣传教育是政研会应该承担的任务。我们要把发现典型、培育典型、宣传和推广典型作为政研会一项重要职能。俗话说"酒香不怕巷子深"，在互联网时代，开放的网络已使得言论变得更为自由，舆情也难以控制，这就需要我们把主流意识和正能量的东西传递出去、散播开来，对此更要有"酒好也要赚吆喝"的宣传推广意识，使好的典型、好的舆论成为住建系统发展的"推进器"、道德的"风向标"、群体的"领头羊"，总会能否恢复组织开展"两优"（优秀政研会和优秀个人）评比表彰，让政研会成为培育先进典型、宣传推广典型的"摇篮"。

三是搭好交流平台。扩大交流、互通信息、资源共享是互联网时代的显著特征。深入开展研究活动，扩大住建系统各级政研会之间的互动交流，共享信息，分享成果，应成为增强政研会活力、推动政研会更好发展的基础，我们应该想方设法利用多种形式，以大小结合、上下互通、左右联系等相结合的多种方式开展必要的交流活动，即可以开展上下左右之间政研会工作的交流，亦可以跨区域、跨行业之间，乃至于在政府职能机构、管理部门和企业之间等扩大交流，以更好集聚政研会工作资源、扩大推动力、增强凝聚力、产生作用力，为积极构筑住建系统政工研究网络体系逐步奠定基础。

（四）坚持练好内功，在工作中提质

加强政研会自身建设，不断练好内功，是保持政研会生机与活力的内在要求，也是确保政研会在生存和发展过程中即"强身"又"健体"的重要方面。

一是注重提升思想政治理论水平。作为政研会工作者，面对新形势、新任务、新挑战，要有"空杯"意识，不做"半瓶子水"。应不断加强思想修养，注重理论"充电"，善于接受新事物，善于学习思考，善于融会贯通，把自己从事政研会工作的能量和优势发挥出来，从而提升政研会工作的整体水平。

二是注重增强政研会工作能力。应积极吸收一些从领导和政工专业岗位上退下来，又有较高思想理论水平、政治坚定、热爱政研会工作、有较强工作能力的同志到政研会工作的队伍中来。同时也可尝试与政府机关、管理机构和企业建立联系，吸收一些年龄较轻、有动手能力、能熟练运用网络技能的同志到政研会进行学习锻炼，参与工作，或以挂职锻炼的方式工作一段时间，这对政研会自身能力的增强和外在形象的改善以及参与者的能力素质提升都有帮助作用。

三是注重改善政研会工作条件。政研会工作要上水平，出成绩，改善政研会工作条件必不可少。特别是互联网信息化时代，如何运用新技术、新手段、新办法开展好政研会各项工作，成为衡量政研会工作成效的重要方面。俗话说"巧妇难为无米之炊"，再好的人员，再佳的设想，没有必要的资金投入、设备投入，政研会工作就会事倍功半。我们应争取扩大经费来源，努力改变经费来源只有会费收入这一渠道，可以争取参与承担课题研究、组织有偿评审、培训，扩大社会和企业捐助等方式，获得更多的资金支持，改善政研会的工作条件，增强政研会的活力和能力，使政研会工作在"互联网＋"的新格局下，一路快走，并走得更稳更好！

（作者单位：市容行业分会）

第二章
企业文化建设篇

第二章
立山文化的遗迹

创新引领　　文化筑魂
——首开集团"尚责文化"管理体系创新实践

李晓莉

党的思想政治工作是经济工作和其他一切工作的生命线，也是国有企业的巨大政治优势。首开集团公司党委长期坚持把党建工作融入中心、服务大局，带领全体职工取得了精神文明与物质文明的双丰收。近年来，随着房地产市场调控和国企改革的深入，"京津冀一体化"和"一带一路"国家战略相继出台，企业面临的宏观环境发生了较大变化，如何应对新形势、新任务，以思想政治工作促进企业健康发展，成为改革必解之题。中央在《关于全面深化改革若干重大问题的决定》中进一步要求：建设社会主义文化强国，增强文化软实力。首开集团以此为契机，在"十二五"期间，通过重塑企业文化，着力提高核心竞争力，增强政治保障力，以文化力促进企业和谐发展，集团综合实力不断提升，为圆满完成"十二五"发展规划打下了坚实的基础。下面通过首开集团加强企业文化建设的实践，着力分析文化力对促进生产力提升、促进企业和谐发展的实证作用，同时提出对文化建设的相关思考，希望对突破党建工作的新领域提供一点借鉴。

一、首开集团基本情况及重构企业文化体系的深度思考

（一）企业基本情况

首开集团是按照北京市委关于"做大做强创新型企业"的要求，于2005年12月在市国资委主导下，由北京城市开发集团和天鸿集团合并重组而成的房地产企业，现有在岗职工3500多人，集团主营业务包括商品房开发、保障房开发、工程代建、物业经营和物业管理等，是中国最早成立的房地产企业之一。首开集团历经了三十多年发展，累计开发面积超过4000万平方米，业务覆盖全国4个直辖市、11个省份以及2个特别行政区，并在多个国家和地区投资项目，成立了境外企业。截至2015年底，首开集团资产总额超过1600亿元；物业管理面积约2200万平方米，成为唯一连续12年获得中国房地产百强企业"综合实力TOP10"的国有房地产企业。

（二）重构首开文化体系的深度思考

一是弘扬国有企业历史文化的必然。首开集团的前身是城开集团和天鸿集团，企业兴建30多年以来，一直肩负着建设首都的历史使命，从早期承担旧城改造，到微利建设经济适用房，解决中低收入阶层住房问题，再到建设亚运村、大运村、奥运村、国家体育中心等等，无不体现着社会责任。特别是2006年8月，集团在房地产业界首次提出"责任

地产"理念，为首开文化确立了基调，集团多次获得"中国房地产社会责任感企业"和"中国房地产诚信企业"称号，这在开发商良莠混杂的今天，无疑是独具特色的企业文化。

二是首开组建后自身发展的内在需求。从企业自身发展来看，两家原国有房地产公司的企业文化各具特色，集团合并重组之后，面临文化融合与再造，面临行业调控和转型发展，如果缺乏文化的引领和价值的认同，那么企业转型就缺乏动力。同时如何把首都国企承担的经济责任、政治责任和社会责任，与员工对个人发展愿景的深度关切结合起来，也需要在企业文化整合中予以实现。因此，站在时代的高度、全国的角度、行业的维度，重新设计首开公司理念文化体系，深入挖掘、整合、提升优秀文化积淀，充分发挥企业文化凝心聚力的作用，对促进集团"十二五"规划目标的完成，推动企业改革发展，有着重大的现实意义。

二、开展特色文化体系建设要坚持传承与创新相结合

在行业形势与自身发展的双重动力下，首开集团于"十二五"规划之初，按照"面向未来，存异求同，体现传承，突出引领"的原则，把文化建设上升到战略高度，组建了专项领导小组及机构，统领、协调各单位、各部门全面展开企业文化建设。2012年，在深入调研和充分论证的基础上，制定了《首开企业文化建设发展规划》，明确了企业文化建设的方向和目标。通过对首开历史融合演变、经济与社会效益发展、经营理念与员工行为等多方面的研究，把首开文化冠名为"尚责文化"，构建了包括核心理念和行为规范等在内的"尚责文化"管理体系。2013年初，首开召开千人规模的企业文化建设推进大会，正式发布了"尚责文化"理念，在集团内外引起巨大轰动，影响深远。

"尚责文化"是首开崇尚商业道德、担当地产使命，以"责任"为核心价值，引领项目选址、理念创意、规划设计、建筑施工、市场营销、物业管理全过程的房地产开发模式。"尚责文化"坚持，只有担当了"责任"的大义，才能实现企业的持续发展，而企业经济效益的增长，也可以更好地促进社会福祉。因此，"尚责"是首开人一脉相承的价值追求，是首开人兴企利民的具体体现，更是首开人面向未来的庄严承诺，见表1和表2。

首开文化体系核心理念 表1

文化冠名	尚责文化	
使命	践行责任	构筑美好
愿景	一流品牌	责任典范
核心价值观	首善厚德	开新尚责
企业精神	诚信、务实、创新、奉献	

首开文化体系基础应用理念 表2

发展理念	务本守正	竞合致远
服务理念	倾力倾心	至精至恒
管理理念	以人为本	重责守矩
质量理念	品铸尊严	质显自信
人才理念	尊贤任能	育人兴企

"尚责文化"是首开集团的生存之道、成长之道、发展之道。灵魂是责任，核心是尚德，精髓是创新，品格是包容，特征是和谐，亮点是发展。在继承与创新、共性与个性兼顾的前提下，集团逐步完善专项文化和子文化体系。纪检监察部建立了廉洁文化系统，首开股份公司着重研究品牌及营销文化，首开实业公司着手建设"尚责.敬人"物业服务文化等，使"责任地产"理念渗透到各项业务工作中，并进一步完善、丰富。至此，集团在整合提升中构建起首开特色文化管理体系。

三、促进知行合一是实施文化战略的重点

（一）要结合思想政治工作，推动理念教育

首开集团常年坚持以主题教育活动的形式推动员工思想政治工作，取得良好成效。2012年的主题是"聚力发展，文化先行"，着力开展企业文化建设工程；2013年以"学习贯彻十八大、文化聚力促发展"为中心，积极进行首开文化的贯彻实施。为此，特别设计了"企业文化月"活动，开展摄影和书法篆刻作品展，组织"首开故事"巡回宣讲会，树立学习榜样；制作、发放了《尚责文化员工手册》，促进学习、传播首开精神。2014年为文化践行年，引导文化与生产经营相结合，与企业改革改制相结合；制作并播出了"身边的模范"纪录片，并在中央教育电视台播出，起到了弘扬主旋律、汇聚正能量的积极效果；编辑了首开建筑画册，集中呈现出集团建筑艺术的发展脉络和文化内涵；组织了"梦在我心中"微电影大赛，树立正确的宣传导向。2015年以"聚力梦想，责任首开"为主题，借集团重组十周年契机，通过LOGO设计方案征集、评选重组十周年"集团公司重大事件"和"功勋员工"、"乐知首开"微信有奖知识竞答等活动，弘扬推广"尚责文化"。首开的主题教育活动曾荣获市国资委宣传思想工作"创新成果"优秀奖，作为一项长期开展的品牌活动，将为企业文化的贯彻实施不断注入新的活力。

（二）要结合文化传播，推动品牌建设

在做好员工教育的同时，集团积极开展对外宣传报道，以高度的文化自觉，引领地产业责任文化之风。2014至2015年，首开职工艺术团成立，前往一线慰问员工，把首开文化种子撒播在大连、福州等"一带一路"沿线城市，所到之处推广集团项目，弘扬首开精神；参与赞助徒步嘉年华、大学生户外挑战赛等活动，倡导健康生活方式；参与《北京居住开发建设口述史》编录工作，在孙河古驿站建立博物馆，举办厦门"农民画创意大赛"，深入挖掘、保护地域文化，全力打造文化首开。

首开品牌是参与行业竞争的重要力量，集团向来十分重视品牌建设与推广。集团建立了官网并定期更新信息；利用市国资委的国企宣传平台，开展多次"主流媒体进首开"活动，展示首开发展成就和文化建设成果；组织了"品牌与文化"微信创意大赛，有效地提升了品牌传播的能力；注册了集团官方微信平台"首开关注"，推进了媒体平台升级，为集团的文化宣贯、品牌形象展示、在售楼盘营销开拓了新载体和新渠道。2015年底，集团公布了新LOGO，展示了更加国际化、开放化的新首开。

（三）要结合意识转化，推动体系落实

我们始终以实效作为检验文化落地方式的试金石。让员工亲身体会到企业文化的内涵，取得对规范的认同，从而转化为自觉的行动。集团主办了企业文化知识竞赛，以学习、比赛的形式，促进员工思想意识的转化。开展了"我说'首开精神'"征文比赛，促进员工对理念文化的深入理解。员工把理念内化于心，践行于实际工作中。集团在开发建设上严格执行质量标准，为客户提供高品质住房和服务；在经营管理中，开拓市场，促进营销，为股东提升效益；在产品中应用环保科技，为社会、为环境负责；创造机制，搭建平台，为员工成长铺路，等等，验证着员工从思想到行动的转化。

与此同时，首开大力倡导和开展公益活动，践行国企社会责任。集团倾力组织"首开杯——金水桥之恋"华裔青少年书画大赛、"亲情中华．汉语桥"夏令营等活动，联结华裔华侨血脉亲情，促进统战工作；承建澳洲"北京花园"、白俄罗斯北京饭店等项目，服务政治文化交流；与街道合作建设社区文化中心，开展"社区感动人物"评选活动，丰富居民文化生活；基层企业主动开展"城乡统筹，文明先行"活动，与远郊区县的8所小学、培智学校或乡镇进行共建，捐赠了学习、生活用品；开展了"绿色出行"、"光盘行动"、"地球一小时"、"关爱天使之家"、"梓栢林公益植树"等多项公益爱心活动；热心为雅安地震和北京"7.21"暴雨灾区捐款捐物…通过开展荣辱观教育和社会主义核心价值观宣贯工作，使职工的基本道德修养和职业道德水平进一步提高，在开发建设和管理的小区，拾金不昧、见义勇为、扶危济困蔚然成风。

四、注重实效是开展企业文化建设的根本目标

（一）实现文化融合才能增强员工凝聚力

这次文化整合就是存异求同的过程，把"责任"提升到企业使命的高度，把重组后主业的市场化竞争意识与辅业的全心全意服务意识相结合，凝练为企业精神，得到了员工的高度认可和自觉践行。集团领导班子坚持以人为本的管理理念，积极组织合理化建议活动，听取群众意见；认真开展党的群众路线教育实践活动，加强对员工的人文关怀，密切干群关系；组织运动会等群众文体活动，增进员工交流。员工之间同甘共苦，紧密配合，在集团这个大舞台上努力实践着光荣的"首开梦"，共同构建了和谐企业的典范。

（二）丰富文化内涵才能扩大品牌影响力

集团近年来通过企业标识的征集及正式颁布，扩大了首开的知名度。通过在权威机构举办的评比活动屡获殊荣，以及热心参与公益事业，增强了首开的美誉度。同时，集团制定《品牌建设实施规划》，妥善处理媒体公共关系，不断向品牌管理科学化迈进。首开集团连续五年入围由国务院发展研究中心企业研究所、清华大学房地产研究所和中国指数研究院三家研究机构共同组成的"中国房地产TOP10研究组"评出的中国房地产品牌价值TOP10（国有），2015年，集团品牌价值达到114.33亿元，较"十一五"最后一年，品牌价值增长了227.59%。

(三）提升文化软实力才能促进企业稳步发展

集团以文化兴企，坚持文化与企业战略的紧密结合，加强文化在企业科学管理中的作用，以文化支撑集团战略转型，企业也在履行社会责任中不断发展壮大。截至2015年底，首开集团资产总额超过1608亿元，是合并重组初期的3.6倍；在施面积1100多万平方米；物业管理面积约2200万平方米，物业经营面积近100万平方米，成为唯一连续12年获得中国房地产百强企业"综合实力TOP10"的国有房地产企业，为首都经济保增长做出了贡献。业务区域已从北京走向全国20几个大中城市，并在美国、澳大利亚、英国、香港、澳门等境外地区开展业务。员工收入也伴随着企业的发展稳步提高。多个集体和个人获得省部级奖项。此外首开企业文化建设还荣获"全国住房城乡建设系统企业文化建设示范单位"和"北京市企业文化建设示范单位"称号。这些荣誉的获得既是社会对首开的认可，也标注了集团未来发展新的起跑线！

持续数年的"尚责文化"体系构建与推行工作，实质上是在集团30年成长积淀的基础上，对企业文化的整合提升与再造过程，它不断推动着集团在战略上和员工思想上的转型升级。为配合"十三五"战略，今年集团公司党委将继续深入开展企业文化建设，在科学分析文化体系运行效果的基础上，创新活动形式，增进企业文化在提升管理水平、提高核心竞争力方面的积极效果，全力构建文明、和谐企业；确保在新形势、新常态下，使企业文化发挥更大的思想堡垒作用。

（作者单位：首开集团）

加强行业文化建设为城市建设发展提供精神动力和思想保证

中国建设职工政研会市容行业分会

市容环卫行业在长期的发展历程中,坚持传承历史文脉,积极提升文化内涵,特别是20世纪90年代以来,全国各地的市容环卫行业逐渐掀起了企业文化建设高潮,形成了具有行业特色的文化积淀。近年来,市容环卫行业逐步完成了市场化改革,政府职能由"管企业"、"管系统"转为"管行业"、"管领域",文化建设的视角也随之由企业层面,上升为行业层面。按照住房和城乡建设部的相关要求,我们努力探索行业文化建设新路,把推进行业文化建设作为优化软环境、提升软实力的重要抓手,为城市建设和管理工作提供精神动力和思想保证。

一、加强市容环卫行业文化建设的重要意义

当前,我们正处在全面建成小康社会的关键阶段,市容环卫行业要紧紧围绕党的十八大和十八届历次全会提出的战略目标,全面提升城市的市容环境卫生管理和公共服务水平,加强和推进行业文化建设对于巩固从业人员团结奋斗的思想基础,提升行业服务经济社会发展的水平,实现"十三五"建设发展目标,具有十分重要的意义。

(一)加强市容环卫行业文化建设是把握时代脉搏的必然要求

党的十八大报告指出:"文化是民族的血脉,是人民的精神家园",并要求把加强社会主义核心价值体系建设作为文化建设的首要任务。十八大之后,习近平总书记还多次强调"要坚定理想信念,切实解决好世界观、人生观、价值观这个'总开关'。""没有理想信念,理想信念不坚定,精神上就会'缺钙',就会得'软骨病'。"党的十八届三中全会,再次重申了"要紧紧围绕建设社会主义核心价值体系,推动社会主义文化大发展大繁荣"。党中央的这些方针政策,习近平总书记的讲话精神,体现了新时期加强文化建设的本质要求。在当今世情、国情、党情发生深刻变化的时代背景下,需要我们进一步增强文化自觉,坚定理想信念,准确把握党和国家的总体布局,提炼历史的积淀,站在时代的潮头,形成积极向上的行业文化,并把它落实到行业发展要求和发展的过程中去,推动市容环卫事业不断向前发展。

(二)加强市容环卫行业文化建设是提升城市综合竞争力的客观要求

提升城市综合竞争力是中央城市工作会议精神的根本要求。市容环卫行业广大从业人员是城市市容环境的建设者和管理者,也是城市精神文明的践行者和传播者,一方面要着

力提升城市市容环境的整体面貌，满足社会群众对生态环境的需求，不断增强城市的"硬实力"；另一方面要着力提升行业的管理水平，提升公共服务能级，精心打造城市的"软实力"。加强市容环卫行业文化建设，不仅能在行业内外倡导健康向上的人文环境、诚实守信的市场环境、安居乐业的生活环境、可持续发展的生态环境，而且通过确立以人为本的行业理念、弘扬团结奉献的行业精神、实践服务社会的行业宗旨，进一步推进城市的市容环境建设，完善"窗口"服务艺术，更好地打造城市的"硬环境"和服务的"软环境"。同时，充分发挥市容环卫行业与社会群众关系密切、受众面广的优势，通过精心设计行业创建文明的活动载体，传导和辐射行业文化，进一步影响市民的公共道德和行为方式，促进广大群众自觉摒弃有碍观瞻、有损形象、有悖科学、有害健康的陋习，在道德实践中规范公共行为，不断提升城市的文明程度，更好地推进经济社会科学、和谐、持续发展。

（三）加强市容环卫行业文化建设是推进行业发展的内在要求

行业文化是行业赖以生存、发展的根基和血脉。近年来，市容环卫行业依托城市发展，以行业文化建设为支撑，推进行业经营、服务、效益规模和质量的提升，增强了行业发展的核心竞争力。"十三五"时期，城市建设步入"决战期"，城市管理进入"提升期"，为市容环卫行业新一轮发展提供了难得的外部条件。一是能使行业的理念、精神和基本价值观的内涵在原有的基础上不断凝练升华，与时俱进，并内化为从业人员的理想信念、道德情操，为行业发展提供新的精神支撑；二是能把适应行业发展需要的文化理念、激发工作热情的行业精神、符合社会主义核心价值体系的价值观念转化为行业行为规范、企业经营准则，为行业发展提供制度创新的环境；三是能以行业文化建设迸发出的凝聚力、向心力，使从业人员做到在价值取向上目标一致、在行为导向上步调一致，确保"十三五"各项任务的圆满完成。

二、加强市容环卫行业文化建设的基本定位

市容环卫行业文化建设是在长期的城市建设和管理的实践中形成的，是全体从业人员共同认可、遵守的价值理念和行为规范在城市建设发展中的体现，总体上是传承性与创新性的统一、系统性与多元性的统一、自发性与自觉性的统一，综合反映了市容环卫行业的发展方向、管理水准、服务能力、社会评价和形象体系等。

（一）市容环卫行业文化的性质

市容环卫行业文化涵盖作业服务、公共管理、综合执法等全过程、全领域的精神内核、基本信念、价值观念、道德规范、规章制度、人文环境和行为方式等，其本质属性为用户满意文化，即追求服务（管理、执法）对象最大限度的满意，是一种多元统一、兼容共生、协调有序、充满活力和广大从业人员共享的文化。市容环卫行业文化还具有战略性、主导性和整合性，为行业内各类组织的文化建设提供指导、规范和发展的空间。从行业内看，市容环卫行业文化是建立在各类组织和企业个性文化基础上的共性文化；从行业外看，市容环卫行业文化是职业文化与城市文化相互作用的产物。

(二) 市容环卫行业文化的特征

市容环卫行业文化主要反映在精神、制度和物质三个层面，包涵了行业的政治文化、管理文化、组织文化、经营文化、服务文化、形象文化和战略、愿景目标文化等方面，是源于行业实践又反作用于行业实践的观念、知识、艺术以及与之相适应的组织安排、制度行为等由此创造的物质财富和精神财富的总和。其特征主要反映在两个方面的统一：

1. 服务性与窗口性的统一。服务城市发展、服务百姓民生是市容环卫行业的立业之本，"服务性"是市容环卫行业文化的根本特性；同时，广大从业人员直接与社会市民接触，使行业文化具备鲜明的"窗口性"、社会的示范性，两者结合凸现了窗口服务文化的特点。

2. 公益性与社会性的统一。市容环卫行业以发展和维护公共利益为基本职责，使行业文化天然具有了"公益性"，此外，开放式的市容环卫事业需要社会市民的理解和参与，使行业文化带有了"社会性"功能，形成"市容环卫为市民群众服务，市民群众为市容环卫出力"这一与社会互动的行业文化特色。

(三) 加强市容环卫行业文化建设的基本方针

针对整个行业体量庞大、相互关系交融的实际，市容环卫行业文化建设坚持遵循和谐文化的演进规律，着重处理好"一元"与"多元"的关系，既要保证全行业的"目标一致"、"步调一致"，又要为全国各省市、各地区实现差异化发展提供必要空间，形成"一中有多，多中有一，多元归于一体，一体包涵多元"的行业文化发展格局。采取"百花齐放、和谐共融"的建设方针。"百花齐放"是鼓励各省市、各地区的市容环卫行业根据自身特点发展独具个性的行业文化，形成百家争鸣的格局；"和谐共融"是要求各省市、各地区的市容环卫行业文化建设都要紧紧围绕社会主义核心价值体系，形成市容环卫行业的核心价值取向，融合成为市容环卫行业整体的文化体系。

三、加强市容环卫行业文化建设的关注目标

市容环卫行业文化建设是一项长期、复杂的系统工程，要按照立足当前、兼顾长远的原则，围绕社会主义核心价值体系，聚焦"六个重点目标"。

(一) 聚焦行业认同的核心价值体系

市容环卫行业核心价值体系要体现以人为本、构建和谐的本质要求。这个"和谐"至少包含三个层次，一是城市的市容环境建设要与自然生态相协调；二是城市管理要与社会环境相交融；三是行业服务要与市民需求相适应。归纳起来就是要集中体现社会主义核心价值体系的本质要求，在塑造城市形态、完善城市功能中折射行业的品格气质，彰显城市的人文境界。

(二) 聚焦个性鲜明的行业精神

行业精神是行业文化建设的重要成果，是行业的指向标杆。近年来，全国各地的市容

环卫行业形成了"以我心灵美,创造市容美"的上海市容环卫行业精神、"美丽北京、环境先行"的北京市容环卫行业精神、"同在一方热土,共建美好家园"的天津市容环卫行业精神等一批个性突出、理念凸现的行业精神,鼓舞着从业人员顽强拼搏,为行业发展争作贡献,也为城市建设提供了精神动力。

(三) 聚焦示范践行的先进典型

先进典型是行业文化建设的缩影,是行业的旗帜。自五十年代出现的全国劳模、优秀环卫工人的杰出代表时传祥以来、每一个时代、每一个地区的市容环卫行业都涌现出各自的先进典型和代表人物,他们无私奉献、追求卓越的优秀品格,激励了广大市容环卫从业人员学先进、讲奉献、立新功。"十三五"期间是城市建设管理新一轮发展时期,必然造就新一批先进人物,市容环卫行业应进一步认真总结、挖掘和培育先进典型,使一批又一批的示范群体始终活跃在行业文化建设的最前沿,成为广大从业人员的示范榜样。

(四) 聚焦彰显底蕴的展示平台

行业博物馆是行业精神文化、制度文化、物质文化的展示平台,是行业发展的历史凝结,既展示着行业的历史,使从业人员了解行业发展的脉络,倍加珍惜当前来之不易的发展环境,又使广大市民在参观浏览中加深对行业的了解,也受到了爱国主义和社会主义教育,更加理解、支持市容环卫各项工作。当前,应推动有条件的省市和地区建立自己的行业博物馆,以全面地反映市容环卫行业的历史风貌、彰显城市建设发展的时代精神。

(五) 聚焦弘扬公德的活动载体

市容环卫行业精神文明创建活动等载体是行业文化向社会辐射、与市民互动的重要渠道。要充分运用"公民道德建设"主题实践活动等有效载体,解决城市管理中的突出问题,提升行业公共服务能级,引导市民遵守社会公德,营造行业与社会携手倡导和谐文明的新风尚。要充分发挥创建文明的活动载体在加强行业文化建设中的传播和整合作用,精心组织,扎实推进,用先进的行业文化来提升市民公共意识,逐步治理市民的不文明陋习,优化社会公共环境,进一步营造讲公德、改陋习、促和谐的社会风尚。

(六) 聚焦各具特色的文化产品

行业文化产品是记载和传播行业文化的重要载体,可以是笔墨留香的诗、书、画,也可以是昂扬向上的影、视、音。市容环卫行业应进一步面向从业人员、社会大众、中外宾客等不同群体需求,度身设计各有侧重、能传播行业理念、反映行业成就、体现行业精神的优秀作品,使行业文化建设成果在行业内外产生广泛、深远的影响力。

四、加强市容环卫行业文化建设的实际举措

当前,全国各省市、各地区的城市建设和管理进入了又一个大发展时期,各地区的市容环卫行业正在深入贯彻和落实党的十八大和习近平总书记系列重要讲话精神,全面推进社会主义核心价值体系建设,并通过积极正面的文化渲染,为实现行业又好又快发展营造

良好氛围。

（一）强化价值引领

各地区的市容环卫行业始终坚持用中国特色社会主义的共同理想来统一思想、凝聚力量，用民族精神和时代精神来鼓舞斗志、激发活力，用社会主义核心价值观来规范行为，引领风尚。如：北京环境卫生工程集团有限公司围绕贯彻落实党的路线、方针、政策，围绕企业改革发展实际，围绕完成环卫服务保障任务，围绕实现企业职工合法权益，不断创新党建工作，为企业实现持续、健康发展提供了坚实的政治、思想和组织保障。集团公司党委坚持用社会主义核心价值体系引导和教育广大职工，坚持以"践行北京精神、做文明有礼的北京人"为主线，加强集团精神文明建设，在公司广泛开展职工艺术节、趣味运动会等活动，不断创新方式、丰富内容，使职工在参与文体活动中获得最大程度的精神文化享受和心理满足，不断增强企业的凝聚力和向心力。上海市绿化市容局以宣传和弘扬社会主义核心价值观以及行业基本价值理念为主线，总结提炼了"绿色、整洁、有序、宜居"的行业愿景、"忠于职守、勤于服务、勇于创新、善于包容、甘于奉献"的行业精神和"一线去、马上办、守纪律、讲互助、争上游"的行业作风。着力推进以生态文化、服务文化、廉政文化、勤政文化、创新文化和安全文化等六个重点内容构成的行业文化建设。

（二）强化典型示范

各地区的市容环卫行业培育和宣传在城市建设、重大活动保障以及为民服务一线中涌现出的先进集体和优秀个人，塑造行业先进群像，成为引领行业发展的旗帜。如：武汉市城管委大力宣传"绿色路上的环卫女强人——胡芳玲"、天津市南开区环卫局积极弘扬"全国首批学雷锋示范点——机扫服务中心机扫班"的先进事迹、马鞍山市城管局培育打造"马鞍山好人"童朝珍、环卫劳模刘明荣等，通过"报纸、电视、电台、网络"四位一体的立体化宣传，扩大了典型影响，树立了行业形象，提升了职业荣誉感。宁波市环卫处结合行业特色打造"167道德讲堂"，邀请宁波市委党校和高校专家开展专题讲座，建立以"全国五一劳动奖章"获得者、浙江省劳动模范王光明命名的"王光明工作室"，向全社会传递环卫队伍"宁愿一人脏，换来万家洁"的价值信仰。南京市城管局在全系统范围内开展"情系南京——城管服务之星"评选活动，以典型示范为牵引，全面提升城管系统服务为民的意识和素养。浙江省诸暨市环卫处开展"最美环卫工人"评选活动，从1800余名环卫工人中推选出20名候选人进行网络和微信投票，最终评选出10名"最美环卫工人"，评选活动既展示了环卫工人的形象，也使更多的市民了解、支持并参与环卫工作。沈阳市城管局将市容景观设施管理中心建设打造成先进模范、团结高效的工作团队，先后荣获辽宁省建设厅文明窗口、辽宁省青年文明号、市级文明窗口标兵单位等荣誉称号，通过管理中心的规范管理，沈阳市户外广告设置的市场化运作井然有序，精品广告层出不穷。

（三）强化创新提升

各地区的市容环卫行业进一步解放思想、攻坚克难，增强自我革新的精神，用创新思维来破解改革发展中难题，使创新成为一种价值导向、一种生活方式、一种时代氛围。

一是针对不适应的问题，舍得打破坛坛罐罐，坚决拆除篱笆围栏，坚持把制度创新作为核心任务，重在形成可复制可推广的制度成果，从自我革新中寻找管理增效的途径。武汉市城管委坚持以人为本、服务为先的理念，将管理工作与人民群众意愿和需要紧密结合起来，寓管理于服务之中，响亮地提出了"城管革命深入推进，人民城管服务人民"的口号，持续推进城市管理向创建美丽武汉拓展、向便民利民拓展、向背街小巷拓展、向社区农村拓展，实行关口前移、源头治理、统筹兼顾、多方参与，提升了管理标准，开展了柔性执法，坚持和完善了"马路办公"制度，让城市管理工作更加符合市民的意愿，更加满足市民的需求。安徽省合肥市蜀山区城市管理局积极探索、敢为人先，以城管工作服务区域经济发展为己任，主动强化职能部门执行力，有效整合现有城市管理资源，在全国区县级城管部门中率先成立了"查处违法建设行政执法大队"，率先开展了城管行政执法案件群众公议，在全省率先实行了全民"治癣"（乱贴小广告）活动，在全市率先推行了城市管理网格化，着力构建法治城管、责任城管、活力城管、和谐城管，为蜀山区实现工业强区、科技兴区、环境靓区的目标打下环境基础。南宁市环卫处以确保"山清水秀地干净"的城市名片为目标，积极推行城市道路保洁高压冲洗＋机械清扫＋人工保洁新工作模式，城市道路保洁由传统的洒水降尘清扫保洁零散作业转变为高效的协同作业。

二是积极唱响主旋律，探索和创新多渠道地开展正面向上的文化宣传活动，引导广大职工积极投身于行业文化建设，进而最大限度地形成共同的价值追求。如：上海环境实业公司利用公司内网、QQ群、手机短信等网络工具，开展"责任在我心、诚信伴我行"大讨论活动，公司各级组织因地制宜，采取灵活多样的活动方式，使广大职工参与到讨论活动中，做到了全员参与、积极响应。威海市环翠区环境卫生管理局积极围绕建设"净美文化"品牌和体系，培育优秀企业文化，通过召开管理层座谈会、职工代表座谈会、问卷调查等方式，广泛征求意见，形成了由理念文化体系、行为文化体系和形象文化体系构成的"净美文化"。广州市卫生处理中心开设特色廉政文化室，室内设置了该中心重要廉政制度、廉政漫画、廉政格言和各部门工作权力运行流程图等栏目，通过内容丰富的廉政文化版块，做到以文化感人育人，教育广大党员干部和职工群众坚定理想信念、筑牢思想防线。南京市的城市管理职能也在不断丰富，城市管理的作用也更加显现。杭州市天子岭生活垃圾卫生填埋场地处杭州市北郊的半山镇，为全国首座符合国家建设部卫生填埋标准的大型山谷型垃圾填埋场，为美化杭州，改善市民的生活环境和质量，促进环保产业发展，构建和谐社会做出了较大贡献。杭州市城管委以产业的可持续、环境的可持续、文化的可持续、生命的可持续为理念，积极打造由人文、生态、垃圾文化、景观及功能五个主题词延伸出的"六脉共鸣，文谐山行"的"美丽天子岭"，创造出可看、可游、可停、可体验、可思考的垃圾山变天堂的景观。

五、加强市容环卫行业文化建设的思考建议

（一）政府主管部门要把推动行业文化建设作为加强行业管理的重要内容

各政府主管部门要结合城市建设发展的目标，按照行业精神文明建设阶段性工作要求，推动形成党委统一领导、党政齐抓共管、部门共同参与、条块相互渗透的行业文化建

设格局。要从三方面加大行业文化建设的推进力度：一是结合市容环卫行业中长期发展规划，制定行业文化建设实施纲要，明确任务和措施，抓好落实和推进。二是建立行业文化建设的协调机制，定期召开会议、开展活动，抓好行业文化建设的指导、总结、提炼和升华。同时积极创造条件，加强跨行业文化交流，推动行业文化与国内外同行业互动、与国内相关行业联动。三是加强政府机关自身建设，用机关文化建设成果，为全行业做示范，身体力行推进行业文化建设。

（二）行业管理部门要把开展行业文化建设作为凝聚行业力量的重要途径

行业管理部门、行业协会要积极协助政府主管部门，通过加强行业文化建设，凝聚从业人员力量，加快市容环卫行业发展。一是抓好推进。按照行业文化建设实施纲要，制定配套的行动计划，明确节点目标，细化推进措施，扎实做好各项工作。二是加强协调。及时传递行业文化建设的信息，发掘行业文化建设的亮点，推广行业文化建设的成果。要抓好载体，找准抓手，通过整合行业文化资源，协调推进行业文化建设的发展。三是注重引导。要通过制定行业规范、推广行业先进的管理模式、加强职业道德技能培训，引导企业文化建设，并用企业文化建设的成果丰富行业文化建设内容，形成与企业互相影响、互为促进、互有提升的行业文化建设的局面。

（三）企业要把参与行业文化建设作为加强企业文化建设的重要任务

企业文化是行业文化发展的基础，是行业文化建设中最有主动性、最具创造力的主体。各单位应把企业文化建设与企业管理、企业制度创新、企业发展结合起来，在企业形象塑造、名牌产品创造与宣传、市场营销战略的实施上下功夫，使企业文化在促进内部管理和行业发展上充分发挥作用；要按照行业文化建设的要求，重塑企业文化，进一步使行业文化的相关内容融入到企业文化建设中，把企业文化耕耘成为丰富和提升行业文化的肥沃土壤；要设定目标、完善措施，推进企业文化，提炼企业精神，进一步整合人心，凝聚力量，不仅做到内部有凝聚力、创造力，还对外部有影响力、感召力，对市场有竞争力、诚信力，实现企业文化建设促进行业和谐发展的目标。

（执笔人：章红兵）

新常态下企业转型发展中加强文化建设的若干思考

楼 杰

经济新常态时期，企业转型发展，业务地域和产业链布局产生的扩大，企业文化受到挑战，部分基层员工产生迷茫，如何通过企业文化建设，凝聚员工，使企业战略在基层得到更好贯彻显得尤为迫切。

一、新常态下企业文化建设面临的新挑战

（一）业务的地域扩张对企业文化的挑战。近几年，上海建工集团的业务地域不断扩大，通过校园招聘和社会招聘，新增加了大量不同背景的员工。由于地域扩大，管理半径急剧扩大，容易造成员工归属感降低，产生迷茫，对企业文化建设产生挑战。

（二）产业链跨度大对企业文化的挑战。上海建工集团产业链不断扩大，从投资、规划、设计、施工、材料、房产开发，形成了较全的产业链，为生产经营提供了有效支撑，与此同时，不同细分领域行业文化差异较大，对于集团企业文化理解有偏差。

（三）线上交流对企业文化的挑战。随着微信、QQ以及自动办公（OA）系统的使用，企业日常管理和运行采用线上交流的场合与频率明显增加，面对面互动的交流相对减少，不利于企业文化建设开展。

二、企业文化建设面临新挑战的原因分析

三种问题都是由于距离、或是由于产业差异、或是由于交流减少使得身份认同有所减弱。应该从"建工人"身份认同的角度对企业文化建设进行加强。上海建工的发展是有目共睹的，这是一代代"建工人"千辛万苦、拼搏创业的结果，也是市场和时代千淘万选、优胜劣汰的结果，当我们仔细回顾企业的发展历程，百元产值工资含量包干、管理层与作业层两层分离、项目法施工、建筑类国企中首家上市，看到我们"建工人"总能在行业发展的前沿一次次引领行业发展，"建工人"的建筑作品一次次刷新中国高度，宣传并增强"建工人"的自豪感，这就是身份认同。身份认同是前人精神的延续，也是企业继续发展的基础。

身份认同是事业认同的基础。上海建工的发展历史，有追求并不断实现追求就是历代上海建工人创业发展的写照，上海建工的企业使命是"建筑，成就美好生活"，员工不断努力，从两个方面来实现使命，第一是通过建筑成就更多人的美好生活，随着市场开拓，企业的服务从上海，扩展到全国，乃至国外数十个国家，让更多人在生活中享受到上海建

工的建筑品质。第二是通过建筑，让人享受到更高层次的美好生活，企业全产业链的优化、把控和系统集成使服务更贴合用户。

身份认同是企业认同的基础。员工对企业的认同除了收入，最重要的是代入感，个人的成长离不开企业、离不开组织，企业的发展历史是每个员工努力的结果，每个员工、每个环节对企业都很重要。上海建工连续二十年评选"十大杰出员工"，让员工感到身边人就是楷模，自己就能成为楷模。通过身份认同让员工认识到自己对企业至关重要，自己与企业利益、企业荣誉休戚与共。

身份认同是职业认同的基础。上海建工历史上，每个岗位都有一批具有专业特长的专家，通过建筑业"师带徒"，不断继承这种专业精神到身上，形成职业认同。身份认同渗透到骨子里，言行举止都能够体现出来。将"建工人"身份打造成一种职业柔性要求，树立"建工人"专业形象，使员工的工作态度、工作质量、工作效率向着"建工人"身份看齐。

三、加强企业文化建设的对策措施

（一）要强化文化认同，以传承文化基因增强凝聚力

企业文化建设与身份认同有着密不可分的关系。第一，企业文化的产生来自认同。企业文化有明显的群体特征和行业特征，流水线企业、服务业企业、科技创新企业的企业文化会有明显差异，群体认同的共性总结和提炼为企业文化，上海建工的企业文化就源自建筑行业和"建工人"群体。第二，企业文化的运作有赖认同。企业文化活动的展开要根据群体特征"量体裁衣"，以全体职工认同的路径开展企业文化建设能够凝心聚力，取得事半功倍的效果。第三，企业文化的成果促进认同。企业文化的建设会使群体更有归属感，也使得群体的身份认同有更多载体，有利于加强认同。通过问题分析，我们认为通过企业文化建设，强化身份认同可以解决问题。为了加强身份认同宣传，挖掘身份认同的根源，提出了传承三大"文化基因"。

一是传承部队的"执行力"基因。上海建工的前身有解放军第三野战军五师、六师转业的基建工程兵，他们身上有着军人的高度自觉和强大执行力，在重大工程面前始终做到听从指挥、令行禁止。63年来，上海建工按时优质完成了国家和上海市托付的大量重点工程建设项目，如世博会一轴四馆、国家会展中心、北京国家大剧院、京西宾馆改造等；建造了一大批超高、超深、超大、超难项目，比如上海中心、环球金融中心、金茂大厦、广州电视塔等，累计获"鲁班奖"工程近百项，特别是在全国各地先后承建了21栋300米以上的超高层地标建筑。在一代代"建工人"的努力下，上海建工按时优质完成了国家和上海市交办的大量重点工程建设项目，累计获"鲁班奖"工程近百项。这种"执行力"基因也在上海建工参与唐山、汶川等一系列抗震救灾中充分体现。对于政府交办的每一项建设和抢险任务，上海建工都积极承担起社会责任，做到使命必达。

二是传承营造商的"诚信"基因。上海是近代中国的商业中心，诚信是商业文明的基石，营造商是近代上海商业文明的一个缩影，坚守契约精神。上海建工前身就有很多公私合营进入国营建筑队伍的营造商，如建造上海国际饭店的馥记营造厂、建造钱塘江大桥的

康益洋行等营造商。这种"诚信"基因,为企业在客户和同行中树立了良好的口碑。如,上海建工与美国汉斯、德国巴斯夫、日本三菱重工、新晃空调成为战略合作伙伴,获得了新鸿基、新世界、恒基、万科等一线开发商的高度认可。

三是传承上海郊县匠人的"工匠"基因。上海是近代建筑业的发源地,上海郊县匠人建造了外滩建筑群、南京路建筑群、淮海路建筑群等一大批经典标志性建筑。上海建工在老一辈精益求精"工匠"基因的基础上,不断改进和创新建筑工艺。建筑产品的特点就是每个工程各不相同,每个建筑都需要进行工艺创新,恪守一丝不苟、精益求精的职业精神,这种文化基因一直被"建工人"传承。在迪士尼项目建造过程中,"建工人"制作了大量假山和景观,甚至石头、木头和苔藓上的细纹都是通过雕刻、喷塑、造型出来的,从外观到质感可以达到"以假乱真"效果。建筑产品的特点就是每个工程各不相同,每个建筑都需要"量体裁衣"地进行工艺创新,"工匠"基因在工程实践中延续并促进员工成长。目前,我们有两名中国工程院院士,累计有48名员工获全国劳模称号,领先同类建筑企业。

(二)要强化战略认同,以文化引领企业发展共识

战略引导预期,通过企业文化建设强化战略认同,凝聚员工。为加强战略认同,根据企业的实际提出了"三全战略",即"全国化发展、全产业链联动协同、打造建筑全生命周期服务商"。

全国化发展,就是要打造上海建工总部在上海、市场在各地、管控在区域的市场布局、组织管理和资源配置体系。全产业链协同联动,就是要发挥设计咨询事业群的先导作用、城市建设投资事业群的拉动作用、房产开发事业群的推动作用、建材工业事业群的支撑作用、建筑施工事业群的基石作用,形成产业优势、规模优势和成本优势,实现战略协同。打造建筑全生命周期服务商,就是要从"工程承包商"转型升级为"建筑服务商",成为从项目策划、规划设计、整体开发、融资支持、总包管理、施工建造、系统集成、销售支持、物业管理、数据监测、运营维护、建筑更新等全过程提供专业解决方案的服务商,并能对智慧城市基础性工程建造和城市更新给予全方位支持的增值服务提供商。要通过企业文化建设强化战略认同,服务"三全"战略。

一是全国化发展需要强化企业文化的引领。2007年以后,上海建工全国化发展加速,走出了地域局限,经过多年的开拓和深根,形成了目前"1+5+X"的市场布局。在此过程中,上海建工注重发挥和谐文化的作用,主动融入当地市场,促进企业与员工的和谐、与社会的和谐、与环境的和谐。在沪外设立区域分公司过程中,同步推进党工团组织的属地化,增强员工归属感;在项目施工过程中,上海建工始终坚持"围墙内外是一家",与当地业主、社区、警察等相关方一道构筑和谐共建的社会环境。在项目上,上海建工率先推广绿色施工工艺,用"钢笆脚手板"替代"竹笆脚手板",用新型脚手架体系及外挂安全网替代传统绿网,施工方式更加环保,有效控制了施工粉尘,展现了上海建工积极构建和谐、绿色、生态施工环境的良好社会形象。

二是全产业链协同联动需要强化企业文化的激励。上海建工从以施工为主,逐步发展到五大事业群,通过发挥"和谐为本,追求卓越"企业文化的作用,不断开拓新业务、研发新技术,整合建筑全产业链资源,提升核心竞争力。在企业文化的激励下,上海建工从

施工业务，扩展到EPC总承包和PPP业务，通过设立城市建设基金等方式，不断开拓新的商业模式；企业文化推动上海建工全员创新，开发了"整体提升钢平台"、"超大直径矩形盾构"、"全自动焊接机器人"，推动着建筑产业的技术创新。自主投资、设计、施工装配式建筑，建立了建筑构件、工程装备、钢结构三大产业化基地，使产学研用结合更为紧密。

　　三是打造建筑全生命周期服务商需要强化企业文化的导向。打造建筑全生命周期服务商既是上海建工"十三五"的战略定位，也是"十三五"企业文化的建设重点。上海建工经历过三次重要转型：第一次，是1994年从建筑工程管理局组建集团，由政府部门变成国有独资企业，走在同行前列；第二次，是1998年上海建工主动申请上市，成为国有建筑企业中第一家上市公司；第三次，是2011年实现整体上市，成为上海国资系统当中较早实现整体上市的企业。每一次的转型，和谐与卓越文化是最重要的导向。"和谐为本"体现上海建工不断改革创新的发展路径，"追求卓越"体现上海建工干事创业的担当情怀，而且一以贯之。当前，城市更新、海绵城市、综合管廊等新兴业务，对上海建工的综合服务能力提出了更高的要求，需要坚持以"和谐"增强服务意识，以"卓越"健全服务体系，在建筑全生命周期各个环节上为客户创造价值、为企业增厚业绩，这是上海建工在"十三五"乃至更长时间内，实现持续、稳健发展的一条主线。

（作者单位：上海建工集团股份有限公司）

企业文化必须用社会主义核心价值观引领和培育

刘东亮

20世纪80年代引入中国的企业文化,如今被称之为企业的软实力,有识之士提出的"市场经济的最后竞争是文化的竞争"已经形成共识。虽然,中国企业在培育自身的企业文化进程中,需要深入挖掘本企业的文化渊源,提炼本企业的文化精髓;需要参考优秀企业的文化建设做法,借鉴西方企业的文化建设经验,为我所用。但是,"一个国家,一个民族,要同心同德迈向前进,必须有共同的理想信念作支撑"。这个共同的理想信念,就是"社会主义核心价值观"。因此,如何用社会主义核心价值观来引领和培育企业文化,是当前企业文化建设的重要课题,也是经济新常态下企业文化建设的新思考。企业文化是社会主义文化的重要组成部分,建设先进企业文化必须要以社会主义核心价值观为引领,用正确的价值观指引企业前进方向,凝聚奋斗力量,激发工作热情,促进企业持续健康稳定发展。只有这样才能实现习近平所强调的:"人民有信仰,民族有希望,国家有力量。"

一、社会主义核心价值观与企业文化的关系

一个时期以来,很多企业在企业文化建设的过程中,片面强调所谓的"老板文化",盲目推崇西方的企业文化,封闭打造"自我"的个性文化,将企业文化依附于企业领导人身上,甚至提出企业文化不是"政治文化"。

社会主义核心价值观是社会主义核心价值体系的内核,体现社会主义核心价值体系的根本性质和基本特征,反映社会主义核心价值体系的丰富内涵和实践要求,是社会主义核心价值体系的高度凝练和集中表达。

企业,是全面建设小康社会的重要力量,尤其是国有企业是社会主义建设的重要经济基础。作为企业文化,无疑是社会主义价值体系的一个组成部分;社会主义核心价值体系高度凝练和集中表达的社会主义核心价值观,包含着先进的企业文化。

企业必须高度重视以社会主义核心价值观为指引的先进时代文化理念,这是我们自己的最宝贵的文化资源,在这一点上企业应当担负起时代赋予的重任,这是中国企业的企业文化有别于西方国家企业文化的体现。建立积极正面的企业文化,不仅能够凝聚人心、规范行为、铸造灵魂,还能够提升广大员工对国家的认同感、归属感与荣誉感,从而增强广大职工对中国特色社会主义的认同。

近年来,沈阳燃气集团有限公司高度重视培育和践行社会主义核心价值观工作,积极探索用社会主义核心价值观培育企业文化、升华企业精神,引领企业发展,提升价值支撑、规范道德行为、凝聚发展共识。沈阳燃气集团培育和践行社会主义核心价值观,具体

体现在下大气力抓道德建设，道德讲堂就是道德建设的一个有效载体。从2012年起，沈阳燃气集团把举办道德讲堂作为培育和践行社会主义核心价值观最直接、最有效的形式。目前，沈阳燃气集团的道德讲堂已经成沈阳市的样板，连续三年的全市首场道德讲堂都在此举行，而且率先在全市实现举办道德讲堂的常态化。

实践证明，优秀的企业一定有优秀的企业文化。优秀的企业文化可以引领方向、凝聚力量、推动创新、催生品牌、激发责任，解决企业刚性管理所解决不了的问题。所以，企业要坚持以社会主义核心价值观为根本指导，以我们共有的文化价值认同提升企业发展理念，形成企业内在发展动力，关爱润泽员工心田，提供优质产品和服务，自觉履行社会责任，实现企业发展与社会进步的和谐统一。

二、社会主义核心价值观引领企业文化的重要意义

当今时代，西方国家的文化入侵往往是伴随着跨国公司的全球性扩张同步实现的，这说明企业本身作为国家文化软实力的主力军，扮演着非常重要的角色。"走出去"的企业不仅代表着企业自身，也代表着整个国家。当我们谈到美国企业时，是高科技的代表；日本企业，是精细管理的标杆；德国企业，是做工严谨的代名词。这些国家的企业走出去，毫无疑问也将国家的软实力散播到了世界各个角落。

面对世界范围的思想文化交流、交融、交锋形势下价值观较量的新态势，面对改革开放和发展社会主义市场经济条件下思想意识多元、多样、多变的新特点，积极培育和践行社会主义核心价值观，对于促进人的全面发展、引领社会全面进步，对于集聚全面建成小康社会、实现中华民族伟大复兴中国梦的强大正能量，具有重要现实意义和深远历史意义，在这个过程中，企业有不可推卸的责任，企业文化建设有义不容辞的担当。

企业文化这种软实力体现在企业的创新精神、主人翁意识、社会责任感等方面，形成具有企业的特色要素。在企业生产经营发展的过程中，企业文化的本质，是它代表的一种核心价值观，而这种企业的核心价值观必须与社会主义核心价值观相一致、相契合，这样的企业文化才具有旺盛的生命力，才具有时代的感召力。

党的十八大提出的社会主义核心价值观，即"倡导富强、民主、文明、和谐，倡导自由、平等、公正、法治，倡导爱国、敬业、诚信、友善"，从国家、社会和公民三个层面概括了社会主义核心价值观的价值目标、价值取向和价值准则，体现了中华优秀传统文化和世界文明成果，为坚持和发展中国特色社会主义指明了方向，是我们党凝聚全党全社会价值共识做出的重要论断，为培育和践行社会主义核心价值观提供了基本遵循，当然这也是企业文化建设的重要遵循。

经过多年的努力，沈阳燃气集团的道德建设取得了可喜的成果，产生了23名中国好人、辽宁好人、沈阳市"身边好人"；集团公司已连续三年开展"我评议、我推荐'身边好人'活动"，每年评选出的10名"身边好人"，与劳动模范享有同样的待遇。一个个好人的诞生，成为了企业的道德高度和员工的道德标杆。如今，沈阳燃气集团被市民和新闻媒体称之为"六千好人托起一个道德企业"，沈阳燃气集团的软实力不断增强，企业规模不断壮大，服务品牌深入人心，已经成为地方经济和民生保障的重要有生力量。

三、社会主义核心价值观引领企业文化是发展之必然

社会主义核心价值观是兴国之魂，决定着中国特色社会主义的发展方向。习近平总书记指出，人类社会发展的历史表明，对一个民族、一个国家来说，最持久、最深层的力量是全社会共同认可的核心价值观。核心价值观，承载着一个民族、一个国家的精神追求，体现着一个社会评判是非曲直的价值标准。社会主义核心价值观是坚定理想信念、实现中华民族伟大复兴中国梦的精神引领，是建设优秀文化、全面提升企业软实力的精神支撑。我国已进入改革发展的关键时期，经济体制深刻变革，社会结构深刻变动，利益格局深刻调整，各种观念相互交织、碰撞，迫切需要社会主义核心价值观的引领，发挥核心价值观的社会稳定器作用。通过培育和践行社会主义核心价值观，凝魂聚气、强基固本，不断夯实中国特色社会主义的思想道德基础。

沈阳燃气集团自2012年起，将"举办道德讲堂、倡导志愿服务、评选身边好人"，作为培育和践行社会主义核心价值观的有效载体，员工的精神面貌焕然一新，提供的优质服务受到广泛好评。作为"窗口"行业，沈阳燃气集团把践行社会主义核心价值观作为企业发展的根本和基础，用抓道德建设来促进员工思想、观念的转变，使之成为服务群众的有源之水、有本之木。

企业要建立符合"富强、民主、文明、和谐"的共同理想，更好地统一广大员工的思想和意志，调动员工积极性，使广大员工焕发出创新激情，保持奋发有为的精神状态；企业要坚持"自由、平等、公正、法治"的时代精神，促进企业良好风气的形成和发展，建立良好的道德行为规范；企业要奉行"爱国、敬业、诚信、友善"的崇高理念，增强广大员工爱企业的热情，形成幸福和谐的氛围，推动企业健康发展。这一切的一切，都离不开企业文化的凝聚、提升与转化，而这种企业文化，只有在社会主义核心价值观的引领培育下，才能有强大的生命力和感召力。

沈阳燃气集团始终坚定理想信念，切实解决好世界观、人生观、价值观这个"总开关"的问题。以道德建设为基础建立起来的"责任文化"，即企业对社会负责、对政府负责、对员工负责，员工为企业负责、为用户负责、为自己负责。两个责任主体相互依存、相互促进，其实质是品德和境界，体现了社会主义核心价值观的思想内涵和价值取向。沈阳燃气集团致力于加强顶层设计，系统推进文化深植，同时，也着眼于在文化管理的形式和载体上创新，从员工的视角考虑、用他们易接受的喜闻乐见的形式来诠释、宣传、理解"责任文化"，提高了文化转化力。

（作者单位：沈阳燃气集团有限公司）

企业培育和践行社会主义核心价值观的思考

姚文夏

24字的社会主义核心价值观三个层面的表述简明扼要却内涵丰富，已经成为凝聚社会共识、实现团结和谐的重要要求，成为企业发展不可或缺的重要内容。如何将培育和践行社会主义核心价值观贯穿于企业生产管理的全过程，以此促进企业健康发展，笔者结合自己的工作经验所见所闻谈谈自己的认识和体会。

一、培育和践行社会主义核心价值观，必须在企业上下形成共识

当前，企业发展正站在新的历史起点上，新常态下，战略机遇期和矛盾凸显期重叠交织，思想文化交流交融交锋更加频繁，兼顾各方面利益的难度不断加大，面临的矛盾和问题较之以往更加复杂、更加突出。因而培育和践行核心价值观，对企业来说尤为重要。培育和践行社会主义核心价值观是企业凝聚共识、促进和谐、长远发展的基石，也是树立企业良好形象、提升企业文化软实力的迫切需要。面对这项急迫而艰巨的任务，需要企业全体干部职工高度认同、积聚能量、共同参与、持续实践。

首先，企业领导层要把这项任务摆在重要位置，加强组织领导，健全工作机制，落实责任分工，切实担负起政治责任和领导责任。要把培育和践行核心价值观，作为引领企业科学发展的战略举措，融入到企业生产经营实践中，把它作为关系企业和谐稳定、持续发展的千秋基业，扎扎实实加以推进。

其次，企业干部职工对培育和践行核心价值观必须认知认同。企业要突出针对性实效性，做到春风化雨、润物无声，增进广大职工的情感认同、理论认同、政治认同，营造培育和践行核心价值观的浓郁氛围。

最后，为了在企业内部统一思想、凝聚共识、共同前行，应采取以下措施：一是要充分运用企业内部报刊、网络、宣传栏、职工手机互动平台等多种传统和现代宣传载体，开辟宣传教育新渠道。二是要把核心价值观"三个倡导"列入广大职工教育培训总体规划，体现在教育培训全过程，生动进课堂、扎实进头脑，让广大职工在学习中深刻领会、形成共识，使核心价值观真正成为广大职工的行动指南和精神追求。三是要把"三个倡导"贯穿到各类实践活动之中。例如：我们组织了党员服务社区活动。以"三联一带"（联社区、联支部、联居民，由社区带头参与社区建设）为抓手，重点开展帮扶孤寡老人、捐赠图书、捐赠衣物、清理张贴的小广告等，真心实意服务社区。核心价值观的生命力在于实践，要充分利用丰富教育资源和企业各类有关活动等，精心设计内涵丰富、积极向上的活动载体，组织开展形式多样、品位高雅、创意新颖的主题实践活动。例如：组织开展"远足踏青，拥抱自然"活动。借此机会领略

大自然的风景、陶冶情操。为促进企业的和谐发展，活跃职工"8小时"以外业余文化生活，增进互相了解，增强职工凝聚力、提高职工的活力，使广大职工能够快乐地工作、健康地生活。

二、培育和践行社会主义核心价值观，必须积极融入企业生产管理的全过程

社会主义核心价值观是全党、全社会基本的价值导向，其核心内容与企业广泛开展的党建工作、文明创建、文化建设等工作方向一致、目标统一，有着千丝万缕的关系。只有借助企业现有的强大工作网络，将社会主义核心价值观润物潜无声地融入其中，形成核心舆论导向，才能起到全方位渗透、全方位践行的积极作用，收到立竿见影、事半功倍的良好效果。

企业在开展生产经营活动时离不开职工的价值取向，只有遵循社会主义核心价值观，使其成为整个企业的普遍价值准则，成为企业职工的价值实践，才能达到企业健康持续发展的目标。在具体工作中，要广泛开展多种形式的岗位实践和竞赛活动；鼓励职工将正能量、金点子、好建议应用于实际工作，引导技术攻关，让职工从身边工作中深刻领悟社会主义核心价值观的重要内涵。

三、培育和践行社会主义核心价值观，必须铸就企业魂魄

积极融入健康、现代的企业文化建设，都以尊重人、理解人、关心人、激励人为共同出发点和落脚点，都把培养人的集体意识，规范人的行为准则，提高人的积极性、主动性和创造性作为自己的主要任务。在提炼和培育企业文化的过程中，同时融入社会主义核心价值观，能够快速促进职工的价值认同、企业认同，产生巨大的凝聚力和感召力，帮助职工自觉自愿地、齐心协力地为实现企业目标而努力。

结合企业特点，精心描绘"职工与企业共同成长"的企业愿景，理顺职工特别是骨干职业规划与企业发展目标的关系，倡导核心突出的企业宗旨，培育企业特色鲜明的企业精神。通过开展企业文化专题理论教育活动，不断向基层职工群众宣贯企业宗旨内涵；形成良好的典型激励氛围；开展各种文化创建活动，进一步陶冶和培育职工思想情操，增强职工的价值认同和践行能力，有力促进企业的竞争能力和经营发展。

要注重宣传造势和舆论引导。加强社会主义核心价值观的教育引导、舆论宣传和文化熏陶，要以正面宣传和传递正能量为主，利用信息简报、广播电视、内外互联网、宣传橱窗、手机信息平台等载体，特别是运用微信、微博等新媒体技术手段，多视角、多层次，深度挖掘社会主义核心价值观方面的典型人物和典型故事，广泛宣传社会主义核心价值观的内容、内涵和意义，持续营造浓厚的舆论氛围。要立足本企业文化内涵和底蕴，按照社会主义核心价值观的基本要求，寻找和评选身边在爱岗敬业、诚实守信、助人为乐、尊老爱幼等方面的模范典型，使职工周围时刻不缺少榜样、不缺少氛围，唱响践行社会主义核心价值观的主旋律。

四、培育和践行社会主义核心价值观，必须在企业建立健全践行活动的长效机制

培育和践行社会主义核心价值观，重在经常、贵在长久，必须建立常态化的工作机制，实现制度补充更新及时、机制完善跟进及时。要建立责任机制，把培育和践行社会主义核心价值观与推进业务工作紧密结合起来，纳入目标管理责任制，制定规划、完善措施、扎实推进；建立必要的督查机制，深入实际了解情况、分析问题，实行综合评价考核，及时发现、总结和推广职工群众创造的新鲜经验，探索基本规律，改进方式方法；建立奖惩机制，使符合核心价值观的行为受到鼓励，使违背核心价值观的行为受到批评和惩戒，对先进典型要给予物质上的激励和生活上的关心，使社会主义核心价值观入脑入心、深入人心。

要建立落实制度，将核心价值观融入到规章制度中，充分发挥规章制度的规范、引导、保障、促进作用。如在建立、完善、落实企业各项制度中，尤其在企业信用体系和职工基本道德规范建设中，都要体现"三个倡导"的原则和要求，使核心价值观的实践真正做到有章可循，有法可依，有制可管。只有以制度为保障，核心价值观才能真正扎根于企业现实之中。

还要建立纠偏机制，既要强化规章制度实施力度，又要深入实际，调查研究、了解分析在培育和践行核心价值观过程中出现的新情况、新问题，加强对核心价值观培育和践行的督促检查，及时发现、总结和推广在实践中创造的新鲜经验，探索基本规律，改进方式方法，指导面上工作，不断开创培育和践行核心价值观的新局面。

培育和践行核心价值观，根本目的是要将核心价值观全面贯穿于企业当下的各项生产经营实践，深深融入职工的精神世界。能否真正实现"贯穿"、"融入"，是衡量核心价值观培育和践行成效的关键。一要以人为本，努力把弘扬核心价值观，传递积极人生追求、高尚思想境界和健康生活情趣，贯穿融入企业职工道德行为各环节，从小处切入，从具体事、身边事抓起，由浅入深，由小到大，由点及面，形成企业上下人人践行社会主义核心价值观的生动景象。二要充分发挥党组织和工会的作用，搭建融入平台，即搭建广大职工便于参与的平台、乐于参与的渠道。三要抓好典型树标杆，企业各级党组织和工会要坚持以核心价值观为导向，大力宣传表彰企业内爱岗敬业、崇德向善的道德楷模。在树立典型的同时，还要注意多方给予他们人文关怀，不仅要关心他们本人，还要关怀他们的家庭，让他们流汗、流血、不流泪。让好榜样没有后顾之忧。

以上是笔者本人结合本单位，自己的工作经历和所见所闻，借鉴相关资料，对社会主义核心价值观与企业长远发展关系的思考。不妥之处欢迎批评指正。

（作者单位：吉林省建筑材料工业设计研究院）

企业文化制度化建设的思考与探讨

林 芳

企业文化是一个组织的灵魂，已成为一个企业最核心的竞争力所在。企业必须建设形成与发展战略相匹配的、符合企业生存发展内外部环境要求的企业文化，并让这种文化得到员工的认同和严格遵循，转化为自觉行为。那么，如何将企业的价值观、核心理念和宗旨等文化因素转化为员工的实际行动，实现企业文化建设的落地生根呢？答案是制度化。综观一些企业的文化建设之所以不能有效落地，关键就在于没有用有效的制度来彰显、推行企业的主流文化，没有用具有文化底蕴的制度来团结、凝聚和激励员工，以至于价值理念无法统一成企业的意志与行为。制度化是企业文化成功确立和变革、形成企业文化力的关键。

本文结合中国五洲工程设计集团有限公司（简称中国五洲集团）企业文化建设实际，研究探讨企业文化制度化建设的思路和方法。

一、企业文化建设的意义

加强企业文化建设是转变观念，适应形势，实现文化管理企业的必然选择。著名经济学家厉以宁讲过：进入21世纪后，企业文化的建设不是个别企业家的素质和兴趣所能决定的了，而是所有的企业必须用文化管理，必须建立企业文化。如果不建立企业文化，就解决不了以人为本、打造品牌和信仰等深层次的管理问题。文化管理是企业管理的最高层次，谁选择了先进文化，谁就会走在时代的前列，引领潮流。阿里、华为、海尔、娃哈哈等一批优秀的民族企业，他们在迅速发展的过程中都建立了独具特色的企业文化。而这些成功企业在企业文化建设过程中重要的是推动了机制和体制的创新，实现由传统管理向文化管理的飞跃。

加强企业文化建设是凝聚力量，提高队伍素质的重要途径。事成于信念，力生于凝聚。因为文化是一种风气、一种氛围、一种高尚的价值观、一种共同的责任感和使命感，所以企业文化建设是凝聚员工力量，培养企业精神的理想通途。"以人为本"已成为越来越多成功企业的宗旨，就是把人视为管理的主要对象和企业最重要的资源，通过改造人、尊重人、理解人、提升人和凝聚人，激发人的热情，开发人的潜能，实现人的价值，极大的调动人的积极性和创造性，使人企合一、共同发展。而企业文化建设在培养人、提升人上是任何管理方式都无法比拟的，它能够通过转变员工的思维习惯和行为习惯，使人性中的优点得到最大发挥，使人性中的弱点得到最大限制，能够通过企业核心价值文化的建立和传播，促进企业内高尚信念的培养，把人心凝聚起来，把士气鼓舞起来，把精神振奋起来，从而形成万众一心、共谋发展的大好局面。

加强企业文化建设是打造品牌，树立形象，提升核心竞争力的有效手段。核心竞争力是企业持久竞争优势的来源和基础，是企业独树一帜难以复制和模仿的能力，这种能力主要由品牌、技术和管理决定，归根结底将取决于企业的文化和文化创新能力。企业的品牌、形象是企业文化的外在表现形式，体现着企业的核心价值观和企业精神，对内是一面旗帜，对外是建立信任关系的桥梁和媒介，是企业外化了的核心竞争力。典型的现代企业阿里，在致力于打造开放、协同、繁荣的电子商务生态系统的同时，缔造了基于使命、愿景及价值观的文化体系，"让天下没有难做的生意""客户第一，拥抱变化，团队合作，诚信，激情，敬业""此时此刻，非你莫属"是阿里人文化里激情的原动力，强大的企业文化已成为阿里业务发展的基石。

加强企业文化建设是提高品位，造就美好未来，实现持续发展的客观需要。企业有了先进的文化，就有了源源不断的生命力；否则，企业就缺乏生命力，难以持久。美国《财富》杂志曾在评选世界500强的总结中指出：这些企业出类拔萃的关键在于拥有先进的企业文化，凭着企业的文化力，这些企业才百战不殆、长盛不衰。据国内有关组织调查统计：中国首届100强企业，十年后存活的只有15%左右，这些企业失败的原因很多，但专家、学者们认为，其主要的原因是没有从文化的角度作好深层次的战略转型，不能适应市场不断变化发展的要求，在竞争中逐渐丧失了原有的优势。有人说：企业一年的发展靠领导，三年的发展靠制度，十年的发展靠文化，可见企业的发展有赖于文化生生不息的延续。

二、企业文化制度化建设的目标

企业文化的制度化就是将集体的智慧固化于制，并在企业内广泛传播，引导员工将个人的价值与企业的发展联系起来，走出一条价值人生的道路。企业文化制度化说到底就是价值观制度化，是将价值观转化为实际可操作的管理制度的过程。企业通过文化的制度化，不仅能够提升企业的管理水平，而且也能够提高企业的凝聚力和向心力，从而实现企业软实力的提升。

（一）总体目标

建立健全企业文化建设的领导机制和工作制度、企业文化理念体系持续完善制度、企业文化宣贯交流制度、企业文化建设的考核评价和激励机制等，着力将企业的价值理念植根于各项管理制度，转化为实际可操作的管理措施，促进企业文化建设的常态化、规范化、制度化，构建起制度与文化协调统一的企业文化建设管理长效机制，实现制度管理向文化管理的转变，使企业文化有效引领和推动企业改革发展，使企业员工树立共同的价值观。

（二）主要任务

1. 建立企业文化建设的领导机制和工作制度，建立企业文化建设的责任体系

企业文化建设是全员参与的工作，在建设中各级领导人员起到引领与带动的关键作用，全体员工起到支撑与保障的重要作用，都发挥着举足轻重的作用。但是，在日常工作中，经常会出现重经营、轻管理，重生产、轻文化的现象。而事实上，这种现状不利于生产经营业务的持续发展，需要营造良好的文化氛围，孕育催生可持续发展的力量。为此应建立完善企业文化建设的领导机制和工作制度，进一步明确各级管理人员及全体员工的文化建设职责，确保企业文化建设的落实与发展。

2. 建立企业文化理念体系持续完善制度

近年来，中国五洲集团提出坚持走公司特色的发展道路，其中明确要坚持走"弘扬与时俱进的公司特色企业精神"的文化发展道路。目前，中国五洲集团已提炼形成了具有本企业特色的企业文化理念体系，这些价值理念符合当前改革发展环境的要求，能够有效发挥文化的精神引领和凝聚作用。但是，改革发展无止境，文化发展的随动性要求我们必须在改革发展过程中不断创新文化理念的内涵，不断精炼文化理念的措辞，不断丰富企业文化理念体系的精髓，让不断发展的文化引领企业的持续发展。

3. 建立企业文化宣贯交流制度

在企业文化建设工作中，企业文化理念体系的宣传是一项基础而重要的工作。目前，中国五洲集团在每年年初都会结合当年的工作任务和目标提出一些全新的工作思路和理念，并在公司上下大力宣传，鼓舞士气，凝聚人心；每年八月都会向新入职的员工开展企业文化宣传教育工作，将公司核心的价值理念灌输到新员工的头脑中。公司将在此基础上，进一步明确文化建设与业务发展的关系，使全体员工在日常生活和工作中了解企业文化的指导作用，促进思想与实际的结合，促进思想与行动的统一。在实际工作中，经验交流非常重要，中国五洲集团将进一步明确文化交流的工作制度，积极开展多方面和多层级的经验交流工作，形成企业文化传播效应，营造出良好的企业氛围。

4. 建立完善考核评价和激励机制等长效管理机制

持续的动力来源于持续的激励。企业文化建设是基于物质生活相对满足之上的较高级别的精神领域的建设，是培育和实现员工"归属感"、"胜任感"和"成就感"等精神状态的沃土。但是面对人的精神世界捉摸不定、难以把握的特点，可以看出，企业文化建设工作的艰巨性与复杂性不言而喻。为此，中国五洲集团将在企业文化建设工作中进一步完善相关的考核评价制度，不断创新激励的方法手段，充分发挥好激励机制的作用，在实现人生目标的舞台上促进全员的价值增值。

三、企业文化制度化建设工作步骤和工作内容

实现企业文化制度化建设就是用企业价值观来指导制度的变革与创新，使各级管理者能够通过制度来检验价值观的落实情况，使全体员工能够清晰地领悟企业发展战略，高度认同企业的价值理念，实现文化价值观与管理制度的互动结合，真正打造企业的文化力。为落实企业文化制度化建设，应把该项工作纳入到各级管理部门的议事内容当中，使其常态化、规范化，确保持续推进与落实。具体可以分以下四个阶段来进行：

（一）准备阶段

组建机构，配备人员。在企业文化建设领导小组的领导下，构建企业文化制度化建设工作组，负责企业文化制度化建设各项工作的组织协调与推进落实。

调研了解，学习掌握企业文化制度化建设的方式方法。要组织企业文化制度化建设工作组成员通过到企业文化建设先进单位调研等途径了解工作的方式方法，并根据需要邀请有关专家来企业传授相关工作要领及经验。

研讨交流，形成企业文化制度化建设的方案。为确保企业文化制度化建设的顺利实施，在掌握企业文化制度化建设的方式方法后，要结合实际充分研究探讨，制定企业文化制度化建设方案，明确建设内容、分工及时间安排等各项工作。

（二）制度制定阶段

起草制定相关制度草案。根据企业文化制度化建设方案，按照人员分工的职责要求及时间节点要求，结合企业文化建设实际，逐一编制形成企业文化建设的相关制度文件草案。

广泛征求意见，修改完善相关规章制度。通过采取座谈、发放征求意见表等形式，在一定范围内组织人员对已形成的相关制度文件草案提出修改意见，在充分征求意见的基础上，进一步修改完善相关制度内容。

（三）制度推进执行阶段

宣传引导。经审定的企业文化建设的各项规章制度印发后，要展开企业文化制度化建设工作的宣传工作，并组织人员解读相关规章制度的要义与内涵，确保员工对规章制度的真正理解。

推进执行。组织企业内各级组织按照企业文化制度化建设的要求贯彻落实相关工作，并组织对企业文化建设制度推进与执行情况的不定期检查考评，确保制度推进执行的效果。

（四）制度评价与完善阶段

意见征集与反馈。构建企业文化制度化建设的意见征集渠道，如通过电话、信箱、网络等平台，及时了解掌握制度推进的情况和意见，并根据征集意见的内容落实相关工作，将有关情况及时向意见提出者进行反馈。

制度改进与完善。根据相关制度实施、检查考评情况，以及收集到的意见和建议，明确相关责任部门予以改进完善，并适时对改进情况进行评价，确保改进工作实效。

四、企业文化制度化建设的保障措施

加强组织领导。建立健全企业文化建设的领导体系。由企业文化建设领导小组，统筹全院的企业文化建设工作。明确企业内各级管理单位主要领导是企业文化建设的第一设计者、第一执行者、第一宣传者和第一推动者的责任，形成由党政主要领导负总责、党委负责组织实施、党政工团协力推进、广大员工共同参与的组织领导和工作体系。

加强前期研究。组织人员首先做好企业文化制度化建设的专项研究，研讨论证企业文化制度化建设的方案，在保证建设能够出成果、出实效的情况下积极推进制度化建设各项工作。

加强考核评估。要通过建立企业文化制度化建设的考核激励制度，将企业文化建设工作目标纳入企业管理考核内容当中，强化各部门、各级管理人员履行职责的自觉性和主动性，提高对企业文化制度化建设工作的重视，在制度制定、推广、应用的各个阶段，切实贯彻文化建设的要求，形成企业文化建设的合力，使企业文化建设工作真正落到实处。

加强培训宣传。组织有针对性的宣传培训，充分利用企业内部宣传平台，做好企业文化制度化建设工作的宣传引导，使全体员工了解、支持、投入到企业文化制度化建设的各项工作当中。

企业文化制度化建设是一个复杂和循序渐进的工作，企业领导人员推进此项工作的坚定性、员工的执行力程度和制度意识的培养等因素都会影响制度化的进程。企业文化制度化建设工作必须首先从强化各级领导人员和广大员工的广泛认同与支持着手，使全体员工以积极的心态、发展的意识、持续的动力投入到不断的建设与创新中去，促进企业核心价值理念灌输到全体员工的思维和行为当中，渗透到企业生产经营、组织管理等各项工作当中，真正实现制度文化与文化制度化的和谐统一，进入文化引领发展的高端境界，为企业赢得持续的竞争优势提供坚实的保障。

（作者单位：中国兵器工业集团中国五洲工程设计集团有限公司）

企业文化中的伦理建设

刘俊华

企业文化是企业在长期生产、经营、管理和改革发展中形成并倡导的物质文化、制度文化、行为文化和精神文化的总和。从狭义上说，企业伦理是企业文化形成、建设过程中形成的伦理关系。伦理秩序的形成建立了企业融入社会以及员工之间的行为规范，是企业文化中制度文化、行为文化和精神文化的伦理化体现。

一、企业伦理与企业文化的关系

从狭义上说，企业伦理是企业文化的一部分，是企业文化在制度文化、行为文化和精神文化中的伦理秩序。两者都以人（企业人和自然人）为建设主体。从广义上说，企业伦理是指企业在其生产、经营和管理的实践过程中形成的伦理意识、伦理原则和伦理规范的总和。

在市场经济条件下，企业作为具有独立法人财产权、自主经营权和实行自负盈亏的经济实体，在其从事以盈利为目的的生产经营活动中，必然要与外部和内部发生各种利益关系。企业要实行正常的生产经营活动，就必须处理好各种利益关系，因而也就必须把握其中的伦理关系，树立自己的伦理理念，并以此为指导确立并在生产经营活动中实践一定的伦理原则和伦理规范。企业是独立自主的经济实体，同时又是具有独立法人资格的伦理主体。

二、建设中国式企业伦理体系的重要性

企业文化具有亚文化属性，作为企业文化的一部分，企业伦理也继承了这个属性。中国企业确立适合自身的企业伦理体系，必须发掘和吸取传统道德观念和习俗中的精华，注入符合时代要求和本企业实际情况的新内容，并长期不懈地通过灌输、说服、示范、疏导等多种形式、途径转化为员工的伦理道德观念。只有把企业行为的规范、规则化为企业员工的自觉行为，从而变成了员工的无意识或潜意识行为时，企业的价值观才能得以规范，员工行为和企业价值观才达到了真正的统一，这样才能促使企业健康持续发展。那么，中国式企业伦理究竟具有哪些重大的功效呢？

价值导向。企业伦理实质上就是一种善的价值，因而它的首要功能就是对企业群体的行为进行价值导向。以儒家"无常之道"思想为代表的中国式企业伦理一旦融进了企业的价值目标之中，它便会正确引导企业群体在有利或有害于国家和企业的善恶矛盾中作出正确选择和取舍，形成统一的指导思想，明确前进的方向。

激励士气。在商品经济条件下，绝大多数人生活和工作的主要动力并不仅仅是金钱，也包括能够满足人们的自尊心、荣誉感以及人格完善的精神因素。因此，企业运用伦理机制对全体成员进行精神激励，能够引起人们心灵上的共鸣，从而产生出单纯的物质刺激所不能产生的强烈效应。

协调关系。企业伦理的重要使命之一就在于协调好企业所面临的各种利益关系，维护企业竞争秩序，使企业这一社会群体组织得以良性运行。这就要求企业这个竞争参与者有良好的伦理素质和理智，市场是维护竞争秩序和竞争结果公正合理的必要条件。

凝聚群心。一个企业的凝聚力大，其成员对企业的向心力也大，集体意识就强，相互合作的程度也越高，企业因而也越有活力。只有以精神和道德为基础的凝聚力，才会使企业有高士气、高产出、高效益的局面出现。这是无数中外企业管理实践所证明的一个真理。

化解矛盾。企业作为一种群体组织，人员众多、业务复杂，各种各样的利益冲突和意见分歧时有发生。企业若不及时消除分歧、缓和冲突，就很容易形成诱发各种组织病变的淤肿。因此，企业必须依靠企业伦理建设不断提高自己的"活血化淤"功能。

塑造形象。企业以什么样的形象出现在经济舞台上，将直接影响到企业的荣誉、信誉以及企业的生存和发展。企业整体的伦理素质越高，企业成员就越能从自身不断提升道德需求和审美情趣。只有这种集"真、善、美"于一身的企业形象，才具有强大的生命力，并在激烈的市场竞争中立于不败之地。

三、"六位一体"构建企业伦理体系

企业文化随企业战略发生变化，具有相对的灵活性。企业伦理是企业行为和员工行为的道德准则，在一定程度上具有相对的稳定性。在中国特色社会主义条件下，企业伦理有着独具特色的体系原则。

（一）集体主义

集体是个人得以存在的条件和方式，并通过集体的建设来保障个人自由全面发展的实现。集体主义原则强调个人目标与整体目标、个人利益与集体利益的辩证统一。一方面，集体存在的动因在于保护、发展加入集体的个人的利益和自由；另一方面，个人利益离不开集体利益，个人利益的实现手段和目的都与集体利益密切相关，个人利益不能脱离集体利益而独立存在，因此，为集体服务与奉献也是集体主义原则的内在要求。

（二）诚实守信

诚实守信是基本层的道德要求的最基础部分，是企业伦理道德的最重要的品德标准。为推进诚信建设制度化、规范化和长效化，落实"五商中交"战略，2015年3月，中国交通建设股份有限公司印发了《关于推进诚信建设制度化的实施意见》，其中明确表明，中国交建将把企业诚信建设纳入企业发展战略当中，切实负起企业在社会诚信建设中的主体责任，以使企业能够深入践行社会主义核心价值观中有关"诚信"的基本要求，规范员工的诚信行为，加强员工的诚信教育，培育企业的诚信文化，并对推进企业诚信管理、形成企业诚信新风尚起到了至关重要的作用。

(三) 公正公平

毋庸置疑，公正公平问题是现代社会面临的最重要、最敏感的共同课题。这里需要特别强调的是，市场经济条件下的平等要求并不是人们常常误解的"结果的平等"或"利益的平均"。从逻辑上讲，平等有三个层次：条件的平等、手段的平等和后果的平等。条件的平等是指公共权力的公正公平，包括在法律面前人人平等，在公共场合中行动的平等。手段的公正公平在任何社会都意味着机会的平等，获得不平等后果的手段是公正公平的。后果的平等是自由、开放、竞争的市场经济社会所不屑的。人们无法奢望绝对的公正公平，因而便产生了为确保社会生活的稳定、有序而应当付出的道德补偿性需要。这一需要所产生的公正、平等就不完全是基于合理性之上的合理分配，而是一种具有社会义务性和道德性意义的公正、平等。

(四) 义利统一

义利统一思想既是西方伦理学在道德评价中主张道义与功利相结合的思想体现，同时与我国传统的义利并重的思想也是一致的。现代企业制度越来越呼唤新型的企业伦理观，其中很重要的一条就是要继承中华文化传统的儒商精神。儒商精神要求现代企业把公众当作自己服务的对象，将公众利益作为公司发展的前提，作为决策的依据，在为自身争取利益的同时，首先"利他"，以"利他"的方式实现"利己"。针对企业的营利性特点，要提倡的原则是"义"与"利"的统一。企业获利的同时，要考虑是否符合消费者的利益，是否符合社会整体和长远的利益。利是目标，义是要遵守达到这一目标的合理规则，二者应该同时加以重视，达到兼顾的目标。一个优秀、卓越的现代企业，必定是一个义、利统一的整体。

(五) 互惠互利

互惠互利是进一步针对企业的经营活动的性质，提出的交易中的基本信条。在交易中，交易物品只有对别人有利才能实现卖方利益。另一方面，买者希望从市场获得自己所需商品。推而广之，市场上的各交易主体都是带着各自的需求参与市场活动的。因而，企业既要为他人提供各种满足，又要依赖他人，从中得到自身的利益，只有互惠互利，社会经济才能正常运行。在企业相关利益者关系的把握上，必须遵循互惠互利的原则，考虑对方的利益，而不是一味地追求个人利益。

(六) 理性和谐

理性和谐原则是企业道德化活动达到的理想目标模式。柏拉图认为灵魂是由理智、意志、欲望三个方面构成的，理智的德性是智慧，意志的德性是勇敢，欲望的德性是节制，其实质是要以智慧、意志控制欲望、情绪，从而创造出一种以理性为基础的和谐的生活。马克思·韦伯认为，资本主义经济获得迅速的发展，得益于新教伦理转化而来的工具理性。在这种工具理性的支配下，新教徒合乎理性地使用资本，合乎理性地组织劳动，合乎理性地获取利润。这种经济的理性化，成了经济活动的主导性力量。儒家认为，由于人性经常被物欲所困扰,为了防止人心为物欲所累而自由放纵,所以人们应该"以理节情","发乎情而止乎礼"。在物欲与道义的追求上,取得某种均衡。在企业经营管理中,理性就是运用知识手段,科学分析市场环境,准确预测未来市场发展变化况,不好大喜功,单纯追求市场占有率,而损失利润。在市场营销中的和谐就是正确处理企业与市场各相关利益者的关系,以和睦相处为基本原则,创造出天时、地利、人和的氛围。

四、多种途径推动企业伦理建设

在企业管理不断升级发展的过程中,我们又能够通过何种途径推动企业伦理的"六位一体"化建设从而丰富企业文化的内涵呢?

(一)把企业伦理建设与企业经营管理活动紧密地结合起来

中国企业的经营管理活动是中国特色企业伦理生长和发展的沃土,因而伦理建设只有通过一定的规章制度与企业的经营管理活动融为一体,使伦理分析、评价和选择进入企业的决策、计划、组织、指导、协调和控制过程之中,企业伦理的"含金量"才能体现出来,企业伦理作为企业重要的无形资产和战略资源也才能真正发挥作用,企业伦理建设才能既开花又结果。

(二)把坚持塑造企业家的伦理人格和集体影响结合起来

作为企业的决策者和领导者,企业家的伦理人格在一定的程度上代表着企业精神和企业形象,对员工个人伦理素质的提升产生着深刻持久的影响。企业伦理建设所能达到的境界,主要取决于企业家伦理人格的魅力。个人示范和集体影响是企业伦理道德建设中相辅相成、缺一不可的两个方面。注重个人示范的同时还要重视集体的力量。通过员工之间的互相影响,可以促进大家提高企业伦理道德水平,收到伦理道德建设的预期效果。

(三)把企业伦理建设和提高员工素质结合起来

良好伦理关系的形成不是孤立的,它同员工的文化、政治素质紧密相连。特别是一定的科学文化知识,不仅是业务、技术培训的前提,而且是企业伦理建设的基础。因此,企业在伦理建设过程中必须坚持对员工进行岗位培训、基础文化教育、科学技术教育、企业文化教育等等。员工的高尚道德觉悟和强烈的责任感是企业发展的重要保证,所以,加强对员工的伦理教育,培养他们高度的工作责任感和组织纪律性,激发他们的积极性和创造性,是企业加强伦理建设,改善企业管理的重要责任和基本方法之一。

(四)把企业伦理建设与企业管理创新结合起来

企业伦理建设的基本宗旨之一,就是激发员工的内在潜力,充分调动员工的积极性、主动性和创造精神。在科技飞速发展、企业之间竞争日趋激烈的今天,任何一个企业要能够生存和发展,只有发扬创新精神,即勇于和善于进行观念、科技、工艺、产品、品牌、市场、管理制度等全面创新的精神,并把创新精神转化为实实在在的卓有成效的创新行为。惟有如此,才能使企业兴旺发达。创新是企业管理的灵魂,越来越多的企业更加注意把创新意识熔铸到员工的伦理道德习惯之中，成为企业的精神。

（五）把企业伦理建设与企业规章制度建设结合起来

如果说企业与文化的关系是体与魂的关系，那么制度与文化的关系就是骨骼与魂的关系。倘若没有丰富的精神文化，制度就是一个空壳子。对于一个企业来说，严格、科学的制度和规章等管理硬件，以及丰富的精神和知识等管理软件，是不可或缺的两个方面。在这里，硬管理为软管理的有效进行提供前提条件，并通过一些行之有效的制度激发员工的潜能，这又可以起到与软管理相似的作用；同时，软管理又可以使硬管理得以活化，为硬管理的有效实施提供保障。

企业伦理建设，基本上是一种心理建设，主要诉诸舆论与良心。一方面，对员工群体进行反复、系统的伦理道德教育，并激励他们不断上进，为发展社会生产力，为改善、提高和美化人民群众的生产服务；另一方面，当某种先进道德被多数人认同后，适时通过规章制度的形式固化下来，使其体现企业伦理道德的要求，成为硬性约束，起到规范员工的行为作用，使企业的硬管理与软管理在企业建设中的作用相得益彰。因此，企业在实施自身的道德活动和加强企业管理的时候，都应该坚持主观和客观相统一的原则，硬管理和软管理相统一的原则，既看到企业的客观实际，又注意到企业及其员工所做出的主观努力，只有将两者结合起来，企业的管理和伦理实践才是卓有成效的。

（作者单位：中交第一航务工程局有限公司）

文化建设引入互联网＋模式提高凝聚力的实证研究

天津市城市规划设计研究院提高凝聚力课题组

天津市城市规划设计研究院（以下简称规划院）作为全国建设系统首批企业文化建设示范单位，在企业理念的提炼和宣贯上做了大量工作，随着形势的发展在工作中深刻认识到，文化建设要适应信息时代发展的要求，打造信息更及时、服务更精准、覆盖更广泛的渠道，探索传统宣传模式向"透明、快速"转变，服务模式向"高效、优质"转变，激励模式向"用心、精准"转变。形成线上线下相互促进、有机融合文化建设，促进凝聚力不断提升的新格局。

一、网络时代产生了新变化

以微博、微信、移动APP为代表的新媒体已经深度融入并改变员工的生活，形成文化建设新的变化因素。随着"自媒体"风起云涌，微信、微博等即时通信工具成为广大员工获取信息和反映心声的重要渠道，尤其是规划院这样的生产科研型单位，人员年轻、接受新生事物快，习惯并喜欢运用新媒体。

（一）讯息供求的提升

媒介形态的不断更迭发展，造就讯息需求的演变。需求的提升带来供应水平的提升，讯息接收的量和质都在增长，人类至今为止所有印刷数据量只不过200PB，而互联网时代仅eBay每天处理的数据量就高达100PB。从传统纸媒到BBS、QQ、博客、手机讯息、微博、微信等新媒体，变化的媒介手段实质都是听、读、说、写、唱等表达能力的外化。换言之，传统纸媒满足了文字和图片的书面化传播，而QQ和微博、微信则按照功能的晋级逐步拉长了媒介触觉，实现感官的提升，人们对图形、影像的感知，较之于单纯的文字信息、单纯的语言信息来得更敏感，脑细胞所受到的刺激更强烈。新媒体已成为延伸接收讯息能力的介质，补充和扩展了其可触及和可传达的范围。新媒体环境下，容量巨大的互联网信息鱼龙混杂，面临信息处理负荷困境，新媒体媒介使用技能需要加强。不同阶段对媒介需求的满足和变化，使文化建设的开展过程呈现新潮多样的特点。

（二）传播方式的变化

新的媒介形态为文化传播开辟了新的实现方式，之前一般从书本和工作实践中获得关于理想信念或者伦理道德的熏陶，但在新媒体时代，每一次媒介信息的传播过程就可能蕴含一次潜移默化的价值观传导，网络语言相较现实语言更具有情绪性和符号性，每一次信息的传播都带来不可研判的传播路线。价值观念不再是"施教者—受教者"的二元对流，而是人人可成"麦克风"，实现多点的价值观传播。新媒体使文化的传播形式发生了延展和扩充，并使意识形态的传播方式产生新的变化。

(三) 引导途径的延展

新媒体的发展改变了信息流动的途径，信息源和受众之间的时空差异被缩小，时空对讯息传播的局限在减弱，无线WIFI、通讯信号等围绕着我们，无时无刻，无处不在，催生了全媒体、物联网和智能生活，彻底改变了我们的思维、工作、学习方式。有人笑谈：马斯洛的需求理论应该从下面再加上两个需求，一个是电源、一个是WIFI。大家在工作学习中体验微信、QQ、邮箱等的便利，使用健身、交友、购物等APP，充分沉浸在新媒体营造的氛围里，享受着新媒体化的生活。时空方面的差异使得文化建设必然突破传统教育活动本身，充盈到工作生活的方方面面，文化建设变得无时不在，无处不在。文化建设借由"两微一端"开辟通道，不再是单一的理论传导过程，而是线上线下、多角度、全时空的思想引导。

二、网络时代对文化建设提出了新要求

随着网络信息技术的高速发展，微信等传播方式已成为当代重要的传播方式。网络时代短平快、可以交叉引用、裂变式的传播特点，给文化建设带来了新挑战和新要求。

(一) 网络时代内容的多元性，要求文化建设更丰富

网络时代信息容量巨大，内容包罗万象，堪称"电子百科全书"，日益对人们的"三观"产生潜移默化的影响。文化建设必须变单一宣贯为多方面满足员工日益增长的精神文化需求，帮助大家树立正确的价值取向。使员工在相对放松的心情下，自由的、张弛有度地选择浏览对象，在主动的探索、寻找新的视觉内容的过程中，自觉自愿的接受观点。网络媒体功能越来越多，通过微信群、院内腾讯通进行双向交流，创建QQ工作群和各种类型的微信群，并将其打造成传递工作信息、实现领导与员工良性互动的平台。教育内容因网络的超信息量变得丰富而全面，使文化建设具有极高的文化和科技含量，将内容的本质隐含在历史文化知识和现代科技信息之中，从而增强自我教育的分量，也使文化建设更具亲和力，也更具有教育效果的魅力。

(二) 网络时代传播的即时性，要求文化建设更快捷

网络时代及时、高效、快捷的传播方式，使无限延伸和自由的网络从物理空间突破了传统监控的范围，产生网络言论的"无政府主义"现象。文化建设必须以快治快，及时利用文字、图形、图像三种静态媒体，声音、动画、影像三种动态媒体从不同角度不同侧面吸引受众的注意力，尽可能多地调动受众的听觉、视觉和思维系统，使深邃的理论内容、丰富的佐证资料通过各种信息手段，输送到受众的大脑，长时间地停留于受众的视野中，使学习变成轻松获取多种信息的过程。同时注意在容易引发思想波动、产生群体性事件的问题上，发现苗头，积极引导，合理控制，把握工作主动权。

(三) 网络时代交流的互动性，要求文化建设更平等

网络作为"平权化的媒介平台"，可以思想交汇、情感碰撞、信息传播、情绪宣泄，建立的是一个跨群体、跨代际、跨文化的交流平台，不同群体之间、不同年龄层次、不同文化背景的利益诉求和思想差异交汇浮现。无论从形式，还是从量与质的规定性来说，网络都已成为文化建设的新领域、新阵地。文化建设也需要将单向传播变成交互、开放、平等的有效互动交流，使大家主动参与。利用群聊功能，结合员工关注的热点问题，直接交流彼此观点，供大家分析品评讨论，大家在微信中自由、真实地表露自己的想法，探讨关心的热点问题，交流自己的感受，在各抒己见与共同交流中实现达成共识、思想共振、目标共进的目的。

(四) 网络时代影响的广泛性，要求文化建设更系统

网络时代被誉为"杀伤力最强的舆论载体"，是一个全球性、全时性媒体，受众人数也从传统的有限变成了现代的无限。文化建设要在时空上延伸拓展，扩大覆盖面，做好全员、全天候的工作，借助新媒体的力量全方位、多角度不留盲区。运用新媒体寻找发现问题、解决问题的方式、方法，"问题是时代的声音，人心是最大的政治。"这是习近平总书记重要论述，也是对文化建设的新要求，更是推进改革发展的新准则。第一时间准确的掌握员工的思想动态，帮助大家解决问题，凝聚人心实现文化建设最重要的工作目标。

三、应对新形势，实践新招法

文化建设的重要作用就是营造浓厚的文化氛围，外树形象、内增凝聚力，充分利用新兴媒介做好工作，把大家发展的积极性和创造性与规划院发展相融合，产生巨大的向心力和凝聚力，提升规划院的美誉度。

(一) 建设"网络化"宣传平台，让职工在氛围中凝聚

发挥网络优势，形成以院微信公众号、局域网为主，外网以及多个微信群、QQ群为辅的大网络格局，营造了健康向上的氛围，为推广和传播核心价值观，培育职工高尚情操创造了良好条件。一是网络宣传从补充到"不可或缺"。文化的微传播是一项具有时代性的系统工程，要积极创新传播方式和内容，强化对微传播工作的顶层设计。在2014年进行行为规范宣传时，"网络论坛"是专家讲座、演讲比赛、座谈会等活动的补充形式，2016年开始网络媒体越来越重要。创建院工会干部微信群后，发动工会干部适应新媒体、融入新媒体、运用新媒体，带头"玩转"微信。院"十佳青年"评选和"抗战歌曲大家唱"主题活动，都是大家通过浏览手机上的宣传页或观看在院内网发布的视频，用微信进行了投票，评选的过程也是宣传的过程，实现了核心价值观的微传播。二是网络宣传从"一对多"发送到"多对多"互动。原来的网络宣传主要利用网络快捷的特点做好信息传递，将QQ、微信群变成"广播台"，及时向大家传达各类便民惠民信息及办事流程，实现活动实时播报，通知活动、会议的时间、地点和主要内容，也进行各种温馨提示和节日祝福。目前发布信息是多点的，通过"晒"心情、"晒"加班现场、"晒"劳作及成果、

"晒"景色、"晒"收藏、"晒"美食等，享受和享乐共存，励志和吐槽同在。运用微信的广泛讨论法、事实发布法和幽默消解法等有效教育方法，注重同感倾听和朋辈辅导。同时资源共享，目前健身、打击乐、舞蹈、健步走、瑜伽等兴趣小组都在利用业余时间开展多种多样的活动，群内分享健身、武术、烘焙、插花、养花、健步走、养生心得，介绍经验和佳作，结交同一兴趣的好友。三是网络宣传从内部交流到对外展示。院微信公共平台和大家的原创作品在微信群发布，成为宣传规划院的手段。"最美规划人"微电影在很多同事的手机里"刷屏"，院组织的"缘来是你"单身青年八分钟约会的联谊活动一度成为百度搜索热词，提高了规划院的知名度。在"三八"节前，在院微信公共平台发布"红透半边天"活动预告和活动后的报道，优美的文字描述配上生动的照片，让人马上感受到了热烈的气氛。再如：获得广泛参与的健步走比赛，选手通过使用手机 APP 和小米手环等简便易操作的方式上报步数，使用"微信运动"使很多同事成为朋友圈几十人的封面。还有 2016 年六一节前，院工会举办"小小规划人，齐聚迎六一"活动，组织员工的孩子参观爸爸、妈妈工作的地方，组织"跳蚤市场"，用出售员工提供的二手玩具和书籍的所得款项，购买儿童用品，捐献给天津市福利院的儿童。线下参与度高，线上点击率更高，成为利用微信发挥工会活动的文化传导功能的成功尝试。通过开展各种活动，增强了凝聚力，提升了文化品位，也提高了规划院的美誉度。

（二）建设"系统化"服务平台，让职工在参与中凝聚

为员工提供更加多元化、便捷化的服务，确保"互联网＋"服务模式融入到文化建设中。关怀员工，借助互联网实现与员工的面对面、零距离接触，确保文化建设在互联网平台帮助下工作无盲区。一是策划系统化。年初订立计划，活动贯穿全年，线上线下同步开展，比如：利用微信群专题进行食堂改造前的征求意见，以"你想像的食堂"为主题，对最喜欢的就餐形式、最喜欢的菜品、最喜欢的供餐模式等进行建议征集，然后集中梳理员工的建议设计问卷，进行调查，最后，对员工的需求进行分析、提炼，拿出最佳的改造方案，再向员工征求意见并接受员工监督，使员工的参与意识空前提高。二是内容系统化。服务内容涵盖面非常大，即包括维护局域网、微信公共平台等网络渠道，利用好现有的多个微信群资源，建立共享信息资源。也包括加强新媒体内容的监督管理，引导主流价值的传播。针对互联网的虚拟性，充分利用技术手段，改进网络的服务器，提高信息与网络的管理和服务水平，为文化建设的开展创造良好的网络环境。更包括线上线下联动，搞好维权、民主管理等工作，解决员工最关心、最直接、最现实、最忧虑的问题。三是形式系统化。最大努力为员工办实事、解难事、做好事，使员工切实感受到大家庭的温暖。坚持"六必到"慰问制度（生日祝福必到、生病住院慰问必到、特殊困难补助必到、"天灾人祸"安抚必到、婚丧大事关注必到、权益受损帮助必到）。利用网络进一步完善特困职工档案，全面、及时、准确地掌握特困职工的家庭情况，健全职工情况快速反应机制，及时做好对困难职工及家庭的帮扶。线上征集意见、问卷调查，将新媒体的手臂延展到服务的各个方面，拓宽领域，激发活力，"互联网＋"真正让工作充满磁力，增加了吸引力和感召力。

（三）建设"模块化"激励平台，让职工在愉悦中凝聚

建立一种与我们所处的行业和环境相适应的、与发展方向相吻合的、体现人与自然和

谐共处和可持续发展的激励理念，让员工产生崇高使命感、职业自豪感、高度认同感。用"薪"激励，更要"用心"激励。一是完善关心机制，力争帮助更精准。多层级的沟通，不能保证听到真实的或原汁原味的群众声音。通过私聊实现"私人定制"，为员工提供自助服务。思想政治工作者关注员工的具体现实生活和心理状态，将工作做到细处，深入生活细节，融入日常生活。比如：有针对性地进行推送、为员工提供个性化的服务，每周在10楼大屏幕向过生日的同事发出生日祝福，过生日当天发送电子生日贺卡，分会主席送上生日蛋糕券。再比如：青年员工的恋爱过程中产生诸多困惑，如何把握恋爱中的适当尺度等等，及时疏导，避免当面的尴尬与不安，使青年员工思想问题得到解决。二是延伸沟通渠道，力争尊重更多样。按照马斯洛的需求层次论，被别人尊重和认同属于第四层次的需求，被别人尊重和认可是他们工作快乐的基本要素。因此在工作中要倡导人与人之间的相互尊重、平等相处的同时，建立若干个院领导与职工在内的专题微信群，员工可以和院领导直接探讨专业问题，反映情况。"8·12"事故后，第一时间与滨海分院的同事取得联系，得知同事安好，仅有一个同事的房屋遭到严重损毁，一个同事身体感觉不适，院工会立即组织看望相关人员，并之后到滨海分院进行了慰问。如今，无论是工作上的急难事，还是生活中的烦心事，借助微信平台反映诉求已成为很多员工的习惯，宽松和谐的人际环境聚合了人心。三是扩大参与途径，力争表现更突出。大力开展多种形式的文体活动，先后组建足球队、篮球队、羽毛球队、乒乓球队等，在局系统比赛中成绩屡有突破，集体荣誉感和团队精神明显增强。而现代味十足的健身、打击乐、舞蹈、健步走、瑜伽、摄影、养生、武术、烘焙、插花等10多个微信群，成为大部分员工特别是新生代员工的喜爱。通过文体活动锻炼了身体，减轻了工作压力，化解了矛盾误会，增进了团结友谊，提高了工作效率，营造了和谐氛围，增强了凝聚力。

（执笔人：张晓丹）

提升文化影响发展新业态
结合行业优势增添新动力
——试论在"互联网+"背景下出租汽车行业的文化发展趋势

陈琬璐

在互联网经济时代,各行各业的实体经济都受到电子商务的严重冲击,网约车的出现更是对传统出租汽车行业的一次重大挑战。近两三年来,全国范围内的出租汽车行业都受到网约车的严重冲击,司机收入减少、空驶率提高、打车变得越发困难、乘客对出租车失去信任、客源大量流失,严重影响着司机队伍的稳定和社会的和谐发展。在 2016 年 10 月 27 日中国建设职工思想政治工作研究会出租汽车行业分会 2016 年年会上,来自全国三十余个省、市、自治区、直辖市的同行,不约而同地提到了网约车对传统出租汽车行业的冲击,并深入探讨应对策略和解决方案。

事实上,电子商务、智慧城市必将是未来城市化发展的大势所趋。在信息化飞速发展的当下,许多人在互联网大平台上"贩卖"概念,"出售"情怀,"消费"文化,通过宣传自己的产品文化、概念文化、企业文化,在市场上形成一定的影响力,从而左右市场竞争方向,影响消费者购买力。在这样的环境和背景下,我们必须用特色文化吸引市场,用真诚服务留住乘客,用优良传统稳固品牌,主动融入新常态,构建符合企业自身特色的文化发展之路,才能在大时代中不畏强敌、激流勇进。

一、用文化兴企,打一场开拓市场的攻坚战

网约车的发展不仅是一次资本的挑战,无疑也是一种文化的"入侵"。在"专车""快车""顺风车"这些概念刚兴起之时,许多乘客都对这种陌生的出行方式持观望态度。网约车抢占市场的过程,正是通过输出"精英出行"的文化,制造"都市新潮"的概念,利用无处不在的广告、标语、宣传画,将网约车包装成一种"新潮""时尚""便捷""经济""环保"的出行方式,仿佛没有用过网约车,就会跟不上时代潮流,就会成为被淘汰的"老古董",从而悄无声息地改变着人们的思维方式,影响市民出行选择,成功跻身城市交通市场。同时,将高额补贴、低价优惠等方式作为开拓市场的一把尖刀,强有力地改变着人们的出行习惯,包装资本逐利的本质,掩饰其非法运营的真面目,影响着市场竞争环境。

在这种概念的驱使下,追逐时尚脚步的年轻人前赴后继地成为打车软件的重度使用

者，商业人士也热衷于用专车接送的服务方式彰显身份。凡是手持智能手机的用户，几乎都下载过打车软件。随着《国务院办公厅关于深化改革推进出租汽车行业健康发展的指导意见》和《网络预约出租汽车经营服务管理暂行办法》的颁布，网约车在交通领域的合法地位被正式确认。根据速途研究院《2016年中国移动出行市场报告》iv显示，2015年，仅"滴滴"一家就生成了14.3亿个订单，相当于全国人民人均体验了一次网约车出行；2015年网约车出行市场仅占整体打车市场的13.6%，而2016年年底，这个数字已经攀升到48.6%，增长速度实在让人心惊。

分析报告显示，使用网约车出行的用户，从2012年的400万，2013年已经上升到3100万，几乎是在不到一年的时间里席卷打车市场，2014年上升到1.98亿，2015年上升到3.01亿，2016年已经有4.05亿人，几乎以每年1亿人的速度在飞速增长。其中月收入在5000～7000的人群，打车比例高达35.6%，成为打车软件的主要用户群；每周打车1～3次的用户占比最高达到45.6%，起步价至30元打车费用所占的用户比例高达73.4%，占打车出行人群的主体；上下班高峰时期也是打车软件使用的高峰点，几乎有一半的注册用户通过使用打车软件，解决高峰时段打车难的问题；通过软件打车，48.5%的用户表示等候时间会被控制在10分钟以内。

这些原本更倾向于乘坐公共交通工具或者出租车的用户，在网约车平台的宣传和补贴下，通过"不打出租车、只坐专车"的方式，使自己看起来无比时髦。这种出行方式通过口口相传，快速在朋友之间蔓延，调查表明，网约车平台中32.7%的用户通过朋友推荐成为打车软件的使用者。在网约车平台文化宣传策略的潜移默化中，使用打车软件成为了"时髦""显身价"的出行方式，而打车软件的迅速普及、各地出租车市场受到的严重冲击，足可显现看似"无形"的文化宣传，给市场造成的实实在在的影响。

在文化影响市场这方面，全国各地出租汽车行业中不少企业都有已经成型的企业文化和服务理念，在市场上占据了属于自己的位置。在此基础上，我们必须将文化创建这个"软指标"变成"硬约束"，以起到加强服务质量管理的效果。运用开展主题活动、树立服务典型、传播优秀事迹、倡导出行理念等方式，加强对消费市场的影响。我们必须坚持因地制宜落实企业文化战略任务，运用多种形式落实文化建设任务，坚持积累企业的精神财富和无形资产，加大企业文化的投入，为企业资本和企业优势注入更深厚的文化内涵，增强装点企业、感染市场的功能，使企业文化成为提升市场影响力和竞争力的重要组成部分。

二、用文化强企，打一场争取资源的保卫战

我们不仅要看到网约车带来的不利影响，更要看到网约车的宣传策略，学习当下的先进做法，传承行业优秀精神，打造互联网时代属于出租汽车行业的特色文化。

传统出租车在服务上确有自己的弊端，打车难、等候时间长、服务差、拒载、绕路、司机言语粗鄙等等，正是其饱受诟病的地方，也是网约车趁虚而入的切入点，但这也是我们进步的空间。北京北汽出租汽车公司正是从这一点出发，秉承几十年"北汽出租车、乘客大于我"的服务理念，不断宣传北汽的哥热心服务乘客，主动帮忙放置行李物品，不绕路、不拒载，使用敬语、主动问候，发现乘客遗失物品及时归还的基本服务理念，争取乘

客的信任，不少乘客都表示"就爱坐北汽的车""打北汽的车放心"。

我们必须看到，相比网约车的社会责任感缺失，出租车司机满满的爱心和社会责任感，正是我们争取资源最有利的文化底蕴。北京北汽出租汽车公司从20世纪开始，就积极参加公益活动，唐山大地震、东北抗洪救灾、汶川大地震等等几次危机时刻，北汽的司机队伍捐钱捐物，甚至冒着生命危险开车将物资拉到灾区。2014年北汽集立了"爱心服务队"，义务为北京"天使之家"的孤残儿童提供用车服务和志愿服务，从牵手"天使之家"至今，每周五两名志愿者开车到"天使之家"照顾孤残儿童，如需外出或就医免费提供车辆，每年联手举办春秋游活动两次，紧急用车的情况更是不胜枚举；北汽共产党员服务车队在"全国工人先锋号"黄素海爱心班组的带领下，多次去慰问敬老院孤寡老人、定期看望失独老人，更有大批司机在每年中考、高考期间免费接送考生、默默无闻坚持每周接送行动不便的重病患者就医、资助贫困儿童求学，每年为困难同行捐款、为社会爱心捐款上万元，这份沉甸甸的爱心和"一方有难八方支援"的社会责任感，是出租汽车行业特有的文化特色，是广大出租汽车驾驶员多年来传承的优秀传统，这是网约车平台无法比肩的崇高精神。

这样的爱心行为不仅在北汽有，首汽"于凯车队"、长沙蓝的"雷锋车队"、青岛市租"红飘带车队"的优秀驾驶员们都在各自的城市用不同的方式彰显着出租汽车行业的"敬业奉献"文化理念。我们要坚持将这种价值观念的企业文化宣传教育渗透到每名司机的思想意识当中，使之成为重要的行为规范和自觉的职业操守，成为提高企业综合素质乃至全行业素质的灵魂，力图以身作则，改变出租汽车行业在乘客心中的地位，让广大乘客以乘坐出租汽车出行而感到自豪。

三、用文化固企，打一场品牌服务的持久战

品牌是劳动价值的凝聚，是无形资产的积累，是企业文化的沉淀。塑造自己的企业品牌文化不易，保住这个品牌就更难了。美国通用汽车公司曾经因为一款车型油箱位置存在设计缺陷，造成撞车后起火，司机被严重烧伤。通用公司不但赔偿了受害人一亿多美元，还马上收回已售出的此款车型所有车辆，给予消费者免费维修和经济补偿，以此来保住品牌信誉不受损失。在比利时，曾经有百余人因喝可口可乐中毒，被当地政府严令禁止在市场销售，可口可乐公司马上采取措施，查明原因，及时解决问题，该公司总裁亲自飞往比利时，在全世界新闻媒体前面"狂喝可乐"，证明产品质量的可靠，力求挽回品牌形象。

无独有偶，双汇集团的火腿肠被曝光含有"瘦肉精"，该品牌一名采购部门的业务主管承认，生产厂家的确在收购添加"瘦肉精"养殖的"加精猪"，这种猪停喂"瘦肉精"一周后，送到他们厂里卖的时候就不容易被查出来。而双汇集团自己承诺的"十八道检验、十八个放心"却并不包含"瘦肉精"检测。这样严重的品牌危机事件，不但使双汇火腿肠从市场上全部下架，紧急召回所有已售出火腿肠，还大大影响了双汇的市场前景，双汇集团股票连续跌停。近年来臭名昭著的"三聚氰胺"事件更使三鹿集团彻底破产，永远退出了市场。

由此可见，出租汽车行业想要在大数据时代的市场中站稳脚跟，必须坚持用先进文化塑造企业形象，用时代特色创新经营理念，用人文思想增添企业魅力，为企业文化建设夯

实基础,打造服务品牌,做好打持久战的准备。北京北汽提出"北汽出租车、乘客大于我"的文化理念二十余年,三千多名司机曾在巨幅横幅上签字承诺,这一服务理念全体司机一直坚守至今。奥运会筹备期间,北汽响应"人文奥运、科技奥运、绿色奥运"的理念,推出了"金牌司机"活动,并逐步扩大范围到"金牌部室""金牌车队""金牌班组""金牌个人"等,至今仍每年评选优秀集体和个人,全力打造具有北汽特色的"金牌工程"服务理念,《人民日报》《光明日报》《解放日报》《北京晚报》、北京交通广播电台等十余家媒体对"金牌司机"活动进行过报道。在金牌司机的感召下,广大司机运营服务水平明显提高,品牌文化深入人心,鼓舞着员工的士气。

"锲而不舍,金石为开;锲而舍之,朽木不折",这些打造品牌文化的优秀举措,必须日复一日、年复一年、持之以恒地坚持下去。随着全球经济一体化的发展,企业品牌文化对企业的重要性与日俱增,一个知名度高、社会形象好的品牌,就是财富的象征。品牌文化带给企业的不只是形象、财富和效益,企业又能通过创造的财富不断宣传扩大自己的品牌影响力,创造更多的财富,形成良好的品牌文化效应。

四、用文化扬企,打一场融入新生态的反击战

从网约车出现至今这几年里,全国出租汽车行业经受了前所未有的震动和变化,随着网约车平台不断地抢占市场,出租汽车企业按照传统模式经营下去,前景必将困难重重。从国家《关于深化出租汽车行业健康发展的指导意见》和《网络预约出租汽车经营服务管理暂行办法》的出台到各地"实施细则"的落地,网约车的无序发展得到了有效地监管和控制。"互联网+"的时代势不可挡,传统出租汽车行业想要直面新政后的种种矛盾,必须转型升级,主动融入互联网生态。

2015年10月,中国改革开放后第一家中外合作出租汽车企业——广州白云集团在第二届北上广深四市城市交通年会上,调用旗下的约租车分公司承担会议保障的任务,运用约租车的叫车方式,保障会议期间接送机(站)、外出用车的需求,取得了显著的效果。

2016年3月,上海大众"大众出行"平台正式上线,标志着传统出租汽车行业正规军开始进入网约车市场。大众出行的车辆全部为持有出租车运营许可证的正规车辆,包括出租车和约租车,平台上线初期注册驾驶员数量已经超过5000人,首批投放约租车500辆,采用沪A.M约租车专用牌照,司机从业证件齐全。平台推出仅半年,注册用户已经超过80万。随着网约车新政出台,司机和车辆的资质成为平台的管理重点。大众出行随即推出司机签约制,采取多种形式的激励措施提高司机与平台的黏性,并通过优胜劣汰的机制,全力打造一支体现大众出行高品质服务的精英司机团队,尝试走出一条轻资产运营、重车辆和司机管理、主打高端出行市场的特色道路。

上海大众集团在全国范围内有较好的口碑和号召力,"大众出行"平台凭借集团深厚的文化底蕴和市场影响力平稳进军网约车市场。"大众出行"平台的成功,正是靠着传统出租车行业文化多年来打造出来的品牌优势、服务优势和专业精神,以及很高的客户满意度和信任度,为平台吸引和保留了稳定的客户群。

在未来,巡游出租车和网约出租车的差异化经营和协调性发展将是大势所趋,网约车作为"互联网+"的产物,有其存在的价值和意义。网约车背后的大数据分析和人工智能

技术值得传统出租汽车行业借鉴和学习，如何利用现有的品牌文化，建立属于自己的网约车平台，或者联合形成有影响力的平台，是业内各大企业转型升级中面临的重要问题。传统出租汽车企业要实现升级，必须切实加强管理，提升服务水平，融入互联网发展的潮流，将多年的实践经验上升到理论高度，结合市场发展和出行需求的变化，制定长远的发展战略，从而实现自我突破、行业升级和领域创新的目标。

"随风潜入夜，润物细无声"，文化的影响如同春风化雨。企业文化建设是一项永无止境的长期任务，更是整个行业精神文明建设中的核心部分。创建文明行业不是一句空洞的口号，而是一项综合性的、复杂的系统工程。我们要将企业文化打磨成一把开拓进取的宝剑，在竞争激励的市场中披荆斩棘，占有一席之地；我们要将企业文化当做一项"言必信、行必果"的郑重承诺，在城市出行的客户群体中争取更广泛的资源；我们要将企业文化构建成稳固品牌的基石，在风雨中坚守本心，才能在当今"互联网＋"的大时代中砥砺前行。

（作者单位：北京北汽出租汽车集团有限责任公司）

新常态下着力打造建筑业企业文化的探析

湖北省建设职工政研会

历史证明，伟大的实践产生伟大的文化，伟大的文化指引新的实践。习近平总书记指出："当高楼大厦在我国大地上遍地林立时，中华民族精神的大厦也应该巍然耸立"。湖北建筑业"十二五"期间发展迅猛、波澜壮阔，总产值由全国的第9位跃升至第3位，2014年就跻身"全国万亿元产业俱乐部"，并成为了湖北省名副其实的重要支柱产业。与此同时，也形成了具有当代价值、富有永恒魅力、彰显磅礴气势的建筑业企业文化。总结、提炼、挖掘、阐发作为"精神大厦"的这些企业文化，对于增强企业文化自信、发挥文化引领作用、指引新常态下的企业发展具有重要意义。近期，我会委托湖北省建筑工程管理局，就这一重大课题深入广大企业开展调研，形成了一些看法和想法。

一、适应信息化的快速发展，着力加强诚信文化建设

诚信文化是中华民族的优秀传统文化，是社会主义核心价值观的重要组成部分。历久弥新，时代意义尤为凸显。当今社会，信息网络高度发达，诚信广为尊崇、失信处处受制。调研中，企业对住建部加快推进"四库一平台"建设的做法，反映很好。一致认为，在全国建筑市场"数据一个库、监管一张网、管理一条线"的大环境下，诚信企业将声名远播、越来越好、一路绿灯，失信企业将臭名昭著、越来越差、处处受卡。"信义兄弟"在全国产生广泛影响后，其公司业务倍增，很快就进入了湖北省建筑企业20强。调研的中建三局、中铁大桥局、中铁十一局、中建钢构、武汉建工、新七、湖北长安、全洲扬子江、湖北远大、湖北银环、鸿路钢构、辉创钢构12家企业，都把诚信文化作为文化建设的重中之重予以大力弘扬，取得不凡业绩。作为"中国建筑之乡"的武汉市新洲区，50多家建筑业企业坚持一年一度举办慈善助学大会，形成了"爱心群体"，累计捐款数亿元；中建钢构每年捐建一所学校，遍布湖北、内蒙古、新疆等地。在今年湖北遭遇"98+"的特大洪水面前，广大建筑业企业挺身而出，筑堤排水、堵涌泄洪，中建三局一次出动500台挖掘机，连夜疏通拓宽了南湖积水，深受市民爱戴。这几年，湖北省住建厅为加快推进诚信体系建设，出台实施了建筑市场黑名单管理制度，建立了市场与现场联动执法查处机制，实施"双随机一公开"检查方式，查处通报了一批违法违规行为。

推崇诚信是企业立业之基。企业推进诚信文化建设，应大讲特讲诚实守信，通过报纸、杂志、广播、橱窗、网络、微信等各种形式，大力开展诚信教育和宣传，使之成为每一位员工的潜意识、每一项工程的标识符、每一笔履约款的代名词，做到"宁可丧失利益，也不丢失信誉"；要多做善举、广献爱心，抗险救灾冲在前、贫困资助到一线、倾力助教心相连；要关爱员工，丰富文化生活，提高福利待遇，营造和谐文明之家。政府部门

既要加快"大数据监管"、推进"四库一平台"建设，建立"黑名单"管理制度，加大对诚信激励、失信惩治的力度；又要加快推进"互联网＋政务服务"，促进各部门、各层级、各业务系统互联互通，做到"单点登录、全网通办"，提高政府感知期盼、回应关切、服务需求的能力，以政务诚信带动商务诚信、影响社会诚信。

二、适应市场化的激烈竞争，着力加强品牌文化建设

市场经济就是品牌经济。近年来，随着我国市场化程度越来越高，一批重品牌、讲质量、求信誉的建筑业企业脱颖而出、倍受青睐。中建三局以"敢为天下先、永远争第一"的精神；承建了20多个省份第一高楼；中铁大桥局以"赶超世界桥梁科技先进水平"为使命，成为世界上建桥最多的企业；葛洲坝集团以"创世界品牌"的理念，成为了世界一流企业；中建钢构把"铁骨仁心、钢构未来"作为企业品牌文化，缔造了一批民生建筑、绿色建筑；黄冈窑炉、石首防水、大冶园林分别占全国市场份额的80%、55%、50%以上；以武汉建工、湖北长安、黄石扬子、湖北广盛、全洲扬子江为代表的"重质量、严管理"企业，业主慕名而来、上门"给活干"成为新气象。"中建三局领军创新、武汉桥建、新洲建筑、钢构集群、孝感劳务、大冶古建、石首防水、黄冈窑炉、凌云幕墙、定向爆破"等湖北建筑业"十大特色品牌"唱响神州、走向海外。

实践证明，日益激烈的市场竞争，比拼的是品牌，制胜的是文化。企业要把品牌文化建设作为核心和灵魂来抓，使品牌的极端重要性让每一名员工深知熟知，内化于心、外化于行，自觉做"工匠精神"的践行者；要舍得财力人力，规划远景、找准定位，高品位确立目标方向；以钉钉子精神，如切如磋、如琢如磨，精益求精控质量，争分夺秒保进度，如履薄冰守安全，"干一项工程、树一座丰碑、赢一方美誉"。

三、适应一体化的客观需要，着力加强合作文化建设

开放包容、合作共赢是当今时代的主旋律，是湖北建筑业企业的价值追求。建筑业企业南征北战，流动性强、接触面广、承建任务重、参建队伍多、协同工序杂、产业链长，合作文化已是企业发展的应有之义。新时期随着PPP、EPC等项目的增多，勘察设计、建筑施工、建材生产企业深度合作、融合发展已成定势，大建筑业一体化发展将成为新常态，加之企业承揽大项目，与金融、院校、科研机构和建设单位的协同协作更为密切，加强企业合作文化建设尤为重要。为顺应广大企业寻求合作的期盼，2013年11月，湖北省住建厅在全国率先牵头组建了由67家勘察设计、建筑施工、建材生产企业以及金融机构、科研院所、大专院校参加的"湖北省建筑产业战略联盟"。联盟的成立，聚焦了优势资源、搭建了合作平台、催生了一大批产业链合作、校企合作、银企合作项目，其中采购合作使钢材成本降低5个百分点，联盟单位承接了一批轨道交通、桥梁水利、综合管廊、海绵城市、矿产开发等重大项目，带动和影响了湖北建筑业转型升级。这一做法，开辟了湖北建筑业发展史新篇章，被评为"2013年中国建筑业十大新闻"之一。这几年，湖北建筑业企业积极响应党中央提出的"一带一路"、"长江经济带"等重大战略，以"国家战略、湖北决策、企业使命"为指引，发挥各自优势，联合攻关沿线的诸如"中巴经济走廊基础设

施"、"各类长江大桥"、"公路、地铁过江隧道"、"城市综合体"等一大批"高、大、精、尖、新、特"工程项目，合作项目硕果累累，合作文化弘扬光大，合作精神可圈可点。

新常态下推进企业合作文化建设，就是要有宽广胸怀、包容思想，变"单打独斗"为合作共赢，上下同欲、群体同智，成则击掌相庆、危则拼死相救，演绎侠肝义胆、诠释大爱无疆；就是要循优推移，优化产业链条，高效统筹一切可争取的资源，最大程度解放和发展生产力；就是要在上下级之间、同事之间、部门之间、企业与社会之间，大力倡导无障碍的沟通，以沟通促理解，以理解带合作，以合作产合力，积极营造共享信息、见贤思齐、比学赶帮、精诚团结的浓厚氛围。

四、适应节能环保的为民宗旨，着力加强绿色文化建设

大力发展绿色建筑，是建筑业发展的主攻方向。今年9月14日，李克强总理主持召开国务院常务会议，决定大力发展钢结构、混凝土等装配式建筑，将其列入城市规划建设考核指标，用适用、经济、安全、绿色、美观的装配式建筑服务发展方式转变、提升群众生活品质。这次调研，我们专门选择了中建钢构、鸿路钢构、辉创钢构3家大型钢结构企业和去年被评"全国住宅产业化基地"的中建三局进行实地考察，参观了钢结构和现代木结构的样板房、混凝土装配式建筑项目、产业化生产基地，听取了快速生产流程、节能环保、安全美观等方面的介绍。深切感受到，自今年2月份《湖北省人民政府关于加快推进建筑产业现代化发展的意见》出台后，企业动作快、重视程度高，成效比较明显，建成了15个钢结构、混凝土装配式建筑生产基地，装配式建筑已在湖北保障房、安居工程中试点推进。企业文化作为围绕行业发展重大问题、服务经济主战场的思想体系，必须把具有当代价值的文化精神的绿色文化弘扬起来，为企业发展提供正确的精神指引。

发展装配式建筑是发展绿色建筑的重要方面。绿色建筑涵盖了绿色设计、绿色施工、绿色建材全产业链的深度融合，主要有三项任务：一是加大对既有建筑的节能改造力度；二是大力发展超低能耗建筑，包括了采取装配式进行建造等新技术、新材料、新工艺的广泛应用；三是大力运用可再生能源。企业加强绿色文化建设，就要坚持绿色低碳循环发展的方针，聚焦这些关键环节和主要任务，围绕把建筑业着力打造成绿色产业，兴起绿色文化头脑风暴，动员和发动广大员工大力开展绿色建筑研究与运用，最大限度地节约资源（节能、节地、节水、节材）、保护环境和减少污染，通过制定标准、革新技术、开发产品、培养人才、整合资源、搭建平台等行为，全力推动绿色建筑取得重要突破，使绿色文化成为新一轮建筑产业革命的内在驱动力和强大精神力量。

五、适应新型政商关系的全面构建，着力加强廉洁文化建设

构建"亲、清"二字的新型政商关系，是习近平总书记的重要战略思想。当前，全面从严治党正一步一步地从"宽松软"走向"严紧实"，十八届六中全会专门聚焦、研究全面从严治党这一重大问题。从近年来对涉及贪官与企业贿赂案件毁灭性的打击可以看出，过去以贿赂换取资源的旧政商关系大势已去，取而代之的是新型政商关系。这就是要求政府和企业都要践行"亲、清"二字，既要亲近、双方合力破解新常态下的"速度变化、结

构优化、动力转化"等新课题;又要清洁,政府官员同企业家的关系要清白、纯洁,不能有贪心私心、以权谋私、搞权钱交易,企业家洁身自好、走正道,做到遵纪守法办企业、光明正大搞经营。这既是防止官商"勾肩搭背"、乱作为,还是防止官商"背对着背"、不作为有力举措。

近两年,湖北民营建筑企业90%以上都设立了纪检机构和纪委书记。企业在内部管理上,大力培育崇俭尚廉的从业理念,坚持有贪必肃的惩处原则,建立科学高效的内控制度,以廉洁文化引导廉洁从业,营造企业风清气正的干事氛围;在与政府的交往上,勇于放弃眼前需要通过权力寻租获得的短期利益,专注发展企业核心竞争,正确识别政府的政绩需求,在法律法规的框架内,以复利积累的方式加强与政府的合作、赢取政府的支持,进而建立双方持续、规范、健康、双赢的政商关系。

(执笔人:张忠诚　罗　辑　陈兆曦)

中建一局诚信体系建设的实践与研究

中国建筑一局（集团）有限公司

党的十八大提出，倡导富强、民主、文明、和谐，倡导自由、平等、公正、法治，倡导爱国、敬业、诚信、友善，将诚信作为社会主义核心价值观的重要组成部分，加强诚信体系建设的重要性进一步凸显。中建一局以诚信为主攻方向，将践行社会主义核心价值观与践行"中建信条—先锋文化"有机结合，将诚信体系建设作为提升企业诚信水平的主要途径，构建了一套符合企业实际的评估体系，使诚信精神在企业真正落地。

一、诚信体系建设的理论框架

（一）社会主义核心价值观决定重要作用。党的十八大提出深入开展道德领域突出问题专项教育和治理，加强政务诚信、商务诚信、社会诚信和司法公信建设；党的十八届三中全会强调建立健全社会征信体系，褒扬诚信、惩戒失信。当前，我国正处于全面建成小康社会的关键时期，也是大力推进诚信建设的有利时机。加强诚信制度化建设，对于完善社会主义市场经济体制，培育和践行社会主义核心价值观，提升国家软实力和整体竞争力，具有十分重要的意义。

（二）国有企业的特殊属性决定主要内容。诚信是企业发展经营的根基，是建立企业与员工之间、企业与企业之间、企业与社会之间互信互利良性互动关系的道德杠杆。在当今重信用、讲诚信的社会中，国有企业特别是中央企业作为社会主义市场经济主体的关键部分，理当成为做诚信的典范，这不仅是国有企业履行社会责任的需要，更是国有企业自身发展的需要。

（三）中建一局发展战略决定主攻方向。中建一局是世界 500 强、世界最大投资建设集团中国建筑旗下的核心子企业。2012 年以来，中建一局确立了 1135 战略体系，企业生产经营快速发展。当前建筑业市场形势复杂多变，在这个特殊时期，需要加快推进诚信体系建设，打造企业诚信文化，以诚信助力市场开拓、提升经营管理效率和质量，保障企业的健康、可持续发展。

二、构建诚信体系的探索与实践

中建一局将诚信作为企业的立业之基、发展之本，始终坚持"以诚信为荣，以失信为耻"的价值导向。为构建一套完备、可操作的诚信评估体系，我们进行了一些探索与实践。

（一）明确诚信定位。2012 年，中建一局制定《关于进一步提高发展质量、提升盈利能力、提振诚信文化的若干意见》提出，全面提振诚信文化，努力把诚信文化打造成为引领企业发展的企业主文化，全面构建覆盖全局的诚信体系建设，将企业信用体系建设纳入企业经营的全过程，逐步完善企业内部的激励机制，特别要加大力度构建内部失信惩罚机制，用强有力的执行力消除企业内部的不诚信行为。该意见的制定出台，明确了诚信体系在企业中的地位，提出了具体要求，对诚信体系建设作出了制度安排。

（二）打造诚信文化。2014年发布的中建一局企业文化——"中建信条—先锋文化"，将"诚信、创新、超越、共赢"作为企业精神。开展先锋文化宣贯工作，强调诚信是立业之基、永续发展之本，也是提升核心竞争力和管理能力必须坚守的第一原则；诚信是有效开展工作和提高工作效率的重要保证，也是实施"品牌兴企"战略的核心支撑。在一局内部倡导诚信用人原则，严肃执行考核制度，以制度形式落实诚信理念。诚信文化的形成，为诚信体系建设提供了良好环境，详见图1。

图1　中建信条——先锋文化

（三）征集意见建议。中建一局以书面征集、座谈等形式，多次征求子企业对诚信体系建设的意见建议。同时，利用互联网＋方式对基层员工开展调研，1600多名基层员工反馈了对诚信体系建设的看法和期待。通过广泛听取各方面的意见建议，为诚信体系建设提供了思路和方法，进一步形成了思想共识。

三、诚信体系的框架和内容

在对前期探索和实践总结提炼的基础上，课题组对诚信精神进行深度解码，确立了中建一局诚信体系的框架和内容。

（一）基本内涵

课题组提出，诚信是"品格、能力、执行力"三者的有机统一。其中：品格是基础，指的是做人做事的品格，体现在"言必信"；能力和执行力是保证，指的是战略方针的落实能力、目标任务的实现能力和规章制度的执行能力，体现在"行必果"。三者的有机统一就是"知行合一"，也就是诚信的基本内涵，详见图2。

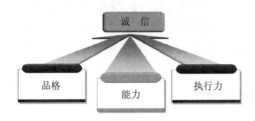

图 2　诚信的基本内涵

（二）主要内容

按照"品格、能力、执行力"三个维度，课题组将诚信体系细化为对内诚信和对外诚信两个方面。

1. 对内诚信。对上级单位、下属单位、企业、员工的诚信为对内诚信。体现为对上级单位的价值创造，对下属单位的引领扶持，对员工的竞争择优，员工对企业的敬业尽责。

（1）对上级单位的诚信，是指忠实履行职责，维护上级单位权益，为上级单位提供持续价值回报，重点以"指标"兑现诚信。主要包括：战略规划的贯彻与落实；年度目标的贯彻与实现；报送报告和报表的真实、准确、完整；规章制度和管理规定的贯彻和执行；遵守契约精神，对契约敬畏与执行；改革发展稳定的重大重要事项不迟报、不虚报、不瞒报、不漏报。

（2）对下属单位的诚信，是指上级单位充分发挥引领、服务、监督等职能，有效推进下属单位做大做强，重点以"扶持"兑现诚信。主要包括：战略推动应保持一致性、协同性、专业性；文化引领应保持积极、正向、主流；资源配置应做到合理高效、效率优先、兼顾公平；体系建设应做到规章制度简单实用、一贯到底，决策审批科学透明、及时高效；服务监督应做到服务控制尽职尽责，业务指导细心诚恳，监督评价客观公正；促进下属单位之间坦诚相待、团结协作、遵守规则，不搞恶性竞争。

（3）对企业的诚信，是指员工对企业的敬业和尽责，重点以"履职"兑现诚信。主要包括：敬业忠诚，维护企业利益、保守商业秘密；不折不扣的执行企业规章制度和工作流程；工作中尽职尽责、言行一致、勇于担当、敢于负责。

（4）对员工的诚信，是指倡导公开公平、竞争择优、共享成果、同筑未来，重点以"业绩导向"兑现诚信。主要包括：恪守以人为本的管理思想，营造风清气正、平等尊重的团队氛围，尊重员工、关心员工、成就员工；发展企业，为员工成长提供多元的职业发展通道和广阔的发展空间，持续拓展员工的幸福空间；做到考核评价、职业生涯设计和教育培训全员覆盖，持续完善人力资源管理体系。

2. 对外诚信。对客户、合作方、社会的诚信为对外诚信，体现为对客户的完美履约，对合作方的协作共赢，对社会的责任担当。

（1）对客户的诚信，是指有效履约，持续提升客户满意度，重点以"工程品质"兑现诚信。主要包括：市场营销中注重客户关系培育、建设、维持与提升；尊重并坚定履行对客户的每一个承诺，确保工期、质量、安全，以完美的履约持续提升客户满意度；关注并持续满足客户需求，为客户提供建筑系统化解决方案，构筑与客户长远、共赢的伙伴关系。

（2）对合作方的诚信，是指坚持与各利益相关方在分工与协作中共同承担责任，共同达成目标，共同创造价值，共同分享成果，共同实现发展，重点以"共赢"兑现诚信。

（3）对社会的诚信，是指积极执行国家的方针政策，恪守现代商业伦理和行业规范，关注建筑功用、效能、环保等元素的耐久与持续优化，以实际行动承担起国有企业的政治、经济和社会责任，重点以"绿色施工、履行责任"兑现诚信。

（三）诚信评估指标体系

诚信体系的落地，关键在于建立一套可量化的评估指标体系。我们以子企业作为开展诚信评估的切入点，制定子企业诚信评估指标体系。

1. 指标设定原则。按照"品格、能力、执行力"3个维度，诚信评估指标相应分为3类，即品格类、能力类和执行力类；结合对内诚信和对外诚信7个方面内容，明确了每项指标的诚信要求。同时，制定了简易可行的指标计算和评估方式。子企业诚信评估方式采取扣分制（总分100分），评估周期为自然年度。原则上每年调整1次，并于1季度发布，详见图3。

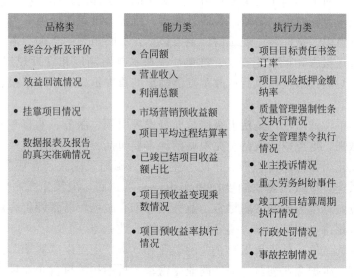

图3　子企业诚信评估指标体系

2. 品格类指标。包括数据真实准确、项目效益不回流、报表不造假、工作不敷衍等，详见表1。

品格类指标设置　　　　　　　　　　表1

序号	评估指标	诚信要求
1.1	综合分析及评价系统	确保数据报表的真实性和准确性
1.2	项目效益回流情况	提升项目盈利能力，确保项目过程上缴利润不回流
1.3	挂靠项目治理情况	杜绝挂靠项目
1.4	日常数据、报表及报告的真实准确情况	确保日常上报的数据、报表及报告的真实性和准确性

3.能力类指标，包括规划指标、预算指标及计划任务的完成情况等，详见表2。

能力类指标设置　　　　　　　　　　　　　　　　　表2

序号	评估指标	诚信要求
2.1	合同额	完成战略规划分解目标暨年度合同额预算目标
2.2	营业收入	完成战略规划分解目标暨年度营业收入预算目标
2.3	利润总额	完成战略规划分解目标暨年度利润总额预算目标
2.4	市场营销预收益额	提升项目营销质量,完成年度市场营销预收益额目标
2.5	项目平均过程结算率	加强项目过程结算,确保项目平均过程结算率在95%以上
2.6	已竣已结项目收益额占比	改善收益贡献结构,提升已竣已结项目收益额占比
2.7	项目预收益变现乘数情况	提升项目盈利能力,完成项目预收益率目标,提升项目预收益变现乘数,杜绝亏损项目
2.8	项目预收益率执行情况	

4.执行力类指标。包括各项规章制度、管理规定及底线标准的执行情况等，详见表3。

执行力类指标设置　　　　　　　　　　　　　　　　表3

序号	评估指标	诚信要求
3.1	项目目标责任书签订率	公司按规定与项目部签订项目目标责任书
3.2	项目风险抵押金缴纳率	项目部按规定缴纳风险抵押金
3.3	质量管理强制性条文执行情况	加强质量管理,执行质量管理条强制性条文
3.4	安全管理10项禁令执行情况	加强安全管理,执行安全管理10项禁令
3.5	业主投诉情况	加强履约管理,提前预防和及时解决业主投诉事件,防范投诉事件升级
3.6	重大劳务纠纷事件	加强履约管理,提前预防和及时解决劳务纠纷事件,防范劳务纠纷事件升级
3.7	竣工项目结算周期执行情况	加快竣工项目结算,竣工后1.5年内完成结算
3.8	行政处罚情况	加强基础管理,杜绝出现重大行政处罚
3.9	事故控制情况	加强基础管理,避免出现各类事故

四、诚信体系的管理

我们以开展子企业诚信评估作为主要抓手，设计了一套诚信体系管理流程，并组织实施诚信体系建设工作，详见图4。

图4　诚信体系管理流程

（一）指导培训

总部部门制定年度工作计划时，将诚信指标作为重要内容进行分解并逐级落实，将诚信评估贯穿到企业经营管理的全过程，对诚信体系建设情况进行动态考核和持续监控。制定落实诚信管理各项工作的方法指引，缩小离散度。开展专项培训宣贯，提高子企业对诚信评估体系的认识。

（二）指标监控

总部部门通过各类资料和报表，对子企业不诚信信息进行检索、核实、记录，重点检索虚报瞒报漏报、报喜不报忧、执行总部部署不到位和工作报告中指标分析不全、述职报告中内容不完整等失信行为。对存疑数据予以核实，加大信息报送与实际情况不符的现象的处罚力度。针对因日常数据记录不全、不细致而导致统计数据遗漏或失真的问题，明确细化"日常数据"统计指标，强化日常统计工作，为年度统计提供支持。

（三）年度评估

由总部各职能部门按照分工负责具体指标的诚信评估，出具评估结果并提出扣分意见。根据评估结果，编制年度子企业诚信评估报告，评估结果和评估报告同时提交一局管理层参考。2015年，总部组织2014年度子企业诚信指标评估，编制《中建一局施工类子企业2014年诚信评估报告》。评估报告对诚信指标体系运行情况进行了总体分析，对扣分情况进行解读，对施工类子企业的诚信评估得分进行了强排，逐一反馈诚信管理的改进建议，提出加强诚信体系建设的思路和措施。

（四）结果运用

诚信评估结果作为子企业的信用档案存档，在一定范围内进行公告，并以此作为依据，与子企业考核评价、评奖评优、综合授信、资金支持、资质使用、市场范围扩张等方面严格挂钩，做到与各业务系统管理工作有机结合。子企业诚信评估结果的等级，也作为对子企业实施差异化管理和差异化授权的重要依据，在企业运营管理中予以体现。

（五）处理失信

对于诚信度评价过低的子企业，采取约谈方式，查明各主要指标的失信原因，并对相关指标项进行整改。对于主观失信行为，采取必要措施进行惩戒；针对客观失信行为，依托诚信档案，对诚信度评价过低的子企业和诚信失分过多的管理指标项进行重点帮扶。特别是对质量保障、安全管理等不诚信行为，联合纪检监察、审计系统坚决予以责任追究。

五、诚信体系运行情况

诚信体系实施以来，中建一局的管理水平全面提升，企业的品格、能力和执行力显著增强。在筑造精品工程的同时，铸就了企业诚信新高度，企业履约创效和经济运营质量显著提高。

（一）内部成效。对于企业而言，中建一局结合子企业的诚信建设情况，动态调整领导人员，基本消灭了"僵尸企业"和"僵尸项目部"，降低了子企业间和项目部间的离散度。局、子企业两级班子对企业发展战略更加明确，对发展路径更加清晰，对发展举措的执行以及对预算指标的落实更加到位。对于员工而言,全体员工提高了对每份合约的践行意识,更加追求每个数据的真实准确,提高了每份文件、每个制度坚决执行的自觉。

(二)外部成效。通过诚信体系建设,坚定了企业和员工履行对客户承诺的意识。中建一局凭借优秀的履约能力、精益求精的工匠精神、恪守诚信的企业品质,承揽了北京奥运场馆、国贸全部四期工程、中国在建第一高——深圳平安金融中心、几乎中国全部超洁净电子厂房等一大批高、大、新、精工程。为了兑现诚信、确保工程品质,中建一局首创了"5.5精品工程生产线"质量管理模式,即"目标管理、精品策划、过程控制、阶段考核、持续改进"5个步骤和"人力资源、劳务、物资、科技、安全"5个平台,并以此荣获了中国政府质量领域最高奖——第二届中国质量奖,成为中国工程建设领域唯一一家获奖企业。

六、诚信体系建设的优化措施

诚信体系建设是一项系统工程,诚信评估指标的设立和管理也是一种复杂的逐步推进实施的过程。课题组认为,应对诚信评估指标进行持续优化和调整,并加强诚信体系建设支撑措施的打造,实现评估指标持续优化、管理能力持续提升。

(一)持续改进指标体系。开展诚信指标评估和检验,不断优化、完善指标设置和评价机制,进一步清晰指标的导向性和约束性。总部各部门应按照分工负责、业务联动的要求,进一步细化相应的诚信指标管理。通过目标引领、规定动作、底线管理、强化培训等方式方法,以长效机制保障诚信体系的建设与维护。

(二)持续加强检查与执行。通过加强诚信对标学习,推广子企业诚信建设取得的好经验,形成培训课件,将诚信体系建设精髓制式化、模板化,形成标准的规定动作,提升子企业解码诚信的能力。通过量化评价查找各子企业诚信管理问题并确定程度,有针对性的提出解决对策及建议,发挥评估结果对子企业业务管理的指导及规范作用,从而有效推动子企业改正失信管理行为,巩固诚信评估的成果。

(三)加快诚信管理信息化建设。应用大数据理念,构建诚信管理信息系统。通过制定标准化、规范化管理流程,将人工统计数据信息升级为由管理流程生成数据信息,从而对各子企业以及项目的诚信管理行为起到及时约束及管控作用,提高诚信行为管理效率。

(四)营造诚信文化良好环境。构建时代先锋为塔尖、一局先锋为塔身、我身边的先锋为塔基的中建一局先锋金字塔,将诚信作为树立先锋标杆的重要考察内容,发挥各类典型讲诚信的引领作用。通过开展活动,营造敬畏契约、一诺千金的良好气氛,引领全体职工践行诚信理念、争当"诚信先锋"。

(执笔人:罗世威 孟培林 谭 晓)

构建全媒体集成传播体系
提升集团企业文化软实力
——北京建工集团企业文化全媒体传播、融合与提升报告

张晓磊

北京建工集团成立于1953年,承载着"改造北京城、建设新中国"的光荣使命。60余年来,与共和国同成长,与十里长街共见证,在国家和首都建设中发挥了主力军作用,完成了天安门广场建筑群、国家会议中心等北京各个历史时期大部分最具时代特色、最具里程碑意义的工程建设任务,国内外累计建造各类建筑近2亿平方米。在四次"北京十大"建筑评选中,22项工程出自北京建工集团之手,8项工程获得"新中国成立百项经典暨精品工程",先后获得65项鲁班奖,连续22年入选全球最大250家国际承包商榜单。

北京建工集团党委组织实施了首次企业文化整合与提升,并以此为基础,着力构建基于互联网+理念的企业文化"全媒体"传播体系,有效推进了文化理念的"交互式"导入、文化管理的"全方位"融入和企业品牌的"立体化"传播,形成了企业文化"全媒体"集成传播的新格局,实现了企业文化建设的精准发力、深度发力和全面发力,有效提升了集团企业文化建设科学化水平,为集团改革发展和转型升级提供了强有力的精神动力和文化支撑。北京建工集团先后被评为全国"十二五"企业文化建设优秀单位、全国建设系统企业文化建设示范单位、北京市首批企业文化建设示范单位;集团企业文化建设案例荣获全国企业文化建设优秀成果奖、全国建设系统论文成果一等奖、市国资委第一届十大创新成果奖等荣誉。

一、构建"全媒体"集成传播体系,实现企业文化宣贯全覆盖

经济新常态下的深化改革和转型升级对企业文化建设提出新的课题,移动互联日益成为最便捷的信息传播方式,全媒体也逐渐加速向移动终端进行转移,大大丰富了企业文化建设的载体形式,扩大了工作辐射面;与此同时,北京建工集团员工队伍年轻化趋势更加明显,平均年龄38岁,80、90后成为员工队伍的重要组成部分,员工的思想更加活跃,文化诉求更加多元。北京建工集团党委适时组织开展了企业文化建设中期调研,主动适应新常态,积极应对新挑战,着力探索构建了"全媒体"集成的企业文化传播体系。

一是载体拓展，搭建"全媒体"集成平台。北京建工集团在报纸、官网、电视记者站基础上，创新开通了微信平台和楼宇视频播放平台，整合搭建了"一报、一网、一站、一厅、两平台"的交互式、全方位、立体化的企业文化"全媒体"传播体系，实现了传统媒介与新兴媒体的融合发展。建立集团企业文化传播的"中央厨房"，注重强化资源共享，实现文化传播内容的一次性采集、多媒体呈现、多渠道发布；在内容交互上，注重各类媒体介质的互融互通，实现广播电视内容、微视频与微信的协同联动，实现纸质版《北京建工》报与微信一周"建证"微阅读的互动，实现各个媒体与楼宇电视滚动播放的实时互动。依托集团企业文化"全媒体"传播体系，加大集团"一书、两手册"（一书：《集团企业文化故事集》，两手册：《集团企业文化手册》、《集团VI手册》）的传播力度，通过《北京建工》报连载解读集团企业文化，通过楼宇电视平台，滚动展示播放集团企业文化理念，收到良好效果。纸媒和新媒体有机融合，打通了集团企业文化传播的"最后一公里"，实现了全覆盖、全参与。

二是系统协同，建立"大文化"工作格局。北京建工集团制定实施了《企业文化管控办法》，成立了企业文化建设"三级管控机构"，并以此为基础出台了《集团微信公众平台管理办法》、《新闻宣传报道管理办法》，建立了企业文化内容的生产、共享和传播机制，明确了各处室负责"全媒体"文化传播内容生产的职责，明确要求设置专兼职企业文化管理员岗位，带动各系统充分利用集团各类媒体传递总部声音，传达总部机关决策部署，加强了总部系统对基层的文化指导与服务，推动实现了集团文化理念入脑入心、文化管理覆盖系统、文化形象规范落地。

三是上下联动，打通"矩阵式"传播路径。北京建工集团探索构建企业文化传播"矩阵"：在传统媒体方面，以《北京建工》报为核心，辐射延伸出二十余份二级单位企业报刊；在新媒体方面，以北京建工集团官微为核心，辐射延伸出二级、三级企业和业务系统官微，搭建了涵盖各业务板块、各区域市场、各系统、各单位的"矩阵式"企业文化传播路径，并逐步建立了机制联动、内容对接、人员互补的工作格局，推动北京建工集团的企业文化建设不断向最基层延伸。

二、推动文化理念"交互式"导入，有效发挥企业文化思想和战略引领作用

在"全媒体"特别是新媒体语境下，北京建工集团逐步实现从单向灌输向双向互动的转变，从单一宣贯向多元化活动的转变，有效推动了企业文化的入脑入心，强化了企业文化的在员工思想和企业战略层面的引领作用。

一是抓引领，推动价值观升级。思想是行动的先导，北京建工集团党委始终将文化引领作为企业文化建设的出发点和落脚点。着眼文化引领，开展全方位理念宣贯。坚持将社会主义核心价值观作为集团企业文化建设的重要遵循，通过企业报、局域网、外网、新媒体、楼宇电视等多种载体开展全方位文化理念宣贯，进一步强化了"建德立业、工于品质"价值理念和"学习、合作、创新、领先"发展理念的团结凝聚作用，实现了企业文化理念"进头脑、进课堂、进现场、进媒介"的"四进"目标，将广大党员干部职工的思想统一到践行社会主义核心价值观和集团核心文化理念上来。着眼发展引领，开展全方位战

略动员。在集团纸媒建立了"一把手论坛"等栏目,建立了党员领导干部交流心得体会、碰撞思想火花的平台。在集团官微平台,通过新媒体短平快地传播新理念、新思路,广泛宣传协同共享、转型升级、互联网+等发展理念。在集团APP平台,定期发布企业新闻、重要文件、领导讲话和决策部署,开展文化和思想引领。同时,融合发挥传统媒体和新媒体优势,广泛开展企业发展理念和形势任务的宣传教育,联合发布推送了"企业文化哪家强"、"如何用文化管理两万人的企业"、"集团全年'作战图'"等内容,进一步将无形的文化和有形的战略结合起来,持续推动了思想解放、观念更新,把广大党员干部职工对集团企业文化的理念认同和自觉践行提高到一个新的水平。

二是抓融入,推动文化理念落地。北京建工集团将抓好融入工作作为抓好企业文化的落地生根的重要抓手。坚持线上线下相结合,融入主题活动。与"全媒体"文化宣贯相呼应,组织开展了企业文化专题培训、新员工入职教育、企业文化宣讲等主题宣贯活动,编辑了30余万字的《北京建工企业文化故事集》,组织制作佩戴集团徽章,组织职工集体创作、传唱《北京建工之歌》等活动,并及时通过"全媒体"平台进行互动,收到了良好的宣贯效果。坚持入心和入行相结合,融入岗位工作。依托集团"全媒体"平台的宣传发动作用,组织开展了"建功十二五、岗位做贡献"、"收官十二五、共绘新蓝图"等企业文化主题实践活动,进一步引导广大党员干部职工将"建德立业、工于品质"的文化理念贯彻落实的实际工作中。

三是抓创新,丰富企业文化内涵。北京建工集团鼓励在"一主多元"框架下开展企业文化创新,通过"全媒体"传播体系,对企业文化独特的文化特质进行发掘、沉淀、提炼,使集团公司和各单位的特色文化得以酝酿、培育和放大。一方面,集团改革发展六十余年中孕育的工匠文化、劳模文化、突击队文化、社会责任文化、学习型文化等得到进一步提炼和弘扬;另一方面,各基层单位在长期改革发展中形成的激情文化、创效文化、铁军文化等"子文化群"得到进一步定型和彰显。在互联网思维的催化影响下,在"全媒体"集成传播体系助推下,集团企业文化内涵不断丰富和充实,文化创新被赋予了更强的生命活力。

三、促进文化管理"全方位"融入,有效服务了企业改革发展

北京建工集团坚持将文化管理作为企业管理的有效手段,通过"全媒体"集成传播平台实现文化管理的全方位融入,有效提升了集团的综合管理水平。

一是规范视觉形象,推动母子文化融合。集团公司严格贯彻执行《母子文化管理办法》,从"全媒体"入手,对企业报刊、官微等进行了系统的形象整合,实现了官微标识、纸媒报头、纸媒版式的"三统一"。以"全媒体"形象展示为基础,延伸开展了以VI系统为先导的母子文化对接,积极推进母子文化的"整合—磨合—融合",逐步消除了与集团文化体系相矛盾、相抵触的现象,在文化理念、对外发声和形象展示方面实现了有机统一。

二是强化工作执行,推动管理水平提升。北京建工集团高度重视执行力文化建设,连续三年将"强化执行"写入年度工作总要求,并将"全媒体"集成平台作为强化执行力文化建设的重要载体,在集团纸媒设立"曝光台",在楼宇电视设立"表扬台",充分发挥

"矩阵式"管理网络中相关部门和系统的监督执行作用,对执行不力的单位点名批评,对集团各单位的发展业绩进行表扬,营造了奖优罚劣的良好工作氛围,大大提升了全集团的工作执行力,推动了集团重要战略部署,以及质量、安全、绩效、企业形象、劳务管理等各项工作的有效落地实施,推动了安全观、质量观、效益观、环保观等文化理念有机融入到经营生产管理工作中去,促进了柔性文化与刚性制度的有机结合。

三是延伸文化版图,推动跨文化管理。北京建工集团工程项目遍布国内30多个省(自治区、直辖市),在全球20多个国家(地区)设立区域分公司或办事机构,不同的国家、地区、省份都有不同的文化特点。针对这一情况,集团公司坚持将"全媒体"体系传播快、受众广的特点与集团京外、境外点多面广的特点结合起来,依托"全媒体"平台广泛向京外员工、境外员工、外籍员工传播企业的战略定位和价值观念,加强对京外、境外分支机构员工的教育凝聚,助推跨地域文化管理,推动实现了"本土人才企业化",促进实现了文化认同和管理对接的深度融合。

四、实施企业品牌"立体化"传播,树立集团良好社会形象

北京建工集团依托"全媒体"集成传播体系,以客户、政府、公众、股东、战略合作伙伴和广大干部员工为受众,以企业价值观为导向,着力讲好北京建工故事,着力开展品牌营销,有效提升了"北京建工"品牌的公信力和影响力。

一是实现品牌传播"立体化"。"十二五"期间,集团建立了报纸、电视、网站、官微和外媒等多种媒介的集团"全媒体"品牌宣传格局,为开展"北京建工"品牌营销提供了更加多元、精准的渠道。对内,坚持用《北京建工》报传递集团声音,凝聚智慧和共识,先后编辑专版140余个、设置特色专栏40余个、宣传报道各类先进典型人物220余人,为集团"十二五"科学发展汇聚了强大的正能量。对外,着力打造值得信赖的媒体圈,依托电视、报纸、电台等各类社会媒体,发稿7700余篇,同时,注重加大集团官方微信精准营销力度,建立了以客户、政府、公众、股东、战略合作伙伴等为重点的传播体系,有力提升了"北京建工"品牌的感染力和影响力,为集团赢得了信任、赢得了尊重、赢得了改革发展的良好环境。

二是实现品牌价值"内涵化"。集团公司坚持将企业价值理念融入到品牌建设之中,通过"全媒体"平台讲好北京建工故事,传播集团"一条产业链"、"两大商业模式"、"三大市场"、"四大理念"和"五大创新"的发展理念。特别是通过"新媒体"平台重点推出了"习大大视察曼彻斯特空港城"、"毛里求斯总理来华第一站选择北京建工"、"郭金龙视察北京建工重点工程"、"海口有条建工街"、"守护APEC蓝"等重头报道,以更深度的思考、更精彩的内容、更独特的风格,塑造了集团"产业链实力"、"绿色生态"、"高技术含量"、"精品工程和产品"、"新型国企"、"诚信负责"的良好品牌形象,输出了北京建工影响、输出了北京建工文化、输出了北京建工价值。

三是实现品牌维护"日常化"。北京建工集团秉承"品牌烁金、见微知著"的品牌观,坚持通过"全媒体"文化平台开展品牌日常维护。一方面,积极做好企业正面信息发布,对公众、股东和客户进行正向引导。另一方面,积极妥善处置日常突发事件,通过新媒体发表正面声音,"十二五"期间共借助新媒体平台妥善处理媒体危机公关事件16起。在不

可抗力事件善后处置期,通过多种手段开展社会舆论引导,特别是在利比亚人员撤离回国和刚果(布)军火库爆炸两项重大国际事件中,集团按照上级部署安排,积极开展舆论引导,其中,驻利比亚人员撤离任务成功完成这一专题宣讲还走进了人民大会堂,树立了北京建工负责任、有担当的良好品牌形象。

(作者单位:北京建工集团)

打造首开品牌的文化竞争力

首开集团

品牌的文化竞争力至关重要，这一无形资产应得到企业更好珍视。好的品牌需要阐释和传播，需要主动融入时代和人心。首开品牌建设的特色探索，分成立言、立功、立德三部分。

一、立言：一体两翼，话语承载价值

做品牌，需要对企业自身的独特价值进行挖掘、阐释、提炼和传播，并把想说的话，想传递的信息，说得客户愿意接受。为此，首开搭建起了三个与公众沟通的话语平台，可以简称为"一体两翼"。

"一体"是董事长潘利群出席并发言的大型活动。在"2015中国地产设计创新大会"上，潘总做题为《红海逻辑与蓝海思维》的主题演讲。面对的地产红海，结合国家顶层设计、市场走势以及企业战略布局，阐释了首开的蓝海思维，提出了"城市复兴官"的概念，指出匠人精神是首开寻觅蓝海的关键，并在会后接受了媒体的专访。随后，又举办了"时代巨匠，筑梦北京"品牌月活动，向公众集中推介了北京在售的20个精品项目，勾勒了首开面向市场、关注公众、紧随时代的未来面貌。这一系列以一把手为代言人，与公众拉近距离、向市场展现首开未来走向的动作，体现了首开更为开放、现代、市场、亲民的姿态，收获了不错的社会反响，为企业品牌加分不少。

"两翼"是搭建了内部和外部两大信息发布平台。集团内部创建并优化了首开的官方微信"首开关注"，成为阐释首开价值、讲述首开故事的新媒介，以统一的品牌话语整合碎片化的企业信息。微信平台主动鼓励公众参与，举办了"首开足迹"最美首开建筑有奖投票活动，吸引了近7万人参与，在集团层面实现了与公众的良性互动。

构建了外部媒体平台。与中国建设报社结成战略共同体，其作为集团的重点推广载体和外部智库；并和新京报、北京日报、北京青年报、首都建设报等媒体都建立起了多层次的合作纽带，依托他们建立起了多渠道、多圈层、多领域的传播网格，并推出了多篇具有影响力的报道。

二、立功：返本开新，创新中有坚守

以推广互联网思维为抓手，激励集团上下解放思想、主动创新。团委组织"青年说"辩论赛，推动企业上下对行业新思维、新事物进行换位思考和整体联动。集团中高层领导干部通过"引进来"和"走出去"相结合的方式，以讲座、研讨、参观、读书等形式，学习了"互联网+"对房地产行业的影响，鼓励各所属单位结合互联网开拓的时代机遇，自发寻找自身业务的优化路径。

在实践层面，"房地产+互联网"尝试上下开花。集团与渤海银行合作，搭建房产众筹平台，拓展了企业投融资渠道，参与认筹的客户能享受到"优惠购房权+现金利息"两大收益。众筹项目上线两天半，就达到了2亿元的众筹规模上限，提前认筹周期截止日5天实现满额目标。在各个项目公司，也推出余额宝购房、网络预约节等地产销售模式的创新尝试，物业的"互联网+"升级举措也已"箭在弦上"。

发展与一线房企"合作共赢、竞合致远"战略布局。从2012年开始，首开就和万科、保利、中海、龙湖等一线房企合作。3年来，首开主导参与的合作公司已近30个，合作开发面积超过600万平方米。合作开发，原是形势所迫，即北京地价攀高、竞争激烈，一家独大不再可能；但多个合作项目成功后，合作开发在规模扩展、风险分散、效益提升上的现实优势就显露无遗。首开强大的资源整合能力和品牌文化，得到众多知名房企的认可。合纵连横将成为首开品牌的一个重要标签，这既是品牌经营的成果，更是品牌升级的杠杆。

坚守企业发展历程中一直秉持的匠人精神。首开自诞生以来，企业使命和职责一直没变，即为百姓筑家、为城市振兴、为国家尽责。多年来，首开秉持的都是一种匠人般的执拗，把房子开发当作品雕琢，不见得华美，却一定要精工细作，孜孜以求，无论何时何地都坚持同样的品质。首开所建的保障房必须获得绿建标识，达到国家绿色建筑项目设计标准，即便这会压缩企业收益。在居民住房要求和地方建筑标准较低的廊坊市，首开按照与北京一致的高标准进行开发，并在当地的国风悦都项目推出"首开生活家"体系，梳理出数百个人性化改进的设计细节，让业主获得最佳居住体验。我们坚信，好产品会说话，产品即品牌。

三、立德：三箭齐发，于善举见情怀

品牌要有持续的影响力，必得注重人文关怀，这种关怀不应囿于我们的项目乃至行业，不应局限于简单的慈善事业，而应该延展到更多的生活空间、公共议题及行业领域当中，这是责任地产在新时代应有的担当，让更多人因企业的发展而受益。

文化方面。无论是集团层面还是项目层面，都自觉去发掘、珍存和延伸文化的价值。集团层面，与北京地方志办公室合作开展口述史项目研究，通过访问首开离退休干部和在职骨干，发掘城市变迁背后鲜为人知的故事，记载首开贡献、接续企业精神、勾勒改革变迁、激活集体记忆；在项目层面，首开·琅樾历史上曾是孙河驿站，利用项目售楼处打造出了中国第一个驿站文化博物馆，存放着大量极具历史价值的实物收藏；厦门翔安是中国的农民画之乡，厦门公司冠名赞助当地的农民画大赛，用实际行动保存和传承优秀民俗文化；在遥远的澳洲悉尼，首开的商住综合体项目 The Quay 将一面古老的外墙保留，连接起带有百年韵味的唐人街和悉尼林立的摩登大楼，成为了历史与现代的过渡，被当地人认为是悉尼保护历史遗迹最成功的经典案例之一。

公益方面。首开进行"文化牵线、跨界共赢"的平台化运作，使企业品牌的内质得到丰富、多方利益实现共赢。如，主办了2015国际青年设计师作品发布会，与北服创新园开展战略合作，共同搭建时尚定制的高端平台，既响应国家"众创"的呼吁，为年轻设计师们提供一个常态化的展示、交流、交易服务平台；也使别墅项目——首开·琅樾的首批业主能获得私属的定制服务，并进一步助推了北京的国际化。还携手北京侨联组织"亲情中华·汉语桥"夏令营，为海外华裔孩子铺设寻根之路这些不同以往、可供复制的"精神公益"，或许是物质馈赠的慈善性公益的一种有机补充。在物质愈发丰裕的今天，对精神需求的关照或许是一种更值得推广的尝试。

　　以上是首开品牌建设的一些创新实践。"立德"、"立功"、"立言"是中国思想史上颇负盛名的"三不朽"命题。做品牌，应该有一点理想主义的追求，要经得住时间与人心的检验。或许永远不可能达到"三不朽"的境界，但我们可以离这一理想更近一点。

以文化升级助力企业和谐发展

刘志斌

企业文化既是员工精神的写照，也是企业形象的体现。清华大学张德教授认为，企业文化是指企业全体员工在长期的创业和发展过程中培育形成并共同遵守的最高目标、价值标准、基本信念及行为规范。它是企业理念形态文化、物质形态文化和制度形态文化的复合体。企业文化建设既不能远离现实，营造空中楼阁，也不能固步自封，局限于因循守旧。不少企业在文化确立之后束之高阁或一成不变，长此以往必将束缚企业的发展。因此，企业文化的提升改造更需要前瞻性的智慧。笔者通过参与国有房地产企业集团的企业文化建设工作，对企业文化的升级更新进行了深入的思考，在此提供一些浅见以供同仁参考。

一、企业文化升级的必要性

1. 互联网时代要求开放式的企业文化

在互联网条件下，知识信息呈爆炸式增加，在企业文化成长过程的各个阶段，企业文化积累的速度都在加快。互联网改变了正式组织和非正式组织的形态，优化了企业信息的对称性与共享性，员工的民主意识和参与意识明显增强。互联网还提高了员工的学习能力、联想能力和分析能力，提高了员工主动创新的冲动，对企业文化管理也提出了新的要求。互联网+时代，房地产行业也受到了较大的影响，新的业态不断出现，跨界经营屡见不鲜。因此，在互联网的背景下，关起门来建设企业文化的做法急需改变，企业文化需要打破单一自上而下的建设构架和路径，建立上下互通、横向互动文化发展机制。

2. 企业发展目标调整需要企业文化的有力配合

随着社会文化与市场竞争状况的改变，企业所处的内外部环境都发生了巨大变化，过去的成功模式很难完全复制。特别是房地产行业的周期性波动，政策调控的影响，市场外延的扩展，以及企业内生动力的挖掘，都在影响着企业的方向与目标，并通过战略目标映射到文化建设之中。如果仍照搬沿用设计之初的文化理念，无异于刻舟求剑，必然滞后于时代的发展。故此，企业文化要在总结实践经验的基础上不断更新，以其前瞻性对员工和企业目标进行引导，对企业发展方向起到辅助和维护的重要作用。

3. 文化管理必须全方位深入到企业生产经营之中

企业文化应该融入到企业的管理模式中去，从文化体系建设走向文化管理。企业文化建设的最终目的，就是通过共同价值观的培育，让企业文化的效能充分发挥出来，突出"管理"与"实用"。开发企业从项目设计、施工建设，到品牌营销、物业服务的垂直链条，背后都有企业的核心理念和行为规范发生着潜移默化的作用。质量文化、服务文化、廉洁文化等亚文化都要从横向层面渗透到各项业务工作中,使集团文化体系进一步完善、丰富,最终实现文化建设向文化管理迈进。

二、企业文化建设目标必须符合企业战略

企业文化和战略息息相关。关于文化与战略的关系,对于具有成熟文化体系的企业来说,文化引领战略的制定与决策。而对于文化建设刚刚起步的企业来说,文化则首先要支撑着战略的执行,战略的调整也需要企业文化的同步跟进。因此,在首开"尚责文化"确立之初的几年,通过系统地推广和落实,理念体系已经在组织内部获得比较好的认知,对企业初步整合、实现"十二五"目标起到了良好的助推作用。"十三五"期间集团的总体战略目标是"把握两个大局,做强三大主业,着力两个驱动,实现整体上市"。同时,首开提出了"城市复兴"理念,复其所有、兴其所无,并将之视为企业转型升级的战略定位。未来,将坚定地围绕城市更新、城市复兴布局,增强城市的核心功能。"尚责文化"的建设要主动融入到集团的战略规划之中,适时地将理念体系中的企业愿景调整为"城市复兴领航者",最大限度的发挥员工的合力,用文化来树立企业信誉,用文化来传播企业形象,用文化来打造企业品牌,提升企业的竞争力。

三、企业文化体系需要传承和发展

首开集团兴建30多年以来,一直肩负着建设首都的历史使命,从早期承担旧城改造,到微利建设经济适用房,解决中低收入阶层住房问题,再到建设亚运村、大运村、奥运村、国家体育中心等等,无不体现着社会责任。特别是集团在房地产业界首次提出"责任地产"理念,为首开文化确立了基调,集团多次获得"中国房地产社会责任感企业"和"中国房地产诚信企业"称号,这一独具特色的企业文化是无疑是要传承下去的。

与此同时,新的文化设计应充分吸收既有文化中经过实践检验、为员工理解和认同的内容,通过提炼、归纳、整合、升华,形成一套具有新意、便于理解和沟通的文化设计。

在制度设计中,需要把企业文化内容添加到培训制度、激励制度、沟通机制、办公规范等企业的各项规章中,突出职业精神,树立规则意识,全面体现企业价值观。在视觉层面,更新品牌标识是一种最直接、最具冲击力的理念表达方式,首开于2016年更换了新LOGO,它是"城市复兴"战略愿景下,集团国际化、开放化发展模式的形象表达,向世人宣示着企业思维方式和经营模式的创新与调整。从管理的视角看,集团也即将建设体验性企业文化,全方位满足员工体验性精神需要;建设员工文化共同体,宣传和践行社会主义核心价值观,建立企业的精神信仰和理想;改变文化管理方式,将传统企业文化建设的物理空间延伸至虚拟空间及整个生产链条,吸收社会各方参与企业文化建设,共享企业文化成果。

四、企业文化建设载体应该与时俱进

一套完美的企业文化设计方案如果不能得到有效地实施,那么它将永远是纸上谈兵。

企业文化实施工程是整个企业文化建设工程的重中之重，在通盘考虑环境、企业、领导人、员工等各方面实际情况的基础上，将企业文化设计工程与实施工程作为一个互动的整体来统筹规划，最后做出互相匹配、互相促进的企业文化设计与实施安排。在这一过程中，方式方法异常重要，老套的方式执行下去可能效果不佳，甚至引起员工的反感。尤其是在企业文化的升级工作中，员工作为受众和参与者，更愿意看到新鲜、生动的活动方式，进而增强参与的主动性。

在精神层面，集团鼓励创新。首先要思想创新，集团内部组织了辩论赛，促进互联网思维启蒙，鼓动集团上下解放思想，迎接互联网开拓的时代机遇，自发寻找自身业务的优化路径。同时，注意把现实体验活动与健康的网络体验活动结合起来，虚实互动，推动体验性文化的创新。

在制度层面，设立集团的成立日为"首开日"，举办一系列庆典活动，开办主题论坛、举办员工家属交流活动，树立员工的自豪感和与企业共同成长的责任感；举办体育赛事的年度联赛，增强团队精神和集体荣誉感，增进和客户及合作伙伴的友谊；建立务实的沟通机制，在OA系统建立建言体系，针对员工提出的意见给予公开、快速的答复，设立员工建议奖励制度，激励员工对企业负责。

在物质层面，建设网上荣誉展室，运用3D设计效果，使"尚责文化"生动地展现在员工面前，形成视觉冲击力，让文化精髓在潜移默化中深植于员工心中；此外，英雄人物和传奇故事往往具备很强的教育意义，深入发掘企业发展过程中的关键事件和关键人物，形成首开自己的传奇和英雄，并通过出版书籍、微信公众号、报刊等方式进行宣传和推广，能够起到非常良好的传播作用。

五、企业文化的落地务必注重实效

推动"尚责文化"体系的落地是一项繁复细致的工作。首开集团不仅在思想上对员工加强教育、推广，更重视日常工作中的贯彻落实，通过生产经营和服务行为，使文化力在管理中发挥作用，在行动中体现"责任"。

1. 从"企业"的价值观变成"我们的"价值观

企业文化建设必须依靠人去执行和实施，因此必须考虑最高管理者的性格特点、中层管理者的需求层次与追求、以及基层员工的理解能力。在"尚责文化"体系升级过程中，要使首开大多数组织成员能够认同组织价值观的更新调整，并在行为上践行，从而形成统一的价值观和行为模式。可以采取线上线下相结合的方式，线上以网络平台的形式，更方便有效地组织一系列主题文化活动，包括：虚拟城市复兴博物馆、在线学习社区、文化通关游戏等；线下设计一面"尚责文化展示墙"、组织一次"北京城市变迁文化教育展示"，推进思维转变和知行统一。

2. 文化要融入到员工的行为模式中去

行为是思想的延伸。在开发建设环节严把质量关，推进全过程精细化管理，确保建设业主放心的合格房、放心房；习近平总书记在谈到环保与发展的关系时曾指出"绿水青山就是金山银山"，首开牢固树立科技环保理念，持续实施绿色建筑战略，每年可节约标准耗煤量近3万吨；以实施《首开物业服务标准》为契机，一手提升服务质量，一手创新服务方式，使业主感受便捷、高效、温馨的服务；坚持创新实践，将"房地产＋互联网"深入下去，以房产众筹平台拓宽融资渠道，尝试地产销售的O2O模式，等等。

3. 明晰文化建设效果的评估方式和指标内涵

企业文化理念是否深入人心、员工的行为是否发生了期望的变化、企业的管理风格和相应的制度是否得到改进，都需要依靠完整的评估体系。通过建立考核、评估体系以及一系列考核指标，对实施效果进行实时评估，如员工满意度、主动离职率、文化活动参与率等，并根据评估结果随时完善实施计划，保证文化建设始终沿着正确的方向前行。

4. 以企业文化建设推动党建工作创新

为落实好党中央"坚持党对国有企业的领导不动摇，开创国有企业党的建设新局面"全新要求，探索新时期加强国企党建的方式方法，显得极为重要。而企业文化作为企业延续的精神血脉，其与党建有着相同的出发点与落脚点，因此，在强化企业党建的现实背景下，更需要发挥好文化的载体作用。企业文化管理中的先进方法和工具也可以应用到党建工作中，改变党建工作单纯思想教育、缺乏量化指标的不足。同时，企业文化要有所作为，也要创造性地将文化融入到党建工作中来，通过两者的相互影响、相互渗透、相互促进，树立一种积极向上的国有企业风貌，为企业的持续、快速、稳定发展提供重要的思想保障。

（作者单位：北京首都开发控股（集团）有限公司）

文化凝聚力量　企业创新发展

上海环境实业有限公司

多年来，上海环境实业有限公司（以下简称环境实业）立足公共服务，积极开拓市场，确保上海城市环境安全运营。始终秉承文化先行的理念，将文化建设融入日常工作，融入企业管理，不断加强企业文化建设，丰富文化内涵，创新文化载体，为企业改革转型提供精神支持和智力保证。

一、在传承中扬弃，在扬弃中创新，提炼企业文化理论体系

1956年，由8000余名普通船民组成的三个肥料运输社成立了，揭开了环境实业发展的源头。"宁愿一人脏，换来万人洁"、"清洁城市、造福人民""以我心灵美，创造市容美"，伴随着一代代环境人响亮的口号，环境实业实现了从集体所有制、全民所有制到国有企业，从小木船、水泥船、拖轮队到600吨级新型集装箱货机驳，从摇橹划桨的个体船民到技艺精湛的专业队伍等一个又一个历史性的发展蜕变。60年风雨征程，"保障城市环境安全运营"始终是环境人永恒不变的追求。

近年来，上海建设生态文明城市的新形势给环境实业带来了新的发展契机，在由传统环卫服务型企业向现代环境综合服务型企业转型的过程中，环境实业以60年环卫文化积淀为根基，注入新的元素和内涵，凝练了具有鲜明自身特色的"环境文化"，形成了以"诚信、责任、质量"为核心价值观的环境文化价值体系。

二、在探索中实践，在实践中总结，发挥企业文化"四项功能"

在发展转型过程中，环境实业从企业愿景、管理形象、员工素质、人文关怀等多方面入手，充分发挥"环境文化"凝聚人、塑造人、激励人、感召人的四项功能，推动企业实现从"优秀"到"卓越"的新跨越。

唱响美好愿景，以文化凝聚人。"让城市环境更美好"，环境实业积极唱响这一企业愿景，实现以企业文化凝聚人心的目的。一是注重精神鼓舞。各直属单位围绕环境实业大愿景，结合自身情况，提炼精神，挖掘载体。物流公司一曲"光荣与梦想"的司歌唱得员工意气风发，斗志昂扬；老港公司"爱我城投、爱我实业、爱我老港"主题宣教活动促使职工摆脱了"不脏不臭就不是垃圾码头"的观念桎梏；汽运处锤炼了"特别能吃苦，特别能战斗，特别能攻坚"的"铁军"精神，激发员工攻坚克难的斗志；环源公司提出了"用心用情，尽心所能"的服务理念，为环境实业坚守大后方。二是注重氛围宣传。环境实业着力打造"一刊一屋一网"的宣传阵地，积极拓展以企业内刊、党员学习屋（职工之家）、

OA办公系统为重点，以宣传栏、横幅、微博微信等为辅助的文化传播体系，向员工宣传和灌输企业文化。制作《追求》、《浪尖上的辉煌》等多部企业宣传片，展播一线党支部组织生活微视频，开展"入党那一天"等征文活动，凝聚党员职工正能量。通过报纸、电视、杂志、网络等各种媒介与社会公众互动，以开放的胸怀展示企业社会责任，以积极的态度解决城市环境问题。2015年，《新闻坊》、《劳动报》、《解放日报》、《新华网》等传媒平台先后68次对公司进行采访报道。

打造崭新形象，以文化塑造人。环境实业坚定地朝着"国内一流，国际先进"的目标迈进，呈现出现代服务型企业的崭新形象。一是推行卓越绩效管理和党建项目化，从上到下全方位推行卓越绩效管理，建成各个条线的管理体系，实现"可定义、可量化、可操作、可考核、可追究"的管理目标，同时将项目管理理念运用到党建工作中。2016年，共确立了53个党建项目，大大提高了企业管理水平和党建科学化水平。二是推动作业方式升级。通过集运系统上马、运输船舶改造、信息化平台建设、无人驾驶遥控推土机攻关等，推动硬件升级换代。集运作业信息化系统、车辆调度运输GPS系统、各部门OA系统等信息科技的运用，实现了作业方式的现代化变革。精细化、定置化、标准化管理的配套制度，确保了从前端收运到末端填埋的固废处置科学化管控。三是打造企业文化示范窗口。虎林基地着力建设科学、规范、环保的人文环境，作为上海市科普教育基地，是环境实业向社会展示的一个窗口。徐浦基地多个由废旧设施改建的特色雕塑和企业历史陈列馆，展示了环境实业60年发展历程和厚重的文化积淀。老港基地建造成了洁、齐、绿、美的花园式环境，打响了"印象老港"的文化品牌。

提升员工素质，以文化激励人。影响员工，激励员工，提升员工，这是企业文化建设的基本目标，也是工作的重中之重。一是提升员工综合素质。编制《员工文明礼仪规范手册》，通过全员培训应用于日常工作和交往中。安排员工参加计算机、英语培训和准军事化训练；举行查摆陋习、形象大使评选、才艺展示、技能竞赛等活动。2016年，环境实业2个"金点子"荣获城投集团"降本增效"十佳金点子奖，2个合理化建议荣获2015年度上海市职工合理化建议项目创新奖，2位一线职工凭借精湛技艺当选为首届"城投工匠"，周海燕、刘必胜两位劳模领衔的"劳模创新工作室"在集运运用中发挥积极作用，其中"海燕固废创新治理工作室"被评为"市级劳模创新工作室"。二是发挥典型引路作用。近年来，举办"环境的脊梁"—企业精神宣讲系列活动。编制《环境的脊梁》一书，收录了公司自1956年以来5个先进集体、17位先进个人的感人事迹。组织劳模先进事迹演讲比赛，召开劳模先进座谈会。对60年精神塑魂铸魂，提炼形成了环境实业"五种"精神，即诚实守信、吃苦耐劳的实干精神，精诚团结、和衷共济的协作精神，知难而进、追求卓越的拼搏精神，开拓进取、敢为人先的创新精神，服务大局、勇挑重担的奉献精神。通过大张旗鼓地表彰和宣传，影响和激励每一位员工，真正体现了"用身边的事教育身边的人"。

坚持"以人为本"，以文化感召人。环境实业在企业文化建设的过程中，恪守"以人为本"的核心理念，以强烈的人文关怀营造出"人本文化"，成为企业感召员工，凝聚人心的基础。一是从作业环境着手，通过城市生活废弃物运输模式从散装到集运的历史性变革，实现了员工与垃圾"零接触"的目标。同时，配备了齐全的生活设施和先进的作业设备，使环卫员工彻底告别了"与蚊蝇共舞，与垃圾同住"的作业环境。二是从福利设施着手，成立帮困基金会，出台大病职工"零自负"长效机制，开展各种形式的帮困。定期组织员工疗休养、体检，为劳务工提供配备齐全的标准化管理宿舍，推进班组"六送三进"项目，即送报纸、送健康、送知识、送活力、送清凉、送安全。网络进班组、巡回医疗进班组、数字化职工书屋进班组，进一步保障职工职业健康安全。三是从精神生活着手，物流公司、老港公司等基层单位投入大量精力建起了"职工书屋"、"党员学习屋"、"企业文化室"，为员工提供电脑、电视、书籍等文化用品。2015年，在城投集团第五届职工文化活动中，2位职工入围"城投好声音"决赛，1人取得亚军的好成绩。25幅书画摄影作品在"城投好作品"比赛中获奖，老港、徐浦、虎林三个集运基地入选"城投好地方"。2016年，积极参加城投集团城投运动会，踊跃参与羽毛球、足球、游泳、太极等项目。

三、在管理中变革，在变革中前行，彰显企业文化博大力量

文化淬炼企业精神，文化凝聚奋斗力量。环境实业在企业文化建设中不断探索创新，努力变革前行，无形的文化力量结出了丰硕的发展之果。

履职践责，担当社会使命。几年来，环境实业文化建设最突出的成效就是模范履行社会责任。在各类突发公共事件和环境应急事件中，环境实业员工冲锋在前、绝不退缩，担当起了政府子弟兵的职责。从上海世博会园区保洁"十大战役"的胜利，到上海沧桑见证的外白渡桥维修复位，从社会船舶碰撞事故发生后的溢油抢险，到蕴藻浜外地船只沉船断航时的全市生活垃圾应急抢运，从黄浦江死猪事件中的临危受命，到亚信峰会水域保洁的当仁不让，从各区环境大整治增量任务的完成，到城市排水系统产生污泥的突击运输……，环境实业人以一往无前的勇气和毅力担当起保障城市环境的社会责任。2013年，打捞黄浦江死猪1600余头。2014年"亚信峰会"期间，完成了12次突击综合整治行动。2015年环境大整治中，实现了日均转运量12430吨的突破。

春色满园，赢得累累荣誉。2013年，环境实业被评为"上海市企业文化建设示范基地"，2014年，又被评为"上海企业文化创新优秀品牌"。近年，先后荣获"上海世博会先进集体"、"上海市五一劳动奖状"、"上海市职工最满意的企（事）业单位"、"上海市质量金奖"等荣誉称号。下属各单位获得了"全国五一劳动奖状"、"全国安康杯示范企业"等殊荣。目前，环境实业各直属单位全部创建为市级文明单位，老港公司更成功创建全国文明单位。每一份荣誉都来之不易，都凝聚着广大员工的心血与汗水，都折射出文化建设的无形力量。

环境实业肩负着保障城市环境的使命，城市的持续发展，社会的持续进步，给企业带来新的挑战与机遇。环境实业将坚守"诚信、责任、质量"的核心价值观，继续以企业文化引领员工，全身心地投入到城市环境保障的工作中去，践行"让城市环境更美好"的庄严承诺！

（执笔人：赵　进　黄　娟）

企业文化建设的基本经验

中铁二院党委宣传部

文化是一个企业的精神旗帜。从1952年至2016年，在六十多年的发展历程中，中铁二院曾历经八次更名、七次搬迁。参加过光荣的"三线"建设，经受过改革开放的洗礼，遭遇过自然灾害的磨砺，承担过灾后重建的重压，也体验过国际市场的凶险……在诸多困难和挑战面前，中铁二院始终弦歌不辍，并且愈战愈勇，屡创奇迹，这便是文化的力量。文化是中铁二院永远屹立不倒的旌旗，是一代代二院人薪火相传、奋勇前行的方向。

积极进军海外市场，广泛参与国际竞争，是中铁二院走国际化发展道路的必然选择。中铁二院针对海外项目开展了一系列文化建设工作，有力助推了海外业务拓展。海外业务收入在集团公司总收入中的比重逐年提高，文化的引领作用功不可没。

中铁二院的企业文化定位是"设计未来，创造历史"；企业核心理念体系包括五个分项，分别为："创造价值，服务全球"的企业使命；"国内领先，世界一流"的企业愿景；"人本和谐，开放创新"的企业核心价值观；"勇于跨越，追求卓越"的企业精神；"唯物求实，敢为人先"的企业作风；还有包括管理理念、人才理念、经营理念、服务理念、质量理念、安全理念、廉洁理念等七个分项的企业专项理念体系。企业文化建设基本经验如下：

一是企业文化建设必须全员支持以人为本

首先，成立了企业文化理论体系建设项目调研组，分别对中铁二院各生产院和成都地区各子分公司、及外地的一些子分公司进行了实地调研和访谈。随后，在全公司范围内按岗位级别和员工比例进行了问卷调查。企业文化理念体系初稿完成后，在企业内网上向干部职工进行了认可度投票调查。企业文化终究是属于企业全体员工的一种集体文化，目前中铁二院的企业文化理念体系能够得以顺利推行，全员的支持和参与是重要的前提条件。近年来，中铁二院开展了以"家文化"为主导的海外项目文化建设。倡导员工以企业为家，企业把员工当做亲人。建立了员工探亲或家属来企业探亲的制度，缓解员工的思亲之苦；从国内调来各种娱乐设施，让员工在工作之余放松身心；聘请保健医生，确保员工身心健康；举办员工集体生日会，感受企业集体的温暖祝福；开展各种体育竞技活动，凝聚团队力量……细微之处体现企业对员工的关怀和爱护，从每一个细节将海外参战人员的心凝聚起来。

二是企业文化理念的总结和提炼必须与时俱进

中铁二院在六十多年的征战和奋斗中，积淀了很多优秀的精神文化，例如"成昆精神""南昆精神""成灌精神""高铁精神""川藏精神"等,几乎每一个时代都有一些典型的精神文化特质作为代表。如今,在企业发展转型的关键时点,既要继承和发扬这些优秀的文化传统,还要及时总结和发掘出更多能够更好地适应市场经济的、符合时代发展潮流的、适应国际型工程公司发展的新的文化内涵,以期在新时期新形势新任务下更好地描绘出新的发展愿景。

例如,该体系中的"企业文化定位",作为整个理念体系中最核心、最关键的部分,我们经过了认真细致的研究和深入广泛的探讨。目前确定的"设计未来,创造历史"八个字,既体现了中铁二院一直以来以设计为核心、以创造为灵魂的企业发展定位,也体现了在面向未来的发展战略中,中铁二院继续为客户设计精品工程,与客户共创辉煌历史,为企业设计美好未来,为社会创造新的奇迹的雄心壮志。

三是企业文化建设必须与企业生产经营实际紧密结合

中铁二院在新时期总结的这套企业文化理念体系,并不是凭空创造出来的,而是在企业生产经营的实际工作中总结和提炼出来的,是企业数十年精神文化传统的沿袭和升华。如今,我们以这种精炼简洁、通俗易懂的文字形式将各项文化理念归结为一个完整的体系,既便于对企业广大干部员工进行宣传和培养,也有助于将这些文化理念用于指导企业的各项生产经营工作。

在"企业核心理念体系"和"企业专项理念体系"中的各个具体分项中,其内容都是紧密结合企业当前的生产经营实际而确定的。"创造价值,服务全球",展现了中铁二院面向国际化发展的全新使命,既为企业、为员工创造价值,也为合作伙伴、业主客户创造价值,更为国家、为社会创造价值,同时立志于将企业影响力和服务范围覆盖全球,实现企业价值最大化。"国内领先,世界一流",是中铁二院新时期全方位提升企业综合实力的企业愿景,以此作为激励员工奋发图强、推动企业激流勇进的不竭动力,这也与中国中铁的企业愿景保持一致。"人本和谐,开放创新"的企业核心价值观,旨在体现企业"以人为本"的价值理念,关注员工需求,实现员工价值,形成一支和谐和睦、同心同德的企业团队,并以开放的心态和眼界面向国内外市场,以追求创新的精神投身科技发展,与时代共同进步。"唯物求实,敢为人先",是中铁二院生产经营各个环节中重要的企业作风,崇尚科学求实的精神,坚持唯物主义的态度,以脚踏实地的作风投入各项工作,继承前辈优良传统,敢走无人之路,敢入无人之境,以无所畏惧的精神勇攀事业高峰。

四是企业文化的推行必须"自上而下"逐级落实

一套新的企业文化理念体系的推行,首先要有领导坚定不移的号召,要有强有力的舆论倡导,要有改革先驱为广大员工指引方向,而后才能逐级落实到每一位企业员工的实际操作中。中铁二院近几年实行的"走出去"战略,一开始何尝不是困难重重、争议连连,反对之声此起彼伏。然而,正是在领导班子反复的思想动员和身先士卒的带领下,"走出去"的道路才越走越宽,才终于取得近几年的赫赫战绩。现在,我们新的企业文化理念体系已经形成,而这套体系要真正落实到行动中,同样需要一个自上而下的推行过程。

伴随经济全球化发展进程的逐步深入及国家"一带一路"战略的实施，中铁二院积极发挥勘察设计龙头作用，海外经营发展规模日益扩大，积极推动中国铁路技术、标准、"走出去"，在亚、非、拉、美四大洲30多个国家或地区，主持承担了100多项工程。成功夺得了中国高铁走向海外的第一单——莫喀高铁，奠定了中国铁路"走出去"先锋企业地位。作为一个国际业务占主营业务近三分之一的国际型工程公司，未来企业文化建设工作对我们企业的发展将发挥越来越重要的作用，同时我们也将面临着更多更新的问题和挑战。

改革动力源　转型支撑点

——安徽省城建设计研究总院有限公司企业文化建设概述

安徽省城建设计研究总院

2015年上半年，实现的混合所有制的公司制改革是企业转型升级的里程碑，对于勘察设计企业探索产权多元化改革具有积极的示范效应。

纵观公司六十余年来改革发展、转型升级的历程，始终有一条促进和推动企业前进、贯穿企业发展始末的主线，这就是独具公司特色、深深刻上企业发展历程烙印的企业精神，这种企业精神表现为企业文化在公司不同发展阶段呈现的风貌与特质。每当公司面临重大变革与抉择时，企业文化的巨大效用就会凸现出来，在关键节点上发挥强有力的内在支撑和动力引领作用：优秀文化基因的传承与发扬，塑造了企业员工敢于改革、勇于探索的意识与胆魄；首创与创新文化的培养，营造了蓬勃向上，奋勇直前的革新氛围；基于共同价值观的同向多元，兼容并蓄的基本理念凝结出团结协作攻坚克难的作风。这一切在公司历次"飞跃深谷"或者"弯道超车"时，有力保障了企业的稳定过渡及改革创新的效率。反观之，公司转型升级的成果又不断丰富了企业文化的内涵与外延，保证企业文化恪守核心，一脉相承，又不断赋予企业文化以新的生命，表现为企业文化的长期成长与繁荣。

一、将企业文化融入企业战略规划，谋划企业发展蓝图

企业文化以公司战略为导向，并与战略的互动、协同及融合。公司着力培育全体员工的创新意识、战略意识和参与意识，谋求最佳配合和整体优势，以创建出一种支持战略变革的企业文化，即发展型战略催生出创造型文化，使公司乐于追求各种不同的风险及变化，具有创新性，以创造未来，谋划大局。而企业战略的编制与实施必然离不开企业文化的有力支撑和区间限定：公司战略秉承并严格恪守核心价值观——"诚信是本、质量为纲、勤奋务实、科学图强"，这是公司的底色和基本特质，在此基础上衍生出的企业使命——"服务城乡建设，担当社会责任"明确了战略规划的方向，凸显了企业的基本职责。企业愿景——"品质卓越，行业领先。社会尊重，员工幸福"则勾勒出了战略规划的蓝图，强调了产品与服务的品质要达到卓越的水准，明确企业行业地位为实现持续领先，落脚点是企业发展利于社会，惠及员工。换而言之，企业文化决定了企业战略的广度和高度，也决定了一个企业的温度。公司文化中的关键要素，如团队意识，改革勇气，前瞻精神，协作能力对于公司战略框架的构建产生至关重要的影响——公司专业结构的调整，业务重点的转移，市场布局的划分，人才队伍的构建，乃至重大利益与资源的分配，无不需要企业文化

给予内在的智力支持与精神支撑。

二、将企业文化融入企业制度建设，提升管理新境界

企业不同的管理模式将塑造企业不同的风貌，呈现公司独特的"性格"。公司将企业文化注入制度建设中，提高制度建设的刚性，体现企业文化的包容性。企业文化建设扩大了管理内涵，有效发现并扩大不同个体和组织间的"共同领域"，进而求同存异，寻求共鸣。公司为了整合多项资源，提高制度建设的科学性和规范性，在兼容并蓄的文化基调的基础上，设计了总院与分院两级制度体系。制度顶层设计限定基本原则与框架，各专业依据各自专业的特点，在总院制度框架范围内灵活构建自身的制度体系，目前，总院级的主要规章制度约80项，涉及综合管理、人力资源管理、生产经营管理、技术质量管理、财务管理、设备安全管理等六大板块，专业级的规章规定200余项，形成了一个立体全面的制度框架。公司制度的内容高度契合企业文化主旨，即将企业文化中正向积极因素融入制度建设，并通过制度的贯彻实施渗入到公司治理的每个方面。总体来看，以规章制度为"行为底线"，以核心价值作为"信念高线"，塑造出了公司"科学管理，规范高效，持续改进，追求卓越"的风范以及富有弹性和生命力的管理内涵。

三、将企业文化融入员工发展，打造和谐员工关系

公司自创建以来，在"人才兴院、人才强院"及打造"人才高地"的战略指导下，公司着力构建以文化引领为主、制度政策为辅的管理机制，引导员工关系向"法制化"、"契约化"发展。首先完善人力资源管理体系，科学制定人才规划，逐步构建起"人才高地"。其次，完善劳动制度，建立并实施以战略为导向的考核评价机制和激励措施，建立与人才贡献价值观相匹配的分配体系。改制后实行骨干员工持股，通过股权激励形成长效发展机制。再次，加强员工成才培养。开辟专用培训教室，健全"总院—部门—个人"三级培训体系基本架构及"内部、外部以及新员工导师制"横向培训网络。对技术及经营岗位充分授权，尊重并信任员工，激发员工创造力，为员工设立多元化发展通道。此外，维护员工权益，打造幸福企业。购置新办公楼，开设交通班车，开设职工食堂，组织青年员工团购住房。2009年以来，公司工会相继成立了篮球、足球等八个文体协会，并以各协会为依托，在省全民健身中心长期租赁篮球、羽毛球、乒乓球场馆，周末租赁足球场；在公司七楼开设员工健身房，积极举办各项职工喜闻乐见、健康文明的文体活动。提高了员工归属感与幸福指数，打造一支"爱岗敬业，技能卓越"的新型人才队伍。由于较好地发挥了文化杠杆的效用，在企业历次重大转型，包括本次改制过程中，全员思想高度统一，步调一致，总体过程稳妥高效。

四、为企业文化搭建多元载体，促进企业文化落地生根

企业打造多样化平台，通过刚性宣贯与柔性管理，将企业文化的核心信念与行为规范落实到公司各项事业中。采取领导示范，层层递进，员工推广的方式，围绕企业核心理念

开展各项实践活动，加速员工对企业文化的了解与认同。通过内刊、宣传栏、宣传册、宣传片等内外平台以及网站、企业公众微信号、搜索引擎等平面和网络媒体，充分展示宣传企业文化。通过职代会、员工大会、中层会议等大型活动作专题报告；企业文化知识竞赛，企业文化培训，有奖征文，交流学习，组织参观学习等多种形式，广泛宣传企业文化的内涵和本质。此外，将企业文化融入社会履责，形成公司特色公益文化。十年以来，公司先后承接经济适用房、廉租房、公租房，旧城及农村危房改造等勘察设计项目近千项。并先后参加了青阳县酉华乡灾后重建，安庆市宜秀区震后重建，金寨县红28军旧址重建，石台县大演乡地质灾害搬迁点规划等多项援建项目，为本省抗灾救灾及古迹保护做出了贡献。多次组织希望工程捐款、义务献血、送温暖等活动；积极参加整治社区环境、植树绿化、创建文明城市活动。以推进行业进步为己任，担任10余家全国及省级以上行业协会副理事长职务，积极履责。

　　成熟的企业必然催生先进的企业文化，而先进的企业文化也必将推动企业发展，企业文化已成为企业竞争力的基石和决定企业兴衰的重要因素。从地下尖兵到设计龙头再到改革先锋，公司转型升级发展历程一再证明这一点。企业文化与企业发展互为一体，不可分割。欲求基业长青，文化建设任重道远。

试论如何发挥企业内刊的文化作用

杨春虎

随着现代企业制度的建立和市场竞争的日趋激烈，企业之间的竞争不再是某一层面、某一局部的竞争，而是在各个层次上展开的整体实力的竞争，从更高层面上来讲，已经是企业文化的竞争。因此，一个企业要做大做强，要在竞争中永远立于不败之地，就需要一种强有力的企业文化来支撑，也唯有具备了深厚文化力量的企业才能永远充满活力。而作为企业文化最直接的载体——企业内刊，在企业文化建设中更具有不可替代的作用，肩负着重要的使命。

一、企业内刊是企业文化的核心载体

企业要想做大、做强，就必须承担起建立企业文化的责任和历史使命。特别是从20世纪90年代初开始，中国的企业文化建设释放出了巨大的热情，迎来了一个高速发展的时期，而作为企业文化主要载体的企业内刊也就应运而生。

从近些年来企业自办内刊的迅猛态势来看，也充分说明了中国企业越来越重视企业的内部舆论导向，同时开始懂得合理地利用企业内刊这个工具，来为企业文化建设、企业品牌传播服务。企业文化既然在企业发展中起到如此重要的作用，它就需要一个载体作为其外在表现形式，这个载体的形式可以多种多样，而最能都集中反映企业文化的核心载体就是企业内刊。

企业内刊具有传承企业文化，传播内部信息，凝聚员工向心力的功能。从我公司十几年前的只有四个版面的《北汽工人报》到合资后编辑的《北汽九龙》杂志来看，虽不像知名企业内刊《大唐国际》《日照港报》《中牧园地》那样威名赫赫，但作为企业文化建设的载体和丰富员工精神生活的园地，以其特有的形式伴随着公司的发展历程，从数量到质量，从形式到内容，从功能到价值都发生了巨大的变化。特别是受众范围上的不断扩大、已经使内刊的影响力在不断增强，并引起业内人士以及广大员工和社会有关方面的广泛关注，在一定程度上反映了企业文化建设的进程，展现了企业价值。

二、企业内刊应该实现的四大功能

企业内刊的主要功能为传播企业理念、服务企业发展、弘扬模范人物、记录企业成长等基本功能。

（一）传播企业理念，实现导向功能

建立企业的经营理念、价值理念、管理理念是企业文化建设的首要任务，而沟通与传

播企业理念，则是企业内刊首当其冲就要实现的导向功能。"以更高的标准要求自己，以超前的意识寻求发展，以真情的服务奉献社会"是笔者所在单位北汽九龙股份公司的核心理念。作为《北汽九龙》杂志就要旗帜鲜明地唱响企业的主旋律。在这个过程中，充分实现上下沟通、内外沟通就显得尤为重要。在前年的《北汽九龙》采编过程中，通过优秀"的哥"张其峰的访谈，刊登了《只要乘客不满意就是我的错》一文，挖掘、深化了文中主人公对企业核心理念的认识在精神层面和内心情感的反映。在内刊的传播过程中，企业的核心理念与员工风采得到充分展示，使企业理念在全体员工中内化于心，外化于行，形成企业员工的群体性心理，在员工中发挥了舆论导向的作用。

（二）服务企业发展，发挥喉舌功能

一个企业创办企业内刊的目的和主旨就是让它很好地服务于企业。所以，企业内刊必须姓"企"，这个出身是生来注定，也无法更改的。就像一个孩子一出生就带着母体的胎记，不能脱离父母、脱离家庭一样，任何一家企业的报刊，也都不约而同地打上了各家企业的烙印，谁都割裂不开自己与企业的这种天然的血缘和纽带关系。企业给了内刊以生命的源泉，内刊又反过来向企业渗透滴滴甘霖精华。传递企业信息，宣传企业的内绩，为企业发展服务，自然成为企业内刊理所当然、义不容辞的责任。忽略和漠视这个责任肯定是不妥当的，也是难以立足、站不住脚的。

一份优秀的企业内刊，首先必须以服务企业为旨，她才是有生命的、鲜活的、生动的。一个企业的发展战略，描述了企业未来的发展方向，反映了企业的总体规划。企业内刊的另一个任务就是迅速及时地将企业发展的年度战略及长远战略传递给广大员工，充分发挥宣传阵地和企业喉舌的功能。同时，企业内刊要以实论虚，理论高度剖析实际，注重报道公司生产运行态势和行业形势，以增强全体员工在新经济发展形势下的危机感和紧迫感。进一步使员工深刻认识公司所面临的严峻市场竞争和挑战，深刻认识到公司在体制机制上与竞争对手的差距，深刻认识到不加快改革调整，就必然被市场淘汰，把干部职工的思想认识进一步统一到公司改革调整、求生产创发展的战略目标上来。在笔者编辑的每年第一期的《北汽九龙》杂志中，总是将一年的公司发展和整体工作思路在"高层之声"这个栏目中及时地报道出来，传达到基层甚至每一名司机。由于编辑人员有限，其实，我们还可以围绕企业发展战略，精心组织版面和文章内容，有针对性地开展宣传报道，全方位，多方面调动一切有利因素和积极力量，发挥整体协同效应。在特别时期，企业内刊还可以开设专栏组织报道单位改革创新的新思路新举措新突破，压缩与精减一般性报道、强化外部改革调整信息宣传等，舆论先行，旗帜鲜明，形成强势，为公司大力推进管理体制改革创造了良好的舆论氛围。

（三）弘扬模范人物，彰显凝聚功能

习近平同志在全国宣传思想工作会议上强调，要树立以人民为中心的工作导向，把服务群众同教育引导群众结合起来，把满足需求同提高素养结合起来，多宣传报道人民群众的伟大奋斗过程和火热生活，多宣传报道人民群众中涌现出来的先进典型和感人事迹，丰富人民精神世界，增强人民精神力量，满足人民精神需求。

由此可见，和大众传媒一样，企业内刊做为企业文化的外化形式，弘扬企业的模范人

物,宣传先进典型,凝聚全体员工的力量,为企业经营与发展服务,依然是企业内刊的根本任务之一。更有增强企业内部凝聚力的重要作用。先进典型和模范人物是企业的英雄。他们思想水平较高、业务技能突出、爱岗敬业,是企业先进文化和价值理念外化于行的生动体现。企业内刊可以精心设计采访、深入基层进行调查研究,扩大先进典型宣传的覆盖面,宣传好先进人物,用典型的示范作用和精神力量教育人、引导人、鼓舞人、凝聚人,沉淀企业的精神力量,树立起工作实践需要、员工普遍关注,并且值得学习的榜样。

(四)提倡内外兼修,培育形象功能

从某种角度来说,一部完整的企业内刊资料,便是一部齐全的企业发展史,是企业奋进、崛起、战胜困难的生动见证,也是企业精神代代相传,并不断沉淀的缩影,企业内刊既有原始资料,又是提炼企业文化的宝库。

然而,我们越来越清楚地看到,企业在不断求生存、求发展过程中与外界的联系越来越紧密,企业内刊正在被赋予越来越多的功能,有的作为品牌形象的使者,有的也做了企业与客户交流平台,还有的已经在尝试着脱离企业而独立运作成为市场化的外刊,甚至有的内刊内外兼修。由于企业内刊发行的范围越来越广,层次越来越多,已经突破了仅限于内部员工传阅的局限,也突破了企业同行之间的交流局限。在当今的社会信息传递依然重要的形势下,企业内刊逐渐成为整合内外部资源的一个平台,成为宣传企业文化、树立企业形象的"一支文化新军",为企业获得社会认同和肯定奠定良好的基础,这一现象已引起了社会各界的广泛关注。

由内外兼修,笔者想起2008北京奥运时,《北汽九龙》杂志去年增大发行量做到人车一份的情景。在4000部出租车上,每部车上摆了一本企业内刊,先不说杂志的定位与编辑出版,夸张一点说这本内刊的传阅范围一下子突破了企业,突破了行业,甚至突破了国界!在奥运会期间,以每部出租车每天运送10位乘客(不只10位)计算,10位乘客中假如有两位看了这本杂志,那么算下来,除去司机本人和家属不算,这本杂志每天就拥有了8000位读者,一个月下来就会出现24万读者在不经意间了解了《北汽九龙》,这是一个多么惊人的数字!由此联想到公交集团的三万多辆公交车,假如我们的《北京公交报》也能如期上车的话,毫不夸张地说,他的受众人数可以超过世界上任何一种媒介。当然,这样比喻未必科学,但从企业报刊的形象宣传上说,这是一个多么宝贵的资源!不难揣测《触动传媒》每月几万册的《北京漫步》杂志,无偿地投放到北京的每一部出租车上,也正是看好了这一市场。

由此看来,不管是作为企业文化的传播载体,还是做为企业形象的塑造者,企业内刊都应该是一个企业生命精华的浓缩和展现,企业内刊存在着无限的发展空间。所以说,办好一份内刊,既是科学,是创造,也是一门艺术。因此,内刊要长久生存,需要不断的拓展企业内刊的外延空间、互动空间、品牌空间与文化空间。从这个意义上来说,内刊对追求没有止境。

三、企业内刊发展应该重视的问题

在新的形势下,企业内刊在发挥文化作用的同时,在企业发展中还应该重视以下三个

问题。

(一) 企业内刊的系统传播与内外整合

目前,国内很多企业已经将企业内刊作为独立的媒体来进行运作,并取得了一定的成效,在媒体不断细分和快速发展的时期,对于那些目前针对一些特定特征的人群发送的企业内刊,将能够吸引更多的眼球。因此,企业如果能将企业的品牌文化通过内刊这个载体进行系统的传播,并能够结合网络化运作,通过赢取更广泛的社会关注来获得知名度和美誉度,无疑具有更广阔的生存空间。

(二) 企业内刊人员队伍建设不容忽视

企业内刊的编辑人员目前是个游离在"企业"和"媒体"之间的群体,这个群体既有企业的深入体验,又具有媒体的敏锐性,因此如何提升这些人员的职业成长空间,是作为企业需要加以思考的问题。企业可以对这些人员制定出专门的职业成长计划,使其可以和企业的经营和管理相结合,而外部的一些机构也可就内刊人员关注的一些问题多组织一些培训和交流,提升内刊编辑人员水平。

(三) 企业内刊的受众研究值得注意

与大众传媒一样,每个企业对自己的企业内刊,都有一个定位,但是这个定位和最终的表现之间还存在不少距离,而当前企业内刊很多都由公司高层直接主管,因此内刊很容易被变成内部的舆论工具,内刊不应当只是领导的声音和某几个秀才的声音,而应该体现企业中各种不同的声音,这需要企业内刊对其媒体受众做深入的研究,以不断的调整内刊的定位,增强员工对内刊的认同度和兴趣度,以进一步提高企业内刊的生命力。

(作者单位:中国建设职工政研会出租汽车行业分会)

重庆市勘测院新媒体文化探究

汪 蓓

新媒体作用于文化建设，更新了重庆市勘测院党的建设和思想政治工作的管理理念，拓展了工作的渠道，助力了院整体实力的提升，着眼于未来的发展规划。

一、以强化新媒体之下的管理思维为导向，构建更加凸显人性化、个性化、信息互动化的管理模式

（一）以兴趣为引导，着力打造新型的文体建设信息平台。根据哈贝马斯的兴趣理论：次级的兴趣主要有三个类型，即技术的认识兴趣、实践的认识兴趣和解放的认识兴趣。其中实践的认识兴趣，借助"语言"媒介形成，在交往关系中建立起理解、沟通，最终通过沟通实现对共同兴趣的构建；而解放的认识兴趣旨在通过自我反思提高社会成员的自我意识能力，引导社会成员形成"去制度化"的思维模式，培养完善的人格体系。同时，他还认为，兴趣的产生是人根据生存环境和生存需要作出的评价与选择。重勘院在职工的文化建设上，引入了这一理论，关注职工内心，从兴趣出发，在互动反思中，让职工的内心需求与院的发展需求同步推进、共同进步。例如，在文体建设上，我们则将这些社团的组织权完全的交于了本院职工，每个团队根据实际情况制定了涉及人员组成、经费管理、训练组织等多个方面的管理办法，而新媒体——微信的介入则为团队的民主化管理提供了更大的空间，组建了十大 KC 微信平台：即 KC 跑步 1 群、KC 跑步 2 群、KC 美体、KC 游泳、KC 篮球、KC 足球、KC 乒乓球、KC 羽毛球、KC 管乐、KC 书香，实现了社团管理的全员化参与。

十大 KC 微信平台的建立，体现了我院"以文体促文化，以文化健思想，以思想促发展"的党建管理与研究的发展理念，践行了以体育、文艺建设为载体，提升职工人格思想境界为目的的党建文化建设的工作思路。一方面，将体育与思想政治工作相结合。基于习近平总书记"让人民群众在群众性的体育活动中达到对幸福生活的追求"的要求，和儒家六艺中以"射、御"修炼文质彬彬的人格境界的教育模式，我院提出了"创造新生活、提升生命质量、提高思想境界"的 KC 体育文化思路，将体育运动与思想建设工作结合，在强健体魄中康建思想，提升修养与品位。KC 跑步 1、2 群集结了我院跑步爱好者。原本 KC 跑步群只有一个，但是因为参加人数太多，后又增加了 KC 跑步 2 群。同时，KC 跑步 1 群还要求每月上传不少于 5 次，跑步的里程不少于 30 公里。为了激励职工跑步的激情与对所从事活动的专注度与持久度，我院还利用"咕咚"等新媒体跑步工具与微信结合，开展了"KC 健康快乐跑"等活动，将网络体育竞赛评比作为我院在线下举办的登山比赛等体育活动的补充与延伸，并每隔一段时间将参跑者在网络上生成的跑步成绩晒出来，排出

名次；KC美体旨在"美体、修心"，参与者在瑜伽等活动中静心、修生，让工作中的压力得到释放，从而以更加饱满的精神投入到生活与工作中。这也体现了天人合一思想境界的修炼理念，即内心与身体的修为直达与天地的和谐、统一。简单地说，就是将和谐情感的体验与人格的修炼相结合；KC篮球与KC足球在院篮球主力和足球主力的基础上建立，同时吸纳一些篮球和足球爱好者，每周定期训练，在管理上强调团体协作，这也是我院核心价值体系中最重要的一种思想。目前，这些团队在与城市、兄弟单位的比赛中均取得了优异的成绩；KC乒乓球、KC羽毛球作为我院的传统团队，有效锻炼了参与者技巧与应变能力；KC游泳虽然是今年组建的新团队，但是已经制定了有效的活动制度，团队成员管理有序。

将文化建设与思想政治建设相结合。习近平总书记指出："本领不是天生的，是要通过学习与实践来获得的。"读书便是学习的最好渠道。读书是提升生命质量的一件大事，读好了书能辨明是非、找寻到人生的方向。古人读书前要沐浴焚香，西安碑林博物馆中有不少的蒙学石刻，可见古人从孩童时期就极其重视读书的教育。我院职工大多数为理科生，他们有着非常好的专业技术知识，但是文化典籍的阅读量比较少。人文知识的汲取对人修养和视野的提升有着重要的作用，KC书香便应"势"而生。通过这个平台，职工间互相传递新书资讯、读书心得和自己看的好书，具有网络流动图书馆的类似功能；KC管乐的成立，不单为职工提供了乐器学习的机会，还在重大活动中展示了我院文化建设的成效。

（二）以新媒体体系化建设为依托，着力打造新型的干部管理信息交流平台。KC设计微信群，为院领导班子成员提供了一个及时、便捷的信息交流平台。KC群雄微信群，成员为院领导和全院中层干部，群中不仅有工作的讨论，更有每个人对生活的、人生的、资讯问题的思想交流，使得院领导与中干之间，中干与中干之间的关系更加温情，更加贴心，更加真切。同时，全院每一个部门、分院，甚至是班组也建立自己的微信群，内部交流的渠道更加便捷，也利于信息的分享与向心力的增强。我院基本实现了新媒体管理的全员化、体系化，形成了三个层面网络互动化管理的新型管理模式，即院领导层、中干层、群众层的互动管理。

（三）以新媒体话语思维为指导，建立互动性的工作合作关系。《说文解字》说："人，天地之性最贵者也"。《礼记·礼运》："人者，天地之心也"。处理好人之间的关系问题是搞好管理工作的关键之一，也直接体现了领导者的管理理念。我们常说要搞好干群关系，那么什么样的干群关系是好的关系呢？新媒体话语思维提供了一种新型的参考系，那就是建立以平等、尊重为原则，个性化与互动性有机结合的合作关系。在新媒体中，每个人可以讲述自己的观点与想法。有些职工在现实工作中比较内敛，但是在这个新媒体平台上，却充分的展示了某一方面的特质与专长。当他们感觉自我的价值得到体现与尊重后，对单位建设的认同感与参与度明显增强。同时，新媒体个性化的信息优势促进了职工文化建设的针对性和教育培养的个性化。此外，充分利用新媒体的优势，给予职工人格尊严与工作价值尊重的理念渗透到了管理的各个环节，在培育企业文化的同时关注了职工的志趣，注重其文化背景，尊重员工的价值和尊严，满足员工的物质和精神需要。员工感觉到被尊重、受重视，管理渠道更加畅通，促进了职工工作主动性和积极性的发挥。

二、以增强新媒体之下的市场竞争力为目标，加强宣传体系建设，有效提升单位的影响力

思想建设的目标在于发展力的提升，我院引入新媒体管理观念与宣传方式，以思想建设为抓手，全新的宣传模式为载体，全力提升单位实力。新媒体思维的观念特征是接纳与吸收，共存与协作，反映到工作上要求应变有素，担当有效，能运用战略思维、创新思维、辩证思维解决问题。面对新形势，新媒体给予我们的不仅是一种交际手段的创新，更是一种价值判断与实力辨别的革新，是一种在公开化的互动评价中提升单位竞争力的推动力。新媒体话语思维之下，我院不断挖潜聚能，加大打造KC品牌的工作力度。借力新媒体，不断加大传统媒体与新媒体的结合，线上与线下互动，构建了多元化、立体性的宣传模式。

（一）构建"两刊双网—微双箱"宣传模式。新媒体给予了一个可以较为自主地传递自己声音的平台，在宣传我院在发展进程中各类即时资讯的同时，也与兄弟单位形成良好的互动。目前，我院建立了"两刊双网—微双箱"的宣传模式，即两本刊物—重庆勘测和勘测之音，一个微信群—勘测之音微信群，两个网站—院内网网站，两个意见箱——传统意见箱与网络意见箱。实现了纸媒与新媒体的结合，有效地推进了宣传工作全方位、多向化的发展。以我院的自办刊物《勘测之音》为例，经历了十余年的传统纸媒形式之后，2014年，KC勘测之音微信平台正式运行，揭开了它新媒体时代的新的发展篇章。至此，《勘测之音》实现了纸媒、网页、手机三位一体、交互式发展的立体宣传模式。资讯与信息量更多，传播速度更快，覆盖面更广，互动性更强。

（二）借力新媒体做好科技产品的宣传。近年来，在新媒体的传播下，我院高科技产品的受众面不断扩大，在国外也产生了影响力。例如，我院曾经开展的便民地图服务周活动得到了重庆日报、重庆电视台、重庆晚报、重庆晨报、华龙网，还有《新加坡联合早报》的关注。不久前，我院利用无人机倾斜摄影及真三维建模技术，制作并发布的全国首例天地及室内外一体实景地图。得到了《人民日报》、《重庆日报》、央视网、新华网、凤凰网、重庆电视台等二十余家全国及地方新闻媒体的连续报道，引起了社会各界的广泛关注和强烈反响。

新媒体为我们提供了看世界的新视角与新思维，KC新媒体文化借力新媒体不单是一种技术上创新，更是一种在管理观念、思维、制度、办法等方面的革新，也为我院在党建思想建设的探索上提供了重要的理论依据与发展渠道。立足当下，放眼未来，"KC"还有很多事情可以做，还有很长的路可以走。我们希望秉承KC精神，立足KC新媒体文化，全力推进我院文化建院的发展战略思路，促进我院更好更快发展。

（作者单位：重庆市勘测院）

同舟共济　强企富家

河北建设勘察研究院有限公司

面对改制后的企业底子薄、实力弱、创业难的现实，河北建设勘察研究院有限公司大力培育具有河北建勘特色的企业文化，以"同舟共济、和谐共享、强企富家"的文化理念，引领和凝聚广大员工的智慧和力量，顺利完成由事业单位体制向现代企业制度的转变，并焕发出新的活力与生机。

一、长期积淀，精心培育，努力打造特色鲜明的企业文化

文化是历史的传承，先进的企业文化也是一个企业在长期发展过程中核心价值观、理念、情结的积淀和凝结，每一个企业由于发展历程和自身特点的不同，所形成的企业文化也不尽相同。企业文化必然渗透着自身独有的特征，成为这个企业全体员工共同认同、共同遵循、共同呵护的精神财富，成为推动企业持续发展的精神力量。

1953年建院至今，六十余年的岁月磨炼，造就了河北建勘人自强不息、坚韧不拔的性格，凝结了同舟共济、患难与共的情结，形成了与企业相持相依、荣辱与共的价值观。尤其是改企建制以后，作为一个员工持股的非国有性质的企业，面临激烈的市场竞争和生存发展的压力，公司党政领导愈发重视企业文化的重要作用，将企业文化建设放在企业发展的战略位置，纳入公司中长期发展规划，认真研究部署和推进落实。建立了由公司董事长（兼党委书记）亲自主抓，党工团组织协同负责，各部门及广大员工共同参与的工作机制，认真总结、提炼、创新、实践具有自身特色的企业文化，逐步形成了以"同舟共济、和谐共享、强企富家"为核心理念的"船"文化。

河北建勘的"船"文化，其本质就是共建共享的价值观，就是坚持"以人为本"，充分发挥员工在企业建设发展中的主体作用，使员工与企业成为利益共同体、责任共同体、情感共同体、命运共同体。凝聚和调动一切积极力量，推动企业发展，共享发展成果。这种文化既源自对集体主义精神、爱院爱岗意识等优良传统的继承和发扬，更是改制后企业特有的经济性质、股权结构、经营模式、发展思路所决定的，是集团自上而下所共同坚守的"不做一个人或几个人的企业，要做所有河北建勘人的企业"、"不图一时红火，要力建百年老院"的基本认识、共同追求和理想愿景所决定的。2011年在广泛征求意见的基础上编辑印发了《企业文化手册》。根据市场形势和公司发展状况，认真总结近年来在起企业文化建设方面的一些新的实践和认识，对《企业文化手册》进行了修订，进一步完善了企业的文化体系。

二、加强引导，认真宣贯，不断深化对企业文化的认同

为使河北建勘的"船"企业文化得到全体员工的广泛认同和自觉践行，成为共同意识和行为准则，并在实践和发展中得到进一步深化和提升，集团利用多样形式、从多个层面加强宣传，积极践行，使其落地生根。

一是充分利用培训、研讨、交流、征文等形式，大力宣传公司的文化理念，组织员工学习公司《企业文化手册》，持之以恒地进行传播、灌输、引导。利用企业文化宣传牌、员工胸卡标牌、标语口号、企业宣传册等有形的载体，营造良好的文化氛围，使每位员工对公司文化理念耳熟能详、入脑入心，自觉践行。

二是坚持开展形式多样的文化活动。近年来，认真部署和持续组织开展了"青年文明号"、"职工建家"、"职工书屋"、"文明食堂"等创建活动，多层次的技能培训、学术交流、岗位技能竞赛、"安康杯"安全生产竞赛、小改小革以及职工经济技术创新活动。保证责任文化、团队文化、创新文化、安全文化建设工作，有内容、有载体、有成效，呈现出生动活泼的局面。

三是加强制度建设，将无形的文化理念固化为有形的规章制度，将柔性的文化影响力转换成为刚性的制度约束力，用科学严格的制度引导规范全体员工的言行，维护企业的核心价值观。结合公司经营管理实际，每三年对公司各项规章制度进行一次全面的梳理和修订完善，不断加强对规章制度的培训、督导、检查，完善绩效考核机制，强化执行力建设，保证了各项工作规范有序、协调高效运行。

四是重视项目部文化建设，打造河北建勘特有的市场名片。项目部处在企业的最基层和市场的最前沿，具有野外施工、流动作业、条件艰苦的工作特点，做好项目部的文化建设工作尤为重要。近几年，我们一方面切实加强在项目部建设上的投入和管理，建立了规范的项目部形象建设标准，并统一了工装佩戴及现场的宣传栏、标识牌等，形成自身的特色，提升了企业形象和品牌。另一方面以"食堂管理规范化、集体宿舍标准化，健康保障常态化，文体活动普及化"为主要内容，在公司各项目部大力开展项目后勤保障"四提升"活动，既改善了员工工作生活条件，丰富了员工文化生活，增强了员工归属感，调动了员工积极性，也有力促进了各工程项目的顺利实施。

三、同舟共济，开拓进取，大力推进强企富家发展战略

多年来，河北建勘始终秉承"同舟共济、强企富家、和谐共享"的核心理念，以"建设国内一流的岩土工程集团，力建百年老院"为目标，坚持"以人为本、市场为先、制度为基、科技兴企"的经营方针和"规范、深化、创新、发展"的管理方针，不断强化"发展是硬道理，有效益是硬道理，拿回来是硬道理"的经营理念。大力弘扬"忠诚敬业，创新实干，团结奉献"的企业精神，同舟共济，开拓进取。企业综合实力显著增强，业务范围覆盖全国30个省市并打入国外市场，连续九年经营收入位居全国工程勘察设计单位前百名，以优质、高效、满意的服务赢得了良好社会信誉，"河北建勘"的企业品牌广受市场赞誉和认可。

公司认真贯彻落实全心全意依靠工人阶级办企业的指导方针，坚持民主管理、厂务公开、集体协商制度，充分尊重职工的主人翁地位，发挥职工的主体作用，维护职工的根本利益，保障职工的合法权益，不断提高职工物质文化生活水平，共享和谐发展的成果。积极改善职工工作条件和生活条件，不断提高员工收入水平，先后建立了内部医疗补助基金、退休补助基金和职工定期健康体检制度。主动帮助职工操办婚丧嫁娶事宜，尽力解决子女上学、个人住房等问题，积极开展为灾区、困难职工家庭进行募捐扶助的公益活动。形成了具有河北建勘特色的浓厚的"人情味"氛围，彰显了"同舟共济、强企富家、和谐共享"的企业文化理念，企业的凝聚力、向心力进一步增强。

（执笔人：周　勇　阮惠静）

构建和谐企业　工会大有作为

陈开霞　蔡旭红

和谐企业是指企业内部各个群体在公正的状态下良性互动，企业和诸多社会利益主体处于和谐共赢的循环中，整个企业安全运行、健康发展。越是改革发展，越要重视构建和谐企业。建筑施工企业要构建员工与员工之间的和谐、企业与外协队伍、业主、政府、环境等社会利益主体之间的和谐。企业工会既是党的意志的贯彻者、执行者，又是职工利益的代表者和维护者，作为企业联系员工的桥梁和纽带，保持企业和谐稳定发展有着义不容辞责任，而且应该大有作为。因此，必须找准工作定位、明确工作思路，抓住关键重点，建立和谐关系，发挥三项优势、实施和谐管理。

找准工作定位，明确工作思路

企业在适应经济新常态的改革中发生着变化，职工利益多元化成为重要特征。工会找准工作定位。构建和谐企业，是企业改革、发展和稳定的需要，更是实现职工群众根本利益的需要。在构建和谐企业的过程中，企业出台的各项政策措施，既要充分保障和反映全体企业职工的根本利益，又要考虑不同层面、不同方面职工的具体利益。在企业党委领导下的工会组织，应旗帜鲜明地维护职工的合法权益，由此确定在构建和谐企业中的基本工作思路。一是从服务对象的实际需求出发，明确工作目标。工会的服务对象是职工群众，以人为本就是以职工群众的愿望、需求和利益为本，努力提高职工的物质文化生活水平，努力满足职工的经济、政治和文化的需求。二是从工会独特的社会定位出发，发挥自身特色和优势。作为党领导下的工人阶级群众组织，工会建立了较为完善的工作机制，在化解矛盾、解决冲突方面有着得天独厚的条件和优势。抓住协调劳动关系这个关键，抓住以职工为本这个中心，充分发挥自身的作用和优势，工会就能够在建立和谐企业中大有作为。

抓住关键重点，建立和谐关系

推动构建和谐企业，工会要以"组织起来，切实维权"为工作主线，下大气力完善集体合同与民主管理两项制度，下大气力实施技术练兵创新、职工素质教育和"送温暖"三项工程，使职工的合法权益得到有效维护、职工的智慧得到充分发挥、职工的实际需求得到最大限度的满足。

做好集体合同和民主管理工作。集体合同涉及职工工资收入、劳动安全保护、女职工权益、劳动合同管理等，都是关系职工切身利益的重要问题。工会应坚持召开职代会，保障职工知情、参与和决策各项民主权利。经职工代表充分讨论，听取职工代表意见，对工资、绩效、投资等重大问题进行审议表决，实现企业的民主管理。加大厂务公开力度，增加民主管理透明度。在基层单位，应着重于工资、员工奖罚、招待费、原材料采购等重大问题，通过公示栏、职工大会等形式公开，取信于职工。

技能练兵创新和职工素质教育。技能练兵创新旨在推动企业科技创新，集中职工智慧、凝聚职工力量，提高企业的自主创新能力。职工素质教育旨在推进职工群众的知识化进程，工会应努力督促和协助企业，创造更多更好的条件，帮助职工提高科学文化水平和操作技能，有效提升职工的综合素质能力。

加大对困难职工的帮扶力度。工会的帮扶在两个方面，一是协助企业党政领导班子，监督和落实好针对困难职工群体的各项基本保障政策，让困难职工了解、掌握并充分享受到这些政策；二是科学配置和使用工会现有的帮扶资源，全力帮助困难职工解决技能、就医和子女就学等实际问题。帮扶工作应加强针对性，保证实效性，注意从强化保障体系薄弱环节入手，从职工群众最迫切需要帮助的地方入手。

发挥三项优势，实施和谐管理

发挥政治优势，加大职工维权力度。如果职工中发生的一些零散的、较小的利益矛盾不能得到及时化解，就有可能转化成较大的甚至有组织的群体对抗，造成矛盾升级，引发更大范围内的冲突。工会应从关心职工的生活入手，深入群众，掌握情况，把职工群众迫切需要帮助的重大问题作为议题，及时向企业党委、行政班子反映，从源头上解决涉及职工切身利益的问题，及时化解劳动纠纷和劳动争议，促进企业劳动关系和谐稳定。

发挥组织优势，保持职工队伍稳定。工会组织植根群众、来自群众，工会和职工保持着密切联系，职工的所思所想，工会组织应当都了解、清楚和关心。同时，企业必须加强工会的组织建设和思想建设，把思想过硬、坚持原则、公平正直、敢于为职工说话的职工充实进工会组织，为工会工作奠定牢固的群众基础，为企业公会创造良好的工作环境。

创造和谐工作环境。工会组织要发挥自身优势，为员工创造公平、公正、公开、机会均等的成长环境；建立和睦相处、稳定健康的人际环境；提供继续深造、全面发展的学习环境；培养充满活力、与时俱进的创新环境；打造优美、干净整洁的工作环境；形成丰富多彩、陶冶情操的乐享环境，把企业建成适宜员工健康成长、自由发展的生态系统。

(作者单位：重庆交建集团)

第三章
精神文明创建篇

第三章
诗与小说文化史

积极推进住建系统精神文明建设初探

叶雪清

住房城乡建设系统精神文明建设工作融入新常态，把握新要求，需要从"信"开始，增强工作信心、强化信息意识、加强信用建设，展示精神文明建设新成果，树立行业文明新形象。

一、进一步借势借力作为，统筹推进

一是有机结合党建工作。借势党风廉政建设紧抓不放、党风作风有序回归，根据党的群众路线教育实践活动、"三严三实"专题教育、"两学一做"学习教育要求，有机结合中国好人、道德模范等评选活动，思考谋划住建系统精神文明建设，组织先进典型事迹报告会，设立劳模示范岗，举办劳模大讲堂，深入建筑工地、保障房、物业服务、市容环卫一线开展困难帮扶慰问等。二是主动协调业务主管部门。中共中央、国务院印发《关于进一步加强城市规划建设管理工作的若干意见》，提出"新建住宅要推广街区制"，住建部及时进行了政策解读和社会回应，这种主动发声机制应进一步总结推广，逐步形成"管行业、管文明"的思想意识和工作机制，齐抓共管，形成合力，虚功做实，统筹推进。深入城市执法体制改革，改进城市管理工作，切实提升文明执法社会形象。在国家生态园林城市、无障碍建设市县、美丽宜居小镇（村庄）示范、名镇名村示范等评选中和表彰后，在中央电视台、住建部门户网站播放相关专题视频，扩大知晓度、美誉度。不能仅仅是发文布置、验收考核、通报表彰。三是积极争取相关单位支持。借力宣传部、文明办及工、青、妇等单位，在争取更多表彰名额指标的同时，利用评比表彰的政策规定，推动行业发展。对通过其他单位、多种途径申报、选树的本系统典型要一视同仁，同样宣传，进一步凝聚行业的向心力、展示行业的精气神。

二、进一步加大工作力度，提效增质

一是叫响住建人在新形势下的行业口号。住房城乡建设系统点多、线长、面广，涉及城乡规划、建设、房地产业、建筑业、公积金、市政园林、市容城管、勘察设计、住房保障等行业和领域，要借鉴"微笑服务、温馨交通"等方面的经验，总结提炼住建系统行业精神，叫响住建人的口号，引领全行业又好又快发展。二是树立系统监管的行业权威。在做好保障性安居工程建设、房地产市场调控等重点工作基础上，要在新型城镇化、工程标准、智慧城市、绿色建筑、工程质量、物业管理服务等领域树立行业权威，积极作为，充分展现中央决策部署在住建系统的生动实践。特别是对不易出政绩、容易被忽视但却与群众生活、生命财产紧密相关的事项，加强顶层设计，多出一些"眼下看不见"的政绩。比如，对 2004 版《城市危险房屋管理规定》进行再次修订颁布，明确职责分工，加强房屋全寿命周期监管，避免发生垮塌事故后再开展安全隐患大排查的被动局面。三是强化简政放权的行业服务。进一步强化服务意识，简政放权、政务公开，委托下放物业服务、房地产开发、建筑施工等企业资质和各类从业人员资格审批权限，实施电子审批、远程打印，减少服务对象的报批成本。建立实行"双随机"抽查机制，随机抽取检查对象、随机选派执法检查人员，切实加强和规范事中事后监管。

三、进一步强化信息意识，掌握主动

当前一些部门存在的"数据小农意识"，信息孤岛频现，政府社会治理水平明显受制。一是正视大数据、互联网对行政管理工作转型的倒逼作用。大数据很忠诚，它真实记录人们的每个足迹，深藏功与名；大数据很任性，它的分析有根有据，拒绝流言蜚语；大数据很友好，它提供各种权威参考，助力各项改革发展，已经成为政府改革、转型的技术支撑和倒逼机制。机关行政管理人员岗位的轮换、业务的交接，不再仅局限于相关资料的拷贝，还应该包括相关业务信息管理系统用户名、密码的交接与更改。要搭乘"互联网＋"的快车，依托微信、微博、大数据、云推送等新媒体新技术平台，深耕精神文明网络阵地。要学习借鉴电信、银行业经验，同步推进业务平台建设，强化政策措施的技术支撑，增加政策措施实时执行的可操作性。二是自上而下带动信息平台的开发使用。信息系统使用的规模越大，越能体现和发挥高效、及时、准确的优势。区别于属地管理、基层推荐、经验出自一线等自下而上的日常思路，信息系统的开发更强调顶层设计、自上而下、统一平台。否则，重复开发浪费，产生信息孤岛，之后再行整合，费时费力费钱，还是效果欠佳。切实加快电子审批，来换得企业、群众办事的"爽"，全过程留痕迹，全方位可追责，实现"权在用、云在看"；建立全国性的公积金、建筑业、保障房、房产交易、维修资金监管信息系统，减少层层报数据、疲于应付的状态；建立企业、人员数据库，能够实时掌握变化情况，也为实施"双随机"抽查创设基础性条件。落实政务公开的要求，做好内网与外网的衔接，实现内网到外网的一键通。对纪委、组织部和司法部门做好资源共享，开放使用端口、实现一网通，明确安全防护、端口操作要求。三是丰富更新门户网站的信息内容。增设精神文明建设相关专栏，发布文明行业标准、创建工作动态、先进典型公示公告、网络投票平台等。同时，持续充实更新典型事迹材料。不管从哪个渠道申报、选树，不论身份、性质、规模，不区分在编人员、农民工，只要是住建行业的人员、单位，其典型事迹都应在门户网站及时发布，发挥典型的标杆引领作用。要高度重视网站内容的及时更新，特别是与群众密切关联的"办事大厅"，不能出现"僵尸"信息，不能与现行的政策规定相违背，不能给行业文明"脸面"抹黑。四是播放公益广告。加强与宣传部、文明办及电视台的沟通协作，制作节约用水、安全用气、垃圾分类、绿色建筑、海绵城市等方面的专题公益广告，并在电视台、住建部门门户网站长期播出。

四、进一步加强信用建设，引领风尚

积极建设"构建诚信、惩戒失信"合作备忘录，建立失信惩戒"黑名单"，公布"红黑榜"、搭建征信共享"大平台"。开展诚信文化"大宣传"，构筑共防共治的信用体系，推动形成不想失信、不能失信、不敢失信的社会氛围和制度环境。协调金融、担保机构，探索试点"信誉贷款"，在"好人"遇有困难时给予金融优惠贷款，对"好企业"在招投标、建筑施工中减免各种保证金，助力创业创新，提升典型的获得感和吸引力。

（作者单位：安徽省住房城乡建设厅）

关于推进建设交通行业公共服务进社区提升文明创建水平的研究报告

杭财宝

公共服务进社区，是保障和改善民生、增进人民福祉、确保社会共同享受改革发展成果的重要形式，是提升精神文明创建水平、践行党的群众路线教育实践活动的坚实载体。上海的行业创建体系中，建设交通系统有22个窗口行业，分布在交通、绿化、环卫、水务、房管、燃气等领域，占据全市总量的"半壁江山"。一方面，这些行业多数是维系城市日常运行的基础性、服务性、公益性行业，承担着为社区居民提供公共服务的重要任务。另一方面，由于这些行业具有公益性、地域性的特点，因而存在市场化竞争相对不足的特点，更需要我们各行业自我加压，在完善服务内容、开展服务创新方面，倾注更多努力。

一、建设交通行业在文明创建活动中开展公共服务进社区的初步探索

（一）以同创共建形式探索公共服务进社区

1994年，为全面落实上海市委、市政府提出的"提高城市文明程度，提高市民文明素养"的要求，市文明办联合市交办、虹桥机场等单位，围绕空港社区同创共建的总目标以及"有事共协商、难题共探讨、顽症共治理、信息共交流、风险共承担、成果共享受"的"六共原则"，坚持聚焦旅客利益，创新不相隶属单位合作共赢的体制机制；坚持在同创共建文明航空港活动中，注重条与块、条与条之间的紧密衔接；坚持以问题和旅客需求为导向，多手段持续不断抓好存在问题的改进。

（二）以共创联建形式探索公共服务进社区

2009年以来，由市文明办指导，长宁区文明委牵头，实施了"西大门共创联建"工作，打破了部门、条块"各自为政"的传统格局，形成条块结合、块块结合，政府、企业、社会良性互动的城市管理新模式。在"西大门共创联建"工作中，搭建联建平台，形成区域内各要素沟通联动的管理机制。将市文明办、长宁区、闵行区、虹桥机场公司、市建交委、上海申通地铁公司等37家单位列入成员单位范畴，使项目的制定、开展、监督、评价都能在这一平台上完成，提高了工作的效率，解决了一批原本难以解决的问题。同时，围绕项目运作，重点突破提升区域治理水平。以项目为抓手，多方"协同作战"，顺利推进了包括"延安西路桥荫绿化整治工程"、"虹桥开发区和古北新区设双语标识系统"、

"动物园虹桥大门改造工程"等在内的多个项目。

(三) 以党建联建形式探索公共服务进社区

城市管理领域各行业与社区市民生产生活紧密联系，是民生问题比较集中、社会矛盾比较突出、瓶颈难题比较多的地方。民生的难题正是党建联建的着力点和落脚点，通过发挥党的统筹协调优势，把"条上"的行政行业管理优势与"块上"的地域组织优势结合起来，把基层党建与解决群众最关心的问题结合起来，推动条块联手、各方参与，实实在在为群众做好事、办实事、解难事。

比如，闸北区临汾社区在党建联建中，针对城管执法部门治标不治本的难题，通过联手为弱势群体提供技能培训，帮助联系就业岗位，从源头上解决设摊人的生活来源问题。又如，在社区物业管理党建联建中，明确社区党组织积极参与业委会的组建和换届，建立了信息沟通和问题协调解决机制，着力推进和谐小区建设。在工地党建联建中，申通地铁集团党组织、施工单位与社区三个层面结对签约，形成建设施工单位与地区党组织、社区群众工作的良性互动。

(四) 以专项服务形式探索公共服务进社区

自2006年起，上海市燃气管理处牵头组织燃气行业开展"燃气安全示范社区"创建活动，以燃气企业和当地街道（乡、镇）为核心，以居委会和物业管理部门为基础，利用社区渠道落实燃气安全的各项有效措施。燃气行业管理部门、燃气企业通过与当地的街道结对共建的形式，充分整合利用资源，增强相互的沟通联系，齐心协力共同营造和谐、平安的供气用气环境。

(五) 以联通联动形式探索公共服务进社区

上海邮政公司以邮政企业与地方文明办对接、同创共建为渠道，着眼民生问题和精神文明建设，通过邮政便民服务进社区，实践和推进公共服务进社区活动。首先是加强联通，寻找到"公共服务进社区"的载体：履行职责、服务社区民生需求；搭建平台，服务地方创建需求；关注热点，服务构建和谐社会需要。其次是促进联动，上海邮政以关注民生需求为重点，依托企业优势资源，联动地方政府、联动社区、街镇，形成了以代理金融专业资源、以先进劳模为主体为社区群众提供亲情服务、试点"为老"服务这三项特色活动。

二、建设交通行业在文明创建活动中开展公共服务进社区活动试点情况

2013年下半年以来，按照党的十八大和十八届三中全会提出的推进国家治理体系现代化的要求，结合住房城乡建设部2013年10月在推广山西省太原市城乡管委"市政公用服务进社区"的经验，及市委一号课题创新社会治理、加强基层建设的部署，市建设交通工作党委牵头，立足系统行业特点，从着眼于推动新一轮文明创建工作出发，在文明创建活动中推动公共服务进社区试点工作。

（一）市级层面深入开展调查研究，统筹策划推进试点

1. 制订试点活动方案。在前期充分调研和广泛征求市文明办及行业意见的基础上，制定《关于在建设交通系统试点开展公共服务进社区活动的实施方案》，于2014年1月以市文明办和市建设交通系统文明委的名义联合下发各行业和区县文明办，具体指导活动的开展。一是明确了试点行业和区域。试点行业包括供水、燃气、市政道路（公路）、绿化、环卫等5个行业及城管执法系统，试点区域涉及黄浦、长宁、金山等10个行政区的21个街镇、35个物业小区。二是明确了活动试点方式。各行业、各区文明办确定试点物业小区后，相关企业与社区、居委签署合作协议。社区、居委了解居民对行业的要求，向行业、企业提出需求清单；行业、企业细化服务项目和内容，确保服务措施扎实有效。

2. 建立健全组织推进机制。市文明办和市建设交通系统文明委作为牵头单位，制定实施方案，具体指导试点活动的开展；建立工作网络，协调落实各级联络表，确定活动具体参与人员；建立工作例会制度，定期通报活动进展情况，部署阶段性重点工作；建立了市区两级协调推进机制。

3. 搭建热线联动平台和信息沟通平台。市房管局物业管理事务中心按照"公共服务进社区"活动要求，利用住宅物业网（www.962121.net），开辟了公共服务进社区专栏。各行业运用公共服务进社区专栏，进行行业热线对接。比如，市燃气处牵头"962777"热线与"962121"热线的对接，市路政局推动"12122"路政服务热线和"962121"物业服务热线两大平台的信息服务对接。

4. 制定三年行动实施意见。在试点实践和课题研究的基础上，2014年初形成了《上海市建设交通系统公共服务进社区三年行动实施意见（2014—2017）（征求意见稿）》，通过不断修改完善，以市文明办、市建设交通工作党委的名义下发，成为行业文明创建的重要指导性文件。

（二）各行业落实总体部署，结合实际开展试点工作

1. 制订具有行业特点的试点方案。市燃气管理处和市政道路（公路）服务行业分别制定并下发《上海市燃气行业"公共服务进社区"主题活动试点方案》和《上海市政道路（公路）服务行业"公共服务进社区"活动指导意见》，明确了综合服务类、咨询受理类、宣传共建类、志愿服务类等四大类内容组成，共计十二项。

2. 开展了与试点社区的共建签约。在各区文明办和行业的牵头下，各行业按照各自的试点方案，相关企业普遍与各区试点小区签署合作协议。比如南汇自来水公司与桃源社区、康桥半岛社区、中邦居民区签订了共建协议，建立社区用水设施问题联动处置服务机制和双向协作沟通机制。

3. 初步形成了一批工作项目。各行业结合实际，与试点小区共同商量，提出并实施了进社区的服务项目。比如，金山自来水公司、金山新城自来水公司推出了"深化社区服务点制度开展按需服务、聚焦用水急难愁事儿改困服务、坚持对爱心服务卡用户提供上门服务、开展二次供水问题配合解决联动处置服务、协助物业企业提高供水安全保障跨前服务"的五项服务内容。

4. 解决了一批试点小区的实际困难。在试点推进中，除了宣传讲座、咨询培训、示范

试点等普遍做法外，还根据不同社区提出的具体需求，根据行业服务能力，提供针对性的服务。比如，黄浦区绿化管理部门对黄浦新苑小区内的香樟、无患子等树上发生的病虫害情况进行会诊，指导绿化养护公司制定防治方案，在适宜时间喷洒药水防治。

5.行业管理部门加强调研督促持续推进试点。一些行业管理部门组织基层单位与社区进行签约共建、确定基本服务项目后，坚持加强指导调研，加强督促落实，持续推进不放松。比如，市燃气管理处结合燃气安全服务巡访工作，走访了燃气行业"公共服务进社区"活动试点区域，现场检查了相关企业的部分燃气服务窗口情况，结合以往开展"燃气安全进社区"活动经验和居民实际需求大胆创新服务形式、内容，探索解决问题的有效途径，形成可推广复制的"公共服务进社区"工作机制。

三、推进公共服务进社区，进一步提升文明创建水平的目标、任务和措施

公共服务进社区活动要坚持"以人为本，执政为民"理念；建立高效顺畅管用的工作平台；具有积极主动、奋发有为、攻坚克难的精神状态，采取坚决有力的措施，扎扎实实地把开展公共服务进社区活动引向深入。

（一）开展公共服务进社区活动的主要目标

1.提高行业公共服务质量水平。通过建设交通行业公共服务进社区活动，下移管理服务重心，加强条块共建、条条共建，弥补服务缝隙，实现服务范围、服务内容、服务时间的全覆盖，服务承诺、服务信息全公开，切实落实服务举措，快速解决社区居民急难愁。

2.推进行业公共服务融入基层社会治理体系。在继续强化党组织和政府主管部门发挥合理功能作用的同时，推动公共服务参与各方主动融入区域社会治理体系，构建居民委员会、社区社会组织、驻区单位与企业、社会团体、社工与志愿者、社区群众等多元社会力量共同参与的基层社会治理体系。

3.提高行业公共服务参与社会治理的能力。通过开展公共服务进社区活动，发动各方同创共建，促进行业管理与服务创新，努力提高行业服务社区基层和参与社会治理的能力和水平，增强满足人民群众日益增长需求的能力。

（二）开展公共服务进社区活动的主要任务

1.持续推动服务管理重心下移。坚持城市管理重心下移，着力做实街镇社区综合治理。把市、区两级党建联建、同创共建的经验下移至街镇社区层面，以区域化党建、扁平化管理、联动式发展促进社会治理创新。

2.形成具有各行业特点的服务项目。供水、绿化、环卫、燃气、路政、快递、邮政等各行业，基础情况有共性但也有很大差异，与社区居民的密切程度也不同，比如绿化行业主要是解决病虫害会诊、绿化遮挡采光通风等问题，供水行业主要解决"二次供水"、对物业服务企业缺乏水务专业能力提供支撑等问题。因此在实践中逐步探索形成服务项目清单、问题解决机制等。

3.形成清晰有效的多元解决方式。通过协调方式，主要解决行业结合部问题，行业之

间在服务边界上有交叉，也有空白点，通过有效的协调机制，弥补行业缝隙，解决民生问题。通过协商方式，主要解决政府单方管理效果不理想的顽症问题，探索通过引入行业共治力量，共同协商形成解决方案。通过协同方式，主要解决需要社会参与，共同治理的问题。

4.形成社区综合治理协调机制。发挥社区街镇党组织的核心作用，以党建联建等方式整合不同类型、不同层级的单位、组织和个体的力量。发挥社会组织的民间自治互助优势，充分激活社区治理活力。

5.打造高效的信息化管理服务平台。依托物业管理中心的"962121"服务热线，与各行业热线对接，打通"12345"市民热线、"12319"城建服务热线的对接流转通道，建立信息技术平台，实现小区社区事务一口受理，内部分转派单，专业上门处置、回访反馈评价等目标，为物业企业提供全方位专业技术支撑。

（三）开展公共服务进社区活动的主要措施

1.以项目建设为基础，突出文明创建理念。一是行业服务项目对接居民现实需求。公共服务行业着眼于自身发展和社区需求实际，以项目清单的模式，向居民公示服务项目。既要有长期性的服务举措，也要有限期完成的实事工程。如二次供水改造工作的落实，还有易积水地区的市政排水设施改造亟须整体加快推进等。二是行业文明创建结合社区文明建设。要结合文明行业、文明社区、文明小区创建工作，以项目建设为纽带，形成行业创建与社区创建的联动。要弘扬绿色、节能、环保、低碳、和谐等理念，推进"和谐小区"、"绿色环保小区"、"诚信小区"、"安全小区"等建设，聚焦群租、违法搭建、消防安全、宠物扰民、偷气窃电、小区停车等社会热点和民生问题，完善小区管理，体现行业社会责任，促进邻里和睦。

2.以机制建设为目的，创新社区治理方式。一是进一步完善社会公众参与机制。发挥社区治理多元主体的积极性，促进社区共治与居民自治良性互动。二是进一步完善法治的保障机制。广泛应用市政府关于加强住宅小区综合治理专项调研成果，理顺健全行业管理体制。通过建立完善一整套规章制度，为社会治理多元主体提供清晰的行为准则。三是进一步加大资金投入保障力度。行业企业加大对基层服务设施建设管理的资金投入，探索进行公共服务市场化改革，拓展多元资金投入渠道。设立社区治理公共基金，发挥资金最大效应，确保社区公共服务产品所需经费的可持续增长。四是进一步发挥双向评价的激励机制。文明行业和文明社区、文明小区创建互动互评，实现条与块的良性互动。通过公共服务进社区，将行业诚信与个人诚信建设结合起来，形成合理有效的诚信惩戒机制，引导公民良好行为的养成。

3.以平台建设为抓手，提高公共服务效率。一是构建高效的工作协调平台。重心下移，提高工作效率，降低协调层级。在"两级政府、三级管理、四级网络"的架构下，建立多层级协调平台，如"社区委员会"、"社会共治委员会"等制度架构，重点依托街道社区综合服务管理平台，在基层实现行业资源与社区力量的有效整合。建立健全区域化党建组织体系，形成社区公共事务管理的微循环、自循环。二是做实做强与网格化融合的"962121"物业服务热线平台。依托"962121"物业服务热线，发挥其物业管理数据库优势，建立与各公共服务行业热线的后台对接，实现小区社区事务一口受理，内部分转派单,专业上门处置、回访反馈评价等目标,把面向群众的服务扁平化,提高服务管理效能,实现公共资源利用最大化。三是加强规范化管理,建立责任监督机制。根据公共服务进社区的实施项目及服务承诺,注重标准化建设,形成相对固定的处置流程和处置模式。设立监督评估机制,社区居民对服务事项的测评将直接影响责任单位和责任人的年终考评。

4.以顶层设计为重点,加强对公共服务进社区活动的过程指导。一是明确各级部门的领导责任。市级行业主管部门要组织指导本行业积极参与,负责统筹安排各服务单位开展各项工作,各行业要把公共服务进社区活动列为行业文明创建工作的重要内容。服务企业要突出公共服务属性,注重社会效益,以优质服务和文明形象展现社会责任。二是明确完善配套工作制度。建立定期交流沟通制度,及时反馈热点难点问题,通报活动开展情况,协调解决重大事件。形成信息报送发布制度,及时交流各地区有益做法和先进经验,反映社区民意。三是明确活动开展路径。行业可以选择部分社会组织发育比较充分的社区街道开展试点,四是加强活动过程中的宣传教育。通过多种形式、抓手和载体,积极壮大主流思想舆论阵地,强化正面引导和正能量传播,营造良好活动氛围。五是通过三年行动实践,创新完善公共服务进社区开展同创共建的体制机制。制定完善《上海市建设交通系统公共服务进社区三年行动实施意见(2014—2017年)》,指导行业文明创建拓展新领域、提升新内涵。通过实施三年行动,使建设交通系统公共服务行业在社区建设、社会治理领域发挥更大的作用。

(作者单位:上海市建设交通系统思想政治工作研究会)

以文明创建为载体　全面提升行业服务水平

上海市绿化和市容管理局

党的十八大以来,上海绿化市容行业认真学习贯彻党的十八大和习近平总书记系列重要讲话精神,坚持围绕中心、服务大局的指导思想,以行业文明创建为有效载体,加快推进行业的软硬件建设,不断提高公共服务能力,全力提升行业队伍整体素质,公厕管理与服务行业创建成为"上海市文明行业",道路保洁和垃圾清运行业被命名为"上海市规范服务达标先进行业",文明创建工作取得了新成效,跨上了新台阶。

公厕行业注重软硬件提升,成功创建文明行业

公厕管理与服务行业既是市容环卫行业的主要服务窗口,也是代表城市形象和体现城市文明程度的重要标志。2011年,上海公厕管理与服务行业被命名为"上海市规范服务达标先进行业"后,上海的公厕建设和管理水平继续不断地向上提升,2015年成功地创建成为上海市文明行业。

一是完善创建机制,形成创建工作合力。公厕行业主管部门和各区县绿化市容管理部门相继成立了创建工作领导小组,形成了由市、行业职能部门、以及区(县)绿化市容管理部门构成的三级创建组织网络,并先后发布了《上海市绿化和市容管理局关于开展公共厕所规范化建设的实施意见》等一系列规范性文件,全市每季召开市区分管局长和业务部门领导参加的工作会议,部署和指导创建工作,确保创建工作的层层组织落实。2015年7月,市绿化市容局、市文明办、市商务委、市交通委和市旅游局联合下发了《关于加强本市窗口行业公厕管理服务提升窗口文明形象的通知》,拟三年内基本建成"设施设备标准化、服务流程规范化、服务细节人性化、服务质量优质化"的窗口行业公共厕所服务体系,通过建立健全定期沟通、信息共享、联合检查等机制,共同推进社会公厕的规范管理。

二是强化人性化服务,提高市民满意程度。公厕行业推动科技便民,开发了"上海公厕指南"APP导厕软件,使市民用厕更便捷;在公厕内安装报警系统、用厕告知信息系统,使市民如厕更安心。公厕行业关注特殊人群需求,在公厕内配置无障碍通道1456条、无障碍厕间1861个,以及"方便凳"488个。公厕行业完善便民措施,在专人看管的环卫公厕内配置便民服务箱、洗手液(皂)、应急卫生纸等,为市民提供租借雨伞、设立休息区、延长公厕服务时间等。公厕行业加强应急保障能力建设,在全市配备16组拖动式应急厕所和58组拉壁式应急厕所,应急厕位达到620个,满足重大节日及活动的应急需求。稳步推进环卫公厕建设管理,通过新建改建,优化公厕建设布局,合理调整公厕设置等级结构,适当调整公厕男女厕位比。加快推进第三卫生间配建工作。对目前确有改造困难的

公厕，采取增设婴儿翻板、低位便池等设施。争取2016年年底，本市一、二类环卫公厕第三卫生间的配置比例逐步提高，中心城区达到10%、郊区达到8%。

三是发挥先进典型的示范作用，形成行业价值理念。公厕行业加强全行业服务人员的职业技能和规范服务的定期培训，努力提升服务人员的思想道德和技能素质。加强行业服务先进典型的培育和塑造，总结和树立了李影同志的先进典型，下发了《关于开展向全国道德模范李影同志学习活动的通知》，组织开展"明星带群星"主题活动，推动行业价值理念逐步形成。组织开展"市民最满意公厕"和"最美保洁员"评选活动。评选出多伦路25号公厕、武胜路10号公厕等10座"市民最满意公厕"；评选出曹锦、朱文娟等10位"最美保洁员"。大力宣传和弘扬先进典型的服务理念和职业精神，依托党建平台开展行业劳动竞赛，组织开展环卫保洁行业核心价值观大讨论和先进人物选树活动，发挥先进区县、先进班组和优秀个人的示范引领效应，提升上海市容环卫行业的总体形象，不断深化行业服务品牌建设。

道路保洁与垃圾清运行业坚持夯实发展基础，推动持续发展

上海道路保洁与垃圾清运行业曾经长期处于全市窗口行业社会公众满意度测评排名偏后的被动局面，世博会期间服务水平跨上了一个大台阶。在此基础上，道路保洁与垃圾清运行业坚持以文明行业创建为抓手，推动行业持续发展。

一是规范管理，突破瓶颈。全面建立道路保洁"一路一档"，各区（县）将道路保洁路段、等级、服务时间、保洁标准、操作规范等"一路一档"信息在区（县）门户网站及班组道班房等处予以公布，接受市民监督。因"路"制宜，针对不同道路问题类型"量身定制"保洁方案。如对于乱设摊、夜排档造成的油污道路，根据设摊时间调整作业时间，集中清除路面垃圾，再安排高压冲洗车进行路面冲洗，定期组织人员使用烧碱冲刷油污路面。在居民区内垃圾箱房上公示作业单位、清运时间、清运频次等内容，做到车走地净。

二是加强检查，督促整改。重点对作业班组的作业规范、服务礼仪、便民承诺、服务质量进行监督检查，实行市级质监部门季度查、区级质监部门月度查、作业公司半月查、班组每周查的四级检查机制。根据新完善的《上海市生活垃圾清运作业服务规范》，每月抽查各区（县）清运作业车辆10辆，对"跑"、"冒"、"滴"、"漏"等顽疾问题重点督查。加强中小道路环境污染的治理，问题道路解决率达到80%。指导各区县管理部门加强中小道路专项整治，及时做好整改工作，确保全市道路整洁优良率达到93%。

三是固化措施，落实长效。开展垃圾清运专项整治，强化垃圾清运作业规范，有效减少清运车辆垃圾拖挂、跑冒滴漏和清运作业扰民现象。加强垃圾箱房管理，督促落实垃圾箱房"六定"制度，垃圾箱房优良率达到90%。开展环卫作业、渣土运输车辆车容车貌竞赛活动，强化环卫车辆保洁制度落实，做到"脏车不出门、脏车不上路"，确保全年清运车辆检查平均得分90分以上。综合运用各类媒体资源围绕行业特色开展集中宣传，以世界水日、节水周、环卫工人日等为契机开展主题宣传活动，深化宣传品牌效应；以技能比武、先进评优、编撰《环卫群英谱》等活动和工作为载体，彰显行业风采；以推广道路保洁管理宣传片为途径，普及文明窗口标准化培训；以现场宣传、主题研讨、各类表彰发布等形式，推广便民措施，展示创建成果、不断扩大文明行业创建的社会影响力。

建章立制综合施策，整治重点道路扬尘污染初显成效

近年来，本市空气质量形势日益严峻，根据上海市环保局研究结果，上海市 PM2.5 来源中，本地污染排放影响占 64%～84%，其中，扬尘占 13.4%。可见，道路扬尘污染是空气污染的来源之一，不仅影响了本市的空气质量，也给上海这座国际大都市的城市形象带来了负面效应。因此，道路扬尘污染防治不仅意义重大，而且刻不容缓。

一是建立联席会议，明确节点目标。根据市政府专题会议精神，成立市级层面的联席工作会议，由蒋卓庆副市长担任第一召集人，黄融副秘书长以及市绿化市容局、市环保局主要负责同志任召集人，成员包括市环保局、市绿化和市容管理局、市住建委、市交通委、市公安局和市城管执法局等 6 个市级管理部门和 16 个区（县）政府分管领导。联席会议的成立，为统筹全市道路扬尘污染防治工作奠定了组织基础。

二是制定考核办法，提升装备水平。联席办在征求六个委办局意见的基础上，制订了《2016 年上海市道路扬尘污染防治工作考核办法》，明确了道路扬尘污染防治工作的考核标准和细则，进一步完善了对码头、堆场等场所的监督评价办法，为加强源头管控提供了有效依据。在认真分析本市城市道路机械化保洁现状的基础上，联席办制定了《关于全面提升道路机械装备水平的实施方案》，会同 16 个区（县）完成全市道路保洁车辆的增配统计工作，并研制出台了相关补贴政策。

三是推动市区联动，强化属地责任。市环保局发布了扬尘监测技术规范。市住建委、市交通委加快相关行业扬尘监测设备安装工作，目前新建工地已基本完成在线扬尘监测设备的全覆盖，码头、堆场等易产生扬尘场所监测设备安装工作也在积极推进之中。市绿化市容局加强道路保洁管理，督促道路保洁作业单位增加道路机械化清扫、冲洗频次，提升道路保洁水平；同时加强对渣土运输车辆的监督管理，推进所有渣土运输企业与委托方签订绿色运输协议，并上网公示。市公安局、市城管执法局加大执法力度，开展了道路扬尘治理防治专项执法检查。目前，静安区、普陀区、浦东新区等 11 个区县参照市联席会议架构，成立区县道路扬尘污染防治组织机构，切实履行道路扬尘污染防治监管责任，其余区县正在加紧成立。针对扬尘污染持续时间长、市民反映强烈的路段，全市 16 个区县总计排摸出 19 条扬尘治理重点道路，这些道路周边施工工地较多，渣土车、搅拌车等工程车辆来往较为频繁。各区县根据自身实际情况，制定辖区道路扬尘整治方案，不断研究、完善"一路一策"，落实重点道路整治工作。各区县采取加强沿线渣土运输车辆的全程监管、加大保洁和机械化冲洗力度、加强道路红线内、外绿化种植和养护管理等措施，军工路、北翟路、龙吴路等扬尘重点道路的治理初见成效。

四是加大技术投入，实现科学监管。目前，由市环保局牵头，初步完成扬尘在线手机 APP 的开发工作。根据平台接入情况统计，截至 4 月 30 日，本市扬尘在线监测点总数已达到 846 个。其中，建筑工地 465 个，搅拌站 104 个，道路 105 个，码头堆场 24 个。全市扬尘源头点位均已有效纳入在线监测范围。各区县相关管理部门通过采用科技手段，实时监测道路扬尘状况，并根据污染情况及突发状况，启动应急预案，落实降尘防治措施。

总结基本经验，再创两个文明新业绩

上海市绿化市容行业的文明创建工作之所以能够取得较好的工作成效，主要有以下四个方面的基本经验和体会：

一是行业各单位把两个文明建设作为一种自觉追求。

各级管理部门和行业单位将文明创建工作纳入到党政领导的重要议事日程，健全了领导机构和组织网络，完善了工作运行机制，文明创建工作进一步做到了思想到位、组织到位、制度到位、措施到位和保障到位。

二是开展文明单位、文明窗口系列创建活动夯实了创建工作基础。

全市在"行业、单位、班组"三个层面构建创建载体，坚持开展"文明公厕"、"文明保洁班组"、"文明单位"等基础性的创建活动。市级文明单位的数量逐年提升，局级文明单位在直属单位中实现了创建全覆盖，并在行业协会下属的"两新组织"中进行稳步探索，"文明公厕"的创建成功率已超过90%。

三是行业文化建设为文明创建提供理念支撑和价值导向。

在政府机关、行业单位大讨论的基础上，归纳提炼的绿化市容行业的"使命、愿景、精神和作风"，形成了行业文化核心价值体系。行业各单位在社会主义核心价值观的指导下，不断提炼总结单位核心价值观，使各个单位的核心价值理念成为职工群众共同的价值取向。通过联建交流、文化研讨、风采展示和追梦圆梦演讲等各类活动和载体，进一步达成共识，推动行业取得新发展。

四是聚焦重点创新方法为文明创建工作注入新的活力。

各级管理部门和行业单位根据改革发展新形势、文明创建新目标和社会市民新需求，着力于理念创新、思路创新、方法创新和制度创新，使文明行业与经济发展的新常态、与科技信息化发展的新趋势、与社会市民对公共服务的新需求更好地相适应、相结合，使文明行业创建工作能够常抓常新，不断呈现新的活力。

文明行业创建只有起点，没有终点。上海绿化市容行业要以更高目标为追求，再创两个文明新业绩。要以社会主义核心价值观为灵魂、为统领，继续深化拓展行业基本价值理念，坚持以社会市民满意为目标，坚持在重实际、务实功上求实效，坚持在聚焦和突破难题瓶颈上下功夫，坚持在形成和创造行业特色上做文章，进一步创新和完善工作机制，进一步扩大和动员社会参与，进一步整合和利用社会资源，进一步深化和落实创建举措，继续保持抓铁有痕的力度和一抓到底的韧劲，推动文明创建和行业建设实现新的发展与跨越。

（执笔人：章红兵）

关于深化和推进住房城乡建设系统精神文明创建的调研报告

江苏省建设政研会

加强行业精神文明创建工作是提振行业奋斗精神，塑造行业良好形象，提高行业文明程度，提升从业人员素质，推动行业事业健康发展不可或缺的工作。住房城乡建设系统摊子大、条线多、体制分散、工作领域宽，各项工作与群众生产生活息息相关，一些行业的工作容易成为社会关注的难点、热点和焦点，群众期望值和社会关注度高，这些对深化住房城乡建设系统行业精神文明创建都提出了更高的要求。当前，精神文明创建工作在系统各级党组织的高度重视下，随着经济社会的不断进步，群众素质的大幅提升，社会需求的日渐深入，创建力度不断加大，创建层次不断提高，创建活动日益丰富、创建成果不断拓展，呈现出良好的发展态势，但创建工作发展不平衡、创建动力不足，创建活力不够，甚至出现弱化的趋势。为此，我们采取点面结合，以解剖麻雀的方式，围绕如何深化和推进住建系统行业精神文明创建进行了调研。

一、当前行业精神文明创建的基本状况

近期，省建设政研会在丁舜祥秘书长的带领下，采取解剖点的方式赴扬州市、江都区进行精神文明创建调研。调研中，我们先后分类别、分行业召开了扬州地区系统所属行政机关、事业单位、系统改制企业、建设企业等多个层面的座谈会，实地调研了精神文明创建先进企事业单位。从调研情况看，总体上讲，各单位在加强精神文明创建上：一是各级党组织都比较重视，在精神文明创建的软、硬件建设上都有一定的投入，取的效果也比较明显。二是精神文明创建活动比较丰富。各项活动能贴近行业实际，体现行业特点，具有行业特色，活动形式多样，干部群众乐于接受，参与度高。比如扬州建设局连续五年开展文艺汇演；扬州房管的主题演讲，环卫的"换位体验活动"，扬州规划局的"规划三进"（进企业、社会、工业园区），江都质监站的道德讲堂、亲子体验活动、零距离无差错服务，江安集团有限公司的"中国梦.江安情"系列活动，江苏司恒远国际工程有限公司"家的味道"企业文化培训、交流活动等等。三是重视发挥品牌效应，以点带面抓精神文明创建。这次调研考察的许多单位都能充分利用被上级表彰的精神文明先进单位，积极运用多种形式和载体，建立健全活动机制，叫响文明创建服务品牌，形成了常态化的精神文明创建。比如，扬州建设局的"三八疏沟班"，江都环卫以全国优秀环卫工陈鹏命名的"陈鹏工作室"、江都质监站以省"百佳青年"钱明命名的"钱明工作室"，全国巾帼文明岗"新通扬运河北岸女子绿化养护班"等一批系统内的优秀服务品牌，在精神文明创建中充分发挥了以点带面的引领和推进作用。

二、精神文明创建工作中存在的主要问题和原因分析

调研中我们发现,全省住房城乡建设系统精神文明创建近年来取得了明显成效,但与中央、省、部的要求相比,与系统广大干部群众的愿望相比,还有不少亟须解决的矛盾和问题,需要在今后的工作中克服和改进。

一是"一手硬、一手软"的情况依然存在。一些部门、单位的领导同志认为精神文明是务虚的,只有投入,没有产出,不能带来业务效益,因而对此重视不够,把业务建设当作硬指标,把精神文明创建视为软任务,对精神文明创建工作缺乏规划、统筹、力度,缺乏落实的硬性规定、措施;在工作措施上,常常说在口头上,写在文件上,落实在会议上,没有实实在在地动脑筋、花力气、下功夫,使精神文明创建处于说起来重要、做起来次要、忙起来不要的状态。

二是精神文明创建工作发展不平衡。由于建设系统行业众多,各个条线上的文明创建没有统一的模式和创建的活动平台,缺乏自成体系的创建标准,所以,各个条线和行业在精神文明创建上是各干各的,相互借鉴少,想起来就创一下,忙起来就放到一边,没有持久性,导致创建在各个单位发展不平衡。在调研中,我们也发现,改制企业好于一般民营企业,一些民营企业忙于生产经营,不重视或无暇顾及开展精神文明建设活动。事业单位好于机关,事业单位人员少相对集中,在组织开展文明创建上便于组织,活动以"短平快"为主,人员参与热情较高,而行政机关摊子大,业务工作忙且占主导地位,着先在思想上受限制,怕文明创建搞多了,影响业务工作,在组织上受限制,机关人员大多在外忙业务,组织活动时参与人数少,形不成氛围,在激励的手段上也受限制,缺少必要的经费保障,难以组织有影响、贴近群众的精神文明创建活动。

三是精神文明创建成效不明显。精神文明创建工作需要一定的载体、活动来承载和推动,有活动,才能有活力。重评比、轻创建。个别单位在创建实践中,重硬件、轻软件,把主要精力放在增加投入,改善办公场所、环境上,忽视了职工素质的培养与提高。办公场所亮了,办公环境美了,职工的服务意识、服务能力没有跟上,事难办、话难听、门难进的衙门作风仍未改变。有的单位在创建工作中认识不够到位,重评比、轻创建现象,把主要精力用在"评"时,评时"一窝蜂",经常性的培育工作却做得不够,由于基础不牢,创建工作效果不明显。有的单位在创建工作中,对创建工作的本质把握不深,重形式、轻实效,创建活动停留在做表面文章,走形式,片面认为,只要多组织职工开展几次篮球比赛、乒乓球比赛,创建工作任务就算完成。

四是精神文明队伍建设仍有弱化趋势。从调研的几个单位看,精神文明创建的组织机构有不健全的,有的有文明办但名存实亡,有的是合并办公无专门场所,有些企业更存在着无人手、无机构、无阵地的"三无"现象。抓精神文明建设的队伍编制不够,专职人员的很少,绝大部分是宣传部门或机关党委人员兼职开展精神文明创建工作,还有一些单位负责精神文明建设的同志身兼数职,难以有充分的经历开展工作。而且抓精神文明建设的人员缺乏专门的培训提高,相互之间交流学习的机会也不多,综合素质不高,导致精神文明建设在基层触角不够,工作进度不快、创建质量不高、工作后劲不足。有的单位经费投入不足,阵地建设滞后,没有专门足够的资金作保障,导致许多文化活动开展困难、群众

的参与性也不强、创建工作没有吸引力。

导致精神文明创建工作存在上述问题的原因有主客观两方面，主观方面主要表现在思想认识上的偏差，客观方面主要表现在考核评价体系的不足。

一是思想认识存在偏差。一些单位对业务工作和精神文明创建互促共进、相得益彰的认识不深刻，片面的认为只有抓业务工作，才是务正业，才能出政绩。对创建文明单位的意义、作用、内容认识不到位，认为精神文明创建是"软指标"，是"配角"、"陪衬"，只要业务工作抓好了，精神文明自然而然就上去了，导致在布置工作、落实措施、制定政策上存在"一手硬一手软"现象；还有的认为创建工作是一劳永逸的事，止步于昨天的成就与辉煌，荣誉到手，创建到头，导致创建工作动力不足、活力不够，甚至出现滑坡。

二是荣誉与实惠偏离。精神文明创建是综合性强、周期性长、参与面广、难度较大的系统工程，且创建工作没有尽头，保持荣誉也是一项艰巨的工作任务。与之形成强烈反差的是，文明单位的荣誉与实惠不对等，各级对文明单位偏重于精神鼓励，物质奖励较少，与单位的实绩、个人进步联系也不密切，客观上造成了"荣誉不实惠"，导致精神文明创建的吸引力不足。

三是考核评价体系存在不足。住建系统精神文明创建工作点多面广线长，条线多、行业多、单位多，现有的考核手段对各单位文明创建工作的过程难于进行考核，难以做到量化、细化、规范化，无论是宣传、培训、考核、监督，都未形成持续有效的动态管理机制，导致个别单位只重视文明创建工作的结果，而对文明创建工作的过程却难以引起足够的重视。

三、对解决精神文明创建中存在主要问题的几点思考

随着依法治国的不断推进，系统改革发展的不断深入，群众的期盼不断提升，对精神文明创建提出了更高的要求，只有站在更高的位置上重新审视自己，才能永葆精神文明创建工作的生机与活力。精神文明创建工作，作为一项凝心铸魂工程，要在保持"一把手"工程的地位上下功夫；作为一项群众性创建工程，要在体现惠民性上下功夫；作为一项长期性动态工程，应在强化考核评价体系上下功夫；作为一项常态化创建工程，要注重在提高创建本领上下功夫。

一是要立项推进，加大创建投入。要改变精神文明创建是"配角"、"陪衬"的思想观念，就要打破旧的思维模式，主动适应时代需要，始终坚持"一把手"工程地位不动摇，"一把手"挂帅不放松，正确处理好行业精神文明建设与其他业务工作的关系，项目化推进精神文明创建工作，以精神文明创建推动各项工作的开展。主要领导要在精神文明建设上投入更多精力，坚持立项推进，把精神文明建设工作纳入单位发展总体规划和年度计划，与加快改革发展结合起来，找准角度，选准载体，设计好切入点，融入到业务的各个环节中去，做到同部署、同规划、同协调、同推进、同落实。领导班子成员既要抓好业务工作，也要抓好分管部门的精神文明建设工作。领导干部要带好头，做表率，积极支持和参加各项群众性文明创建活动。要根据单位和行业精神文明创建的客观需要和财力状况，逐步增加对精神文明创建的投入，将精神文明创建工作所需经费纳入年度财务预算，每年拨出一定的专项经费用于软硬件建设，形成稳定规范的精神文明创建物质保障机制。

二是要城建惠民,增强创建工作感染力。住建系统的精神文明创建能不能取得实效,形成行业特色,归根到底是看群众满不满意,得没得实惠。

首先要围绕服务为民抓创建,提高创建活动的满意度。牢固树立创建为民、创建惠民的理念,把能不能解决群众关心的热点、难点问题和生产生活中的实际困难,作为衡量创建工作的重要依据,立足基层,面向群众,从群众最不满意的地方着手,不断寻求各项便民利民措施,不断找到新的切入点,取得新突破,切实解决工作中的难点热点问题。要充分发挥系统内各行业优势,多实施一些民心工程,进一步简政放权,提高办事效率,创新服务手段,提升行业服务水平,为群众多办实事好事,真正使群众在参与中受到教育、得到实惠。

其次要围绕文明实践抓载体,增强创建工作的内在动力。要按照"巩固、深化、创新、提高"的思路,敏锐把握行业环境的新变化、工作对象的新特点、人民群众的新需求,进一步丰富文明创建内容,拓展创建领域,创新创建载体,把开展文明创建活动贯穿到具体工作和日常生活中。要积极开动脑筋,创新创建形式,解决好创建内容单调、创建形式呆板的问题,在建设、规划、城管、房管、园林、公积金等领域,分门别类,因地制宜,精心设计更多的符合本单位、本行业实际、群众喜闻乐见,主题鲜明、别具特色的创建载体,注重把某个时期的创建任务和要求分解到一个个具体的创建活动中去,组织开展形式多样、各具特色的活动,使创建工作有抓手、有载体、更富成效。要大力开展群众性文化实践。注重用健康向上的文化体育活动占领住建系统思想文化阵地,组织开展多种形式的群众性特色文化活动,运用学习视窗、文化长廊、微信、QQ群、单位内网、杂志等群众喜闻乐见的形式载体,活跃和丰富干部职工的精神文化生活,使精神文明创建充分体现群众性,保持旺盛的生机和活力。

第三要围绕品牌打造抓培育,提高精神文明建设的渗透力和影响力。大力实施品牌带动战略,积极培育特色品牌,善于梳理归纳、挖掘发现、培育推广基层群众在行业文明创建中的鲜活做法,打造更多具有群众性、代表性和行业优势的服务品牌,扩大行业的社会美誉度和影响力。要注重加强对已有服务品牌的培育,不断深化品牌内涵、放大品牌效应、提升品牌知名度,充分发挥他们的示范作用,带动更多优秀品牌的成长,尽快形成特色服务品牌体系,促进品牌建设百花齐放。要强化品牌宣传推介,在品牌建设的系统性和规范化上狠下功夫,积极开展专题研讨,研究品牌发展的支撑条件,综合运用系统内的各种载体、新闻媒体、文艺作品等多种方式开展宣传推介,切实把各单位、各行业的优质服务品牌内化于心、外化于形、固化为制、实化为行,使其成为全省住建系统的服务名牌,成为引领系统改革与发展的一面旗帜、一种精神动力。

三是完善机制,增强创建工作活力。精神文明创建是一项长期工程,必须立足当前,着眼长远,创新发展,从更深层次上分析研究文明创建工作的新思路,构建高效有序的文明创建长效机制,用法规制度规范创建,用科学管理强化创建。

首先要凝聚创建合力。加强行业精神文明创建不是某一个部门、某一个的责任,而是本单位、本行业的共同责任,要齐抓共建,进一步强化在单位党委统一领导,具体承办部门组织协调,相关处室、部门各负其责,群团组织密切配合,新闻媒体引导推进,广大干部群众积极参与的文明创建领导体制和工作机制,把创建融入到不同层面、不同部门的各项工作。要紧密联系本单位实际,把推进创建工作与加强机关效能建设、创建文明城市、提升行业服务水平、树立单位新形象有机结合，真正把精神文明创建成果体现到提升队伍素质、推动业务工作、促进社会和谐、实现人民群众的根本利益上来。要深入发动，广泛动员，在本单位、本行业形成齐抓共管、全员参与、密切配合、协调运转的工作机制，牢固树立"创建一盘棋"思想，形成行业精神文明建设的强大合力。

其次要积极探索完善创建长效机制。要建立健全上下联动的组织领导机制、权责明确的责任目标机制、细化量化的考核监督机制、奖罚分明的激励约束机制、定期调度的工作调研机制等等，解决单位创建"一阵风"、时紧时慢的问题，使群众性创建活动充满生机和活力。要通过各种有效形式，征求社会各界方方面面的意见，对创建工作有个总体评价；要通过听汇报、查台账、看实绩，包括领导重视程度、经济工作、职工素质、开展活动等，形成组织评价；要利用问卷调查、组织走访等形式，客观地评价单位的社会满意度，形成民意评价，由此进行综合评定，逐步形成科学化的考核机制。

第三要抓规范，健全激励机制。在创建活动中，要进一步加强制度建设，要对照文明创建的要求和标准，对本单位的各项规章制度进行认真修订和完善，不但要健全各项管理制度，而且还要制定和完善文明创建规划和创建方案、职工行为规范和行为准则，要让每个干部职工都了解为什么要开展创建活动，怎样开展创建活动，从而自觉地参与到创建活动中来。要建立文明创建奖惩机制，把精神文明创建实绩纳入干部选拔任用和工作绩效考核，对在精神文明创建工作中做出贡献的单位和个人，及时给予精神和物质奖励。

四是强基固本，提高创建本领。精神文明创建工作归根到底要靠人来抓。文明创建工作队伍素质状况如何，直接关系到创建工作的成效。要按照有机构、有人做、有场所的要求，及时建立完善精神文明创建工作组织机构，尽可能按有专职的、有兼职的搭配好人员配备，建立健全领导和工作机制。要根据本单位、本行业精神文明创建的客观需要和财力状况，逐步增加对精神文明创建的投入，将行业精神文明创建工作所需经费纳入年度财务预算，每年拨出一定的专项经费用于软硬件建设，形成稳定规范的精神文明创建物质保障机制。要加大对文明创建工作队伍执行能力、服务能力、创新能力的培养与锻炼，充分调动和保护精神文明创建工作者的积极性和创造性，从政治上、工作上、生活上关心体贴他们。要加强后备人才的培养，采取送出去学、压担子锻炼、职位竞选等形式，促进人才在学习、实践、创新中脱颖而出，为文明创建工作奠定坚实的人才基础。广大精神文明创建工作者要充分认识加强新形势下精神文明建设的艰巨性、长期性和复杂性，进一步强化责任感、使命感和紧迫感，转变作风，深入实际，勤于思考，善于探索，为深化和推进住建系统精神文明创建做出积极贡献。

（执笔人：丁舜祥 陈文浩）

难忘的岁月　辉煌的征程
——关于杭州市城管系统服务保障 G20 峰会的调研报告

杭州市城市管理委员会

2016 年 9 月 4 日至 5 日，G20 第 11 次峰会在杭州隆重召开。服务保障 G20 峰会，对杭州城管部门来说，既是一项重大政治任务，也是一次千载难逢的发展机遇。一年来，全市城管系统在杭州市委的领导下，坚持围绕中心，紧扣峰会圆心，按照"四个最"要求（最高标准、最快速度、最实作风、最佳效果），突出党建统筹引领，充分发挥基层党组织的政治核心、战斗堡垒作用和党员的先锋模范作用，全力以赴，积极投身助力服务保障 G20 峰会的各项工作。

一、基本情况和成效

根据杭州市峰会保障总体部署，我委共承担道路整治和街容美化项目 264 个（占全市项目总数的 43.6%），其中重点项目 62 个（占全市重点项目总数的 51.6%）。同时，深入开展以户外广告治理、犬类治理、渣土治理、摊点（店）乱摆治理、环境卫生治理、环卫设施治理、车辆乱停治理、流浪乞讨乱象治理、工地乱象治理、违法建筑治理为主要内容的城市环境秩序"十项整治"。通过实施峰会环境整治提升，基本实现了路面平整、行车平稳，排水顺畅、水体干净，建筑立面整洁、空间美观舒适、城市家具简约，路灯照明达标、景观照明完好、夜景靓丽震撼。在市统计局开展的环境综合整治满意度调查中，我委牵头实施的"环境美化"、"道路铺设"、"亮灯工程"三个项目分获前三，市民群众满意度均在 92% 以上。

二、主要做法和特点

根据中央和省市关于峰会筹备工作的部署要求，我委把做好峰会服务保障作为重大政治任务和第一要务，切实增强使命感、责任感、自豪感和荣耀感，集中精力、人力、物力、财力，全力以赴，狠抓工作落实。

（一）党建引领统筹，凝神聚力服务大局

1. 加强党建考核。委党委始终坚持"围绕峰会抓党建、抓好党建助峰会"，认真落实"双基十条"和党建工作责任制，加强党建工作统筹领导，推动领导干部把落实"最大政绩"与服务保障峰会实绩有机统一。在制定《党建目标责任制考核细则》过程中，把 G20 峰会服务保障情况作为党建工作责任考核的一项重要内容，把服务保障峰会行不行，作为

领导干部评价评议、调整使用的重要依据之一，以考核传导压力，倒逼各级党组织和党员干部确保完成服务保障峰会任务。委党委书记和各级党组织书记认真履行"第一责任"责任，带头领办62个峰会重点项目，带领全体党员干部啃下264个环境整治项目"硬骨头"，充分发挥了各级党组织和广大党员，特别是党员领导干部的先锋示范作用。

2.形成保障合力。围绕峰会，认真贯彻落实市委关于发挥基层党组织和党员在筹备峰会中的战斗堡垒作用与先锋模范作用的意见，在系统党员干部中开展了"保障峰会争先锋、党员干部在行动"、"我为党旗添光彩·服务峰会当先锋"等主题活动，引领各级党组织和党员干部积极领办党建项目、带头参加岗位建功、志愿服务、查找短板等专项行动。如从去年9月份开始，为深化文明城市、美丽杭州建设，提升地铁乘车文明素质，培养良好乘车习惯，组织机关各支部及直属单位党组织的77名党员参加了市地铁文明引导志愿服务活动；今年5月到9月，机关党员干部每周六放弃休息时间到主要道路、火车东站温馨岛进行"门前新三包"巡查和志愿服务；在党员固定活动日，机关党员积极利用"贴心城管APP"平台到城市各个角落查找"城市"短板。与市总工会联合开展市城管委G20峰会环境提升与整治立功竞赛活动，分项目建设、环境整治和服务保障三大类共组织开展综合性竞赛活动40余场，充分发动了广大干部职工服务保障峰会的热情。"贴心城管"志愿服务总队也是结合自身特点积极参与峰会服务保障工作，特别是社会公益慈善组织"狮子会"杭州分会的104名"海归"人员，利用自身外语特长在峰会期间为中外嘉宾和游客服务，得到印尼大使、墨西哥大使等高度赞扬。

3.强化"做"这个关键。以"两学一做"学习教育为载体，把中央和省市委关于服务保障峰会的系列重要精神作为"学"的重要内容，把服务保障峰会作为"做"的重要实践场，把G20峰会精彩成功举办作为检验"两学一做"学习教育成效的最直接体现。党委班子率先垂范、以身作则，带头制定党建责任清单、问题清单，带头查找问题，机关89名党员干部先做一步，每人撰写了自查整改报告，共查摆问题267个，并制定了整改措施，提出了整改期限和要求，用实际行动争做合格党员，诠释G20服务精神。委属各单位将学习成效体现到"做"的当中。如直属大队组织开展了环境秩序"双百大会战"专项行动，累计排查督改问题14700余个。信息中心开展了"迎峰会我来爆料"、"服务G20·机关作表率"等活动，为市民提供服务请求1880万余次，受理市民上报问题16256件。市容中心开展了环卫技术革新、实事工程项目、设备改良大比武等活动，用实际行动当好美丽家园的守护者。在峰会服务保障工作中，全市城管系统涌现出了一大批先进个人和先进集体，包括全国五一劳动奖章获得者孔水高（杭州市上城区城管局）、省级劳模蒋建伟（市直属大队）、省级工人先锋号市亮灯设施监管中心工程处、市五一劳动奖章获得者吴峥（市市政设施监管中心）、市级劳模吴瑛（市市容环卫监管中心）和梁旭（市市政设施监管中心）、市级劳模集体市市容环卫监管中心、市级工人先锋号集体市数字城管信息处置中心业务运行处和市公用事业监管中心燃气科等，另外还有70多人被评为省、市服务保障G20峰会先进个人，极大地提升了干部队伍"精气神"，充分展现了城管干部职工较强的凝聚力和战斗力。

（二）加强组织领导，建立健全工作体系

1.建立领导机构。我市打造"美丽杭州"建设"两美"浙江示范区工作启动后，我委

立即成立环境提升和交通保障工作领导小组以及5个专项组，围绕"一场两站三区"提出了"12310"重点保障范围，研究制定城市道路整治和街容美化、城市环境秩序治理两个专项方案，明确路线图和时间表，细化各项任务，层层落实责任。

2.健全工作机制。建立工作例会、专项督查、业务指导、情况通报、互看互学等机制，加强统筹协调，优化施工时序，倒排时间进度，实行挂图作战，召开内部和外部"双例会"47场、重要事项专题协调会150余场，及时协调解决疑难问题，对阶段性工作进行明确部署，为实施专项行动提供有力保障。

3.坚持标准先行。加强顶层设计，牵头制定《杭州市城市道路和街容环境提升整治标准》《杭州城市标识系统国际化设计导引》等各类整治标准、导则、规范等18部，组织培训城区各类人员3500余人次，提升市区两级城管系统建设、养护、管理人员的工作能力和把握水平。严抓项目验收，制定落实峰会项目验收移交办法，严格对照5大类27小项验收标准做好预验收、标准确认和竣工验收，对漏项、缺项、标准不到位等问题实行整改销号并落实质保期要求。

4.加强督查指导。全面落实大督查大比武大考核要求，建立和完善委领导班子成员双休日带队督查制度，整合市政监管、环卫监管、行政执法、数字城管信息采集等行业监管资源，特别是实行领导带队包路督查，成立8个联合督查组，加强升级督办，对督查发现的3039个问题实行限期整改和销号管理，其中升级督办430个，提高工作执行力。

（三）实施项目带动，提升基础设施功能

1.开展道路整治，改善通行环境。围绕"12310"重点保障道路，组织开展市政道路综合整治，通过工程改造或养护修缮措施，整治各类道路2334条，其中重点抓好80条一类道路平路整治，累计完成道路病害处理88万余平方米，完成沥青摊铺230万余平方米，完成人行道铺装10.1万余平方米，更换平侧石4万余米，提升改造防沉降市政管网检查井1.8万余座，实现路面平整、行车平稳、排水顺畅、景观良好目标。加强统筹协调和综合保障，支持相关部门完成水电气和通信保障管线迁改提升235条，完成车道复绿、车辆提前掉头点位改造等交通改造项目133处，有力改善了道路出行环境。据相关部门测算，实施平路整治后道路的通行效率平均提升30%以上。

2.开展立面整治，塑造特色风貌。注重实用功能和美化功能的有机结合，积极推进"生态修复、城市修补"，整修破损设施，整理乱挂乱接，拆除乱搭乱建，清洗和粉刷污损墙面，完成涉及151条国际峰会保障道路两侧的2142幢沿街建筑立面整治，实现建筑物外立面设施规范、外形完好、环境整洁、形态美观，打造了美丽别致、简洁明快、协调有序的建筑风貌。制定下发《G20峰会重点接待宾馆周边建筑第五立面整治工作要求》，牵头推进宾馆周边第五立面和中河、上塘、秋石高架两侧的违建、绿化、市政设施、环境卫生等综合整治，加大督查督办，完成高架两侧视野范围内问题治理113个，完成接待宾馆周边建筑第五立面问题治理90个，提高接待宾馆周边建筑第五立面和途径高架线路等周边环境效果，达到"坐大车看不到污点、坐小车看得到亮点"。

3.开展"四清"行动，治理景观乱象。组织开展清牌、清杆、清箱、清门行动，治理道路沿线牌、杆、箱、门设置凌乱、外观繁杂、形状不一、视觉污染等问题，合理有序使用城市空间，更好美化道路环境。制定实施《城市标识系统国际化行动计划（2016－2017

年）》、《杭州市城市道路杆件与标识整合设计导则（试行）》，累计清除、整合各类标识标牌和杆件 11548 处，其中清牌 9649 处、合杆 1899 处，同时加大对道路沿线影响景观和行人通行的灯箱式路名牌整治拆除力度，累计拆除 555 处，促进城市公共空间整洁有序。制定实施《杭州市城市道路附属弱电箱体整合设计导则（试行）》，排摸出 33 条重点保障道路上的 303 个弱电箱体，统一实施整合改造，最终整合为 125 个，总数减少 58.7%。开展重要道路沿线卷帘门整治美化，采用油漆喷绘、加装玻璃门和通透格栅等方式美化卷帘门，达到简约美观、干净整洁、安全实用，累计完成卷帘门改造 2716 处，较好提升了沿街视觉形象。

（四）实施亮化提升，打造大气靓丽夜景

突出点线面有机结合，统筹推进以"西子寻梦"、"星河枕梦"、"之江追梦"为主题，以西湖景区、运河、钱塘江三大核心区为重点，以 33 个入城口为节点，以 54 条城市主要道路为脉络的亮化提升，通过串珠成链手法，打造层次清晰、重点突出、明暗相宜、动静融合的景观亮化体系，让亮化成为杭州一张新的"金名片"。一是在西湖景区范围，重点提升西湖南线山体和湖中三岛亮灯，调整优化城市东望天际线和北线现有灯光，累计安装灯具 3.6 万余套，完成建筑亮化增亮、提升 69 幢，水墨江南的夜景效果更加凸显。二是在运河沿线，完成两岸 22 公里绿化带、约 20 座桥梁、60 余个亭台楼阁、220 余幢建筑的亮灯提升，再现"文化长河"丰富内涵。三是在钱塘江两岸范围，打造建筑天际线、绿化线、堤岸线三条亮灯线，完成建筑亮化提升 295 幢，完成钱江四桥、奥体博览城主体育场、市民中心等大体量建筑亮化提升，展现"澎湃、大气、雄伟"的钱塘夜景。四是组织开展重要区域路灯整治，包括灯杆油漆、灯具更换及设施清洗等，完成整治 1.5 万余杆，确保路灯设施无破损、无褪色、无积尘和亮度达标。五是按照经济、适用、美观原则组织实施人行天桥美化提升工程，完成天桥亮化提升 16 座，其中提升改造 8 座、维修翻新 8 座，累计安装各类灯具 4000 余套，进一步扮靓道路夜景。六是在峰会召开期间，圆满完成"最忆是杭州"文艺晚会、央视夜景航拍等重大保障任务，发动沿街公建单位在夜间亮灯，实现内光外透，亮出杭州精彩韵味。

（五）突出严管严查，狠抓环境秩序治理

坚持"执法管理跟着整治项目走"，围绕峰会圆心，持续深入地开展城市环境"十项整治"，组织开展了"双百大会战"。加大宣传教育和执法整治力度，与市文明办联合制定发放《规范经营文明服务倡议书》5 万余份，积极与公安、交通运输、市场监管等部门密切合作，建立完善联合执法、行政约谈、问题抄告、资源共享机制，统一全市环境秩序违法行为处罚标准，落实严管重罚，掀起了集中整治大会战，城市清洁度、序化度均达 96%以上。累计清除城中村、城郊接合部、拆迁区块及入城口等卫生死角 2487 个，规范设置垃圾清运集置点 500 余处，完成垃圾清运集置点"退路入巷"356 处，撤销影响城市景观的垃圾桶 3903 只，清洗垃圾桶 9 万余只，更换垃圾桶 8000 余只。完成 94 条主要道路和 63 个综合体或专业市场户外广告详细规划，修订出台《户外广告设置管理规范》和《户外招牌设置管理规范》地方标准，拆除违法广告 5838 块，清理路灯杆广告 9367 块（次）。查处无证运输、抛洒滴漏、偷倒乱倒等违法行为共计 3787 件，罚款 1454.78 万元。查处

违法养犬 746 件，罚款 827920 元，捕捉犬只 6819 只，宣传劝导 12937 人次。加大瓶装燃气销售管控力度，保持"露头就打"态势，共查扣非法经营钢瓶 2.3 万余瓶，处理各类举报投诉 610 余件，公安部门行政拘留违法经营者 155 人、刑事拘留 6 人，发挥了较好震慑效应。此外，我委还坚持堵疏结合、标本兼治、宣整并举，统筹推进摊点（店）乱摆、车辆乱停整治，积极配合推进工地环境、流浪乞讨乱象治理，查处摊点（店）乱摆 15341 件，罚款 2803899 元，宣传劝导 65668 人次；查处人行道违停 70.67 万件，罚款 6456.08 万元，宣传劝导 7.24 万人次，联合交警、住保房管部门开展废旧车辆集中整治，共清理废旧车辆 1201 辆；配合民政部门劝返流浪乞讨人员 3779 人次。

（六）落实严防死守，全面消除安全隐患

坚持把安全工作放在首位，全面落实安全生产、消防安全、维稳安保、反恐等方面的 67 项具体任务，突出道路、桥隧、管网、停车场、公厕、垃圾处置、供水供气等重点设施，强化安全隐患排查治理，加大全天候、无缝隙、全覆盖监管巡查，确保运行安全、万无一失。共检测道路 113 条，完成供排水管网检测及深度排查 400 余公里，整改修复管网缺陷问题 2500 余处、供水阀门漏水问题 900 余处。完成 76 座重点桥梁安全检测，排查电子显示屏和走字屏 17362 处，断电断网 17236 处，清理（停用）临时封闭区域内道路公共停车泊位 1235 个，清理（停用）公共停车场库 7 个、泊位 1072 个。

（七）开展环境布置，营造峰会喜庆氛围

学习借鉴北京 APEC 会议期间环境景观布置经验，牵头市园文局、市委宣传部（市文明办）、市交通局、萧山机场公司等编制实施《杭州市城市环境景观提升工作方案》、《杭州市城市整体环境布置导则》和《杭州市城市环境景观提升概念性方案》，分别制定了城市绿化、彩化、亮化、道旗以及入城口和萧山机场等各类环境提升布置操作方案，明确了环境景观提升的范围、内容、标准、步骤和要求。按照"先试点、后推广"原则稳步推进环境景观布置工作，综合运用花卉景观、宣传广告、灯光夜景等载体，对重要区域、重要节点进行点缀装饰，累计在 13 条重点道路沿线设置道旗 4813 幅，完成绿化彩化项目 229 个，完成 33 个入城口景观提升、机场高速公路两侧绿化彩化提升、机场内部道路绿化景观提升等任务，进一步烘托了峰会氛围。我们组织拍摄制作的《贵宾路线沿线景观提升实景》视频短片，得到了国务委员杨洁篪、外交部李保东副部长等中央领导的高度肯定。

（八）强化值班响应，全力打赢峰会决战

我委作为市保障部市政设施运行保障组牵头单位，制定落实《国际峰会期间城市管理服务保障指挥实施方案》，实行峰会保障"一办八组"运作，委领导班子成员带队 24 小时值班，建立完善定期例会、研判会商、信息收集、值守交接、工作纪律等系列制度，构建统一指挥、反应灵敏、协调有序、运转高效的保障工作体系。8 月 28 日零点起，按照省市峰会保障决战期总体部署，启动一级响应，严阵以待，严防死守，全面有效抓好城管服务保障，确保市政设施安全正常运行和市容环境整洁有序，力求最佳亮化效果，展示杭州独特韵味。市区道路、桥隧、停车、污水处理、垃圾处置、供水供气、亮灯等市政公用设施运行总体正常，各类公用产品供应有序稳定，无重大突发事件和重大舆情。

(九) 强化队伍建设,树立良好社会形象

狠抓城管队伍建设不放松,严格落实管理制度,制定实施《环卫作业人员着装与作业行为规范》、《环卫作业车辆标识与作业管理规范》、《杭州城管执法正规化、规范化实务手册》等规章制度,尤其是在峰会决战阶段,委党委制定下发"六条要求",严明峰会保障工作纪律,提高队伍管理制度化和科学化水平,更好服务于峰会保障。以执法队伍为重点,加大常态化纪律督查,市级层面累计督察执法人员 8667 人次、执法车 1670 辆次、执法中队(机关)352 个次,督促整改问题 130 个,促进严格、规范、公正、文明执法。开展城管队伍着装、车辆、设备、办公场所等形象设计,完成 1500 余名停车收费管理员、1.5 万余名环卫工人着装更新,给 2500 余名执法队员和协管队员统一配备反光背心,完成环卫作业车辆形象喷绘和轮毂刷白 1380 辆,落实环卫车、执法车等斑马线礼让行人,充分展现文明之师良好形象,涌现出了见义勇为跳入河中救人的河道保洁员孟祥波等诸多好人好事。

(十) 注重宣传引导,营造共建共享氛围

通过传统媒体和新媒体持续深入宣传道路整治和街容环境提升工作成效,参加《我们圆桌会》、《民情热心》等互动节目 30 余场,借助《今日关注》、《民情观察室》等曝光典型问题 90 余例,为峰会工作鸣锣开道。继续开展"最美城管人"评选表彰,公开出版《让杭城别样精彩——城管系统保障 G20 纪实》,深入宣传峰会保障中涌现出的先进典型和优秀事迹,积极争取社会各界的理解和支持。建立完善峰会保障新闻采访和舆情应对工作制度,调整充实城管系统网评员队伍,组织开展网上舆情引导演练,全力营造和传递峰会正能量。分批梳理和公布街容环境提升项目完工清单,主动接受社会监督,在委官方微博、微信和门户网站开辟专栏,实时发布项目进展情况。建立市民代表参观街容环境新面貌工作机制,定期举办"迎 G20 峰会、看杭城变化"参观体验活动,现场听取市民意见建议。开展"迎峰会我来爆料"活动,宣传引导广大市民下载使用"贴心城管"APP,主动上报城市环境秩序问题,查找城市管理短板。

三、几点体会

(一)为国争光、为民族争光是我们做好峰会服务保障的最大动力。我们坚持讲政治、顾大局,一切行动听指挥,把做好峰会服务保障作为重大政治任务和光荣历史使命,强化责任担当和职责履行,激发全系统干部职工内心深处的高昂热情和澎湃激情,坚决圆满完成中央和省市部署的各项任务,为国家、为民族、为杭城增光添彩。

(二)不留遗憾、追求完美是我们做好峰会服务保障的工作标准。我们按照"四最"要求,坚守安全、质量、民生、廉洁、生态和历史文化六条底线,牢固树立精益求精、精雕细琢的理念,不论工程建设还是环境整治,大力弘扬"工匠精神",细心钻研、精心实施、用心负责,全力打造精品工程,创造经得起历史和群众检验的业绩。

(三)干字当先、严字当头是我们做好峰会服务保障的过硬作风。我们坚持实干至上、行动至上,马上就办、办就办好,不怕疲劳、连续作战,以严实的作风和严明的纪律,拼

命干、精细干、创新干，切实抓好工程项目、环境整治、维稳安保等峰会保障任务，为城管人品质精神注入了新的时代内涵。

（四）多方联动、协同作战是我们做好峰会服务保障的坚强支撑。在市委市政府的坚强领导和市保障部的有力指导下，我们发挥牵头抓总作用，加强统筹协调，密切协同协作，强化服务指导，组建"集团军"，同心同向、步调一致地推进街容环境提升整治，形成服务保障最大合力。

（五）社会参与、共建共享是我们做好峰会服务保障的牢固基石。我们把街容环境提升整治作为民生工程来抓，全面落实"四问四权"，拓宽群众参与渠道，最大程度调动和激发社会各界参与的积极性和主动性，群策群力、凝心聚力，赢得了社会各界的广泛理解、支持和赞誉。

以"最美激发梦想" 聚建设美丽杭州正能量
——关于推进杭州市建设系统思想道德建设的实践与思考

李绍昇

为进一步推进杭州市建设系统思想道德建设,以"最美激发梦想",汇聚建设美丽杭州世界名城的正能量,前不久,笔者通过一些单位问卷调查和职工座谈,对杭州市建设系统深化以"社会主义核心价值观"推进思想道德建设,有了更全面的思考,在兹与同仁探讨。

一、全市建设系统思想道德建设势头良好

近四年,特别是党的十八大以来,杭州市建设系统以习近平总书记系列重要讲话精神为指导,以行业精神为抓手,发现"最美"、选树"最美"、弘扬"最美"、争做"最美",思想道德建设呈现良好的发展态势。

领导重视,常抓不懈

调查中发现,各级各部门把道德建设作为精神文明建设的重要内容,初步形成了领导抓、系统抓、规范抓、反复抓的自觉,每年做到有工作部署、有领导声音、有推进举措,有活动安排,有检查考核。调查显示,93.3%的人认为"在工作中定期进行职业道德的教育"很有必要,而认为"个人职业生涯成长需要靠职业道德约束"的人达97.9%。有48.1%的人认为目前单位干部职工的学习氛围比较好,平均每天用于学习时间在一小时以上的人达67.4%。许多人说:"党组织经常在会议上强调职业道德,组织学习相关文件,抓好宣传引导,确保人人知晓、全员参与,让每个党员和职工群众充分认识开展"我们的价值观"主题实践活动的必要性和重要性。从员工职业道德入手,不断深化个人品德、社会公德、家庭美德教育,单位充满积极进取、奋发有为、健康向上的道德氛围,为深化道德建设打下坚实基础。"

创新载体,注重实效

首先,广泛深入地开展"我们的价值观"大讨论活动。各主管部门以征文、研讨等形式,提炼具有自身特色的价值观关键词和行业精神用语,推进社会主义核心价值观大众化、行业化。在此基础上,市建委提炼了城建系统"敬业奉献、用心建城"的价值观,以此作为行业健康发展的引领。在全市建筑企业开展"新杭州人的价值观"演讲比赛,道出新杭州人"诚信、敬业、责任、奉献"的价值观,汇聚新杭州人的道德力量。

其次,积极开设"道德讲堂"。市建委下发"道德讲堂"建设的实施意见,许多市级

以上文明单位围绕"四德",以"身边人讲身边事,身边事教身边人",发现"最美"、宣传"最美"、学习"最美"。

强化实践,以德兴业

强化作风建设。 以贯彻落实中央"八项规定"为契机,大力推进建设系统作风建设。组织行风监督员明察暗访,深化行风评议和公述民评活动,提升服务窗口形象。同时,大力开展基层走亲、蹲点调研、民主恳谈、志愿服务等活动,深化行政审批制度改革,促进工作提能增效,推进以"三改一拆"、交通治堵、"五水共治"、保障性住房为重点的城乡建设。

推进诚信体系建设。 以深入开展道德领域突出问题专项教育和治理活动为抓手,进一步完善建设信用机制,一手抓建筑市场围标串标治理,进一步规范市场行为,建立健全廉政风险防控机制;一手抓施工现场"打非治违"专项行动,开展工程质量安全生产整治,坚持民工学校规范办学,把全国文明城市指数测评要求落到民工教育实处,创建文明标化工地。运用建设信用网,对企业及其从业人员信用记分情况及时进行通报。

树立典型,弘扬最美

评选职业道德建设先进集体和标兵。 为更好地推进职业道德建设,在各部门推荐的基础上,评选出践行"我们的价值观"6个示范点、3个先进集体和12名标兵,学习宣传身边先进。

深化行业文化建设。 把"我们的价值观"作为行业文化的灵魂,抓住道德文化、廉政文化、信用文化、服务文化等重点,通过读书和征文活动,夯实内化于心的以文化人、外化于行的以文兴业的根基,为争做"最美城建人"提供文化支撑。

选树"最美城建人"。 以深入践行"我们的价值观"为主线,普遍开展"最美人物"选树评选活动,举行全市建设系统"最美城建人"演讲比赛,以一个个我身边"最美"的生动感人故事,传递了道德建设正能量。

二、全市建设系统道德建设喜中有忧

总体来看,近几年杭州建设系统道德建设取得了可喜的成效。但调查中让我们感到喜中有忧,主要有以下突出问题:

领导认知不足,道德自觉不够

调查中发现,各级领导抓道德建设,多数停留在就道德而道德,很少注重道德背后人的价值观取向。在一些领导看来,道德建设不像工程建设"刚性"硬任务,其背后的价值观更是看不见,摸不着;因而,道德建设的自觉就不如工程建设,精力和投入自然会打折扣,"讲起来重要,做起来次要,忙起来不要"的通病依然存在,工作抓抓放放,不连贯、不系统、不深入。所以,调查中有人提到,"没有进行连续系统教育,道德建设效果不大,如果在一定范围坚持下去,必有良好效果。"

虚功实做不足，道德失范易发

调查中发现，道德教育活动多数停留在热热闹闹的形式，活动的覆盖、内容的涉及和群众的参与显得不足，特别是抓住多发、易发道德失范，开展"身边警示"的，更是屈指可数。基层反映，近几年，建设领域职务犯罪数量陡增，他们呼吁，道德建设结合廉政建设有待加强，"希望不要太多务虚，贴近群众一些"，要把虚功实做，贯穿于工程建设管理始终。

创新举措不足，道德实践不力

近几年来，虽然有《浙江省住房城乡建设系统从业人员职业道德规范》《关于全面深化职业道德建设的意见》，但基层贯彻不落实、不到位，停留在"你讲我听"；道德实践干部职工参与互动较少，主要集中在"窗口单位"和党团员青年志愿者，关键岗位、重要事项、重点人群存在着弱点、盲点。而对这些岗位人群中出现的道德方面突出问题，单位又缺乏有力的新招，基层反映"没有集中治理，没有道德评议"，"群众反映的强烈问题不能有效解决"。

长效机制不足，建设实效难见

调查中看到，对道德建设，多数单位似乎教育搞过了、活动开展就好了，不那么在乎和看重抓规范制度完善并落实、长效机制建立并执行。调查中发现，道德建设如何从"他律"转化为"自律"，建立健全长效机制的单位只有极少数。多数单位道德建没有中长期规划及年度工作计划，缺乏目标任务责任制；有的虽有员工激励约束的规定，但没有对道德实践的综合评价，单位绩效考核道德建设实绩看不到。

三、影响建设系统道德建设的主要原因

全市建设系统道德建设之所以有上述四个主要问题，从调查来看，其原因主要有以下三个方面。

当今社会道德滑坡大环境的影响

随着市场经济的发展和深化改革、扩大开放，人们的思想观念和价值取向呈现多元化，具有中华文明、民族精神的传统道德受到挑战乃至冲击，追求个人利益、金钱至上成了人们的"天经地义"，逐渐滋长的拜金主义、享乐主义和极端个人主义动摇人们的理想信念和精神支柱，遍及方方面面的"潜规则"冲破人们道德底线乃至法律敬畏，跟社会公平正义叫板。理想理想有利就想，前途前途有钱就图，这样的人生哲学在当今社会大行其道，无不对建设系统干部职工带来深刻影响。

有同志说，"改革开放以来，建筑行业由于个人利益的驱动，徇私舞弊、玩忽职守、偷工减料、索要回扣等不正之风，既给工程质量和安全生产留下隐患，导致重大质量安全事故不断出现，也给一部分利令智昏的党员干部，不择手段以权谋私、贪污受贿、失职渎职，走上了违法犯罪道路"。这些，各地各单位的领导认识是有的，也针对实际采取了一

些标本兼治的措施，但总觉得因受社会大环境的影响，认为加强道德建设和反腐倡廉，应"先清理市场环境"，有畏难思想。

一部分干部职工狭隘功利主义滋长

据调查，目前，建设系统53.7%的人获取资讯信息的主要渠道来自微信、QQ、微博、网站等新媒体，他们认为，这些新媒体比较多的"负面"资讯，对社会风气影响大，"道德建设缺乏身边良好的舆论环境"。调查发现，91.9%的人认为当代人的价值判断趋向于功利化、实用化。他们直言不讳地说："'经济热'的兴起，造成了相当一部分人对政治的冷淡；'一切向钱看'思想的蔓延，造成了人际关系的冷漠；狭隘功利主义的滋长，销蚀了人们对精神价值和社会效益的追求；拜金主义、享乐主义、极端主义的泛滥，导致一些人精神支柱的失落，等价交换原则渗入社会各个领域，特别是渗入到党的政治生活和国家机关的政务活动，假大空盛行，让老百姓没了信仰"。

道德建设缺乏系统性和强度与深度

这几年，建设系统道德建设从上至下没有停顿过，还是喜中有忧。其中一个重要原因是有些领导干部重视不够，抓得不力，注重了局部，忽视了全局，没有系统性、深层次和长远上抓，没有整合资源，形成合力，强势推进，一抓到底。

原因还在于，各地各单位专（兼）职主要从事这方面工作的人屈指可数，且人员变化频繁，看似有人管，却因缺乏相应的专业知识和工作能力，有人也没好办法管，直至演变成无人管；而从事行政业务和专业技术工作，尤其是那些重要部门、重点人群、关键岗位的人，其本身工作离不开道德规范，却常常是单一思维"见物不见人"，只讲工作上去，不讲做好工作道德要求。所以，造成道德实践深不下去，"零打碎敲""头痛医头，脚痛医脚"，基层反映"建设系统道德建设滞后"不无道理。

四、深化建设系统道德建设的对策措施

党的十八大以来，以习近平同志为核心的党中央向全党作出了"四个全面"的战略布局，其中一个最关键的是全面从严治党，而全面从严治党包含德治与法治的有机结合。我们要深入学习贯彻习近平总书记系列重要讲话精神，认清近年来中央采取一系列从严治党重大举措的新形势、新任务、新要求，抓住深入学习贯彻十八届六中全会精神有利时机，全力推进建设系统道德建设。

认识再深化，思路再完善

首先，把德治放到从严治党的首位。当前，建设系统基层党组织一项重中之重的任务，就是把十八届六中全会提出的从严治党任务落到实处，其中，带有根本性的、反映党员干部理想信念的模范践行社会主义核心价值观，是基层党组织从严治党第一位的任务，也是推进整个道德建设的示范引领。这就要求我们站在从严治党的高度，深化建设系统党员干部引领道德建设重要性和紧迫性的认识，以党员尤其是"关键少数"率先垂范"我们的价值观"，带动全市建设系统道德建设的持续深入。

其次，把道德建设作为一项系统工程。如同工程建设硬任务那样，先规划设计——依据公民道德建设实施纲要，细化建设系统深化道德建设的目标任务，从上到下制定符合各自实际，并具有鲜明特色的道德建设五年规划及其每年行动计划；后组织实施——结合工作实际，着力于多措并举、标本兼治、点面结合、整体推进；再评估验收——组织相关人员对重要部门、重点人群、关键岗位进行道德评议，结合年度工作目标，对单位道德建设进行考核。

推进再强化，举措再创新

在组织领导上得力。建立健全以主要领导挂帅、分管领导主抓的领导小组和各部门各司其职、齐抓共管的管理体制，做到各行各业道德建设有人管、有办法管，形成"横向到边、纵向到底"的管理网络，创新领导抓抓领导、系统抓抓系统、规范抓抓规范、反复抓抓反复"四位一体"的管理模式。

在重点对象上得力。道德建设在抓好党员干部表率示范作用的同时，要重点突出有审批职能、为老百姓办事的关键岗位、重要事项、重点人群，以"知行合一"为导向，以"四德"为着力点，将道德建设贯穿于日常生活和业务工作的始终，道德规范落实在为人处事方方面面。

在途径抓手上得利。文明单位应率先以"道德讲堂"为抓手，以发现最美、宣传最美、弘扬最美为主线，做深身边人讲身边事，身边事教身边人，以最美激发梦想，传递汇聚正能量，营造践行道德的浓厚氛围。

在解决问题上得力。各地各单位要结合年底总结和考评，认真看一看道德建设的现状，查一查道德领域存在的突出问题及其原因，理一理以德治业的思路和举措。

活动再实化，互动再加强

从系统工程上精心策划主题实践活动。紧紧围绕中心工作，以问题为导向，整合各方资源，创新活动思路，精心设计带有全局性、持续性、特色性和影响力的活动载体，原则上每年组织一个融入中心工作，有更多的人参与互动的主题实践活动，并对活动绩效进行评估，打造活动文化品牌。

在变坐而论道为起而行之上下功夫。党的十八大为我们描绘了实现"中国梦"的宏伟蓝图和美好愿景。如今，我们已进入了"十三五"发展关键期，尤其是杭州迈入了后峰会、前亚运新阶段，开启了建设世界名城的新征程。我们要力戒空谈，以核心价值观凝心聚力，脚踏实地干在实处，勇立潮头当好全省排头兵。

责任再硬化，机制再健全

建立健全"一岗双责"目标责任制。道德建设作为一项系统工程，各单位要制定与行政业务工作相配套的年度目标任务，有分类分级若干指标，层层细化、量化的定性定量考核指标，做到"两手抓，两手都要硬"，两个目标一起考核，两个成果一起体现。

建立健全"五制联动"的长效机制。一是建立健全党委（党组）统一领导、党政群各尽其责、文明办组织协调、职能部门齐抓共管、全员积极参与的组织领导体制。二是以创建学习型团队为主线，以职业理想、职业责任、职业技能、职业纪律、职业作风和信誉、服务、质量"三个第一"为主要内容的各级各类从业人员学习培训机制,并把教育培训成绩列入个人年度考核和信用档案。三是建立完善以党团员为骨干的志愿者服务队伍和管理办法,结合人民群众反映的热点难点,深化"讲文明,树新风"的志愿服务机制。四是完善12319城建热线、社会各界、新闻媒体舆论、人大代表、政协委员和行风监督员等监督评价机制,真正使"他律"变为"自律";对道德建设综合评价存在突出问题的,要实行党政领导问责制,取信于民。五是把道德建设绩效作为企业资质晋升、各类先进评选的重要条件。对践行道德规范表现突出的,应予以表彰奖励;对道德失范者,要给予其批评教育、诫勉谈话,完善激励约束机制。同时,积极探索道德建设巡视制度。主管部门可邀请机关和系统单位从事党建、纪检、文明创建工作经验丰富、退居二线的同志,组织巡视工作组,定期到基层单位巡视,采取"听、看、查、议、评"的方法,参照"省住房城乡建设系统职业道德建设综合评价考核表"打分,提出问题和整改意见,通报巡视结果。

保障再优化,氛围再浓厚

加强队伍建设,提升工作能力。各单位在确保这项工作专兼职人员的到位,有人抓的前提下,要提供有利条件,调动他们的积极性和创造性,大力培养新从事这项工作人员的能力和水平。对不适应做这项工作的人,要及时调整。

加大资金投入,确保工作开展。各级行政主管部门要按照工作计划的硬任务,做到有钱办事,加大硬件设施投入,尤其要加强网络信息化建设,以信息化促进道德建设长效化。

加强统筹协调,确保活动时间。要坚决克服道德建设"讲起来重要,做起来次要,忙起来不要"的痼疾。一方面做到行政业务、经济工作与道德建设工作同部署、同检查、同落实、同考核;另一方面,要统筹协调,合理安排道德建设所需要活动的时间,对道德建设专项工作开展,给予必要的时间保证。

加大宣传力度,营造浓厚氛围。各单位门户网站要做优道德建设宣传;同时,要开设官方微博微信,运用好新媒体,满足职工群众获取资讯便捷的需求,并加强互动,及时回应他们的关切,形成良好的舆论环境,凝聚职工群众建设美丽杭州世界名城的正能量。

(作者单位:杭州市城乡建设委员会)

房管行业服务创新对策浅谈

济南市住房保障和房产管理局

党的十八届五中全会提出"创新、协调、绿色、开放、共享"五大发展理念,其中,创新是实现"五位一体"总体布局全面发展的战略引领,是实现"两个一百年"奋斗目标的关键动力,是实现伟大复兴中国梦的坚实基础。同时,创新也是一个行业保持蓬勃发展的力量源泉。房管行业承担着城市更新(棚户区改造、征收拆迁)、住房保障、房产交易、物业管理等10多项职能。这些职能的基本属性是服务,服务是房管工作的根本和灵魂。因此,房管行业实现创新发展的唯一途径应是服务创新。

由于房管工作与人民群众的生活息息相关,与经济社会发展紧密相连,因此,房管行业服务创新就要围绕群众和社会的需求,在解决难点热点问题上下功夫。本文拟就房管主要职能工作如何实施服务创新提出如下对策。

一、围绕"利民",实现棚户区改造(征收拆迁)阳光操作、协调推进

棚户区是使用年限长、居住面积小、房屋质量差、配套设施不齐全、周边环境恶劣的成片住宅。棚户区改造可使这里居民的居住条件明显改善,是一项民生民心工程。这项工作既凝聚了群众的期盼,也是矛盾纠纷多发地。做好这项工作的关键在于拆迁政策是否公平合理、操作过程是否公开公正等。因此,必须从维护好群众的根本利益出发,最大限度地让利于民,实现群众利益最大化,让群众满意。

具体可从四个方面落实:一是完善征收配套政策,确保公平合理。适当提高货币化奖励幅度,增加被征收人补偿利益,满足被征收人多样化的安置需求;规范房屋征收工作程序和房屋征收补偿行为,使征收补偿合法、合规、合标准,进一步保护被征收人的合法利益。二是做好征收信息公开,确保阳光征收。征收全过程应公开透明,要把征收拆迁的政策、内容、程序、标准全面公开,充分保障被征收群众的知情权、参与权和监督权。既不擅自降低标准损害群众利益,也不擅自提高标准满足个别不合理的要求,做到"一把尺子量到底、一个标准评到底、一个算盘算到底"。同时,搭建政府征收信息公开平台,为被征收群众信息查询、购房、租房提供便捷、高效服务。三是加强监督检查,杜绝违法违规行为。应推进司法跟进机制,建立"法治六进"模式:由公安、检察院、法院、司法、综治、信访等组成执法保障组,建立专门律师服务团,用法治思维和方法有效解决制约拆迁的难题。组织纪检和审计等部门全程跟踪监督征收拆迁工作,对发现的违纪、违法行为予以及时纠正和严肃处理。在补偿方案征求意见、评估机构的选定、社会稳定风险评估等关键环节,邀请新闻媒体、公证机构、人大代表、政协委员以及被征收人代表全程参与监

督；设立公开监督举报电话，24小时受理群众投诉。同时，加强征收补偿资金运行程序监管，做到征收补偿费用专户存储、专款专用。四是完善联动协调机制，确保责任落实。建立"一门受理、并联审查"的棚改前期审查机制，为棚改项目审查审批开通绿色通道；实行联席会议制度，由主管部门牵头，发改委、财政、国土等相关部门参加，增加部门合力，提高办事效率，及时研究解决棚改过程中的有关问题。推进督查督办机制，重点项目跟踪服务，确保项目早开工、早建设、早完工。

二、围绕"惠民"，抓好保障房选址建设、公平分配和后期管理

保障性安居工程就是由政府出面组织建设、分配、管理廉租房和公租房，以解决城市困难群众居者有其屋的问题。住房保障对象都是城市中低收入、住房困难的特殊群体。尤其是廉租户，收入很低或享受低保，生活各方面比较困难。住房保障工作在改善其居住条件的过程中，必须兼顾其特殊需求，让特殊群体得到实惠。当前全国一些地方保障房工作暴露出的问题多集中于选址偏远、分配不公和后期管理不到位等，好事没办好，政府出了不少力，群众并不买账。因此，建设保障性住房，选址是基础，分配是关键，后期管理是保证。

具体可以从三个方面把握：一是精心选址建设。选址应遵循"周边社区成熟、基础设施完善、公共配套齐全、交通便利"的原则，尤其是廉租房小区，在条件允许的情况下尽可能做到"城中心选址、小地块分散布局"。城中心选址可以满足廉租户购物、就医、孩子上学等基本生活需求，小地块分散布局可以有效避免新"贫民窟"带来的社会问题。公租房小区选址最好距高新区、工业园等比较近，配建幼儿园、小学、社区医院、菜市场和公共交通设施。另外，考虑到公租房的部分租户是外来务工人员，可在室内配备基本生活设施，满足其"拎包入住"的需求。二是确保分配公平。建立集核准条件、工作权限和质量标准于一体的电子审批系统，实现审批"电脑说了算"，有效杜绝人情干扰；借助电视、网络全程直播分配过程，公证、审计、纪检、民政及媒体、群众代表现场监督，由申请家庭代表担任摇号嘉宾，保证分配全透明；通过人性化分组，让老弱病残、优抚对象、先模人物等特殊群体优先获得选房资格，确保最需要的群众优先得到保障。三是强化后期管理。可探索建立房屋管理、社区管理、治安管理、物业服务、爱心服务、自我服务"六位一体"的管理模式：在小区设立工作站，由政府部门、管理单位、经营公司共同管理房屋；成立党组织和居民议事组织，加强社区管理；在小区设立警务室，加强治安管理；公开选聘物业服务企业，使居民享受标准化的物业服务，对收费实行政府指导价，通过减免、补贴等方式降低保障对象负担；引各类公益机构和社会组织进社区实施爱心服务；引导居民积极参与社区环境整治、治安维护等活动，实现自我服务。

三、围绕"便民"，推行房产交易服务全时化、标准化、流动化

房产交易大厅，是房管部门直接面向群众提供服务的窗口。大厅的建设水平、工作人员的办事效率和服务质量，是房管部门为民服务能力的最直接体现。近年来，随着国内房地产市场的迅猛发展，房产交易量逐年增多，群众"扎堆"到房产交易大厅办理相关业务

的情形频出,也引发了一些关于服务态度和工作效率的矛盾和问题。如何让群众方便、快捷地办完相关手续,成为房管部门做好房产交易、打造一流服务窗口的关键。

具体可以从三个方面打造:一是实行"全时服务"。打破每周五天和每天八小时工作制的惯例,推行"每周七天工作制"和"延时错时服务",服务大厅周六、周日正常办理业务。根据现行的法律法规,办理房屋交易登记业务时,必须进行现场核实与问询。为使群众能尽快办完业务,可通过基层站所和中介机构、服务大厅自助设备、网上服务大厅等渠道,让办事群众提前录入信息,通过系统自动核对、预审核等方式,减少柜面受理时间;加强部门合作,将征税业务纳入登记流程,避免群众重复排队。还可通过电话、网络等方式提前预约,无需排队直接办理,使群众到大厅办事的时间与次数最小化。二是推行标准化服务。通过统一培训,使各服务窗口服务动作标准化、服务用语标准化、服务过程标准化,让服务规范有序;在服务大厅设立方便老弱病残等特殊群体的绿色通道,设置自助查询设备,提供便民箱、便民伞、轮椅、儿童座椅等便民设施,让办事群众感受到尊重和温暖。开通"一号通"房管咨询热线,利用微博、微信,建立无时限、多平台、高效能的立体咨询服务平台。三是开展"流动服务"。改装特种车辆为"房管流动服务车",配备电脑、拍摄仪、打印机、身份证识别仪、指纹采集仪和密码键盘等全套设备,通过数字加密技术与数据中心安全对接,一辆车就能办理全套的房管业务;成立专门的流动服务队,建立调度中心,通过与房管热线联动,群众只要打一个电话预约,就可以将服务送到群众家门口。

四、围绕"乐民",构建物业管理齐抓共管的和谐氛围

物业管理是城市管理矛盾纠纷较为集中的领域。这些矛盾纠纷的产生,有物业管理没有纳入社会管理、物业企业承担了过多社会管理职责的问题;有行业管理措施不落地、违规违章行为得不到及时遏制的问题;有物业企业服务行为不规范、服务质量不高的问题;有开发遗留问题多、业主权益受到侵害的问题;还有维修资金支用环节复杂、房屋维修难的问题等等。如何有效破解这些难题、让百姓安居乐业,成为做好物业管理、构建和谐社会的关键。

具体可以从五个方面着手:一是源头治理,破解开发遗留问题多的难题。联合建设、规划、市政等部门,开展新建小区综合验收备案,保证小区设施设备、绿化、车位等得到落实,既保护业主的合法权益,也为小区交付后实施物业管理奠定良好基础。二是齐抓共管,破解行业监管不落地的难题。房管、执法、公安、质监等部门在小区内公示投诉电话和职责范围,建立业主、物业服务企业与行政管理部门之间的直通车,并对各部门履职情况实施层级督察机制,有效遏制业主违规搭建、乱停乱放和物业服务企业擅自占用业主公用部位的行为。三是管理下沉,破解物业管理未与社会管理相融合的难题。推行由街道办事处牵头,公安派出所、城管执法、社区居委会、业主委员会和物业服务企业参加的联席会议制度,协调处理影响社区和谐稳定的问题。开展"仲裁服务进社区"活动,把矛盾解决在基层。四是加强监督,破解物业企业服务不规范的难题。建立"一箱三栏"(物业企业服务意见箱、政策法规宣传栏、管理规约公开栏、小区事务公示栏),实施物业管理义务监督员制度,推行物业项目经理与业主面对面交流的恳谈会制度,完善物业服务企业信

用档案和信用等级评定制度，实现行业主管部门、属地管理部门和业主对物业服务企业的共同监督。五是主动服务，破解维修资金支用难的问题。组织专业人员指导有关单位建账、补交、补提；由房管维修热线代办维修资金支取业务。研发业主自治管理平台，便于业主对支用维修资金等小区事务投票表决。开通应急绿色通道，对屋面漏雨、电梯故障等严重影响群众居住的房屋维修事项，简化提取程序。

创新是一种锐意进取的精神面貌，是一种勇于探索的工作态度，是一种不断追求卓越、追求进步、追求发展的理念。抓创新就是抓发展，谋创新就是谋未来。房管行业服务创新之路永无止境。唯有把群众需求作为服务追求、把群众满意作为服务标准、把持续创新作为服务手段，房管行业的创新发展之路才能越走越远、越走越宽广。

（执笔人：丁　宁）

国企培育和践行社会主义核心价值观的实践与思考

沈明达

培育和践行社会主义核心价值观是国企党组织面临的一项重要而紧迫的战略任务。面对经济发展新常态和"四个全面"战略布局的新形势要求,国企党组织应当通过积极培育和践行,教育、引导广大党员、干部和群众树立正确的理想追求、价值取向和是非标尺。本文结合中交三航院开展培育和践行社会主义核心价值观建设(以下简称价值观建设)的具体实践展开理论探索和实践应用研究。

中交第三航务工程勘察设计院有限公司是中国最大的交通、港口工程勘察设计单位之一。全公司专业技术人员数占员工总数的比例达93%以上,具有高级职称的占专业技术人员总数的近50%。

近16年来,公司党委结合国有科技型企业特点,坚持"四性二化"工作方针,注重价值观建设的针对性、开创性、操作性、有效性,努力实现价值观建设的系统化、制度化、规范化,有效推动了社会主义核心价值观建设在企业的落实落细落小,积极服务和支持了国家"一带一路"和集团"五商中交"战略的实施,有力地促进了企业的持续健康发展。企业"十二五"末合同、营业收入、利润总额分别比"十一五"末增长21%、23.6%、21.3%。与此同时,公司连续八届十六年荣获"上海市文明单位",连续七届十四年荣获"上海市职工最满意企业"、获评"全国厂务公开民主管理先进单位"、"上海市首批企业文化建设示范基地"、"全国建设系统企业文化建设示范单位"、"全国交通运输企业文化建设卓越单位"等荣誉称号。

一、三航院开展价值观建设的实践与成效

(一)坚持政治引领,充分发挥党组织在培育和践行社会主义核心价值观中的主导作用

一是公司党委统一领导、规划、部署价值观建设,将其纳入党委"三年党建规划"和年度工作计划。2016年5月颁发的《三航院党建和企业文化建设规划(2016—2018)》将价值观建设明确列入党委重点工作任务之一。二是注重抓住"关键少数",积极发挥国企党建在价值观建设中的引领作用。公司党委坚持每月一次两级中心组学习,每季一案反腐倡廉警示教育,每年职代会期间组织职工代表评议公司党政班子及成员和每年春节前公司领导班子成员分别与中层干部进行廉政谈话等党建长效机制。三是坚持以党风廉政建设促价值观建设,确保"工程优质干部优秀"。公司认真落实党委主体责任和纪委监督责任。

严格执行中央八项规定和公司十三条规定,积极推进效能监察并探索海外项目效能监察的试点,取得较好效果。

(二)坚持常态长效,积极构建以党建工作促价值观建设的平台和机制

一是连续16年开展以价值观建设为核心的党内系列主题教育活动。2016年初以来,公司党委在组织开展"两学一做"学习教育的同时,适时开展了"为五商中交作贡献、为改革创新作贡献"(双贡献)主题教育活动。二是连续16年举办党员干部"双休日"理论培训班。自2001年以来,公司党委坚持16年利用双休日举办党员和中层干部理论培训班。培训班先后邀请知名专家、教授所作的《"四个全面"与践行社会主义核心价值观》等辅导报告,使与会党员干部普遍感到学有所获学能致用。三是与时俱进健全完善价值观建设长效机制。公司研究制定了新版《三航院企业文化建设纲要》、每三年一轮的《三航院党建和企业文化建设规划》、每五年一轮的《三航院人才培养规划》等,2015年底推出了第五版即5.0版《三航院党委工作制度集》,确保价值观建设有章可循有规可依。

(三)坚持固本强体,注重推进以价值观为核心的企业文化建设

一是始终坚持培育企业核心价值理念体系,大力推进企业文化建设。公司运用各种媒体,在积极宣传培育中交集团"公平、包容、务实、创新"等企业价值取向的同时,形成了三航院"诚信服务、优质回报"等企业核心价值体系。二是始终坚持贯彻《三航院企业文化建设纲要》,把品牌文化和团队建设作为企业文化建设的重要内容。积极宣传并将"敬业奉献、开拓创新"的三航院精神融入到海内外的重大工程之中,培育和践行了"洋山精神"、"南极精神"、"三特精神"和"黑角精神",不断丰富了企业价值观内涵。三是始终坚持开展以树立正确价值观为导向的青年主题教育活动,不断推进"青年职业生涯导航"活动。广大团员青年通过主题活动,形成了"热心公益、关爱社会"的价值取向和践行载体,如"关爱学子成长"、设立并每年颁发"三航院战神困难奖学金"、"温暖残疾儿童"和"守护文明交通"等活动。

(四)坚持紧贴实际,持续开展正面宣传教育活动

一是积极开展"道德讲堂"活动,大力弘扬企业精神和先进人物事迹。公司党委2014年创办"道德讲堂",2015年内实现了基层单位"道德讲堂"活动的全覆盖并在越南台塑项目部开班了央企第一家海外"道德讲堂",公司党委书记、董事长沈明达深入现场为讲堂授牌并给现场党员、职工上党课。"道德讲堂"活动深受职工的欢迎和好评。二是积极开展先进评比表彰活动,坚持典型引路、正面引导。公司党委创设"每周一星"(已播出219集)、"闪光集"(已播出129集)系列报道等栏目,大力弘扬先进。充分发挥先进集体和优秀个人在引领企业发展、推进企业改革、团结凝聚职工、促进企业和谐中的示范作用。三是积极开展党务政工干部培训活动,不断加强党务政工干部队伍建设。公司党委连续16年对基层党组织负责人和政工人员进行培训,坚持每年利用双休日组织为期两天的政工干部专题培训班。同时,有计划地选派政工人员和基层党组织负责人参加中国交建、市建设交通党委等上级组织的专题培训。

（五）坚持舆论引导，大力营造价值观建设的良好氛围

一是坚持运用各种宣传工具加强日常宣传工作。公司党委通过内网、宣传栏、《院训》、大屏幕和"三航院微信"等载体发挥了积极引导和正面宣传作用。在新版《三航院宣传片》和反映三航院人建设世界第一集装箱港—洋山深水港的央视专题片《东方大港》在干部职工（包括离退休干部职工）中广为播放，收到了增强自信、激励员工的良好效果。二是坚持开展文明创建活动，活跃职工精神文化生活。公司党政始终高度重视企业文化建设和文明创建工作。（1）深入开展创建文明单位、文明处室、文明班组和文明宿舍等系列创建活动。（2）积极组织开展国庆系列主题活动，举办职工摄影作品展，利用两个休息日开展骑自行车和徒步健身活动，坚持20年形成品牌并深受职工欢迎。（3）坚持举办"春节"、"五一"、"欢迎新员工"联欢会等月末俱乐部活动和"名家系列讲座"。（4）公司党政主要领导每年一次与职工代表恳谈，公司党委书记沈明达自2013年1月起创设青年"六人谈"活动载体，利用午休1小时面对面地用心听取职工代表和青年的呼声和意见建议，至今已有354位青年参加。（5）坚持办好"三航院荣誉室"、职工阅览咖啡吧和为职工长期租用体育场地开展业余体育活动。三是坚持用"三院是我家、兴旺靠大家"理念激励员工，形成团结互助浓厚氛围。多年来，公司形成了"政治上激励人、思想上沟通人、生活上关心人、工作上帮助人"的良好氛围和活动载体，推动了企业两个文明建设持续健康发展。公司荣获"全国工程设计系统思想政治工作先进单位"和"全国模范职工之家"等称号。

二、价值观建设需破解的难点与对策建议

（一）需破解的难点

一是价值观建设受到市场经济新环境的冲撞。在市场经济发展过程中出现的一些新情况新问题新环境与价值观建设发生了冲撞，而这种冲撞又深刻影响着广大党员、干部和群众的观念和行为。二是价值观建设受到利益多元和不良思潮的影响。这种影响导致社会上一些单位和一些人员缺乏正确的价值取向，导致政治素质下降、政治免疫力缺乏，出现不少与社会主义核心价值体系背离的现象。三是价值观建设的载体和路径有待不断创新。在培育和践行社会主义核心价值观有效载体的选择上，社会上有的单位和党员干部缺乏政治敏锐性，面对新情况新挑战新要求，有的理念思路、工作载体、方法手段与之不相适应。

（二）对策建议

其一，发挥政治优势，提升党组织对价值观建设的领导力。国有企业的特殊性决定了国企党组织必须在价值观建设中发挥主导作用和独特政治优势。国企党组织要努力成为政治素质好、经营业绩好、团结协作好、作风形象好的"四好"坚强领导集体，实现党对培育和践行社会主义核心价值观建设坚强有力的领导。

其二，注重辩证思维，牢牢把握价值引领的主动权主导权。在发展市场经济和网络"自媒体"时代，价值观建设受到市场经济新环境的冲撞在所难免。作为国企党组织，要

以积极主动的姿态和辩证思维的观点看待市场经济和信息网络化带来的挑战和机遇，在指导思想上要牢固树立"守土有责"、"抢占高地"和敢于担当的意识，要用"以变应变"，"以变治变"的精神去开拓创新。

其三，积极创新载体，开拓"微时代"价值观建设新天地。作为国企党组织和党务政工干部要本着强烈的政治责任感和历史使命感，积极研究"微时代"网络发展的趋势和规律。要把开拓"微时代"网络新领域作为创新党建和思想政治工作、推进价值观建设的新天地，作为加强、改进并实现价值观建设常态长效的新实践。

其四，紧紧抓住践行，扎实推进形式多样的价值观建设。价值观建设既要靠宣传和引导，更要靠培育和践行。而价值观建设又是分层次有重点的，企业领导者应为第一层面，构成价值观建设"重中之重"的对象。在价值观建设中，党员、干部应为第二层面，构成价值观建设的主体对象，也是价值观建设的一个重点。对于作为第三层面的广大职工而言，价值观建设的主要载体应该是各种富有教育意义又为职工乐意接受的文化活动；应该是党员、干部的榜样示范引领；应该是团队式学习加大众传媒的正确舆论导向。

其五，坚持常抓不懈，努力实现价值观建设的落地见效。企业价值观建设的艰巨性需要工作落地的针对性持续性。在社会主义市场经济条件下，由于传统的价值观受到"冲击"和"挑战"，适应社会主义市场经济和企业推进股份制混合制改革重组需要的价值观尚在承优的基础上逐步"立新"之中，因此，价值观建设较之以往显得难度更大，客观上更加需要工作落地的针对性持续性。价值观建设是一项长期的任务，不可能毕其功于一役，必须树立长期作战思想。

培育和践行社会主义核心价值观任重道远。价值观建设的长期性需要党建和企业文化的坚强支撑，需要活动方法载体的针对性、开创性、持续性与之相配套。只有这样，才能保持价值观建设的系统性、稳定性、递进性，才能使价值观建设更好地服务于提高企业和职工的文明程度，服务于国企的改革创新转型升级服务于实现中华民族伟大复兴中国梦的宏伟事业。

（作者单位：中交第三航务勘察设计研究院）

培育和践行社会主义核心价值观工作方法探析
——基于广东省城乡规划设计研究院的实证研究

唐紫薇　唐　路　李丽娟

一、概念辨析及研究方法

（一）价值与价值观

马克思主义哲学认为，价值就是主体和客体之间的意义关系，价值的大小，就是客体满足主体需要程度的大小，而价值往往是通过价值评价被揭示和把握的，在价值评价和实践过程中，人们逐渐形成了关于各种价值的根本观点、看法和态度，形成区分好坏、对错的基本观点，构成了人们的信仰、信念、理想以及价值原则和价值规范，这就是价值观，而在社会多元化的价值观中处于主导和支配地位的就是核心价值观。社会主义社会的主导价值观，即社会主义核心价值观，是以价值认同上的最大公约数，形成的最广泛地价值共识，是社会主义文化的精髓、文化软实力的核心、中华民族的安身立命之本。

（二）价值观培育与思想政治教育

思想政治教育是指在一定的阶级、政党、社会群体用一定的思想观念、政治观点、道德规范，对其成员施加有目的、有计划、有组织的影响，使其符合一定社会、一定阶级所需要的思想品德的社会实践活动。思想政治教育作为党的政治优势和社会主义意识形态工作的重要形式，在培育和践行社会主义核心价值观的工作中起着重要作用。从中央关于社会主义核心价值观的《意见》来看，顶层部署也建议和要求运用诸如宣传教育、实践养成、示范引领等思想政治教育方法来开展培育和践行社会主义核心价值观的具体工作，可见，社会主义核心价值观的培育以及寻求最广泛的社会认同，是当前思想政治教育的重要使命。

因此，运用思想政治教育理论的观点去分析和探究培育和践行社会主义核心价值观的工作实践，运用思想政治教育体系的研究成果去指导工作的开展，更有利于适应实际环境和发展需求，拓宽工作的思路和方法，提高工作的科学性和实效性。

（三）主要研究方法

本文采取理论与实践相结合的方法，主要思路：以思想政治教育理论为基础，借鉴"以'战略制导'为主导、以信息方法为纽带、以决策方法和调控方法为支柱、集基本方法和特殊方法于一体"的现代思想政治教育方法体系的观点，分析广东省城乡规划设计研究院（以下简称"省规划院"）开展培育和践行社会主义核心价值观的工作方法，重点在加强对工作宏观层面的整体规划和战略部署，加强对传统教育方式和途径的不断创新和突破，加强对过程中思想信息的评估反馈和工作方法的阶段性调整三个方面，探寻培育和践行社会主义核心价值观的有效工作模式。

二、培育和践行社会主义核心价值观的工作实践

省规划院是在响应"积极培育和践行社会主义核心价值观"政策中参与较早、谋划较快、部署迅速的单位之一。自2014年2月，省规划院就开始了有关培育和践行社会主义核心价值观的工作谋划，并将培育和践行社会主义核心价值观纳入到院的整体发展规划中，为院的持续发展提供精神动力和保障。经深入调研和准备，于2014年7月正式印发《积极培育和践行社会主义核心价值观系列主题实践活动工作方案》（以下简称《工作方案》），成立工作领导小组并召开动员大会。

（一）培育和践行社会主义核心价值观的整体规划和阶段部署

获得认同也是培育和践行社会主义核心价值观的基础和关键。社会主义核心价值观的认同是指"社会成员通过生产生活、交往互动，逐步调整自身价值结构以接受、遵循核心价值观，并用以规范自己行为的过程"。通过教育、引导、培养等方法，在个人的学习、实践、体悟等活动中逐渐获得认同，进而把社会主义核心价值观的倡导融入到自身的世界观、人生观和价值观体系中，这样的认同内化机理是一个动态的过程，大致需要经历理性认知、情感共鸣、思想转化、心理调试和沉淀固化这几个阶段。

为尊重培育和践行社会主义核心价值观的认同规律，体现出长期性、阶段性的特点，方案计划用三到五年的时间，在全院范围内一年一个主题，分步骤有重点地大力开展培育和践行社会主义核心价值观工作，并且每年制定一个年度行动计划，用以指导具体工作开展。方案体现了"深入理解、合力推进、引导实践、融入身心"四个阶段的工作考量，充分遵循了个人认知与价值观认同由浅入深、逐步深入的动态规律。

1. 深入理解是工作的基础和前提

开展培育和践行社会主义核心价值观的工作过程中，最初的重点体现在宣传教育和氛围营造方面。培育和践行的工作侧重在对社会主义核心价值观的内涵、特征和意义，院整体工作规划部署等方面的教育和宣传，使职工群众深入了解当前国家关于社会主义核心价值观的部署以及院开展培育和践行工作的目的与决心，为之后培育和践行工作的顺利开展奠定理论基础和群众基础。

2. 合力推进是工作的保障和手段

培育和践行工作要取得成效，有赖于全院上下的共同参与，有赖于业务工作、人才培育、思想政治工作和精神文明建设的合力推动。然而在实际工作中，这一目标的实现并非一蹴而就的。最初通过党群工作部门大力开展思想政治工作和精神文明建设，以单一部门的策划组织，到党组织负责、工青妇等基层组织配合，再到职能、生产的多部门参与，逐步建立合力推进的工作联动机制，将自觉践行的观念通过一系列的实践活动，融入到职工的日常的工作、生活中，实现"以点带面"工作格局。

3. 引导实践是工作的延续和巩固

从单位组织、个人参与到个人自主实践,是培育和践行工作从被动性到主动性参与的转变,这有助于工作的深入开展和工作效果的达成。特别是在业务工作及职工个人发展中,培育和践行社会主义核心价值观都需要以具体个人去实现。在这一阶段,尝试以典型示范、表彰奖励、正面激励等形式进行引导,让职工明白什么样的行为或方式是被组织认可的,是符合当前社会主义核心价值观倡导的,在不断自我实践中,巩固对社会主义核心价值观的认识和认同。

4. 融入身心是工作的目标和结果

培育和践行工作最终的目标,是要使社会主义核心价值观的内容真正融入人心,成为个人的价值遵循和追求。表现在具体的工作和生活中,就是要在社会公德、职业道德、家庭美德和个人品德等方面,做到内化于心、外化于形,做到言行一致、表里如一,做到以此为美、以此为乐、以此为荣。

(二) 培育和践行社会主义核心价值观的工作要求和工作创新

《工作方案》确立了"围绕中心,把践行社会主义核心价值观落实到构建一流强院的实践中"的工作思路,以融入生产业务工作、融入思想政治工作、融入精神文明工作、融入人才培育工作的"四个融入"为出发点和落脚点,抓准、抓好工作的不同侧重和具体内容,全面部署和开展培育和践行社会主义核心价值观的有关工作。

从目前工作开展的情况来看,省规划院主要的工作重心和工作成效集中体现在以下几个方面。

1. 寓教于理——加强社会主义核心价值观的理论教育

马克思主义哲学关于人的主观能动性理论,奠定了理论教育法或学习法的科学性基础。人的主观能动性理论,说明了人对理论、思想、精神的需求与追求,而这种需要与追求的途径和方式,就是理论教育法或理论学习法。社会主义核心价值观是社会主义核心价值体系的高度凝练和集中表达,反映的是价值认同上的最大公约数,但对于人民群众中的每个成员来说,对社会主义价值观的认识,是不可能不学而知,不教而会的,同样需要运用传授、学习、宣传等方式进行理论学习和灌输。

(1) 专题讲座。邀请权威专家学者进行专题课程的讲授讲解,是摆事实,讲道理,以理服人的方法。这种形式更为直接、系统、全面和深入,但学习效果往往受课题选择、课堂氛围、教师的专业和讲授水平等因素影响。因此,专题讲课需要做好充足的准备工作,例如尽可能选择热门话题、趣味话题、实用话题为课程切入点;利用宣传布置、领导的参与和重视,营造课堂学习氛围;建立专家库,积累优质教师资源等。

(2) 理论学习。通过组织阅读书籍、报刊、网络时评等内容,以集体学习或个人学习的方式掌握有关理论内容。主要做法:一是创造条件,为院内阅览室、图书角,党支部以及职工个人配发相关书籍;二是组织交流,通过支部学习生活会的形式组织支部学习和讨论交流,并以适当的形式吸收党外群众参与;三是开展竞赛,举办读书月活动,以读书心得汇报比赛的形式,增添趣味性和挑战性,把读书活动引向深入。

(3) 宣传教育。运用大众传播媒介,传播有关社会主义核心价值观的理论内涵和意义。主要做法:一是用活传统媒介,包括通知、广播、工作简报、海报宣传栏等,努力提高宣传的质量和水平,做好定期的维护和更新;二是用好新型媒介,包括视频、网站、网络交流工具等,如在公共空间搭设视频播放平台,创建社会主义核心价值观专题网站,用好QQ群、微信群等交流平台,发挥新型媒介优势;三是创新可用媒介,结合工作实际和需要进行传播方式的创新,如拍摄专题宣传片,创办核心价值观《图文简报》季刊等。

(4) 研究学习。将被动学习过程转化为主动地研究、探讨、发现的过程,使学习不再是被动的接受或储存。在单位中,研究学习的方式主要适用于相关组织部门、施教人员和党务工作者等,主要做法是成立政研工作小组,组织相关课题研究,以此不断提高工作组织、策划的科学性和理论性,为新的工作突破和提升奠定科研基础。

2. 寓教于行——加强社会主义核心价值观的实践教育

马克思主义的认识论是实践教育法的理论依据。马克思主义认识论认为,实践是正确思想的来源,是思想发展的动力,是思想认识的目的和检验思想的标准。因此,人们思想的形成、发展、检验都离不开社会实践,若要树立正确的思想认识,避免错误认识的影响,以参与实践作为教育手段和方式是一种科学有效的途径。

(1) 节日活动。挖掘节日文化蕴含的时代意义和教育资源,大力弘扬中华优秀文化,不断增加职工的民族认同、政治认同、国家认同,不断增强民族自尊心、自信心和自豪感,以此凝聚强大的精神力量。主要做法是结合喜闻乐见的群众性活动形式,开展三类节日文化活动:一是传统节日,如春节、清明、端午、中秋,开展弘扬传统精粹、传承中华美德、继承优秀民俗文化的节日活动,如开展新春灯会活动、清明植树踏青活动、端午包粽子比赛等;二是特定纪念日,如"七一"建党节、"八一"建军节、"十一"国庆节、抗日战争胜利日、南京大屠杀纪念日等,开展继承革命精神,发扬革命传统,弘扬爱国主义精神的红色纪念活动,如七一党性锤炼、八一国防教育等;三是国际性节庆日,如"三八"妇女节、"五一"劳动节、"六一"儿童节等,开展以关怀慰问、福利保障为主要目的的群团性活动,如三八妇女保健知识讲座,六一亲子户外摄影等。

(2) 志愿服务。志愿服务是一种运用自身知识、技能和体力为社会或他人做实事、做好事、做贡献的实践活动,服务者从中收获丰富的道德体验、情感愉悦、思想感受和社会认同,进而不断强化服务者的社会意识和奉献精神。主要做法:一是由单位组织成立志愿服务队伍、搭建规范性组织架构、制定长效工作和运作机制、给予相应的组织保障和资金支持;二是以"结合专业,发挥特长"为服务特色,以建立长期性固定服务为要求,形成一批常态化志愿服务品牌。

(3) 文体活动。集体性文体活动,是增强体魄、焕发精神、提高团队凝聚力、组织向心力的有效形式。主要做法:一是组织日常性活动,开办球类、摄影、骑行、瑜伽、合唱等9个俱乐部,利用日常业余时间开展丰富的体育健身类活动;二是组织全院性活动,每年举办一次院运动会,利用年终总结的机会开展歌咏大赛、韵律操比赛等活动。

3. 寓教于情——加强社会主义核心价值观的感染激励

感染教育法和激励教育法的相近之处在于,他们都是通过激发人的主观动机和思想情感来调动积极性的,其关键都在于潜移默化、"润物无声"的影响方式。感染教育是指人们在无意识和不自觉的情况下,受到一定感染体或环境的影响、熏陶、感化而接受教育的方法。激励教育则是指运用物质激励和精神激励,激发人朝着既定目标不断努力的一种方式。

（1）形象感染。以典型事例、典型人物感化人们的感情，引发人们对事件、人物的思考，在思考过程中引发对价值、道德等因素的判断，从而产生积极、正面的影响。主要做法：一是开办"道德讲堂"，按照"唱一首好歌"、"听一场讲座"、"学一位榜样"、"谈一点感受"、"读一段经典"、"表一份心愿"等环节，坚持"身边人讲身边事，身边事育身边人"，用听、说、学、悟、唱的不同方式，强化活动中的所感所得，真正入脑入心。二是开展党性锤炼活动，组织全院党员前往井冈山干部学院、焦裕禄干部学院等党性锤炼基地，通过身临其境、重温历史、观摩体验等形式，让职工在真实接触、切身体验中受感染、受教育。

（2）艺术感染。以举办音乐、美术、文学、舞蹈等文艺活动的形式，培养高尚艺术情趣和精神文化需求，自觉抵制不良思想和文化的侵蚀，同时，从艺术的真善美中感受生活的美好，树立积极健康的心态。主要做法：一是开展艺术赏析课程，提高职工的艺术欣赏能力和审美观点，如音乐鉴赏讲座、摄影课堂、魅力提升讲座等；二是开展艺术参与活动，开拓眼界、增长知识，如邀请专业乐团开办音乐会，邀请专家举办茶会活动等；三是开展艺术创作活动，激发创作热情和自主创新能力，如院歌创作活动，摄影比赛等。

（3）激励教育。以社会主义核心价值观倡导的正面行为和价值选择为目标，通过物质激励和精神激励的措施，帮助职工认识、理解、接受、树立这样的目标，并为实现目标而奋斗。主要做法：一是院内考核表彰，以年终考核表彰的形式，设立如"最佳志愿服务队"、"扶贫助教奉献奖"、"最佳组织奉献"、"最佳公益奖"等奖励；二是院外评优推优，做好先进典型的推荐、评选、表彰和宣传工作，结合有关奖项评选活动，积极向上级部门推荐我院优秀人员、集体。

4. 寓教于境——加强社会主义核心价值观的环境建设

人改造环境和环境改造人是一种辩证统一的关系。马克思曾经指出："有一种唯物主义学说，认为人是环境和教育的产物，因而认为改变了的人是另一种环境和改变了的教育的产物，——这种学说忘记了，环境正是由人来改变的，而教育者本人一定是受教育的。"文化环境对人的塑造有着重要的作用，人的存在和发展都离不开一定的文化环境，环境对人的影响是一个潜移默化的过程，这种影响体现在对人格、素质、个性、能力以及社会角色等的塑造。

培育和践行社会主义核心价值观的环境建设，包括宏观环境和微观环境两方面。

（1）宏观环境。从国家、社会等宏观层面而言，如经济环境、政治环境、历史文化环境等，它们是培育和践行社会主义核心价值观工作的重要组成，标志着工作的具体方向，显示了国家、社会层面对开展相关工作的力度和决心，是工作的根本前提和基础。宏观环境的营造有赖于国家顶层设计的指导和各行业的共同努力。

（2）微观环境。从特定地区或个人层面而言，如工作环境、家庭环境、单位环境等，它们对培育和践行社会主义核心价值观工作起着更为直接、具体的影响，也是培育和践行工作的主要内容。微观环境的营造包括工作展开所面临的所有情况、因素的总和，就单位环境而言，既包括如标语标识、景观绿化、卫生措施等实物理环境，也包括精神面貌、文明程度、道德水平、工作作风等精神环境。微观环境的营造对人们潜移默化的感染力。

深入开展群众性精神文明创建活动，是单位营造环境氛围的有效途径。积极参与"文明单位"、"培育和践行社会主义核心价值观示范点"的创建工作，有助于统一思想、提高认识、调动积极性，同时，创建活动有着明确、具体的创建要求和指导，逐一落实的过程有助于推进培育和践行社会主义核心价值观的开展。

（三）培育和践行社会主义核心价值观的评估反馈和工作调整

现代思想政治教学原理表明，"人的行为是受思想支配的，思想是行为的内部动因，行为是思想的外在表现"。思想工作就是对人的思想信息的引导过程，使得人树立与时代发展要求一直的思想。但是，人们的思想状况具有复杂性和多样性的特点，引导的结果于期望实现值之间存在变量和差异，因此，在开展培育和践行社会主义核心价值观工作中，引入科学的思想信息评估方法十分必要。思想信息评估能够有效地把握工作的实施效果，通过及时的反馈、修正或强化措施，以"评估——反馈——调整"的循环模式，达到提升工作实效性和科学化水平的目的。

在思想信息反馈调节方法上，省规划院主要做法是在年度工作中，设立总结提升环节，要求部门以书面总结的形式回顾全年活动开展情况，以调查问卷的形式收集工作效果信息，以总结大会的形式交流工作体会、研究工作调整方向。

1.部门总结。侧重于自我评估的方式。要求部门认真撰写书面总结，在院内公告栏予以公示和宣传，并将部门的总结情况和工作亮点纳入到院内培育和践行社会主义核心价值观的年度总结中。一方面有助于部门自觉地对自己的工作情况、问题、亮点和缺点进行总结、剖析和检查，不断强化责任意识，有效地督促部门抓好工作落实、加强自我管理。另一方面也有助于领导层和组织部门掌握工作落实情况，分析存在不足和问题，为下一阶段工作的调整提供依据。

2.调查问卷。侧重于科学收集信息的方式。针对工作实施效果进行问卷设计，从开展培育和践行社会主义核心价值观系列活动的知晓度、满意度、参与度、成效性四个方面开展调查。省规划院第一年的问卷调查，反馈出如下信息。

活动的知晓度调查。全院职工对社会主义核心价值观的知晓率达96.4%，对院内开展培育和践行社会主义核心价值观工作的知晓率达92.4%。党员的情况优于非党，对社会主义核心价值观的知晓率达100%，对开展工作的知晓率达98.5%。

活动的满意度调查。全院对培育和践行社会主义核心价值观系列活动的评价满意度较高，达到98.6%。针对具体选项，如"非常满意"、"满意"、"基本满意"的分析中，党员的满意度明显高于非党人员。

活动的参与度调查。全院对参与有关工作和活动的自我评价中，41.5%的职工认为自己能够"积极响应，踊跃参加"，较多的职工，有53.8%，认为自己是"选择感兴趣的参加"。党员的参与积极性优于非党。

对影响活动参与的原因调查中，职工普遍认为是"工作忙，抽不出时间"（73%），少部分人认为是"活动没有吸引力"（14.8%）或"不知道有什么活动"（7.2%）或"参加不参加无所谓"（5%）。党员和非党区别不大。

活动的成效性调查。全院对本年度培育和践行社会主义核心价值观工作中主要活动的评价，从高到低依次排序为：文体活动、道德讲堂、志愿服务、能力培训、院歌创作活动、节日活动、纪律教育、其他。党员和非党的评价趋势与全院一致。

对本年度组织的针对社会主义核心价值观的学习活动和措施的评价方面，职工主要选择的学习途径从高到低依次排序为：院内实践活动，如节日活动和志愿服务等、院内海报及视频等宣传、媒体报道、院内组织的专题讲座、党支部组织生活会、研读理论读本自学、其他途径。党员的情况则略有不同，选择"党支部组织生活会"较多，排第二位。

3. 总结大会。侧重于沟通交流和研究调整的方式。组织部门主要领导开展座谈交流，对工作中员工的思想动态、反映问题等进行交流，并对下一阶段工作的改进和调整提出意见和建议。

基于以上多渠道的信息收集和反馈方式，对收集的信息进行分析，得出以下启示。

一是学习宣传初见成效。在有关社会主义核心价值观的学习宣传方面，措施到位、效果良好，基本达到传播、普及的目的。在下一阶段工作中，注重深化宣传效果，做到真正入脑入心；注重从意识引导到行为引导的转变，培育职工自觉践行的行为意识。

二是掌握有利的活动时机和形式。以提高工作参与度为目标，在具体活动策划中，尽量组织全院性的集体活动，选择新颖的主题和形式，同时避开工作密集的时期，为保证参与创造条件。

三是采用综合性工作方式。以提升工作效率和效果为目标，整合相同类型的不同教育方法和工作措施，或以效果较好的活动为主，辅助以其他形式，互相补充、互相促进。

四是发挥共产党员模范作用。在培育和践行社会主义核心价值观的过程中，党员的活动参与度、积极性，学习的自觉性以及政治敏感度要高于非党人员。要发挥好党员的带头作用和基层党支部的堡垒作用，将培育和践行的各项工作落实到具体的行动中。

（作者单位：广东省城乡规划设计研究院）

社会主义核心价值观体系构建下的"公园管家"管理模式初探

长春市园林绿化局

长春市园林绿化局所属8个基层单位，共管辖综合公园和专类公园15座，每年接待游客近亿人次，游客中的90%为本市市民。到公园休闲娱乐、锻炼身体已经成为了广大市民生活中不可或缺的生活常态。1999年10月，长春市所有公园（除动植物公园）免费向游客开放，公园以更加亲民的方式融入整个城市的文化生活之中。但是，随之带来的诸多管理问题，严重地困扰着公园管理者，特别是部分游客的不文明的行为，有悖于社会主义核心价值观，与公园美景格格不入，如何适应新形势发展需要，为百姓打造景色优美、秩序井然的游园环境，成为了摆在公园管理者面前的一个崭新课题。

"公园管家"，为解开这一难题提供了一个良方。

一、"公园管家"诞生的背景及其职责

1. 诞生背景

公园作为城市的重要景观，是居民的主要休闲游憩活动场所，更是培育和践行社会主义核心价值观的重要场所，公园管理者应该责无旁贷地肩负起传播重任。就长春市而言，由于游人素质参差不齐，园内骑车、遛狗、玩轮滑、随地吐痰等行为经常出现，针对游人的不文明行为，公园管理者正面管理有时会让游客产生逆反心理，管理效果不尽如人意。公园管理者总结发现，公园里的游客大多数是相对固定的周边居民，特别是有些老年人几乎每天都在公园里活动，他们爱护公园就像爱护自己的家一样，所以，对其他人的不文明行为也非常愤慨，有时候也会去制止，但由于势单力薄，结果往往不尽如人意。公园领导经过调研，决定因势利导，把这些关心公园发展建设、热爱公益事业的老年人聚集起来，参加公园的管理，为这些老人搭建实现自身价值的平台，让游人管理游人、游人服务游人、游人带动游人。以长春公园为首，率先成立了一支以游客为主要力量的公园管理队伍，并把它命名为"公园管家"，同时公园还为管家队伍设立活动站，明确发展目标，组建团队，推选负责人，制定章程，建立奖惩细则等，把松散的游人群体转化为有组织、有纪律的志愿者团队。不仅如此，还深度挖掘"管家"文化，在"管家"中建立长效机制，使得"公园管家"能够持久健康地发展。

2. 公园管家的职责和义务

公园管家活动是广大志愿者与公园管理部门共同参与公园环境卫生、游园秩序的维护与管理工作，有效搭建起公园管理部门与游园市民交流互动的桥梁和纽带，充分实现"人民公园人民建，百姓公园百姓管"的管理目标。他们的职责和义务主要有以

下几个方面：一是文明游园的引导者，这是公园管家首要的职责和任务，他们要在巡园中引导广大游客爱护环境、保护家园，做文明游园的典范，同时劝阻游人的不文明行为；二是环境卫生的管理者，公园管家在巡园中要积极配合公园的环境卫生管理者，帮助捡拾垃圾，做好清洁和环境卫生工作；三是义务的导游员，作为公园的一分子，广大管家朋友还要负责向广大市民介绍公园的特色景观、民生服务项目、配套基础设施等，做好导游工作。四是提供临时性义务服务。管家在管理中，有拾到钱物及时寻找失主原物奉还的，有帮助走失老人、儿童及时寻找家人的，面对有人遇到的临时性问题，管家都要积极帮助解决。

二、公园管家队伍的运行模式及管理机制

1. 积极支持，精心培育

长春市于2014年在长春公园设立试验地基，率先组建公园管家队伍，由公园党总支书记亲自抓，分管园长具体抓，在政治上把关、在活动上支持，为"公园管家"队伍的发展壮大，提供强有力的组织领导保障。在具体组建流程中，首先是选拔"公园管家"负责人，将公园管理经验丰富、能力出众、责任心强的退休老科长、老职工请回来，专职负责管家工作。其次是招募"公园管家"成员。在公园里常年活动的几十个自发组建的娱乐健身团队中，选择积极向上、凝聚力强、向心力强的7个团队，向他们讲解组建"公园管家"的目的意义，调动大家参与公园管理的积极性。再次是开辟"公园管家"活动场地。公园将原有一处140平方米的商服用房收回，作为"公园管家"活动站。站内设有宣传展板，桌椅、工具箱、各类报刊书籍，以此丰富管家们的业余生活。

2. 规范管理，建章立制

一是制定各项规章制度。各公园通过制定"公园管家章程"，拟定了"公园管家誓词"，谱写"公园管家之歌"等，号召游人加入"公园管家"队伍，把松散的游人群体团队，转化为有组织的"公园管家"团队。二是根据"管家"成员家庭住址方位，将"管家"队伍划分为几个活动小组，明确活动区域，实施网格化管理，确保公园内处处都有公园管家的身影。"公园管家"采取集体巡园和分散巡园相结合的方式，各公园规定管家要在具体时间统一到各自活动区域内捡拾垃圾，制止游人遛狗、玩轮滑、吐痰、攀枝折花等不文明行为，向游人宣传《长春市公园条例》、宣传社会主义核心价值观等。三是建立"公园管家"激励机制。公园定期组织公园管家年终总结表彰大会，出台《星级管家评比方案》，对表现优异、对公园管理工作贡献突出的星级管家团队颁发奖金和证书，激励管家们服务工作的积极性。四是成立功能型公园管家党支部，将群众自制管理模式转型升级为规范的党建工作新阵地，彰显党组织政治统领优势，增强管家队伍的凝聚力和向心力。五是开展大型活动，传播时代正能量。组织公园管家经常开展大型宣传活动，设立宣讲台，现场宣讲文明游园知识，发放公开信和《长春市公园条例》等，传播社会正能量。特别是发挥公园管家中文体活动积极分子聚集的优势，开展各种文艺汇演活动，将"公园管家"的事迹通过多种文艺形式展示给市民游客，丰富市民业余文化生活。

三、公园管家对培育和践行社会主义核心价值观的现实意义

1. "公园管家"活动拓展了核心价值观践行渠道

公园作为城市的一道风景线和居民的主要休闲游憩活动场所，也是社会主义核心价值观的重要传播场所。"公园管家"，帮助他人、奉献社会，服务社会，传播文明、无私奉献、提升社会正能量。他们用自己的实际行动来感染和带动其他游人，用自身的优良品质生动地体现社会主义核心价值观。营造了浓厚的培育和践行社会主义核心价值观社会氛围。

2. "公园管家"活动营造了稳定和谐的公园游园氛围

"公园管家"活动引导游客角色转变，塑造主人翁意识，践行了"团结友爱、互帮互助、共同进步"的志愿者精神；积极倡导公园游人向公园主人转变，制止纠纷，化解矛盾，有效减少了抵触和摩擦，逐渐形成人民公园人民管，公园游人就是公园主人的氛围，密切了公园与公众的感情，实现市民共建共管共享的良性互动。

3. "公园管家"活动激励了公园职工爱岗敬业的工作热情

"公园管家"队伍充满正能量的行为和活动，影响、推动和促进公园职工的职业道德建设，形成相互激励，有效促进了公园精细化管理水平和服务质量的提升，共同提高的良好政治氛围。增进公园与市民之间的情感交融，培育最接地气的公园文化。

4. "公园管家"活动为老年人老有所为提供了有效平台

当前，社会老龄化日趋严重，作为老年人日常休闲游乐的公园责无旁贷的应该担负起老年人老有所乐的责任，还要充分利用和发挥公园的优势组织老年人老有所为。公园管家这种形式，推动了老龄事业发展。

5. "公园管家"活动提高了开放式公园管理效率

借用调动社会力量参与公园管理，降低公园管理成本，监督公园管理工作，一定程度缓解了管理人员不足问题，创新了公园管理方式，对公园各项管理工作的顺利开展起到了积极的推动作用。

"公园管家"队伍成立以来，引起了社会媒体的高度关注。新浪微博、腾讯微博、长春电视台、吉林电视台、长春日报、吉林日报等多家新闻媒体对"公园管家"进行了广泛的宣传和报道。长春市园林绿化局党委决定将"公园管家"这种公园管理的创新模式在全市进行推广，我们将"公园管家"经验在中国建设职工政研会风景园林行业分会第十六次年会和吉林省建设职工政研会园林分会第十六次年会上作为重点交流项目向全国和吉林省园林同行推介，取得巨大反响。截至目前，长春市园林绿化局下辖的公园中已有5个公园成立了"公园管家"队伍，登记人数达到2000余人，每天参加活动人数达200余人。实践证明，"公园管家"管理模式在邻近居民区的开放式公园中极具推广价值。

"公园管家"用自己的实际行动，为打造培育和践行社会主义核心价值观阵地提供了一个新模式。

（执笔人：王泽林）

市民园长

——武汉市开门办公园的实践与思考

唐 闻

2014年7月,武汉市园林局面向社会公开选聘市民园长和特邀管理员,借此搭建公园与公众的互动平台,促进互信互助。实践证明,这是公园管理的创新和务实之举。

一、聘请市民当园长

互联网时代,市民有了更宽广的视野和更清晰的自主意识,他们评价城市,包括城市公园的各种事物和现象,不再是单方面听政府部门怎么说,而是会参照国内甚至国际水准考虑。近几年来,虽然武汉全市公园大力推进精细化管理、完善便民举措,开展一系列社会公益活动,但根据市文明办2014年"全市窗口行业群众满意度测评结果",市民对公园的评价并未达到预期程度。提高公园的自我管理水平和服务水平势在必行。

经过认真调研,局领导提出了"开门办园"的创新思路,让市民有序参与公园管理,增进公园与公众的相互理解,通过社会力量推动公园管理上台阶。在操作层面如何落实"开门办园",最初想到的是公园与社区"共建共管"。公园领导班子带队,走访周边社区,增进了解,加强互动。一段时间过后,感觉缺少一个有效的切入点,"让市民有序参与"还停留在概念层面。经过研究,逐渐理清了思路,找到"开门办园"的突破口。那就是:面向社会,公开选聘"市民园长"。

2014年7月底,经过细致的策划与准备,发布了公开选聘市民园长的消息,半个月的报名期内,有118位市民应聘。经过各公园的初评、面试和综合评定,最终有27个公园选定了28位市民园长和54位特邀管理员。后来,这个数字又分别增加到30名和59名。兼职园长主要是退休干部或教师、社区工作者、工程师、技术工人。9月1日,市民园长和特邀管理员经过培训正式上岗。

二、市民园长作用大

(一)日常巡园。市民园长和特邀管理员组成志愿者团队,轮流值班,针对晨练噪音、违规垂钓、不爱护花草树木等不文明行为进行劝阻,维护公园环境和卫生。

据不完全统计,2014年9月以来,89名市民园长和特邀管理员平均每周在公园服务近20小时。记录的工作笔记近百本,字数逾百万。沙湖公园谈焰园长记了10本工作笔记,她说,最喜欢与游客交流公园花草树木的内容,游客知道了花木的珍贵,就不会任性破坏了。市民园长通过自己的言行带动,把文明游园、传播践行了爱园护园的理念。这种发自普通人群的正能量,最大速率地形成了文明影响力。

(二)群众活动。市民园长将社区文艺爱好者、晨练队伍组织起来,到公园举办丰富多彩的群众性文化活动,公园单位提供舞台、音响等必要设施,丰富了市民的精神生活;也密切了公园与公众的感情,公园成为市民的欢乐园。2015年的端午节、五一小长假、抗战胜利纪念日期间,中山、解放、沙湖等公园,分别组织了"粽香端午免费包粽子"、"爱心图书捐赠置换"、"纪念抗战暨世界反法西斯战争胜利70周年"系列文艺汇演,得到了周边居民的积极响应和赞许。

(三)整改问题。市民园长从游客的视角观察好思考,对公园管理的不足更为敏感,也能更便捷地收集游客意见。一年多来,市民园长向公园管理部门提出和反馈的意见建议有360多条,主要涉及标识系统不完善、晨练管理不到位以及环境卫生、路灯照明、文化建设等方面,其中329条已采纳实施。市民园长发挥了很好的桥梁纽带作用,积极推动了和谐公园的建设。

三、市民园长作主人

实践证明,选聘市民园长,让每个关注和期待公园发展的普通市民,从"公园游客"变成"公园主人",有效地促进公园这一公共资源服从于公众利益的需要。这样一来,那些诸如晨练噪音、违规垂钓、破坏绿化等令公园管理者头疼的问题,通过群众自治取得了更好的管理效果。市民自治正是公园文明进步、长效化管理的重要基础。

为保护好市民园长的积极性,让志愿者的热情维系持久,重点做了两方面工作:

(一)注重权利和义务的对等。市民参与公园管理带有鲜明公益性,应该被赋予一定的权利,用相应的制度体现社会的尊重和认可。经过调研,出台了《武汉市公园市民园长和特邀管理员管理办法》,明确了市民园长和特邀管理员的基本条件、职责范围、组织管理等;还特别阐述了市民园长和特邀管理员的权利义务。比如:凭借市民园长工作证,每年可带2名家属免费参观黄鹤楼公园、武汉动物园各两次。对市民园长和特邀管理员出席、参加全市性工作会议或公益活动所产生的交通、午餐等费用进行补贴。计划从2016起,为市民园长和特邀管理员购买人身意外伤害保险。公园管理部门通过季度小结会、学习培训班、现场互访等方式,指导志愿者团队规范管理。包括:建立志愿服务登记制度、志愿服务时间佩戴统一标识和工作证,做好工作笔记等。制度建设为市民园长工作的健康发展奠定了基础。

(二)注重市民园长形象塑造。在专注于抓好公园精细化管理的同时,将市民园长作为创新管理的品牌进行培育,通过各种传播手段,积累口碑效应,扩大社会影响。中央和省市新闻媒体多次对武汉公园市民园长进行了报道。各大网站、微信公众号进行了积极的推送宣传,有效提高了"市民园长"的知名度和美誉度。"市民园长"逐渐成为武汉创建文明城市的具象化符号,公园志愿者的自豪感也油然而生。

2015年11月,启动了2016年度"市民园长"选聘工作。公园管理部门专门制定了新闻宣传方案,长江日报连续两天刊发选聘"市民园长"的公益广告。现在,公园管理部门正打造武汉公园的专属微信号——"武汉公园客"。现阶段,重点推送"市民园长"选聘;以后,适时介绍公园的便民服务措施、养花种草知识、各种景物活动等。进一步调动市民的参与热情，推动公园迈向"和谐、共治、法治"，促动公园管理老体制、老观念、老习惯的转变。

  市民园长提出的意见，绝大多数是公园管理的细枝末节。人们常说"细节决定成败"，什么决定细节呢？那就是人性化思维。只有坚持以人为本，才能真心实意地做好合乎市民意愿的工作细节。这样的细节，就具有决定成败的力量。长期以来，公园管理者有一个惯性思维，认为在公园里"我的地盘我作主"，对开辟停车位、摆摊设点等细节问题自作主张，往往导致群众不满而诟病和投诉。聘请市民园长参与公园管理，意义不仅在于开门办园，促进公园管理水平的提升，更在于开辟了一个有效途径，让城市绿色公共资源的使用听从市民群众的意愿，在一定程度上，实现城市公共资源的市民自治管理。

（作者单位：武汉市园林局）

保障上海环境文明：老港公司的使命与担当

上海老港废弃物处置有限公司

上海老港废弃物处置有限公司（以下简称老港公司）隶属于上海环境实业有限公司，承担着上海市区70％生活垃圾的清运处置任务。市领导曾说过：上海的生活垃圾，三天不解决就是政治问题。多年来，为了解决上海生活垃圾这一"政治问题"，老港公司坚持以创建全国文明单位和蝉联全国"安康杯"竞赛优胜企业为载体和动力，通过精神文明建设助力企业发展，实现了城市环境卫生安全运营。

一、五着力，创建企业文明

老港公司在持续创建全国文明单位和全国"安康杯"竞赛优胜企业活动中，突出了"五个着力"。

着力推进"文明运营"。垃圾集中处置事关城市环境文明和市民生活质量，老港公司把"文明运营"作为物质文明建设的重中之重。一是致力于科学填埋。不断开拓新项目，高标准建设综合填埋场，并于2014年初正式投入试运营，达到国际一流水平。二是致力于制度规范。通过质量、环境、职业健康安全管理体系认证，实施"三合一"管理机制和KPI卓越绩效管理，垃圾散落、污水滴漏、苍蝇密度等环境控制均达到国家标准。三是致力于环境治理。加强港池换水、港池疏浚，实现港池水质全年清洁；污水深度处理工程进入运行阶段，有效改善了出水水质；放养家禽、鱼虾，种植各类树木，绿色覆盖率达到71.35％。四是致力于专业治理。健全垃圾异味预警联动机制，科学设置气象监测点，积极开展专业监测；加强应急联动，把因垃圾异味引发的群体性突发事件苗子消除在萌芽状态。五是致力于"群监群督"。公司除加强自身环保专业监测队伍和党团员志愿监测队伍建设外，还建立了社会性环境监督机制，与周边地区乡镇进行"三村两居"结对签约同创共建，聘请老港镇居民作为环境评价监督员，定期召开环境评价监督例会。五管齐下，老港公司实现了文明运营，整个基地如同环保公园。

着力推进"科技运营"。垃圾处置在老港公司已经不是粗笨活，而是"科技活"。一是确立"科技处置"理念。通过互联网+环卫科技，开发了填埋场数字化管理系统，垃圾填埋采用高位卸料、分层摊铺、分层压实等先进工艺流程；消除臭液，采用膜覆盖、文丘里负压抽吸、辅助周界雾化喷淋装置、高压风炮喷洒等先进设施，实现工艺控味和远程数字化管理。二是使用现代处置设备。公司拥有各类生产及环保设备300多辆（台）、集运设备集装箱运输车40辆，大型桥吊、正面吊11台，以及国内首台无人驾驶遥控推土机和遥控旋转卸料平台，实现了机械化和智能化处置。三是开展专项科研攻关。累计完成课题70余项，科研成果分别获得国家技术专利、上海市科技进步和科技发明一、二、三等奖，并被国内多家生活垃圾填埋场推广应用。四是推进固废治理创新。公司创建"海燕固废创新治理工作室",充分发挥全国五一劳动奖章、建设部劳动模范、公司总工程师周海燕在技术创新方面的领军作用。实现了固废治理创新"六有"即有劳模领衔、有创新团队、有攻关项目、有创新活动、有创新成果、有场地经费的目标。五是严格运营标准。建立垃圾进场协调联络机制,解决运送量不均衡、停炉检修等困难,为焚烧厂的正常运营提供保障。五招并用,老港公司实现了科技运营,被评为"上海市职工科技创新基地"。

着力推进"素质运营"。作为上海最大的废弃物处置的国有企业,老港公司注重员工素质建设。一是推进员工文化建设。公司在员工中弘扬"共创价值、共建和谐"的企业精神,创办"企业文化展示室"、"职工书屋"、出版《今日老港》企业内刊、举办"老港大讲坛"等,培育社会主义核心价值观。二是加强全员素质培训。根据企业战略、经营目标和岗位要求,结合员工职业生涯发展需求,制定《年度全员培训计划》、《人才培养计划》、《技术人才培训计划》。三是提升员工技能素养。积极培育、传承"工匠精神",成立以城投首席技师顾锦昕命名的创新工作室,打造"老港工匠"、"城投工匠"。工作室成立以来围绕集运安全运行开展技术革新十余项,多次荣获城投集团十佳"金点子"称号,顾锦昕班组还被评为"上海市工人先锋号"。四是保障职工民主权利。坚持职代会制度,关系职工切身利益的重大事项,建立职工代表巡视制度,对餐饮安全、环境卫生、班组"六室一厅"建设、小药箱等进行专项检查。五是开展员工满意度测评。每年在全体员工中随机抽样调查,围绕企业文化、薪酬制度、工作环境、个人发展等方面进行测评,员工满意率保持在95%以上。五项举措,老港公司实现了素质运营,全体员工立足岗位无私贡献。

着力推进"诚信运营"。诚信,不仅是社会主义核心价值观、上海价值取向,也是老港公司的价值追求。一是加强公司信用体系建设。公司围绕经济发展目标,拟定《实施社会信用体系建设工作计划》,主动参加上海市第一批诚信单位创建活动。积极推进企业网上信用平台的建设、信息录入和对外信用披露等工作。二是完善诚信经营保障机制。公司以国家法律法规为基准,在与业务合作中讲求诚信,通过协议书、合同书形式相互制约,并通过违约率指标进行测量。三是突出诚信文化宣传教育。公司以诚信为本,倡导"诚实、自律、守信、互信"的诚信取向。坚持开展普法宣传教育,引导员工遵守经营、环境、安全、质量等法律法规。以诚信促环保,以诚信保生态,以诚信省资源。四是强化职业道德建设。公司丰富职业道德建设内涵,创新职业道德建设载体,吸引职工群众广泛参与上海市职工职业道德建设十佳标兵评比活动,荣获"上海市职工职业道德建设十佳标兵单位"殊荣。五是推进廉洁文化建设。公司结合党风廉政建设,对关键岗位、重点环节的党员和骨干加强廉洁教育,建立并实践企业服务信誉制、公示制。五路推进,老港公司实现了诚信运营,自2012年至今始终保持着上海市五星级诚信企业称号。

着力推进"安全运营"。安全是废弃物处置的核心。老港公司秉承和践行"关爱生命健康,关注安全效益"的企业安全观。一是实施"五个到位"方针。要求各分公司、作业班组确保:安全责任落实到位,安全管理实施到位,安全隐患排查到位,特色活动开展到位,维稳工作考虑到位。二是营造"安全至上"氛围。通过讲座等方式,加强安全知识宣传,突出驾驶安全行为知识和消防知识的宣传,全面开展系列安全教育活动。三是导入"安全科技"措施。对驾驶员进行神经行为测试,完成对驾驶员职业适应性的全面评估。四是健全"安全联保"机制。重点抓基地内的交通安全,严格执行安全管理"五条禁令",

有效遏止安全事故。五是开展"安全达标"活动。积极参加全国"安康杯"竞赛，全面推进安全生产标准化管理和治安"创安达标"，公司连续十三年荣获了全国"安康杯"优胜企业荣誉。"五安"保障，实现了老港公司的安全运营，《外部顾客满意程度评价表》中的满意率为93.6%。

二、三提升，促进企业升级

老港公司通过创建全国文明单位和全国"安康杯"竞赛优胜企业取得三个方面的明显成效：

一是企业核心竞争力不断提升。在创建工作的推动下，公司上下努力构建心齐、气顺、劲足、人和的文明氛围，企业的经营水平和技术水平明显提高。科学＋科技处置，六千万吨垃圾遁形于无迹；工艺＋装备创新，实现了生活垃圾由散装到集装化运输新变革；填埋作业＋物流运营＋综合管理，构建起生产运营新格局。如今，一个涵盖填埋、焚烧、污水处理、沼气发电、风力发电等多元化处置方式和再生能源利用技术的固废处置基地蓄势而发。

二是职工队伍战斗力不断提升。在创建工作的推动下，公司干部、职工增强了"老港基地是我家，精心服务为大家"的责任感，把岗位建功热情转化为主人翁精神。涌现出以全国五一劳动奖章获得者周海燕、洪诗华等劳模为代表的先进群体。不但做到垃圾日产日清，还通过40余项科研成果鉴定，150余条重大合理化建议的陆续投产实施，实现了科技力向现实生产力的转化。

三是企业内外部凝聚力不断提升。在创建工作的推动下，公司与所在地派出所、边防武警、消防中队和老港镇政府签约，加强精神文明的联建共建。在综合治理、治安保卫、杜绝拾荒和承担社会义务等方面携手协作，攻克了困扰老港公司20多年的拾荒顽症。周边村民在实地参观走访中，逐步转变原先"垃圾填埋场是脏、乱、差"的偏见，并争当环保宣传志愿者，为环境保护贡献力量。

老港公司自1989年运营至今，已累计填埋处置生活垃圾6300万吨，相当于为2400万上海市民人均处置垃圾2.6吨。现在成为亚洲最大的废弃物综合处置基地。近年，老港公司被授予"全国五一劳动奖状"、"全国文明单位"等荣誉称号。成绩代表过去，奋斗成就未来，老港公司将不辱使命、不负重托，不忘初心，继续前进。结合"两学一做"学习教育活动，继续践行"创生态环境，让都市美丽"的企业核心价值观，为上海城市整洁靓丽作出更大的贡献。

（执笔人：崔广明　徐　伟）

沈阳燃气集团：道德讲堂润泽文明品牌

刘东亮

多年来，沈阳燃气集团公司以道德建设为基本载体，努力践行社会主义核心价值观，有力推动了优质文明诚信服务水平再提升，被市民誉为"六千好人托起一个道德企业"，荣获全国文明单位、全国五一劳动奖状等多项荣誉。

一、洗涤心灵，常设道德讲堂

2012年以来，沈阳燃气集团以道德讲堂为载体，提升员工的服务意识，推动企业服务升级，道德小讲堂成为践行社会主义核心价值观的大舞台。

作为"窗口"行业，就服务抓服务，服务就只能是停留在面上。只有紧紧抓住道德建设，促进员工思想观念转变，优质服务才能源远流长。沈阳燃气集团把道德讲堂作为基本载体，采用唱歌曲、诵经典、学模范、发善心、送吉祥、自我反思这"六个一"的模式，强化道德建设。通过道德讲堂，亲近、可信、可学的道德模范事迹被广泛传播，实在、由衷、动人的员工感言被普遍认同。在具有很强仪式感的道德讲堂上，员工的心灵得到净化、境界得到升华。沈阳燃气集团的道德讲堂已经成为精神文明建设的精品和样板，在全市创下了"三个第一"。即第一个月月举办道德讲堂的单位，第一个连续三年承办全市首场道德讲堂的单位，第一家四次接待全市各行业代表观摩道德讲堂的单位。

沈阳燃气集团针对基层单位点多、线长、面广的实际情况，在办好集团总部中心讲堂的基础上，在较大的分公司建立了13个道德讲堂的分号。基层单位的道德讲堂更具灵活多样的特点，一是开堂频次灵活，每一次讲堂都可以随查表员早会、维修员晚会、分公司大会进行；二是内容灵活，紧紧与当前工作相结合，不求大而全，务求实效；三是人员灵活，员工轮换登台讲演，既锻炼了口才，也展示了形象。通过集团公司与基层单位上下联动，形成了人人参与践行社会主义核心价值观的良好氛围。

道德讲堂不但走进了班组，还走进了社区，走进了员工的婚礼殿堂。2014年5月11日，集团员工窦巍巍举行婚礼，设计了别具风采的婚礼仪式：当诵经典——母爱如山；秀恩爱——回望恋程；诵祝福——相爱一生；问自己——勿忘感恩；许承诺——孝老敬亲；送吉祥——传承美德，六个环节依次进行，当"慈母手中线，游子身上衣……"诵读声激情回荡时，全场响起了热烈掌声。将道德讲堂融入婚礼，成为沈阳燃气道德建设的一大创新，省市新闻媒体纷纷报道，给予充分肯定。

二、以德育人，落细落小落实

近年来，举办了践行社会主义核心价值观典型事迹报告会，制作了燃气道德建设典型人物事迹专题片，编辑出版了《身边好人的故事》，在企业的《沈阳燃气》报开辟《让道德引领我们》专栏等。这些举措与道德讲堂线上线下相互配合，有效丰富了践行社会主义核心价值观的形式与内容。《沈阳燃气》报常态化、多角度的对道德企业建设的重要性、及时性、必要性进行系列宣传，有力地推动了道德企业建设活动的开展；《身边好人，道德之光》栏目，先后刊登十几位企业道德典型的先进事迹；《学习体会》栏目促进了企业道德文化的传播，形成了沈阳燃气崇尚道德典型、做企业好人的浓厚氛围。

如今，在沈阳燃气集团及各单位，醒目位置的电视屏幕滚动播放"图说社会主义核心价值观"宣传片，播放道德经典、省心语录等。在集团总部办公大楼的正厅，免费取拿书籍的开放书架。在各基层单位的楼内走廊里，悬挂着学雷锋志愿服务、文明礼仪、中华优秀传统文化等宣传板，营造出浓厚的道德文化氛围。随处可见的遵德守礼温馨提示，让员工反思自我、洗涤心灵、保持着良好的精神面貌。

三、志愿服务，大爱奉献社会

沈阳燃气集团荣获了"沈阳市优秀志愿服务活动品牌"，员工参与志愿服务蔚然成风。每到星期六上午，在沈阳市铁西广场——全国第一个志愿服务广场，就会出现一道令人欣喜的风景——在燃气志愿者搭起的帐篷前，市民排起的长队绵延几十米，人流络绎不绝。燃气志愿者为市民免费发放燃气专用胶管和固定胶管的卡子，解答市民提出的燃气安全、开栓、服务等问题。如需上门服务，志愿者全都满足市民的要求。这项活动从2013年3月开始，一直持续至今。

除了铁西广场，燃气志愿者们还出现在各城区的志愿服务广场，还深入到社区、学校和企业开展志愿服务。除提供与燃气有关的志愿服务外，还关爱空巢老人、帮扶残疾人和困难家庭。燃气志愿者们说："很珍惜每一次为群众服务的机会，把这看成我的责任！"

四、身边好人，引领团队文明

沈阳燃气集团自2012年开始参与沈阳市"我评议、我推荐'身边好人'活动"，到目前有19名员工（团队）先后获得沈阳市"身边好人"、沈阳市道德模范、沈阳市道德模范提名奖、感动沈阳十大人物提名奖、最美沈阳人、辽宁好人·身边好人、中国好人等25项荣誉。从2013年开始，沈阳燃气集团又开展评选、表彰企业自己的"身边好人"活动。三年来，践行社会主义核心价值观深入人心，员工精神面貌焕然一新，优质文明诚信服务水平进一步提升。2013、2014年度评选出的"身边好人"，都是与劳动模范一同表彰。为了更加突出评选、表彰身边好人的主题，从2015年度开始，单独举行身边好人颁奖典礼，坚持不设名额不凑数，严格按标准评选。每年举办颁奖典礼的时间确定在3月5日"向雷锋同志学习"纪念日前夕。

2015年度的颁奖典礼隆重、热烈、大气，市委宣传部副部长、市文明办主任出席，众多辽沈媒体记者莅临采访。一位位身披"身边好人"红绶带的员工成为全场最耀眼的明星。受到表彰的"身边好人"是：下班途中施救摔倒老人的程秋扬，义务照顾举目无亲、身无分文的耄耋老人的付国全，在沈抚新城公路上抢救生命垂危司机的王晓明、尹凯旋、车志力，优质文明诚信服务之星朱红，八年绕赤道一圈的查漏点状元葛兰，资助7名寒门学子的高付率爱心团队，查燃气表时及时救助发病老人的杨双瑞。

认真履行社会责任，是沈阳燃气人检验道德水准的试金石，是衡量信仰坚定的标杆尺，是解读道德信仰最宝贵的密码。努力践行社会主义核心价值观，始终是沈阳燃气人如磐的根，不变的魂；在沈阳燃气集团，这是一种可以传递、可以倍增、可以扎根的力量。而这，正是一个道德企业安身立命的根基。

(作者单位：沈阳燃气集团)

知行《论语》 德润泉城

济南市公共交通总公司

济南市公共交通总公司是济南市属国有大型一类公益性企业。多年来,不断探索中华优秀传统文化与企业文化建设的结合点,将《论语》精髓植入公交企业文化建设和精神文明建设,开展了《论语》进车厢、进站房、进车间、进社区、进家庭系列活动,取得明显的创建成果。先后荣获"全国十大见义勇为好司机评选单位奖"、"全国城市公共交通十佳先进企业"、"全国五一劳动奖状"、"全国文明单位"等荣誉。

一、以儒家文化为切入点,建设特色企业文化载体

齐鲁大地是孔孟故乡,传承《论语》精髓具有得天独厚的优势。随着社会的不断发展,公共交通在城市发展中扮演着越来越重要的角色,公交车作为市民出行的重要交通工具,已经成为城市文明的窗口与名片,充分发挥公交职工、运营车辆等公交资源作用,以优质的公交服务,提升公交企业形象,以优秀的传统文化指导市民乘客的工作和生活具有重要的现实意义。在孔子的故乡山东,在省会济南,济南公交得天独厚的地理位置优势,为获得儒家文化的滋养,为企业文化的形成和发展提供了土壤和舞台。

公共交通是一个点多、线广、人员分散的行业,一个车厢就是一个小社会,各色人等俱有,这给企业管理造成了一定的难度。如何凝聚职工心力干好工作、如何激发员工潜力做好营运服务是公交企业面临的迫切问题。《论语》的核心思想是"仁",强调"仁、义、礼、智、信、温、良、恭、俭、让",对于提升济南公交的"凝心聚力"工程具有重要的指导意义。济南公交把"以人为本"作为企业的根本管理思想,全面实施"凝心聚力"工程;在企业管理中尊重人、理解人、关心人、培养人,把不断满足人的全面需求、促进人的全面发展作为根本出发点,注重对职工的人文关怀,充分肯定员工的主体作用,激发员工潜能,让员工的价值得到最大程度的体现。

实践证明,儒家文化着重体现了中华优秀传统文化讲仁爱、重民本、守诚信、崇正义、尚和合、求大同的境界追求,与济南公交"让乘客满意、让政府放心、让员工快乐、为社会奉献"的企业核心价值观是高度吻合的,将儒家文化引入公交企业、弘扬传统文化最精华的东西符合马克思历史唯物主义,符合济南公交文化引领发展的战略思路。

二、以《论语》为"蓝本",创建济南"公交论语"品牌

济南公交结合行业实际,将《论语》纳入到企业文化建设中来,用中华优秀传统文化强大的感染力指引干部职工的工作、学习和生活,为企业提供了持续发展的内动力。

编辑出版《公交论语》。2007年,在中国孔子基金会的指导下,公司编辑出版了《公交论语》一书,分别从"学习、管理、服务、礼仪、敬业、修养、交友、处事、荣耻、和谐"10部分,对《论语》的名言做出通俗解释,结合公交行业的工作实际进行阐发,并配合精彩的励志故事,对孔子名言进行延伸阅读。书中内容贴近公交职工的工作生活,指导职工正确处理工作、学习、做人等实际问题,实现了60多年济南公交企业文化与五千年中国传统文化的有机结合。

编辑《公交车厢论语》。2008年4月,公司与中国孔子基金会、济南市委宣传部、济南市文明办共同开展了"《论语》进车厢"活动。通过《齐鲁晚报》、《生活日报》、《山东商报》等多家新闻媒体开辟专栏,设立热线电话,向社会公开有奖征集《论语》名句,编辑成《公交车厢论语》,分别从"学习篇、修养篇、处事篇、服务篇、奉献篇、和谐篇"6部分对公交车厢论语进行阐释。把儒家文化与贯彻落实《公民道德建设实施纲要》、践行社会主义核心价值体系有机结合起来。

开展"《论语》进车厢、进站房、进车间、进社区、进家庭"活动。公司把《公交车厢论语》中的名言警句制作成精美的展板、宣传画,悬挂在全市4000多辆公交车厢、公交候车亭、BRT站台、月票发售窗口和公交站房、车间,制作展板在社区宣传"公交论语",使职工和市民在潜移默化中体会论语的精神内涵,接受优秀文化的陶冶。在车厢论语的文明氛围中,驾驶员规范操作,文明驾驶;乘客遵章文明,礼貌让座;驾驶员和乘客更加理解与包容,驾乘关系日益和谐。与此同时,借助职工培训和职工家属座谈会,将"公交论语"引入职工家庭,提升家庭成员道德修养。

在"《论语》进车厢、进站房、进车间、进社区、进家庭"活动中,公司十分注重典型引领的作用。"子曰:见贤思齐焉,见不贤而内自省也。"济南公交注重对公交运行一线先模的选树培养。截至目前,济南公交共有各级先模人物152人次。三级劳动模范76人,其中全国劳动模范3人、山东省劳动模范12人、济南市劳动模范61人,济南公交号召干部职工向先进劳模学习,把典型当做一面镜子,时刻对照,不断纠正、提高自己。

子曰"见义不为,无勇也",公交车厢是一个小社会,见义勇为、保护乘客安全,是公交驾驶员应有的社会担当。济南公交把见义勇为作为职工教育的重点内容,坚持不懈地进行讲授,使见义勇为成为公交职工普遍认同的价值观。公司连续三年蝉联"全国见义勇为好司机"单位与个人双奖,驾驶员刘欣荣获"全国十大见义勇为好司机"称号,驾驶员李慧敏、王秀娟先后荣获"全国见义勇为好司机"称号。

2015年7月12日下午17:00左右,济南公交六分公司一队K52路公交车行驶至济南中心医院时,上来一位30岁左右的男子,企图劫持车辆。女驾驶员董丹第一时间按下车厢内的一键报警装置,一边与该男子周旋,一边抓住有利时机将乘客安全疏散。在有利时机,用灭火器喷射歹徒,配合特警将歹徒抓获,车上乘客无人受伤。

三、以济南"公交论语"为载体,认真践行社会主义核心价值观

《公交论语》、《公交车厢论语》不仅传承了《论语》的精髓和内涵,而且融合了公交实际工作,获得了市民乘客和公交员工的一致好评,有效提高员工素质,构建了文明和谐的驾乘关系;提高了服务管理水平,创建了济南公交优质服务品牌;提升了城市整体

形象。

提升公交干部职工综合素质。"子曰：学而时习之，不亦说乎?"、"三人行，必有我师焉。择其善者而从之，其不善者而改之。"《论语》对学习有很多非常经典的阐述，济南公交一向提倡建设学习型企业，将培训作为给职工的最大福利。《公交论语》、《公交车厢论语》都是将"学习篇"作为开篇之作，引导公交员工无论在学习上，还是在为乘客服务上，都应该坚持不懈，自觉自愿，做到持之以恒。济南公交将《公交论语》、《公交车厢论语》作为职工培训教材，在职工学校组织开展《公交论语》晨读，定期开展"公交论语"大讨论，撰写《公交论语》学习心得。将《公交论语》纳入管理人员竞聘考试范围。促使员工认真学习、熟记熟知《论语》名句，并在本职工作积极践行。

"其身正，不令而行；其身不正，虽令不从"。企业领导干部和管理人员要做到思想的纯正，行为的中正，就要不断提升自身形象、转变待人接物态度、提高工作效率，令行禁止，率先垂范，通过自己的一言一行带动员工自觉地为乘客服务，为企业奉献。否则，自身不正，有令不行，有禁不止，员工是不会尊重、服从的。正是这样，济南公交才形成了企业有正事、班子有正气、员工有正义感的良好氛围。

"工欲善其事，必先利其器"。做好驾驶工作或者车辆修理等本职工作，就必须具备胜任本职工作的业务技能。日常要多与优秀的员工交往，使自己得到提高。正是因为职工认识到这样的道理，才有了济南公交独创的对公交车辆的"航空地勤式服务"，才有了变"被动维修"为"主动维护"的理念，才实现了在同行业非常低的车辆抛锚率。

提升公交整体管理水平。子曰："仁者安仁，知者利仁。"儒家文化的核心思想是仁爱，注重对人的爱与尊重。济南公交汲取《论语》精华，结合企业实际，总结提炼出"心系乘客、服务一流"的服务理念和"以人为本、科学高效"的管理理念等理念系统，要求公交管理人员要不断加强自身修养，严于律己，宽以待人，以自己良好的修养和工作作风影响和感召员工，使员工以规范的语言、良好的形象、周到的服务，赢得广大乘客的赞誉，企业凝聚力和向心力空前增强。各级管理人员真心实意干工作，对职工给予关怀、信任、尊重、体贴和帮助，全面推行以人文关怀为基础的"情绪管理"体系，以"部室包队、管理人员包线"形式畅通一线员工的诉求渠道。在基层推广驾驶员心情指数"晴雨表"，利用"BRT心情驿站"、心情信箱、领导接待日、"人体生物钟"三节律观察和防控机制等方式帮助职工排遣过滤不良情绪，确保一线职工特别是司乘人员以健康的情绪和饱满的状态工作在岗位上。

提升公交整体服务水平。儒家思想强调"无信不立"。子曰："人而无信，不知其可也。"对公交企业来讲，服务就是企业的产品，必须诚信经营，才能让市民愿意乘公交。济南公交通过"星级管理、星级服务"制度，开展"微笑服务"活动，不断提升服务品质，熔铸公交品牌，满足乘客需求；不断创新服务形式，开拓服务领域，坚持以信息技术为智力支持，不断提高公交运行效率。2012年5月在全国首创"守时公交"服务举措，面向社会发放《便民服务手册》，公开发布20余条郊区线路出行时刻表，承诺到站时间前后误差不超过1分钟，使市民出行可计划，乘车有尊严，服务上水平；率先建设了手机来车预报系统，目前手机用户已达216.6万人；建设济南公交官方网站、微博、微信，在公交车载移动电视开通《公交之窗》专栏，为市民提供更加便捷、准确的信息服务；认真落实残疾人免费乘车政策，济南市所有残疾人可以凭证办理"爱心卡"免费乘车；推出济南市

65周岁以上老人免费乘坐公交车、60至64周岁老人半价乘坐公交服务举措；新采购公交车辆全部为清洁能源车辆，其中LNG车的PM2.5排量几乎为零，同时开辟、优化公交线路，最大限度地方便乘客出行，吸引市民乘坐公交车，努力提高公交分担率。

打造公交流动道德讲堂。儒家文化强调仁义，重视社会责任。子曰："见善如不及，见不善如探汤。"公交车厢是公共场所，是城市的窗口和形象，济南公交按照"人人是形象、车车是窗口"的要求，积极承担社会责任，传播文明风尚，提升文明窗口形象，在车厢的醒目位置处张贴《济南市民文明乘车公约》，号召乘客、市民要把讲文明、重礼仪视为己任，见贤思齐、见恶思过，追求真、善、美，远离邪、恶、丑。作为重要的民生工程，济南公交还在全市3300余个公交站牌和公交站点张贴"遵德守礼"提示牌，在户外候车亭安装"公交车厢论语"、"讲文明树新风"、"我的中国梦"公益广告；成立了由所属各单位3000多名党、团员青年员工组成的7支公交志愿服务队，统一制作横幅、绶带，开展设台服务，宣传文明礼仪知识，引导市民排队乘车，解答乘客询问，争做文明风尚的传播者、文明行为的示范者、文明礼仪的践行者和文明秩序的维护者。

济南公交每天运送乘客240多万人次，100多万人在流动的公交车厢内受到车厢文化的熏陶，提升车厢文化宣传效果意义重大。济南公交把儒家文化、社会主义核心价值观、道德建设等宣传展板悬挂在车厢的醒目位置上，乘客上车后一眼就能看到，通俗易懂，易学易记，提升公共交通和城市的文明程度。公司还从讲仁爱、重民本、守诚信、崇正义、尚和合，求大同等六个方面入手，加大优秀传统文化宣传力度，使广大乘客和职工在优秀传统文化中汲取营养。

《论语》普及工程实施以来，驾乘关系日益和谐，促进了"人人讲文明，人人做君子"的良好社会风尚。济南公交在车载电子报站器上设置了为老、幼、病、残、孕等特需乘客让座的宣传语音，在车载LED屏上滚动播出让座提示语，引导乘客礼貌让座；还将每月17日定为"乘客让座日"，鼓励乘客为特需乘客让座。同时，积极引导、号召乘客文明有序乘车，通过公交志愿者和乘客、市民共同的努力，目前文明让座和排队乘车行为在济南市蔚然成风，成为泉城一道靓丽的风景线。

（执笔人：薛兴海）

以人为本　乘客至上

北京公交集团宣传部

一、制定中长期发展规划，培育践行社会主义核心价值观

（一）制定中长期发展规划，推进企业文化建设向纵深开展。为了适应北京缓解交通拥堵、提倡绿色出行、优化公交线网和搞好与轨道交通接驳的需要，集团公司在全面导入企业文化CIS系统的基础上，制定实施了2010年至2012年"企业文化建设三年规划"，从指导思想、工作重点、任务目标、载体途径、考核评价、组织保证六个方面，做了具体部署和落实。为了深入贯彻落实党的十八大精神，践行社会主义核心价值观，加强公交职业道德建设，从2013年开始集团公司又制定实施了第二个"企业文化建设三年规划"，重点开展了"五大文化建设"和一个载体活动，即车厢文化、管理文化、安全文化、场站文化、科技文化建设和丰富多彩的群众性文体活动。把主题教育实践活动作为推动企业文化建设的有效载体，结合工作实际编写下发主题教育宣讲提纲，部署开展主题宣讲、教育大讨论、征文演讲、文明成果展示等教育实践活动。进一步培育社会主义核心价值观，提高了员工综合素质和诚信服务意识。

（二）开展特色车厢服务，加强车厢文化建设，带动整体水平提高。深化设计"神州第一街、领先大1路"服务品牌，在1路82部运营车上张贴了全新设计的车厢文化标识。新的车厢文化标志综合运用了宣传标语、公益广告、宣传画等形式，将社会主义核心价值观、北京精神、城市元素、绿色出行、社会美德和公交线路图、换乘站点、特殊人群照顾服务等内容进行有机结合，使各类文明标识和车厢融为一体，做到了主题鲜明、重点突出、规范一致，车厢整体效果更加美观、统一，也赢得了社会各界的一致认可。"以人为本，乘客至上"的核心理念和"一心为乘客，服务最光荣"的企业精神得以实实在在的体现。全国首条助老文明线路39路车队，把为老年乘客服务作为提高服务质量的突破口，总结出照顾老年人"八种"服务方法和"三禁"注意事项。途经牛街的10路车队在车厢服务中坚持阿拉伯语报站，每逢穆斯林节日都向少数民族乘客送上真挚的祝福，被国务院授予了"民族团结先进单位"的称号。途经长安街的1路车队，用增强"长安街意识"教育激励员工，把公交文化内涵融汇到"树首都公交形象"的特色服务中。360路根据沿途盲人、肢残人多的特点，为残疾乘客提供各种方便，被全国残联评为"扶残助盲先进单位"。

二、紧密结合精神文明建设和思想政治工作，系统开展企业文化建设

（一）抓基层、打基础，建设以人为本的管理文化。集团公司坚持企业文化理念与工

作实际紧密结合，实施了以"达标上岗，规范服务，树立首都公交新形象"为主要内容的"三个一工程"和"优质服务提升工程"，积极开展了创建"标准化服务线路"和评选"星级乘务员"活动，制定了《车厢（站台）标准化服务规范》和《集团公司驾驶员管理条例》，提出九项服务承诺，从使用文明服务用语、倡导文明服务行为和创造文明服务环境等方面，对驾驶员、乘务员和调度员服务工作进行了全面规范。基层管理中坚持把"人本"理念体现在管理文化中。例如，103路车队党支部坚持将"领导就是服务"落实在行动上，"做员工的生产参谋、后勤保障、解困帮手、知心朋友"。员工运营公里和票款任务完成得不好，车队干管帮助找原因、想办法、定对策；职工搬家上班远了，主动为他们调整班型；职工生病住院了，带着慰问品去探视；职工的亲人去世了，及时赶到家中慰问、帮助料理后事；职工有特殊困难时，带头捐款；为员工"冬送温暖、夏送清凉"是"干部责任制"的重要内容。车队干部为员工、帮员工，员工的"大事小情"爱和干部说，干部员工成了知心朋友。

（二）抓学习、转作风，构建学习型服务型企业。集团公司充分发挥党校和业余党校阵地作用，抓好两级党委中心组学习和基层党员干部培训，把传承公交优秀文化和提升管理水平融合到一起。围绕解决企业改革发展的突出矛盾和满足市民出行需求的重点问题，开展针对性的调查研究，形成调研报告，促进成果转化。为进一步构建服务型企业，集团公司从建立健全相关责任制度、工作机制和考核激励机制入手，逐渐形成了党组织为党员服务、党员为职工服务、职工为乘客服务、公交为社会服务的服务链。建立联系点制度，加强两级机关与基层的沟通，为一线职工解难事、办实事，使车队、职工在满意的工作环境中为乘客提供满意的服务。把解决思想问题与解决实际问题结合起来，注重人文关怀和心理疏导，引导干部职工用正确方式处理人际关系，杜绝简单粗暴、以罚代管，真正成为职工群众的主心骨、带头人、贴心人。

（三）抓教育、提素质，切实提高文化管理实效。集团公司实施了人才培养三年行动计划，采取脱产学习、业余班办、专题培训、会议灌输、参观讲座、观摩学习等多种方式，大力开展职业素质教育培训，不断加强车厢文化宣传实践，进一步强化职业道德和诚信服务意识，各级干部的岗位能力和专业化水平也有了显著提高。在抓好教育培训的同时，集团公司连续两年开展向职工书屋赠送图书活动，分批向给各二级单位职工书屋赠送20000余册图书，大力推动了基层文化建设。目前，所属各二级单位共有职工书屋、读书角357个，图书馆5个，流动书箱10个，藏书达到18万册。通过坚持不懈的抓教育、提素质，各基层单位也积累了丰富的经验，形成了自己的管理特色。例如：客六分公司不断加强和规范图书管理，举办了读书感悟征文、演讲和读书会活动，引导员工多读书、读好书。客七分公司开展了为期三年的"践行'航空式'服务理念，争做乘客满意公交人"主题实践活动，结合"航空式"服务理念编写宣讲提纲，组织全员培训，促进分公司整体服务水平的提高。八方达公司以"培训一次，激活一生"为口号，连续五年组织干部员工集中军训、素质教育和针对性的专业技能培训，切实提升了干部员工的服从意识、专业技能和文化素养。保修分公司七厂以"思想教育、职工文化、场区文化"为核心，构筑了企业文化与思想政治工作相融合的管理模式，在职工中征集"企业精神用语"，拍摄制作《精进的保七—厂标识介绍》和《携手共创美好未来》宣传片，激发了职工热爱公交、奉献保修的热情。把企业精神、文化理念融入环境建设，建起了体现保修文化特点的"求真石"、文化墙和"文明你我,共创和谐"宣传窗,开辟出了绿地苗圃和员工健身休闲区,把公交历史发展和员工热爱企业的情结融合到一起。

三、紧密围绕企业发展战略,企业文化建设取得明显成效

(一)坚持优化公交线网结构,进一步满足了市民出行需求。采取"长调短、短调优、慢调快、快调网、网调均"的办法,优化了公交线网结构,实现了地面公交"在疏堵中优化、在优化中发展"的目标;通过新开线路、调整线路、撤销重复线路、延长运营时间和开通小区公交车,方面了750余个小区的居民出行,市民出行条件得到了进一步改善,公交出行分担率达到了43%以上。

(二)坚持科技进步,提升车辆节能环保水平和人性化服务舒适程度。目前,集团公司在用运营车辆全部达到了国Ⅲ排放标准以上,其中,达到国Ⅴ排放标准的有701辆,天然气车4869辆,混合动力车864辆,双源无轨电车588辆,纯电动车190辆。车辆节能环保水平国内保持领先、达到国际一流。采用公交车低地板、发展空调车、推广"掌中宝"公交查询等措施,提升了人性化服务、数字化公交水平和乘客安全舒适程度,赢得社会各界广泛认可。

(三)坚持以人为本,提高整体服务水平,保持企业安全稳定发展。集团公司坚持对内以员工为本,对外以乘客为本。为乘客服务,推出"九项服务承诺",接受北京市文明办首都文明行业问卷复查,乘客满意率为91.7%,保持了首都文明行业的荣誉。集团公司连续三年在"北京影响力"评选活动中,荣获"影响百姓经济生活的十大企业"荣誉称号。集团公司成立了安全维稳委员会及专项办公室,完善了工作制度,强化了快速反应和应急处置机制,巩固了行车安全、场站安全、队伍和谐稳定的工作成果。

(执笔人:崔　健)

特色服务　优质品牌

天津公交集团宣传部

天津公交集团始终将精神文明建设作为培育社会主义核心价值观，提升队伍素质，促进窗口服务上水平的重要抓手，巩固"全国文明单位"创建成果，不断拓展服务范围、加强服务质量管理、提升服务意识和服务水平。

一、强化精神文明建设基础保障，打造高素质职工队伍

高素质的职工队伍是抓实精神文明建设的基础保障，也是展示精神文明建设成果的最重要载体。公交始终坚持大力开展职工素质建设，通过抓实职工教育，大力开展练兵比武活动，激发广大职工立足本岗、创新服务举措的积极性。

一是创新职工素质建设载体，抓实职工形势任务教育。运用多种载体引导广大干部职工知形势明责任，把形势讲透，目标讲清。编印宣传教育提纲，把职工关注的问题说明，企业的重点任务说细。依托技师学院的师资力量，2015年，组织了十个批次共计1000余人的职工脱产培训班，围绕公交职工职业道德、服务心理学、日常工作规范、文明行业标准、汽车新技术应用等内容，将多种服务类别与"互联网+"概念融合，进一步提升职工的整体素质。

二是创新职工素质建设形式，创练兵比武选树典型。公交大力开展多种形式的练兵比武活动，通过在各岗开展技能比武、服务练兵活动，激发职工钻研本岗业务、提升服务能力的积极性。2015年，开展了第三届"公用杯"汽车服务职业技能竞赛，激发公交职工学习职业技能的热情，搭建比高超技能、交流技术、展示技能的平台，选拔优秀选手参加了第七届全国交通运输行业职业技能大赛。开展服务大练兵活动，累计发放近万张试卷，通过清洁亮车、服务知识竞赛和服务技能大比拼，评选百名"服务能手"和12名"优质服务明星"。2015冬运期间，公交百名"服务能手"和12名"优质服务明星"亮出身份进行服务展示，并发出倡议书，号召全体公交驾驶员开展"亮身份、树形象、展风采"活动，向全社会公示服务承诺，展示公交服务市民出行的良好形象。

三是打造职工素质建设展示平台，创新服务举措。近年来，公交驾驶员围绕自身工作的十米车厢，推出百余项服务新举措，赢得了广大市民的赞誉。30路车队发起的公交学雷锋爱心座椅，目前已经成为天津公交近万部运营车辆的标准配置。872路驾驶员回江涛，自费打造车厢温暖环境，自学哑语服务聋哑乘客，被乘客誉为"公交头等舱"。华苑车队在市视力障碍学校的帮助下，将903路导乘图制作成便于盲人识别的盲文导乘图，张贴在运营车内。车队驾驶员魏维志试行了"助残敬老一趟车服务流程"，创新开展了爱心让座卡服务、暖风指数提示、行车温度监控等服务举措，赢得了残疾人乘客的欢迎。

二、强化文明创建的制度保障，推进服务质量管理考核

抓实精神文明建设、提升服务质量的首要举措在于强化基础管理。天津公交集团通过加强运营全过程的服务管理考核，为公交服务品牌的打造奠定了坚实的质量基础。

一是抓实打造服务品牌的组织保障，推进车队的星级管理。从2015年8月1日起，公交集团对全体中心制车队开展星级考核工作，从运营管理、服务质量、安全管理、经济指标、人资管理、机务管理、智能应用、场站管理等八个方面的星级达标内容进行量化考核。涉及车队全体管理人员，强化了车队各岗工作责任的落实，有效强化了运营管理。据统计，2015年，公交96196公交服务热线平均每个月的表扬数量是投诉数量8.28倍，市民对公交的满意率达到98%以上。

二是瞄准服务品牌创建的主体，强化驾驶员服务的星级考核。2015年，天津公交在全体驾驶员中施行新的《星级评定考核办法》，加大奖励力度，提升考核标准，采取晋位升级制度，利用经济杠杆全方位激励驾驶员把更多精力投入到提高服务质量和专业技能上来，形成基层管理的良性循环。

三是把握提升服务品牌的关键，强化运营安全管理。公交优质服务的基础在于安全的运营工作。公交开展万名平安志愿者护航平安公交活动。同时，在重大时间节点，组织干部上线上站保安全。开展驾驶员安全行车专项考核，采取累积晋级的方式，建立公司、部门、车队三级安全行车考核监督机制，采取正向考核激励有效提升了驾驶员遵纪守法安全行车的自觉性。从2015年9月1日起，公交集团对全市公交车辆全面实施限速措施，各运营线路针对不同道路通行情况、行人和车辆构成特点，逐线路制定不同路段的限速标准。据统计，仅实施限速规定一个月以来，公交事故总量同比下降15%，违章件数同比减少32.4%，确保了公交运营安全稳定。

三、延伸公交精神文明创建成果，积极推进美丽天津建设

公交作为公益性服务行业，始终将志愿服务活动作为加强企业精神文明建设、构建和谐天津的一项重要工作来抓，2015年以来，通过抓组织、抓载体，抓创新、树品牌，以志愿服务管理集中化、志愿服务技能规范化、志愿服务形式多样化的工作思路，扎实推进公交服务工作常态化管理机制，带动市民乘客文明乘车、文明出行，积极践行社会主义核心价值观，共同推进美丽天津建设。

强化志愿服务载体建设。整合车厢内热情服务、扶老携幼、扶危助困等公交优质服务的品牌资源，打造带有公交特色的服务新品牌。命名公交1路、5路、8路、30路等7条线路以及丁禄峰、王欣、邢来发等19名优秀驾驶员所在的车组为公交学雷锋志愿服务岗。这些优秀线路均为市级劳动模范集体，19名优秀驾驶员均为市级劳动模范或市级五一劳动奖章获得者。

公交集团以公交学雷锋志愿服务岗为载体，与市红十字会联合开展应急培训进公交活动，开展集中培训活动3次，累计培训公交职工千余人。公交学雷锋志愿服务岗先后与7所养老院、1个儿童福利院和2所小学建立了服务关系，努力帮助身边遇到困难的特殊人

群,积极开展服务活动。如公交30路、903路的志愿服务岗成员多次到太阳村福利院看望儿童,给他们带去慰问品,协助社会各界组织义卖。8路携手天津地铁组建"学雷锋1+1"志愿服务队,针对特需乘客导乘,推出"一站式"预约服务举措。872路驾驶员回江涛帮助从安徽来天津看病的万大娘和患有脑瘫后遗症的孙子万海强,不仅逢年过节买慰问品去看望,还每月向万大娘的公交卡内充值100元,方便他们乘坐公交。8路驾驶员刘世津长期帮助吉林的白血病患儿周可心,他经常带着蔬菜水果看望,直至小可心基本康复。还成为天津公交第一名骨髓捐献志愿者。8.12事故发生后,公交学雷锋志愿服务岗的青年职工又组织志愿小分队为受损灾民送去应急物品。2015年,公交集团在全市各主流媒体刊发正面报道超过1700篇,天津公交的特色志愿服务举措,已经成为全市窗口服务行业的品牌。

后 记

为进一步展示中国建设职工思想政治工作研究会课题研究的丰硕成果，并为会员单位提供更好的服务，我们汇编了这本文集。

本书收录了中国建设职工政研会《建设文明论坛》会刊2016年刊发的重点论文、调研报告，中国建设职工政研会第十三次年会暨成立三十周年纪念大会的部分交流论文，共85篇，36万字。这些文章从多层面、多角度反映了2016年各省级建设职工政研会、行业分会、会员单位，以及政研会重点联系单位、特约研究员的研究成果和实践经验，希望能够对住房城乡建设系统基层单位创新党建思想政治工作、企业文化建设、精神文明创建工作有所启发和借鉴。

本书的征稿汇编工作得到各省级建设职工政研会、行业分会和会员单位的大力支持。中国建筑工业出版社为本书的编辑出版提供了全力支持。在这里向所有关心支持帮助本书编辑出版的单位和同志们表示衷心的感谢！

本书编委会有彭小平、宋志军、范建国、贾衍邦等同志，范建国同志具体负责全书文稿的整理、汇编；中国建筑工业出版社的毕凤鸣同志对本书编辑工作给予了很多具体指导和帮助。

编者
2017年5月